U0829756

21 世纪普通高等院校酒店管理专业系列教材

酒店市场营销

Marketing for Hospitality

（第 2 版）

主　编　王天佑
副主编　崔　淼

天津大学出版社
TIANJIN UNIVERSITY PRESS

内 容 简 介

本教材内容涉及酒店市场营销的各个方面，主要内容包括酒店市场营销概述、酒店营销环境、酒店营销战略管理、酒店市场调研与预测、消费者与组织购买行为、市场细分与目标市场营销、酒店产品组合与开发、产品价格制定与调整、营销渠道选择与管理、信息传播与促销管理、餐饮营销与菜单筹划和酒店营销伦理与社会责任等。本教材在编写过程中参考了大量国内外近年的研究成果及酒店和酒店集团的运营实践，内容新颖，贴近行业，且具有鲜明的时代特色和前瞻性。

本书可作为高等院校酒店管理、旅游管理和餐饮管理等专业的教材，亦可作为酒店业和旅游业管理人员的培训用书。

图书在版编目(CIP)数据

酒店市场营销/王天佑主编. —2 版. —天津：天津大学出版社，2018.7(2020.3 重印)
21 世纪普通高等院校酒店管理专业系列教材
ISBN 978-7-5618-6193-6

Ⅰ.①酒…　Ⅱ.①王…　Ⅲ.①饭店－市场营销学－高等学校－教材　Ⅳ.①F719.2

中国版本图书馆 CIP 数据核字(2018)第 154827 号

出版发行　天津大学出版社
地　　址　天津市卫津路 92 号天津大学内(邮编:300072)
电　　话　发行部:022-27403647
网　　址　publish.tju.edu.cn
印　　刷　廊坊市海涛印刷有限公司
经　　销　全国各地新华书店
开　　本　185mm×260mm
印　　张　16.5
字　　数　412 千
版　　次　2018 年 7 月第 2 版
印　　次　2020 年 3 月第 2 次
定　　价　38.00 元

前　言

近年来，我国星级酒店数量逐年增长，截至2017年年底，全国约有12 000家星级酒店，其中五星级酒店超过800家，四星级酒店近2 400家。目前，已有41个国际酒店管理集团及67个著名酒店品牌进入了中国市场且管理了约1 000家酒店，世界排名前10位的国际酒店管理集团均已进入我国市场。根据预测，中国已经成为全球最有发展潜力的酒店市场之一。目前，我国酒店业的发展需要大批的应用型管理人才，尤其需要具备国际视野、掌握国际酒店核心业务知识的应用型管理人才。本教材正是为了培养满足21世纪我国旅游业发展需要的应用型酒店管理人才而编写的。

本教材在第一版的基本框架和核心内容的基础上进行全面修订，使第二版教材的内容更加全面和丰富，更具有严格的系统性和逻辑性。内容涉及酒店市场营销的各方面，主要内容包括酒店市场营销概述、酒店营销环境、酒店营销战略管理、酒店市场调研与预测、消费者与组织购买行为、市场细分与目标市场营销、酒店产品组合与开发、产品价格制定与调整、营销渠道选择与管理、信息传播与促销管理、餐饮营销与菜单筹划和酒店营销伦理与社会责任等。本教材在编写过程中参考了国内外近年的研究成果及酒店和酒店集团的经营实践，内容新颖，贴近行业，且具有鲜明的时代特色和前瞻性。同时，结合了我国读者学习和思考的习惯，内容循序渐进，便于学习和掌握。此外，教材整体的内容设计符合培养当前我国需要的具有国际视野的旅游业和酒店业应用型管理人才的知识结构和能力需要。本书可作为高等院校酒店管理、餐饮管理和旅游管理等专业的教材，亦可作为酒店业和旅游业管理人员的培训用书。

本教材主编王天佑为中国欧美同学会酒店业专家委员会成员，于20世纪90年代赴美国学习旅游与酒店管理，回国后多年从事高校旅游管理和酒店管理的教学与研究工作，其中包括较长时间与联合国教科文组织及劳工组织派往中国的旅游管理与酒店管理专业的教授和专家共同工作。副主编崔淼为高校酒店管理专业的讲师。主编王天佑，负责全书框架设计，并负责第1章、第2章、第3章、第4章、第5章和第6章的编写。副主编崔淼负责第7章、第8章、第9章、第10章、第11章和第12章的编写。本教材在编写过程中得到斯达屋国际酒店管理集团天津喜来登酒店、假日国际酒店集团天津海河假日酒店、万豪国际酒店集团天津万丽酒店管理人员及其他院校学者和企业家的支持和帮助，在此一并表示感谢！

书中疏漏与不足之处敬请专家和学者指正。

编者

2018年5月

目　录

第一章

酒店市场营销概述

市场营销是酒店运营管理的重要职能之一，是连接酒店或酒店集团与市场的纽带和桥梁。在当今的知识经济时代，市场营销在开拓酒店产品市场、满足目标顾客需求、提高酒店或酒店集团的市场竞争力等方面发挥着十分重要的作用。通过本章的学习，可了解酒店市场及其功能，掌握酒店营销的基本概念，熟悉酒店营销观念及其发展。

第一节　酒店市场及其功能

酒店市场是酒店营销的出发点与归宿，是酒店产品交换的场所，酒店的一切营销活动都是围绕着酒店市场展开的。因此，掌握酒店市场营销必须从理解酒店市场及其相关概念开始。

一、酒店市场含义

1. 酒店

酒店（Hotel）是生产和销售房务产品（住宿产品）、会展产品、餐饮产品和休闲产品的企业，酒店亦可称为宾馆、旅馆和饭店。酒店由一座或数座设备完善的建筑物组成，该建筑物应配备符合顾客需求的住宿、餐饮、会展、休闲及健身等设施，有特色的商品店和礼品店等。酒店作为企业，需经政府主管部门批准，有固定的名称和经营场所，有完善的组织机构和规章制度，有独立支配的财产并承担社会责任。同时，酒店应对公众开放，具有经营自主权，独立核算，自负盈亏并提供顾客满意的产品和服务。酒店尽管以盈利为目的，但是它必须提供优质的产品和服务，取得合理的利润，讲究产品质量和特色，有一定的知名度和美誉度。为了保证酒店产品的质量、功能和特色以满足社会和目标顾客的需求，酒店必须加强内部管理并及时对市场变化作出反应。

图 1-1　商务酒店

酒店有多个种类，主要根据规模、坐落地点、经营特色和产权形式等分类。根据规模分类，酒店可分为小型酒店、中型酒店、大型酒店和特大型酒店。根据坐落地点分类，酒店可分为机场酒店、城市酒店、郊区酒店、度假酒店和高速公路酒店等。根据经营特色分类，酒店可分为商务酒店（见图 1-1）、度假酒店、长住酒店、汽车酒店、会议酒店、主题酒店、机场酒店、精品酒店、经济型酒店和分时度假酒店。当然，酒店还可以根据级别分类。例如，五星级酒店、四星级酒店等。

2. 酒店市场

酒店市场具有多种含义。首先，酒店市场是酒店与顾客进行交易的场所，酒店的一切营销活动都是围绕着市场而展开的。这一含义表明了酒店市场的场所论或空间论。例如，酒店大厅中的前台、餐厅和酒吧及酒店外部的旅行社、线上网络平台等都是酒店与顾客进行交易的场所。其次，酒店市场是指消费者和组织购买者及其对酒店产品需求的总和，包括现实的需求和潜在的需求。最后，酒店市场是买方和卖方、供给和需求相互作用的总和。这一含义反映了供求力的相对强度和交易的不同状况。由此，在买方市场中，酒店产品的供给大于需求，需求力量或顾客占酒店市场的主导地位。在卖方市场中，酒店产品的需求大于供给，卖方或酒店成为交易关系的主导。此外，酒店市场是社会整体市场的一个组成部分。因此，酒店的营销活动只能在社会整体的营销市场中展开。这样，酒店营销与社会整体市场保持着紧密的交换关系。

二、酒店市场构成要素

根据市场营销学理论，市场即需求。因此，酒店应当不断地满足顾客的需求才能取得满意的营销效果。基于这一理论，酒店市场构成要素包括购买酒店产品的顾客、满足酒店产品消费需要的购买力及购买欲望。这 3 个要素互相制约，缺一不可。同时，评价酒店市场的容量或规模时，可根据这 3 个要素进行（见表 1-1）。

表 1-1　酒店市场构成要素

顾客（个人消费者和组织购买者）	购买力	购买欲望	市场容量
多	低	有	小
少	高	有	有限
多	高	无	有限
多	高	有	大

1. 顾客

顾客是指购买各类酒店产品的个人消费者和组织购买者的总和。顾客是酒店产品市场的主体，没有顾客的需求，就没有酒店市场。当然，个人消费者和组织购买者的数量及其购买影响因素是影响酒店市场发展与变化的基本因素。

2. 购买力

购买力是指顾客支付货币购买各类酒店产品的能力，可分为个人购买力和组织购买力。个人购买力与其经济收入紧密相关。组织购买力是指各类工商企业，政府机构、学校、医院和各协会团体等非营利组织购买酒店产品的货币支付能力。同样，组织购买力也取决于其经济收入状况。这些收入主要包括工商企业的营业收入、政府的财政收入、政府拨款和社会捐助等。

3. 购买欲望

购买欲望是指个人消费者和组织购买者为了满足其生活与工作需求所希望购买的酒店产品。其购买欲望通常由个人和组织的工作与文化环境等相联系。同时，购买欲望是顾客将潜在的购买力转化为现实购买力的前提。因此，购买欲望是构成酒店市场的基本要素之一。当然，如果顾客没有购买酒店产品的欲望，也就不会形成现实的酒店产品需求，从而对酒店市场的容量产生负面影响。

综上所述，酒店市场包括的 3 个主要因素，可通过以下公式来表示：

酒店市场 = 顾客 + 购买力 + 购买欲望

三、酒店市场特点

在现代市场经济条件下，酒店市场是充分开放的，向所有的个人、企业、政府和非营利组织等开放。同时，现代酒店市场是一个多元化的体系，不仅可提供多个种类的酒店产品，而且其交易方式和交易手段也是多元的。因此，多元化的特征使得酒店市场呈现出复杂和多变的特点。酒店作为独立经营的主体，拥有法定的自主权力，这决定了其营销活动的自主性。其中，根据市场需求，可自主决策投资方向和营销方式以及自主调整产品结构等。同时，酒店市场具有竞争性的特点。所有企业可平等进入市场并公平竞争。各酒店凭借自身的条件和营销实力开展竞争，实现优胜劣汰。

四、酒店市场功能

酒店市场功能是指酒店市场各种要素组成的有机整体所具有的职能。所谓各种要素，主要包括买方（个人消费者和组织购买者）、卖方（酒店或酒店集团）和酒店产品等。根据研究，酒店市场具有较强的功能，主要包括交换功能、供给功能、反馈功能和调节功能等。

1. 交换功能

酒店市场的交换功能表现在以市场为场所或中介，促进和实现酒店产品的交换。在商品经济条件下，酒店销售产品或个人消费者和组织购买者购买酒店产品都是通过市场进行的。因此，酒店市场不仅为买卖双方提供了产品交换的场所，而且通过等价交换的方式促成酒店产品使用权（例如房务产品）或所有权（例如菜肴和酒水）向购买者转移，从而实现酒店产品使用权的交换。与此同时，酒店市场通过各种营销渠道，推动产品从酒店向个人消费者和组织购买者转移，从而完成交换。这种促成和实现酒店产品使用权或所有权的交换活动是酒店市场最基本的功能。

2. 供给功能

通常，酒店市场营销活动顺利进行的基本条件是市场上存在可供交换的酒店产品。因此，酒店市场似乎是一个磁场，吸引着众多酒店而形成一个强大的酒店产品供应源。然后，通过市场交换完成向个人消费者和组织购买者供给酒店产品的功能。因此，离开市场供给功能，个人消费者和组织购买者就无法购买所需的酒店产品；而酒店也无法购买所需的设备和原材料。

3. 反馈功能

酒店市场反馈功能是指酒店市场把交换活动中产生的经济信息传递并反映给交换当

事人的功能。酒店市场不仅是个人消费者和组织购买者购买酒店产品的场所,也是酒店获取营销信息的重要途径。酒店产品最终要经过市场的检验,得到市场的承认,形成其产品的社会价值。通常,酒店在与顾客进行交换时,不断地输入有关产品销售与消费等的信息。这些信息的形式和内容多种多样,酒店利用这些信息,对顾客的消费偏好和需求潜力作出判断和预测以决定和调整酒店的营销方向。随着社会信息化的发展与提高,酒店市场的反馈功能会日益得到加强和改善。

4. 调节功能

酒店市场调节功能是指在市场机制的作用下,酒店市场可自动调节营销过程。酒店市场作为商品经济的运行载体和现实表现,本质上是价值规律发生作用的形式。价值规律通过价格、供求和竞争等作用转化为经济活动的内在机制。因此,酒店市场常以价格调节、供求调节和竞争调节等方式对酒店营销全过程进行自动调节。

五、酒店市场类型

1. 根据消费区域划分

基于消费区域划分,酒店市场可分为国内市场和国际市场。国内市场又可以分为国际大都市市场与一般城市市场,本地市场与外埠市场,沿海地区市场与内陆市场等。不同消费区域的酒店市场受经济发展水平、文化、习俗和宗教等因素的影响,存在一定的购买需求差异和消费差异,主要表现在酒店的类型与等级、产品的功能与特色等。例如,不同国家与地区对酒店的客房设施、色调和布局等的消费需求不同。

2. 根据市场运行态势划分

基于市场运行态势划分,酒店市场可分为卖方市场、买方市场和均衡市场。所谓卖方市场,是指酒店在市场上处于支配地位,顾客处于被支配地位,是在具有压倒优势的卖方支配下运行的市场。买方市场是指顾客或客户在市场上处于支配地位,酒店处于被支配地位,是在具有压倒优势的买方控制下运行的市场。均衡市场是指买卖双方大体上处于平衡状况,在双方力量相互制约下稳定而又均衡地运行的酒店市场。

3. 根据市场购买者划分

根据市场购买者划分,酒店市场可分为消费者市场和组织购买者市场两大类。消费者市场是指满足个人或家庭消费的酒店市场,其特点是购买人数多,每次购买的数量少,需求的变动性较大。组织购买者市场也称为组织团队市场,是指为满足企业生产、政府与非营利组织工作需要的酒店市场。组织购买者市场与消费者市场相比较,购买人数较少,每次购买的数量较大,购买的频率较高,需求弹性小,技术性较强。通常由企业、政府或非营利组织等专业部门或专职人员购买。

第二节 酒店营销基本概念

一、酒店营销含义

酒店营销,全称为酒店市场营销,是指酒店在市场环境中,为满足顾客的需求,通过市场分析、产品开发、价格制定及促销方式等手段与程序,将产品销售给顾客的一系列经营活动。当然，酒店营销的含义是发展和变化的，并随着市场的发展和酒店营销活动的变化而发展，主要表现在酒店营销活动的指导思想和人们对酒店营销本身的认识。著名的营销学家，菲利普·科特勒(Philip Kotler)认为，营销是通过个人与集体创造和交换产品与价值，使消费者或消费群体满足各自需要和欲望的一种社会活动和管理过程。

二、酒店营销特点

酒店营销绝不仅仅是企业的销售活动，而且是酒店整体的营销战略及实施，是酒店产品开发与生产、价格制定、分销与促销、人员选择与培训等运营管理的全过程。现代酒店营销已经成为酒店或酒店集团的整体奋斗目标和努力方向，酒店的一切营销活动都是围绕着市场和产品而展开，都是为了潜在的交换以及与顾客达成交易而展开。因此，酒店不仅要制定好近期的营销计划和落实好一系列的营销活动，而且着眼于企业未来的生存和发展及适应未来市场环境的变化，是酒店立足长远、获取长期利益的经营活动。因而，酒店各种经营要素的安排，各种经营方针和策略的制定都要为实现酒店营销目标而服务。同时，酒店营销人员应当认识到满足顾客的需求与实现企业利润和营销效果的一致性及顾客需求与企业盈利的依存关系。根据调查，酒店对市场的需求愈能满足，其盈利水平就愈高。因此，酒店必须发挥企业自身的优势，做到知己知彼，才能取得营销的成功。现代酒店市场营销必须具备创新意识并付诸行动。随着时间的推移，酒店的市场需求不断变化和发展，竞争对手和市场上的新产品不断出现。因此，酒店只有不断创造更加舒适的房务产品、更加实用的会展产品、更加安全和具有特色的餐饮产品、更加满足顾客需要的环境和设施才能在市场竞争中取胜。

三、酒店营销概念

酒店营销基本概念是酒店营销活动的基础。它们之间是相互联系的。通过学习以下概念可加深对酒店市场营销的理解。

酒店营销概念包括需要、欲望和需求，产品、服务和质量，价值和满意，交换和交易，关系和网络，市场营销者与潜在顾客等(见图 1-2)。

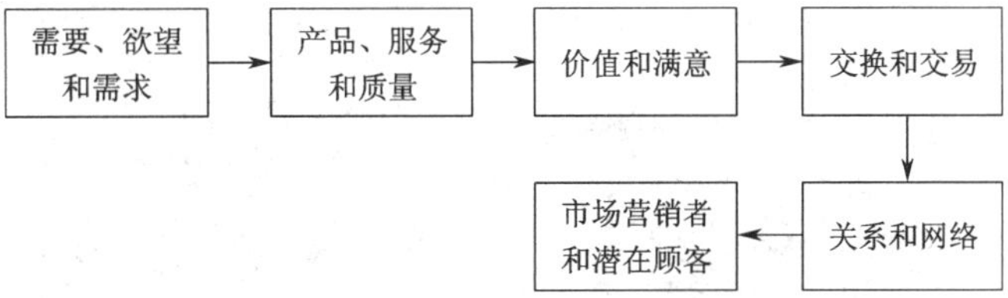

图 1-2　酒店营销基本概念

1. 需要、欲望和需求

人们对酒店产品的需要和欲望是酒店营销活动的出发点。需要、欲望和需求是三个密切联系而又相互区别的概念。需要是指人们没有得到某些基本满足的感受状态。例如，人们在旅游中由于饥饿感或劳累感而产生的用餐与住宿的需要，企业与非营利组织每年都在寻找适合其组织会议的场所等。因此，在酒店产品开发与生产过程中，房务产品、餐饮产品和会展产品是酒店满足顾客基本需要的产品。欲望是指顾客对能满足其更深层次需要的产品愿望。例如,普通出差的顾客对房务产品的欲望是经济型酒店或普通房务产品,而一些企业或非营利组织的高层管理人员对房务产品的欲望可能是四星或五星级商务酒店的普通套房或豪华套房等。从这种视角分析,顾客的需要是有限的,而欲望是无止境的,并且顾客对酒店产品的欲望出于主观意识并受社会环境等各种因素的影响。因此,酒店营销人员可以影响顾客对酒店产品的欲望。需求是指有支付能力的顾客对酒店产品的具体需要和欲望,是酒店市场营销活动的出发点。所以,酒店营销人员不仅要了解市场对酒店产品的需求并要适应这种需求,而且必须使用各种营销策略与手段影响市场需求。

2. 产品、服务和质量

产品是指用于满足需求的实物、服务和体验。产品的形式可以是有形的,也可以是无形的。酒店产品是指能够满足人们需求和欲望的任何种类的房务产品、餐饮产品和会展产品等,由满足顾客需求的某种物质实体和非物质形态的服务构成。物质实体称作有形产品,包括酒店建筑物、酒店外部环境(停车场、草地、绿树等)、酒店内部环境和公共设施(大厅空间、酒店布局、电梯等)、客房(种类、面积、设施、家具及布局)(见图1-3)、客房日用品(床单、毛毯、三巾、梳子、香皂、洗浴液等)、餐厅与酒吧(种类、布局、家具与设施、餐具与酒具)、菜肴与酒水(造型、颜色、包装等)、康乐设施(造型与布局)、园林和绿化(规模、造型)、职工服装、仪表仪容和举止行为、酒店内外标志、广告、宣传品、办公用品和酒店艺术品等。服务是为消费者直接或凭借工具和设备以满足其某种需求的非物质形态活动,并以活动形式表现价值或效用。非物质形态的服务包括菜肴和酒水的温度和湿度,前台接待、电话服务、餐饮服务及客房服务等的效率与安全,客房、餐厅和酒吧的舒适度,办理出入店手续和电话通信等的方便程度,酒店服务礼节礼貌,酒店信誉和知名度及顾客满意度等。酒店的有形产品从外观可以看到,而无形产品从外观看不到,但是顾客很容易感受到。酒店的有形产品和无形产品共同组成完整的酒店产品。酒店产品的核心是产品的功能和效用。例如,房务产品的可住性、餐饮产品的可食性等。随着人们对环境意识的增强,人们认识到酒店产品不应仅包括上述内容,即正式或非正式合同规定的产品,还应包括营销活动的结果,即非预期的产品。例如,酒店产品不会造成环境污染等。

图1-3　酒店客房中的家具与设施

一个酒店产品最重要的是必须满足顾客的需求和欲望。根据顾客调查,酒店产品的重要意义不是拥有它们,而在于得到它们所提供的可以满足顾客需要的服务。在酒店市场营销中,酒店产品包括多种产品和服务,其价值与效用也完全不同。事实上,在顾客心目中,某种酒店产品越接近顾客的需求和理想,其效用就越大,其价值也就越高。因此,酒店营销人员不应当仅重视有形产品的质量和特色,也要关注无形产品的质量和特色,以利营销。

现代酒店产品紧跟目标市场的需求,将有形产品和无形产品有机结合,使产品更加完整。例如,完整的房务产品包括舒适的房间、适用的设施和家具、理想的日用品和周到的房务服务等;完整的餐饮产品包括菜肴与酒水(原料、工艺、包装、颜色、造型、气味、味道)的质量与特色,餐厅的阳光、绿化、设施、音乐、艺术表演、用具,餐具和餐饮服务(速度、方式、程序)等的质量与特色等。不仅如此,现代酒店为顾客提供更多方便,酒店产品具有多种功能,如酒店多功能、客房多功能、餐厅多功能等。酒店多功能是指酒店的住宿功能、餐饮功能、会议功能、商务功能、健身功能、购物功能和休闲功能。客房多功能是指客房的住宿功能、洗浴功能、化妆功能、办公功能、读报功能、看电视功能、聊天功能和用餐功能。餐厅多功能是指现代餐厅已不仅是提供餐饮的场所,更是一个包括休闲、宴会和交际等多元化的场所。因此,现代餐厅不论在空间、家具、照明、色彩、风格等方面的设计,还是在背景音乐、温度和湿度等设计上都要考虑到餐厅的特色和使用效果。同时,餐厅应使顾客感受到不同的民俗和文化。例如,西餐厅外观和内部装饰以欧式风格为主,餐厅摆设艺术品和装饰品,包括绘画、雕刻、传统的欧美酒水、面包和奶酪等;中餐厅以中国宫殿或花园为背景,餐厅内陈设中国传统的字画和艺术品。同时,现代酒店产品呈现个性化,体现在建筑特色、客房特色、环境特色、餐饮特色、服务特色和办公用品特色上。例如,客房布局和风格可以是中国传统风格、欧洲风格、中西合璧风格。此外,现代酒店产品趋向自动化,表现在客房的计算机和网络系统、电子门锁、房间音响系统、通信系统和窗帘与灯光控制系统等。不仅如此,现代酒店还强调安全与舒适,酒店采取严格的措施保证顾客的生命和财产安全,并完善各种设施和服务,使顾客在入住和消费期间都感到舒适和满意。

质量用来表达产品本质的规定性和数量上的规定性概念。质是产品所固有的、特点方面的规定性,量则是关于产品的范围和程度的规定性。酒店产品质量是指酒店房务产品、餐饮产品和会展产品等的适用性,即酒店产品适合顾客需求的程度。由于顾客对产品质量的要求不同,因此质量具有相对性、时间性和空间性的概念。优质的酒店产品质量标准应是“产品适用性”的一种定性和定量的表现。但是,由于技术、经济、环境和心理因素等原因,同一质量标准对某一顾客适宜,而对另一顾客可能不适宜。这就要求酒店在严格遵守统一的质量标准前提下,千方百计地满足不同顾客的需求。当今,酒店产品质量建立在满足顾客的需求上,使产品性能和特征总体具有满足特定顾客需求的能力。因此,酒店产品质量的实质是产品满足顾客需要的程度,顾客需求是确定产品质量高低的标准。根据研究,酒店产品质量不仅是指产品本身质量(例如客房、菜肴或酒水等的质量),还包括工作质量和工序质量。工作质量是指为保证和提高产品质量实施的技术工作、管理工作和组织工作的质量、效率和效果等。工作质量常反映在产品质量的高低和不合格产品的数量等方面。而工序质量是指满足产品生产质量的程序,例如影响房务产品质量的工序质量有迎宾质量、行李服务质量、前台接待质量和客房清洁质量等，影响餐饮产品质量的工序质量有原料采购和贮存质量、原料加工与烹调质量、餐厅服务质量等。优质的工作质量和工序质量是酒店产品质量的保证。

3. 价值和满意

价值是酒店市场营销中的一个重要概念，是满足顾客需要的某种效用。因此，顾客面对诸多的酒店产品与服务，作出购买选择的依据是他们对各种酒店产品与服务中的价值的理解。

满意是指顾客对酒店产品可感知的效果与其期望值相比较后，所形成的愉悦感的状态。如果某一产品的效用低于顾客的期望，顾客会感到不满意；如果产品的效用符合顾客的期望，顾客会感到满意；如果产品的效用高于顾客的期望，顾客会感到十分满意。通常，顾客在购买酒店产品时，总希望把货币、时间、精力和体力等成本降到最低。同时，又希望从购买酒店产品中获得更多的实际利益以使自己的需要得到最大限度的满足。这样，顾客在选购酒店产品时，常从价值与成本两个方面进行比较分析，从中选出价值最高、成本最低，即"顾客让渡价值"最大的酒店产品作为优先购买的对象。由此，顾客所获得的让渡价值越大，顾客满意的程度就越高。通常，顾客购买酒店产品时首先要考虑货币成本的大小。因此，货币成本是构成顾客购买总成本的基本因素。在货币成本相同的情况下，顾客在购买酒店产品时还要考虑所花费的时间、体力和精力等。这样，这些成本的支出也是构成顾客购买总成本的重要因素。所以，酒店为在市场竞争中战胜对手，吸引更多的潜在顾客，就必须向顾客提供比竞争对手更具有"顾客让渡价值"的产品才能提高本酒店产品的知名度。这样，当顾客为获取酒店产品所付出的成本超过所得到的价值时，顾客不满意就会发生。因此，酒店必须加强内部各职能部门的合作，实施产品创新，协调企业各环节和各职能部门，适当降低成本或提高产品的价值，其中包括产品的功能、质量、特色和附加值等，才能提高顾客对酒店产品的满意度。

(1)顾客让渡价值

顾客让渡价值是指顾客购买酒店产品获得的总价值与顾客为购买酒店产品付出的总成本之间的差额，可理解为顾客购买酒店产品获得的净利润(见图1-4)。通常，这种价值常表现为顾客的一种感觉，称为顾客认可价值。其中，顾客购买总价值是指顾客购买某一特定的酒店产品所获得的价值或利益。例如，顾客购买房务产品所获得的环境价值、设施价值、服务价值及职工价值和形象价值等，这些价值组成房务产品的总价值。顾客购买总成本是指顾客为购买酒店产品所付出的时间、精力、体力及所支付的货币资金等，这些成本组成了总成本。例如，顾客购买房务产品所付出的各种成本的总和。因此，顾客让渡价值可通过以下计算获得：

顾客让渡价值 = 顾客购买总价值 − 顾客购买总成本

= (酒店产品价值 + 酒店服务价值 + 酒店职工价值 + 酒店形象价值) − (货币成本 + 时间成本 + 精力成本 + 体力成本)

(2)顾客购买总价值

1)酒店产品价值

酒店产品价值是指酒店产品中的有形因素的价值。例如，酒店建筑物、总体设施与设

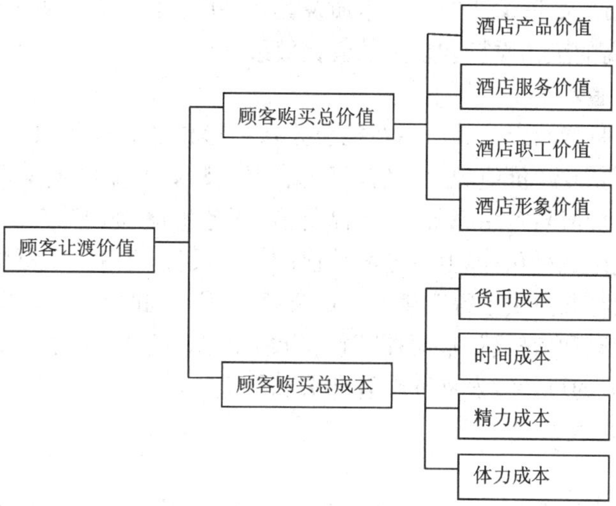

图 1-4　顾客让渡价值构成要素

备及其布局等组成的价值，房务产品的空间、房间设施、家具与布局及用品与布件等组成的价值，餐饮产品中的餐厅空间、设施布局、餐饮原材料和工艺等组成的价值。实际上，酒店产品价值是顾客对产品需求的核心内容，也是顾客选购酒店产品的首要因素。通常，酒店产品价值是决定顾客购买总价值的关键。酒店产品价值主要由顾客的需要来决定。因此，酒店在分析产品价值时应注意在经济发展的不同时期，顾客对产品的价值有不同的要求，构成酒店产品价值的要素相对的重要程度也不同。同时，在经济发展的同一时期，不同类型的顾客对酒店产品价值也会有不同的要求。他们在购买行为上会显示个性化的需求。这样，酒店必须认真分析不同经济发展时期的个人消费者和组织购买者对酒店产品需求的共同特点及同一时期不同类型的顾客需求的个性特征，并据此作为酒店产品开发与营销的基础以提高顾客对酒店产品的满意度。

2）酒店服务价值

酒店服务价值是指组成酒店产品中的无形因素的价值。酒店服务价值主要包括酒店的安全、信誉、等级、效率、舒适度、方便度、礼节礼貌及客房与菜肴的湿度和温度等。酒店服务价值是构成顾客购买总价值的重要因素之一。根据调查，近年来随着个人消费者和组织购买者的经济收入水平的提高和消费观念的变化，他们在选购酒店产品时，不仅注意酒店硬件价值的水平，而且更加重视酒店的服务质量、效果和特色。此外，顾客还关注酒店向顾客提供的附加值及实际利益。

3）酒店职工价值

酒店职工价值是指由酒店全体管理人员和基层工作人员的职业道德、知识水平、业务能力、工作效益与工作质量、经营作风及应变能力等产生的价值。根据研究发现，酒店职工价值直接影响酒店为顾客提供的产品质量和价值。通常，酒店职工价值可决定顾客购买总价值的高低。一个综合素质高并具有业务专长的酒店职工队伍，会比职业道德差且业务能力低的职工队伍为顾客创造更高的产品价值，从而创造更多的满意顾客而为酒店创造理想的客源和市场。因此，酒店的职工价值对企业、对顾客的影响大且不容易度量。

所以,酒店管理人员应高度关注职工的素质及其业务能力的培养,加强对职工的职业道德管理,使其保持较高的工作质量和理想的营销效果。

4)酒店形象价值

酒店形象价值是指酒店及其产品在社会公众中形成的总体形象所产生的价值,包括酒店的声誉、品牌与等级、价值观念、经营行为、工作技术、产品质量及坐落地点等所构成的价值。酒店形象价值与其品牌价值、产品价值、服务价值、职工价值等密切相关。在很大程度上,酒店的形象价值是以上多方面价值的综合反映。因此,良好的酒店形象价值会对酒店的产品质量与服务质量等产生巨大的支持作用。同时,这一价值会为顾客提供实质和心理上的满足感和信任感,从而提高顾客购买的总价值。因此,酒店应高度重视自身形象的塑造,为企业的可持续发展和顾客购买总价值提供保障。

(3)顾客购买总成本

1)货币成本

货币成本是指顾客购买酒店产品付出的货币数量,是构成顾客购买酒店产品总成本的关键因素。一般情况下,顾客购买酒店产品首先考虑货币成本的大小。

2)时间成本

通常,时间成本在酒店营销中起着很重要的作用。如果在顾客购买总价值与顾客付出的其他成本不变的情况下,时间成本越低,顾客购买的总成本就越小,而顾客让渡价值就越大。例如,顾客在购买餐饮产品时,需要等候一段时间。这样,在产品质量与特色相同的情况下,顾客等候购买产品的时间越长,所花费的时间成本越大,其购买的总成本也就越大。同时,等候的时间越长,越容易引起顾客对企业的不满。这样,顾客放弃购买的可能性就会增大。因此,努力提高工作效率,在保证产品质量的前提下,尽可能减少顾客支出的时间,会创造更大的顾客让渡价值。

3)精力与体力成本

精力与体力成本是指顾客购买酒店产品时,在精神和体力方面的支出。在顾客购买总价值与顾客付出的其他成本一致的前提下,精力与体力成本越小,顾客为购买酒店产品所支出的总成本就越低,从而顾客让渡价值就越大。由于个人消费者和组织购买者在购买酒店产品的过程中常包括多个环节,如产生需求、寻找信息、判断选择、决定购买和实施购买等,则在购买酒店产品的过程中,需付出一定的精力成本与体力成本。通常,当个人消费者和组织购买者对某种酒店产品产生了购买需求后,就需要搜集该产品的有关信息。如果酒店能通过多种渠道向潜在的顾客提供全面而详尽的产品信息和相关服务,就可以减少顾客所付出的成本,从而便降低了顾客购买总成本,进而提高了酒店的营销效果。

4. 交换和交易

交换是酒店以提供房务产品、餐饮产品和会展产品作为回报并从顾客中得到货币的行为。当顾客决定通过交换来满足其酒店产品的需要和欲望时,就产生了酒店市场营销。当然,交换要在一定的条件下才能发生,这些条件通常包括5个方面:①交换双方;②每一方都能为对方提供所需要且有价值的东西;③每一方都有沟通信息和传送被交换物品的能力;④每一方都有接受或拒绝对方产品或服务的自由;⑤每一方都认为同对方交换是合适而满意的。上述条件使交换成为可能,而酒店与顾客交换的前提还要取决于买卖双方是否能够找到互相认可的交换条件,即双方都从交换中受益。交换不一定要以货币为媒介,也可以是非货币交换。

交易是酒店市场营销的核心,是指买卖双方进行价值交换的行为,是交换的基本组成部分,常以货币为媒介。一项交易常包括3项具体内容:①至少具备2件有价值的物品;②买卖双方同意的交换条件、时间和地点;③具有法律制度约束双方的交易行为。当今,在激烈的酒店市场竞争条件下,企业家意识到,酒店营销不仅应实现某一独立的交易行为,还应致力于建立与顾客的互利互惠的伙伴关系,建立和发展与顾客持续的业务和稳定的交易关系。从酒店的长远营销效果分析,这种关系会转变成顾客终身价值。所谓顾客终身价值,是指每个酒店产品的购买者在未来可能为酒店带来的收益总和。

5. 关系和网络

关系是指买卖双方由交换而产生的供求联系、互惠互利和长期合作等。由此,酒店与消费者、产品互补企业、供应商、分销商、竞争者等及政府机构与其他公众建立和发展的良好互动关系的营销活动称为关系营销(见图1-5)。关系营销的结果为酒店带来营销资产,即营销网络。酒店营销网络是指酒店与其长期建立的并互相信赖的合作伙伴。关系营销使得酒店与合作各方实现各自的目的与需求,互利互惠,长期合作。例如,酒店与航空公司和旅行社联合制定奖励措施,将飞机票和酒店的房务产品进行捆绑销售,使它们共同受益。

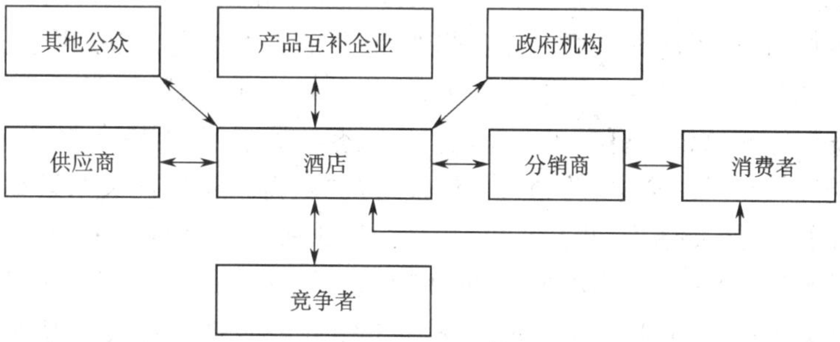

图1-5　酒店关系营销构成

根据调查,酒店进行关系营销可以将一般的个人消费者或组织购买者发展为忠诚的顾客,甚至成为向他人推荐的倡导者(见图1-6)。从而促成酒店的重复销售而成为酒店的营业收入和利润的源泉。因此,酒店关系营销表明,酒店的营销活动不仅是为了实现与顾客之间的交易,更是为了建立起对双方都有利的长期稳定的合作关系,而传统的交易营销是仅以交换为基础的营销活动,酒店与顾客的关系由交易而产生,随着交易的停止而结束。相反,以关系为基础的营销活动,是通过发展长期稳定的顾客关系来建立顾客忠诚而提高酒店的市场竞争力。20世纪90年代美国学者唐·E.舒尔茨(Don E. Schultz)认为,关系营销内涵应包括4个关键因素(4Rs):关联(Relevancy)、反应(Respond)、关系(Relation)和回报(Return)。当今,酒店与顾客已成为命运共同体,在经济利益上相关。因此,酒店应建立和保持与顾客的长期合作关系,及时倾听他们的需求并作出反应,满足顾客的实际需求(见表1-2)。

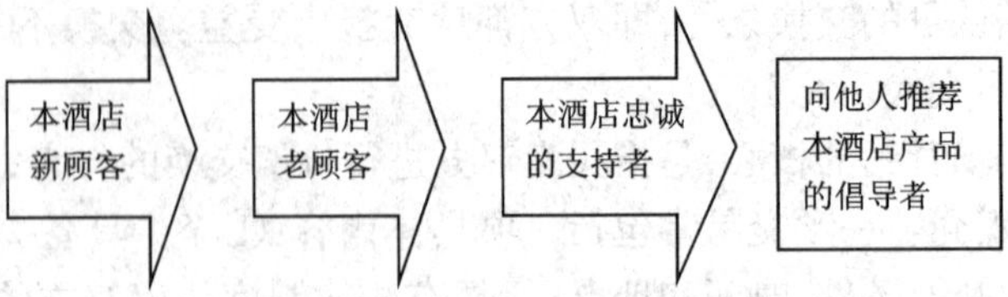

图 1-6　关系营销提升顾客忠诚层次

表 1-2　交易营销与关系营销的不同营销观念

交易营销特点	关系营销特点
重视单项经营	重视联系顾客
轻视与顾客的持续联系	重视与顾客的持续联系
重视产品的个性	重视顾客的价值
关注短期销售	重视长期销售
产品个性化差	产品个性化强
有限的服务承诺	高度的服务承诺
营销部门重视质量	所有的职工重视质量

营销学家菲利普·科特勒认为,精明的营销者会同顾客、分销商和供应商建立长期的信任和互利的合作关系,这些关系是靠不断承诺和给予对方高质量的产品、优良的服务和公平的价格来实现的,也是靠双方成员之间的经济技术和社会联系来实现的,双方也会在互相帮助中更加信任、了解和关心对方。此外,酒店的关系营销在很大程度上依赖信息技术。例如,酒店的信息系统建立了客户档案,记录了顾客类型、购买目的、购买时间、购买频率和产品偏好等。这样会更有效地发现目标顾客的需求,从而提高营销效率。

在传统的交易营销理念中,营销人员仅仅重视"赢得顾客",而关系营销不仅讲究"赢得顾客",更重视"拥有顾客"(见表 1-2)。因此,基于关系营销观念的酒店营销人员不断地倾听顾客的意见,处理好顾客的投诉,对多次重复购买产品的顾客给予奖励,包括快速办理入店和结账手续,设立积分卡,采用价格打折和优惠及产品升级等措施。许多酒店成立了顾客俱乐部,经常向俱乐部成员提供新产品的信息,培养顾客忠诚度。根据调查,采用关系营销策略的酒店应采取更加主动的营销策略,重视产品的质量和特色及酒店整体的营销规划与活动,否则便无法达到预想的营销效果。根据营销人员的实践可知,如果酒店只采用优惠和奖励措施,那么只能换回部分顾客的忠诚度或有限的忠诚度。随着我国市场经济的发展和完善,关系营销作为一种新的营销观念对酒店营销发挥着愈加重要的作用。

6. 市场营销者和潜在顾客

市场营销是酒店与顾客双方处于平等条件下的交换活动。基于营销学的原理,可将交换双方中比较主动与积极的一方称为市场营销者或卖方,另一方称为潜在顾客或买方,包括消费者和组织购买者。实际上,市场营销者是指向他人寻求资源并愿意提供某种有价值的东西作为交换的组织或个人。这样,卖方构成了酒店业,而买方构成了酒店市场(见图 1-7)。通常,酒店产品的买卖双方通过 4 个流程连接在一起而形成了酒店营销系统。在该系统中,卖方将酒店产品传送到酒店市场。反过来,卖方又从酒店市场中获得货币和需求信息。

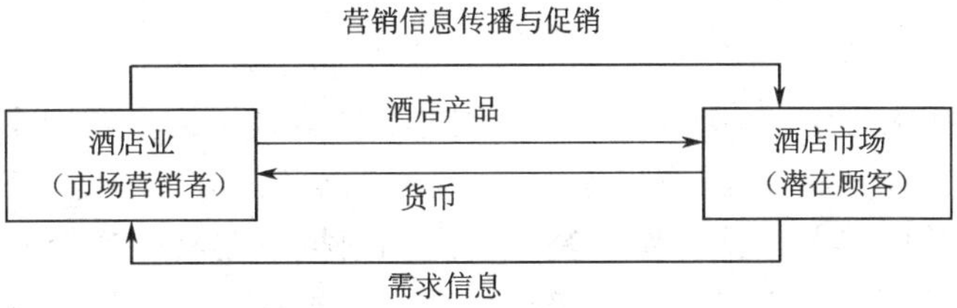

图 1-7 市场营销者与潜在顾客的关系

第三节 酒店营销观念及其发展

酒店营销观念是指酒店从事营销活动时所依据的行为准则，是酒店经营的哲学，是酒店如何处理企业、顾客和社会三者之间利益关系的指导思想。酒店营销观念的产生来自于国际上整体市场营销观念并随其发展而发展。当今，随着商品经济和旅游经济的发展，酒店营销观念的发展由企业利益导向转变为顾客利益导向，再发展为社会利益导向。酒店营销观念的发展反映了社会生产力的进步以及酒店市场由卖方市场为主导向买方市场为主导的方向发展。

一、以企业为中心的营销观念

1. 生产观念

生产观念是一种以生产为中心的营销观念，是卖方市场条件下的产物。在这种思想指导下，酒店的营销活动以生产为起点，其任务就是不断地扩大生产能力、增加产量，不断地提高生产效率、降低成本。在酒店产品的早期市场，酒店产品供不应求，酒店产品品种少，酒店处于市场营销的主导地位。因此，酒店只要扩大客房的数量，增加餐厅的数目，增加菜肴和酒水的销售量，就会获得理想的营业额和利润。所以，酒店营销活动的核心是从生产量中取得利润。我国酒店业生产观念约产生在 20 世纪 80 年代初期。那时，酒店业处于发展初期，市场上的酒店产品供不应求、种类较少，需求方处于被动地位。在这种市场环境下，酒店的任务就是发展生产、提高产量，因而轻视市场营销。随着我国社会经济和旅游业的发展，酒店产品供应量不断增长，生产观念已经不适应旅游业和酒店业的发展和营销，而生产观念作为一种传统的酒店营销思想逐渐被新的营销观念取代。

2. 产品观念

产品观念是一种以产品为中心的酒店营销观念。这种观念的核心是只要酒店能够生产质量上乘、价格合理的房务产品、餐饮产品和会展产品等，就会受到市场的欢迎。根据调查，20 世纪 80 年代后期，我国酒店业的营销观念基本上以产品观念为核心。实际上，产品观念是酒店生产观念的另一种表现形式，并没有实质性的发展和变化。在这种观念的指导下，酒店集中精力于房务产品和餐饮产品等的开发与生产，而轻视对酒店产品的市场需求和潜在需求的调查和研究。因此，产品观念片面地强调了产品质量而对市场需求关注不够。尽管这种营销观念强调优质的产品,然而最终却找不到销路,使企业陷入困境。

3. 推销观念

推销观念在我国产生于20世纪90年代初期,并取代了以生产观念或产品观念为主导的营销思想。它从"以生产或产品为中心"转向"以销售为中心"。其宗旨是千方百计地推销酒店产品并从扩大产品销售中获取利润和回报。在生产观念和产品观念的指导下,酒店最关心的是提高酒店产品的生产量和质量。而基于推销观念,酒店把注意力集中于产品的推销策略与推销方法。根据调查,酒店推销观念的产生原因是酒店市场的发展和变化,酒店市场由卖方市场转向买方市场,酒店之间的市场竞争日益激烈,酒店产品的销售遇到了困难而使企业资金占压严重,利润难以实现。因此,酒店的产品生产和销售停滞不前。在这种前提下,酒店业越来越关注其产品的销路,集中全力创造和采用各种推销策略与方法以提高其产品的销售量。当时,酒店管理者认为有效的推销活动能够激励消费者的需求和购买行为。因此,酒店的任务就是通过各种推销手段使消费者和组织购买者对其产品发生兴趣并产生购买行为,从而扩大酒店的销售并取得利润。这样,在推销观念的指导下,酒店管理者开始理解市场营销并加强推销。这种指导思想比起生产观念和产品观念确实是一个进步。但是,问题在于推销观念仍然以酒店的主观生产和销售为前提。如果酒店的产品不适应市场需求,那么再好的产品质量和推销技巧也显得无能为力。

二、以顾客需求为中心的营销观念

我国的酒店市场营销观念产生于20世纪90年代后期,是一种以市场需求为中心的酒店经营哲学。酒店市场营销观念认为,酒店应以顾客需求为导向,协调各种营销活动以达到顾客对本企业产品的满意并实现酒店的营销目标。因此,基于这种导向,酒店以顾客的需要为依据制定本企业的产品策略、价格策略、分销策略和营销信息传播与促销策略等。现代酒店作为酒店产品的生产者和营销者,只有在产品达到顾客满意的前提下,才能实现其价值并获取利润。通常,在激烈的酒店市场竞争中,谁能比竞争者更好地满足顾客的需求,谁就会获得可持续发展的机会。根据统计,在近20年中,我国酒店产品的供应量剧增,酒店产品非常丰富,产品更新换代周期不断缩短,酒店的品牌也不断增加。近5年,世界上著名的酒店集团大多落户于我国。同时,顾客对酒店产品的购买力也大幅度提高。当然,我国各地酒店产品的消费需求也持续上升,并且顾客对酒店产品有了很大的选择空间。近几年来,我国的一些城市,酒店产品供应量超过了顾客的需求量,酒店之间的市场竞争日益激烈,顾客占据了市场的主导地位。因此,酒店营销策略发生了根本的变化,传统上以产定销的营销观念不能为酒店带来利润。这样,酒店的经营者在充分了解市场需求的情况下,根据顾客的现实需求和潜在需求确定其产品的生产和销售,使酒店的运营得到了可持续的发展(见图1-8)。

三、营销观念的发展与完善

1. 社会营销观念

我国的酒店社会营销观念形成于21世纪初期,并已经被企业采纳且在实践中发挥着

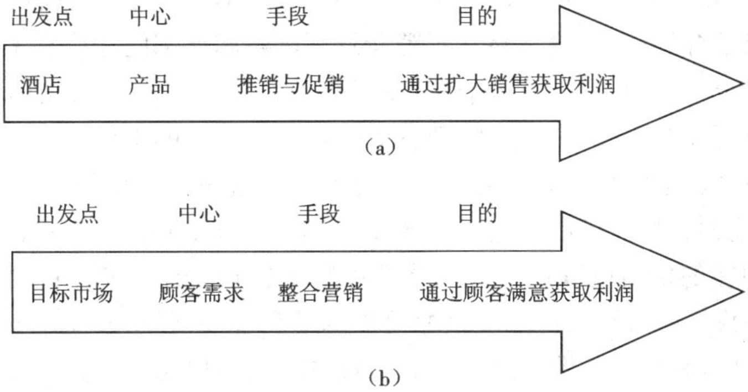

图 1-8　不同的酒店营销观念

(a)以企业为中心的营销观念;(b)以顾客需求为中心的营销观念

显著的作用。近年来,这一营销观念又得到了进一步的补充和完善。当今,世界范围的资源短缺、环境污染越加严重等问题不断地出现并引起了各国政府和社会的关注。与此同时,消费者保护主义以各种形式批评一些企业为了牟取利润而不惜损害公众利益的行为。这些新的观念强调酒店不仅要对消费者负责任,更要对社会负责任。基于这种条件,酒店不仅要致力于满足顾客的需要并为本企业获取利润,还必须对社会利益负责并处理好酒店产品的购买者和社会长远发展之间的矛盾。这样,酒店在制定营销决策时必须兼顾三方面的利益:顾客(消费者和组织购买者)需求与利益、社会利益和酒店利益与利润(见图1-9)。从而,酒店的营销活动不仅能从顾客的满意中获得利润,还有益于社会的发展。当今,一些酒店采用了多项营销策略以达到社会公众对酒店社会责任的认可,包括酒店的环保认证、使用无公害洗涤材料、建立污水处理设施等。

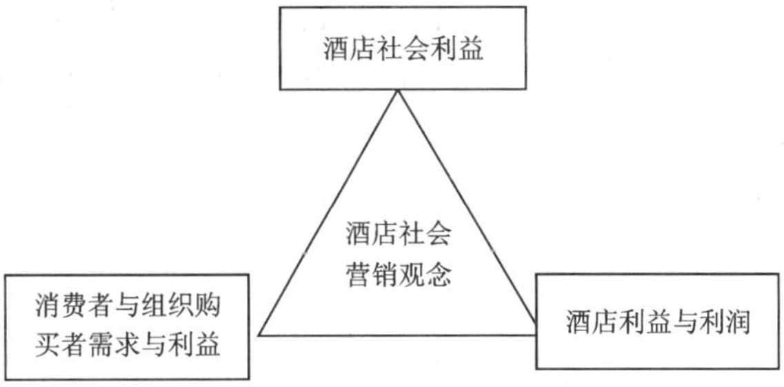

图 1-9　酒店社会营销观念关注的三个要素

2. 整合营销观念

当今,整合营销已成为酒店业的一种新的营销观念。整合营销是指酒店必须调动企业内外所有的资源并有效地协调各职能部门,通过积极的努力以提高酒店的服务水平达到顾客满意的营销观念。当然,酒店整合营销必须以消费者和组织购买者的信息沟通为基础,将酒店品牌、营销观念、产品价值和特色、销售渠道、促销策略、服务方法和酒店外部的合作组织整合为一体,使它们发挥更具有营销效果的措施。酒店整合营销观念绝不是简单的营销理念和方法的拼凑,也不是普通的精简企业机构,而是有计划、按系统、循序渐进、针对长期营销效果审慎而积极地进行酒店内外营销资源整合。酒店整合营销的关键在于全体职工对整合的认识,由于整合营销涉及酒店各职能部门和所有工作人员的利益。因此,酒店管理人员必须对职工进行培训,使职工认识到个人利益与集体利益、眼前利益与长远利益的辩证关系。同时,酒店管理者应强调整合营销的重要功能,使全体职工理解和支持。酒店整合营销的核心理论是4C营销组合。这一理论认为,当今酒店应将顾客放在第一位,关注顾客的需求和欲望(Consumer's Wants and Needs);注意顾客的购买成本和本企业产品内在的价值以满足顾客的需求和欲望(Cost and Value to Satisfy Consumer's Wants and Needs);为顾客购买产品提供尽可能的便利条件(Convenience to Buy);同时,酒店应加强与顾客的信息沟通,深入地了解顾客需求,提高顾客对企业的忠诚度(Communication with Consumer)(见图1-10)。实际上,整合营销观念是对酒店资源全方位的审视与重组,从营销工作的各方面认真分析,包括目标市场、顾客忠诚度、职工对酒店的满意度、酒店销售策略及市场竞争优势等,并综合酒店内部和外部的所有力量,达到整体营销的效果。此外,酒店整合营销不仅是管理者的工作,全体职工也必须参与及合作。由于酒店各部门工作任务各异,因此酒店整合营销的实施必须有针对性并落实到营销效果上。酒店整合营销并不意味着酒店所有的职工都去搞营销,而是要将营销理念、市场意识、服务意识贯彻到每个工作岗位。管理人员应激励职工去热情地工作,将自己的工作与市场需求相联系,使每个职工都意识到本岗位工作是营销链中的必要一环,相互协调成为营销整体。酒店决策层应将酒店的发展与市场紧密结合,将经济效益与社会效益相结合,将长期效益与短期效益相统一并积极协调各部门,使其不偏离酒店的整体营销目标。在当今的市场经济环境下,酒店的生存与发展离不开与酒店外部资源的合作。例如,供应商应以合理的价格为酒店提供高质量的原材料和设施,银行在酒店需要的时候可提供资金,确保酒店的有效运营。广告公司可用较低的成本将酒店营销信息传达给目标顾客。中间商可以有效地分销酒店的各种产品等。根据研究可知,酒店外部资源的整合影响酒店的营销效果,也影响顾客对酒店的满意度。因此,酒店整合营销包括酒店内部资源的整合、酒店外部资源的整合及酒店内外部资源的整合等。当然,酒店整合营销还包括酒店营销过程、营销方式及营销管理等方面的整合。

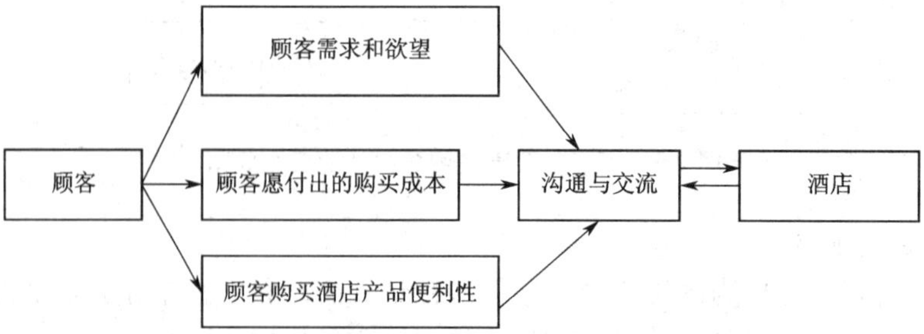

图1-10　酒店整合营销中的4C营销组合

本章小结

酒店市场是酒店营销的出发点与归宿，是酒店产品交换的场所，酒店的一切营销活动都围绕着市场展开。酒店市场是酒店与顾客进行交易的场所，代表消费者和组织购买者对酒店产品的需求，是买方和卖方、供给和需求相互作用的总和。酒店营销，全称为酒店市场营销，是酒店在市场环境中，为满足顾客的需求，通过市场分析、产品开发、价格制定及促销方式等步骤，将产品销售给顾客的一系列经营活动。酒店营销的含义是发展和变化的，它随着市场的发展和酒店营销活动的变化而发展，主要表现在酒店营销活动的指导思想和人们对酒店营销本身的认识。酒店营销观念是指酒店从事营销活动所依据的行为准则，是酒店经营的哲学，是酒店如何处理企业、顾客和社会三者利益关系的指导思想。酒店营销观念的产生来自于国际上整体市场营销观念并随其发展而发展。当今，随着商品经济和旅游经济的发展，酒店营销观念的发展由企业利益导向转变为顾客利益导向。目前，已发展为以社会利益为导向。

思考题

1. 名词解释

酒店市场　顾客让渡价值　市场营销者　营销观念　酒店职工价值

2. 问答题

①简述酒店市场含义、特点及功能。

②简述酒店市场类型及其特点。

③简述交易营销与关系营销的不同营销观念。

④对比分析酒店的不同营销观念。

⑤选择一个熟悉的酒店，分析其营销观念和运营情况。

案例分析

酒店营销名家——埃尔斯沃思·斯塔特勒

埃尔斯沃思·斯塔特勒(Ellsworth Statler)出身贫寒，凭着认真钻研业务的精神和超前的营销意识，在酒店营销中取得了极大的成就。从13岁开始，作为礼宾部服务员的他就对酒店营销产生了强烈的好奇心和求知欲。因此，他向酒店各部门的职工学习业务，包括房务部、餐饮部等，并了解各种产品服务和销售中的细节。后来，由于他认真工作和刻苦学习，获得晋升担任管理职务。他作为管理人员，开始研究产品开发及提高营业收入和利润的营销方法与策略。当时，通过研究市场需求，他在酒店增加了新的业务项目——预订与销售火车票服务，并征得了酒店营销部和上级管理人员的同意。

1908年埃尔斯沃思·斯塔特勒通过筹资，自己经营了一家酒店——斯塔特勒酒店，并在酒店的客房中开发和调整了爱顾客青睐的设施、家具和设备,还增加了服务项目。其中,在客房中增加了浴室和壁橱并提供24小时的冰水服务,在客房内安装了电话,在客房门旁安装了电灯开关,在每个床前安装了床头灯,在客房中配备了带文具的写字台。这一切使得他经营的酒店声誉不断地提高,营业收入和利润也随之持续增加。

1927年他在克利夫兰、底特律和圣路易斯等地经营了多家酒店。后来,他在纽约市建起了当时最大的、拥有2002间客房的宾夕法尼亚酒店(Hotel Pennsylvania)。这家酒店是当时世界上最大的酒店,而斯塔特勒也开始了酒店的内部营销工作。他为顾客和职工提供了尽可能多且周到的服务。他实行1周6个工作日,为职工提供带薪假期和免费的医疗服务,他又设计了利润共享的职工激励策略,使每个职工自由持股。这一内部营销使斯塔特勒得到了意想不到的营销效果,使其酒店继续壮大和发展。

斯塔特勒从多年的经营中总结出,酒店应为顾客提供方便、舒适和价格合理的产品。为了达到这一营销与服务宗旨,他在酒店建筑结构、客房、餐厅和厨房的布局中进行了创新与变革。至目前,斯塔特勒当时在酒店各方面的创意和创新仍在世界各国的酒店中保持先进,甚至是处于领先地位。例如,合成一体的门锁与门把手、设在门把手中间的钥匙孔、房间内的电话与局部照明设施、客房中的浴室和镜子、客房中冰水与专用水龙头、客房内的免费报纸等。基于斯塔特勒的经营业绩和他的名气,一些大学聘他为兼职教授,讲授营销学。

斯塔特勒认为,顾客永远是对的(The Guest is Always Right)。在斯塔特勒酒店员工人手一册的服务守则上,写道:一个好的酒店,它的职责就是要比世界上任何其他酒店更能为顾客提供满意的服务。实际上,"顾客永远是对的"这句格言意义深刻,主要是指一个酒店成功的营销,其前提是服务于目标顾客。因此,酒店的坐落区域、所有的设施和服务都应当以目标顾客的需求为基础。

美国酒店业刊物《饭店月刊》(*Hotel Monthly*)的著名编辑和出版商约翰·威立(John Wiley)曾这样描述斯塔特勒:"斯塔特勒先生的天才既在于他的创造性和适应性,又在于开发酒店产品时表现出来的精明。他既是一个具有营销战略的管理者,又是一个善于营销实践的营销者。"

讨论题

①根据本案例,分析酒店营销的基本概念和营销特点。

②结合本案例,论述酒店营销的主要观念及其意义。

第二章

酒店营销环境

任何事物的存在与发展都离不开特定环境的影响，酒店的市场营销也是如此。实际上，酒店营销过程就是酒店的营销管理者努力使本企业的可控因素与外界的不可控因素相适应的过程。因此，关注酒店内外环境的变化，识别酒店环境变化给酒店带来的机会和威胁是酒店营销管理的基础和任务。通过本章的学习可以了解酒店的营销环境的含义与构成，熟悉酒店营销环境及其特点，掌握酒店营销的宏观和微观影响因素及其内涵与分析方法。

第一节　酒店营销环境概述

环境是指事物外界的情况和条件。任何酒店都生存在一定的环境中，这种环境实质上是一种社会的生态环境。酒店的生存和发展依靠社会环境和营销环境。

一、酒店营销环境含义与构成

酒店营销环境，全称为酒店市场营销环境，主要是指与酒店营销活动有关的外部因素和内部体系的集合。科特勒认为，市场营销环境就是影响企业的市场和营销活动的参与者和影响力。酒店营销环境包括酒店营销的宏观环境和微观环境，其中酒店宏观环境是指与酒店营销有关的间接营销环境，包括人口环境、经济环境、自然环境、政治法律环境、科学技术环境和社会文化环境等。酒店微观环境称为直接营销环境，是指对酒店营销有直接影响的环境因素，包括供应商、酒店、营销中介、目标顾客、竞争者和社会公众等（见图2-1）。这两种营销环境不是并列的关系，微观环境受宏观环境制约，宏观环境借助微观环境发挥作用。酒店营销环境是客观的，酒店很难改变营销环境。然而，酒店可以积极地去影响环境，规避环境威胁，使环境有利于酒店的生存和发展。

二、酒店营销环境特点

1. 客观性

首先，酒店营销环境是客观存在的，无论酒店营销者主观上是否认识，事实上酒店市场营销活动总是在一定的外部和内部环境因素影响和制约下进行着。因此，环境作为酒店营销部门外在的并不以营销者意志为转移的因素，对酒店营销活动具有影响作用并具有强制性的特点。然而，事物发展与环境变化的关系是适者生存、不适者淘汰。这一规律完全适用于酒店与其营销环境的关系。

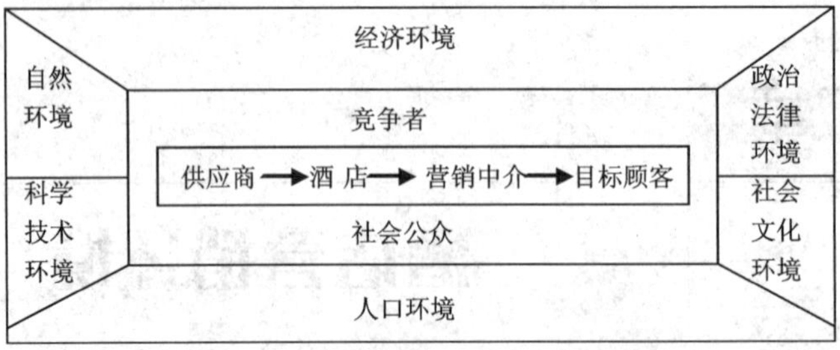

图 2-1　酒店营销环境构成要素

2. 不可控性

通常,酒店外部营销环境因素的变化对于酒店营销是不可控的。例如,酒店不可能控制国家的政策法规,也不可能控制某地区人口的发展及变化趋势。同样,酒店不可能控制竞争对手的经营状况。但是,酒店在不可控的营销环境下绝不是完全被动的。因为影响酒店营销和发展的环境中,许多因素可通过企业的努力得到改善。例如,酒店的产品质量和特色、酒店产品的推销策略、酒店的公众形象等都可以通过自身的努力得到改变。因此,酒店应当主动适应环境的变化和发展。

3. 差异性

不同的国家和地区,酒店面临的宏观营销环境存在广泛差异。当然,各酒店的微观环境也千差万别。然而,同一环境对酒店营销而言,其影响的程度也会不同。应当说,酒店的营销环境总是受一定的空间制约。因此,分析酒店的营销环境,总是要考虑其不同的地域特点。酒店必须面对不同的环境影响,采取有针对性的营销策略。

4. 相关性

酒店的营销环境十分复杂,构成因素多,涉及范围广,从而构成了酒店营销环境要素之间的关联。其中一个因素的变化可能导致环境中其他因素发生变化。例如,一个地区的人口因素变化对酒店的运营和营销构成影响,而一个地区的交通设施发展也与酒店的市场发展存在着相关性。同样,食品原料价格的变化不仅影响到酒店餐饮产品的变化,而且也影响到旅行社的产品价格、会展运营企业及竞争对手等的产品价格。

三、营销环境与酒店营销的关系

根据调查,市场营销环境对酒店的营销和发展有着极大的影响。由于酒店的营销环境有宏观和微观之分,那么环境的作用也就不尽相同。通常,酒店的宏观环境因素是经常变化的。其变化对酒店的营销活动从两个相反的方面施加影响,为酒店提供了新的营销机会,即为酒店创造了新的未被满足的市场需求。从而为酒店进一步的运营与发展创造了条件。相反,它可能会对酒店的营销与发展形成障碍或限制,使酒店的营销活动处在困难之中。当然,微观环境可能不会直接给酒店带来机会或威胁。但是,微观环境会影响酒店的竞争力和经济效益。因而,它关系着酒店的可持续发展问题,是酒店必须认真分析和研究的内容。

由于酒店外部营销环境是酒店不可控的因素。因此,酒店同其外部营销环境之间的主要关系是一种适应关系，即酒店要适应外部环境的要求，并根据外部环境的变化而制定本企业运营战略和营销计划。同时，酒店应结合其内部条件，寻找和发现营销机会（见图2-2），避免和减少市场威胁，并通过制定正确的市场营销战略和推销策略实现酒店的营销目标。

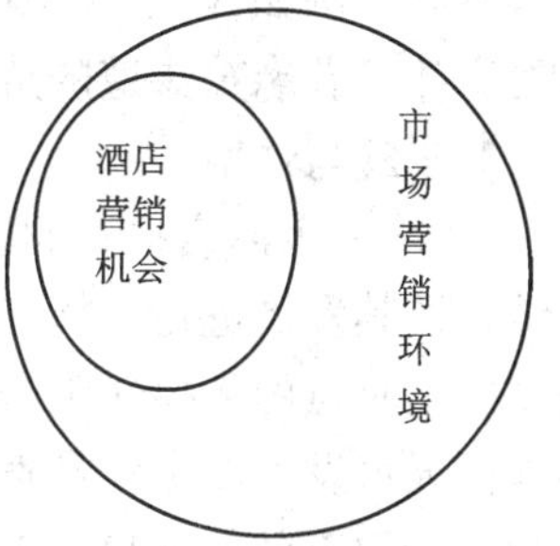

图2-2　酒店营销机会

酒店营销环境决定着酒店的命运并影响酒店的营销效果。如果一个酒店的营销与其所处的营销环境因素相违背，其营销活动就无法进行。例如，酒店的级别、类型及产品价格等与其所在市场的经济发展不符或其产品的价格超过了消费者的购买力，人们就会不购买或减少购买酒店产品。因此，酒店在实施营销活动时，要对其市场环境进行深入的研究，以保证酒店在竞争中持续发展。当然，酒店在市场营销中绝不能仅仅消极地适应环境。应该说，在适应环境的前提下，应关注是否可对营销环境施加影响，从而使环境向着有利于酒店营销的方向发展，进而为酒店创造更多的营销机会。

第二节　酒店营销宏观环境

酒店营销的宏观环境是指作用于微观环境或直接环境并可能带来市场机遇或造成环境威胁的主要社会力量。酒店营销的宏观环境对于酒店营销活动的影响至关重要。酒店营销的宏观环境主要包括人口环境、经济环境、自然环境、政治法律环境、科学技术环境和社会文化环境等。

一、人口环境

市场营销学认为，市场由具有购买愿望且具备购买能力的人构成。因此，人口数量与人口的社会结构是决定酒店市场潜在容量的关键因素。根据研究可知，酒店营销与地区人口的总量、分布、年龄、性别、社会结构、家庭状况、教育和职业等因素紧密相关。

1. 人口总量与分布

随着科学技术的进步、社会生产力的发展及人们生活的改善，人类平均寿命不断延长。随着人们经济收入的提高，旅游与休闲的消费需求持续增长。因此，酒店市场的发展潜力很大。我国现有人口超过13亿，这使我国成为世界上旅游与休闲产品及酒店产品需求较大的市场。这也是许多国外酒店集团与餐饮集团进入中国市场的一个重要原因。根据调查，世界人口存在着不同的流动态势，人口分布与流动会影响酒店市场的结构与目标市场的选择。目前，我国的一些城镇人口数量持续上升，表现在农村人口流入城镇，内陆人口流入沿海经济区，小城镇人口流入省会城市等。相反，一些国家的人口从城市流向郊区，从大城市流向小城市等。此外，经商、学习与旅游等原因加快了各地区的人口流动。鉴于以上原因，酒店营销人员应该明确各地区人口分布及流动等的特点，以便更有针对性地做好营销工作。当今，基于人口分布的情况及各地区的自然条件、经济发展水平及社会文化传统因素的不同，不同区域的消费者与组织购买者对酒店产品的需求和消费习惯也完全不同。例如,四川人与广东人对餐饮产品的需求与消费习惯有着明显的区别,四川人主要青睐具有麻辣味道的菜肴,而广东人喜爱口味清淡的菜肴。

2. 年龄与性别

当今,一个酒店,不论其是面对国内市场,还是面对国际市场,都必须对地区的人口年龄结构及其发展进行分析和预测,以适应其人口环境的变化。人口年龄结构是指在某一地区的某时点的人口年龄分布情况、各年龄组人口在总人口中所占的比重等。它表明了某地区人口发展的类型和速度,反映了劳动年龄人口和被抚养人口的比例。通常,如果在人口总量中青壮年人口占较大的比例,那么劳动力资源就相对丰富。一些学者认为,某些经济发达地区的新生儿出生率降低且有人口老龄化的趋势等,这可能为酒店提供更多的营销机会。

不同性别的人对酒店产品的需求也有一定的差异。这是因为不同性别的人,其购买酒店产品的习惯与购买行为有差别。根据调查,男、女人口数量在一个较大的区域内基本上相差不大,而在一个较小的区域内可能男士数量占较大的比重。例如,矿区、林区或较大的工地的男士的数量超过女士。同样,在某些行业中,女士数量占较大的比重。根据统计,不同年龄或性别的顾客对酒店等级、产品价格、房间种类与设施及餐饮产品等的偏好和需求不同。

3. 社会结构

社会结构是指一个国家或地区的阶层结构、城乡结构、就业结构和社会组织结构等。其中,阶层结构主要包括社会或企业的管理者、专业技术人员、个体工商户业主、普通职工等。根据研究,不同的人口社会结构,其对酒店产品的需求不同。因为不同阶层的消费者,其占有的各种资源不同,其消费需求和消费特点也不同。

4. 家庭状况

家庭是社会的细胞,也是酒店产品消费的基本单位。一个地区拥有的家庭数量和家庭平均成员的数量及家庭组成的状况,对于该地区酒店产品消费需求的潜力和结构都有着不同的影响。同时,家庭规模、家庭周期和家庭内的职业分布情况及户主的教育背景等因素对于酒店产品消费情况的影响也是显而易见的。例如,一些酒店房间类型和家具布局,特别是房间床铺的大小和个数等都是针对目标顾客的需求设计的。在欧洲与美国,大多数汽车酒店都建设了儿童乐园与天然游泳池,一些酒店的自助餐还设有儿童自助餐以吸引家庭食客。

5. 教育与职业

根据统计,不同的教育背景和职业的人,其生活环境、人生理念和生活方式等都存在着较大的差异,进而影响他们的消费方式。因此,有着不同教育背景和职业的人对旅游产品及酒店产品的需求与消费习惯有着一定的差异。酒店管理人员应关注人口受教育程度和职业结构对酒店营销的影响。

二、经济环境

所谓经济环境,这里是指酒店市场营销所处的外部经济条件。这一条件是影响酒店营销活动的重要环境因素之一。市场营销学认为,在人口环境既定的条件下,市场需求的规模与社会购买力水平成正比例关系。酒店营销的经济环境包括诸多因素。例如,一个国家或地区的产业结构、经济增长率、货币供应量、利率、汇率、通货膨胀、政府财政与税收政策等。然而,社会购买力与以上的各经济因素有着十分紧密的联系。因此,酒店管理人员必须密切关注经济环境的动向,特别要注意酒店客源地区的消费者或组织购买者的收入和支出及储蓄等微观经济环境因素。

1. 经济发展阶段

1960 年,美国经济学家华尔特·惠特曼·罗斯托(Walt Whitman Rostow)提出了一个国家或地区的"经济成长阶段论"。他认为,一个国家或地区的经济发展过程可分为 6 个阶段:传统社会阶段、经济起飞准备阶段、经济起飞阶段、走向成熟阶段、高度消费阶段和追求生活质量阶段。基于以上理论,处于较低经济发展阶段的国家和地区,消费者与组织购买者对酒店产品的需求集中在产品的功能、实用与价格上,而处于较高经济发展阶段的国家与地区,消费者与组织购买者青睐房务产品、餐饮产品和会展产品的个性。

2. 个人收入

个人收入是构成酒店市场的重要因素,个人收入水平及其分配模式不仅影响人们对旅游与休闲产品、酒店产品的购买能力,还影响酒店市场的规模和酒店产品需求的结构。人均收入、个人可支配收入、个人可任意支配收入等指标可用来衡量某地区酒店市场的容量和购买力水平。个人可支配收入是指在个人收入中扣除消费者个人缴纳的税款和非商业性开支后剩余的收入,是可用于消费和储蓄的个人收入,它构成了人们的实际购买力。个人可任意支配收入是指在可支配收入中减去消费者用于购买生活必需品的支出后剩余的部分。这部分收入是旅游业和酒店业开展营销活动时所关注的对象。这部分收入通常用于购买教育、休闲、旅游和酒店等方面的产品。此外,酒店营销人员在分析个人收入时,还必须区分个人的货币收入和实际收入。货币收入是个人在某一时期以货币表示的收入量;而实际收入是考虑物价变动因素后的实际购买力的反映。因此,当个人的货币收入不变时,其实际收入与物价变动成反比。这说明,在消费者货币收入不变的前提下,物价下降,消费者实际收入上升,购买力有所提高。相反,物价上升,消费者实际收入下降。

3. 家庭收入

家庭收入的高低会影响酒店产品的市场需求。一般而言,家庭收入越高,对旅游产品、休闲产品和酒店产品的需求就越大,购买力也越强。反之,则市场需求与购买力均小。此外,家庭收入与酒店产品需求的种类也有一定的联系。

4. 消费结构

酒店产品的市场需求不仅取决于消费者的收入水平,还受其消费支出模式的影响。消费支出模式是指人们在消费过程中所消耗的各种消费品及服务的构成,即各种消费支出占总支出的比例。德国统计学家恩斯特·恩格尔(Ernest Engel)在对英国、法国和德国等数个欧洲国家不同收入家庭调查的基础上,发现了关于家庭收入与各种支出之间比例关系的规律,提出了著名的恩格尔定律。后来,该定律被一些研究人员补充和修正。恩格尔定律指出,随着家庭收入的增加,用于购买食品的支出占家庭收入的比重会下降,用于住房和家庭日常开支的支出保持不变,而用于服装、娱乐、保健、教育和储蓄等支出会上升。其中,食品支出占家庭收入的比重称为恩格尔系数。目前,一些国家和地区将恩格尔系数作为衡量其生活水平高低的标准。根据该定律可知,恩格尔系数越小表明人们的生活越富裕。相反,一个地区的恩格尔系数越大,说明该地区的生活水准越低。例如,一个地区或一个家庭恩格尔系数在30% ~40%,说明这个地区或家庭的生活比较富裕。如果这个地区或家庭的恩格尔系数在50%及以上,说明他们的生活比较困难。在我国,随着社会经济的发展,恩格尔系数逐年下降,人们的消费结构发生了很大的变化。近几年来,在我国人们对休闲和旅游产品的消费逐年增加,对酒店产品和休闲餐饮的消费也逐年上升。因此,酒店营销人员应关注当今旅游与酒店市场消费的变化并及时制定出相应的营销策略。

5. 储蓄与信贷

对于一个消费者而言,其收入通常分为两部分:一部分可作为支付手段使用,形成现实的社会购买力,即现实消费。另一部分暂不支出,作为储蓄和投资。当消费者的收入固定在一个水平时,如果储蓄与投资数量增加,现实支出的数量就会减少,从而影响其消费需求。因此,人们的储蓄和投资数量越小,现实的支出数量就越大,社会购买力就越旺盛。当然,如果消费者的偏好是消费,那么其储蓄与投资就会减少。在现代社会中,信贷也是影响消费者的购买与支出能力的一个重要因素。信贷是一种预支的购买能力,它使消费者能够依据信用取得商品的使用权,然后消费者按照预定的期限归还贷款。这样,发达的商业信贷使消费者将以后的消费提前了,并扩大了当前的社会购买。此外,酒店营销人员还应当关注不同地区、不同社会阶层及不同职业等的个人收入及其增长率的差别等。

三、自然环境

自然环境是指自然界提供给人们的物质资料。例如空气、阳光、水、森林和土地等。随着人类社会的进步和科学技术的发展,世界各国都加速了工业化的进程。这样,一方面自然环境创造了丰富的物质财富,满足了人们日益增长的物质需求。另一方面,也产生了资源短缺和环境污染等问题。20 世纪 60 年代,世界各国开始关注经济发展对自然环境的影响,一些国家成立了环境保护组织,促使其政府加强环境保护的立法。目前,自然资源短缺和环境污染等问题使各国政府加强了对环境保护的干预,颁布了一系列有关环境保护的政策法规。因此,酒店必须关注环境保护并对自然环境保护担负责任。当然,酒店应制定有效的营销策略,既要消化在环境保护方面所支付的必要成本,又要在营销中挖掘潜力以保证营销目标的实现。

1. 自然资源

传统上,人们将自然资源分为三类:第一类是取之不尽并用之不竭的资源,例如空气和水等;第二类是有限而可以再生的资源,例如森林和农作物等;第三类是不可再生资源,例如石油、煤炭和各种矿物资源等。实际上,我们赖以生存的地球约有百分之七十被水覆盖着,而其中约百分之九十七为海水。这样,与我们生活关系最为紧密的淡水差不多仅有百分之三,而淡水中又有约百分之七十八为冰川淡水,目前很难利用。因此,我们能利用的淡水资源十分有限。目前由于现代工业的发展,导致无限索取和利用自然资源。从而形成了自然资源的短缺,使酒店业面临原材料价格上涨、生产成本上升的困扰。但是,也迫使酒店探讨合理利用资源的方法并开发新的资源和代用品。从而为酒店提供新的资源和营销机会。此外，目前一些国家和地区已经开始面临缺水和空气污染等问题。

2. 环境污染

随着工业化和城镇化的发展，环境污染程度日益加重，人类面临资源枯竭、海洋污染、土壤沙化、温室效应及臭氧层破坏等一系列的资源生态环境危机。目前，人类已经体验到了空气污染的危害，它不仅对人体健康形成危害，还对工农业生产和天气及气候产生不良影响。实际上，一些地区的污染程度已影响人们的身体健康和自然生态平衡。因此，也引起了世界各国政府的密切关注。1992 年 6 月联合国环境与发展大会指出，人类社会应走可持续发展的道路，并指出发展经济应建立在资源可持续利用的基础上，应符合生态环境所允许的程度。然而，环境污染对酒店业的发展来说应该是一种约束，要求酒店为治理环境污染付出一定的代价。但是，也为酒店提供了新的营销机会，促使酒店业研究控制污染的技术、兴建绿色酒店、生产绿色产品及使用环保材料等。

四、政治法律环境

政治法律环境是指一个国家或地区的政治制度、体制、方针政策、法律法规等，是影响酒店营销的重要宏观环境因素之一。近年来，我国不断完善政策法规，对外贸体制和税制也进行了改革。同时，还建立了现代企业制度，转换了企业经营机制等。通常，政治法律环境因素常制约和影响着酒店业的营销行为，尤其是影响酒店长期的投资。不仅如此，政治环境还引导酒店营销活动的方向，而法律环境则为酒店规定营销活动的行为准则。同时，政治环境与法律环境相互联系，共同对酒店的市场营销活动产生影响和发挥作用。随着我国经济的发展，我国对旅游业和酒店业管理的法规，对旅游企业间的公平竞争，对旅游业和酒店业营销环境和消费者的保护措施也不断完善。因此，酒店既要适应各地区的政治和法律环境，又要善于捕捉营销机会。

1. 政治环境

政治环境主要是指一定时期内酒店市场营销的外部政治环境。通常，一个国家的政局稳定，会给酒店业的发展和营销营造良好的环境。政治环境涉及人口政策、能源政策、物价政策、财政政策和货币政策等。政治环境对酒店营销活动的影响主要表现为国家政府所制定的方针政策。例如，国家通过降低利率来刺激消费的增长等。因此，酒店在进入一个国家或地区前，营销人员应认真关注其政治及经济政策的稳定性。通常，一个国家的政治变革会导致其经济方针的变化及经济环境的变革，从而影响酒店产品的购买力。此外，随着全球经济的相互渗透和国际经济一体化，各国也在不断地调整本国的经济政策，其目的就是保护和扶持本国经济，并有限度地干预外国经济的渗透。所以，不论酒店在国内还是在国外开展营销活动都需要分析和掌握国家和地区的产业政策、人口政策、能源政策、价格政策、财政和金融政策等带给酒店的机遇和威胁，对于实施国际营销的酒店还必须研究目标市场国的政府对国际营销活动的干预程度，包括外汇控制、市场控制、国有化及劳工限制等。

2. 法律环境

法律环境主要是法律意识形态及其与之相适应的法律规范、法律制度、法律组织机构、法律设施所形成的整体。一个国家或地区政府的法律和法规等对酒店的市场营销有着重要的保护、限制和调节作用。通常,对酒店营销有直接影响的法律主要包括公司法、广告法、商标法、专利法、食品卫生法、环境保护法、消费者权益保护法和反不正当竞争法等。此外,对从事国际营销的酒店而言,不仅要遵守本国的法律制度,还要了解和遵守企业所在国或客源国的法律制度和有关的国际法规、惯例和准则等。

五、科学技术环境

科学与技术是人类长期实践活动积累的经验、知识和技能的总和,其发展影响着酒店业的营销效果。近年来,科技发展为酒店业带来了新材料、新工艺与新设备。因为任何一种先进的技术用于酒店产品与服务,都会给顾客带来方便、安全与舒适,也为酒店业提供了新的营销机会。

1. 科学技术与产品

科学技术的不断进步加快了酒店产品生命周期的变化。因此,一种新技术的出现并非对所有的酒店都有益,也可能对一些酒店造成冲击。因此,新技术的应用、新产品的开发必须建立在市场需求的前提下才具有实用价值。在这种情况下,酒店必须谨慎地把握其产品进入和退出市场的时机、采用新技术或者调整产品结构的时机以及营销战略和计划等。根据调查,新技术和新产品在不断地改变着消费者对传统酒店房务产品、餐饮产品等的满足状态,刺激其产生新的需求。当然,人们总是在不断地追求更高的生活质量,对新奇的事物赋予更多的关注。所以,新技术的应用要么会提高酒店的营销效果,要么会创造出新的产品或服务。实际上,每一种新技术都是一种"创造性的破坏"因素。例如,经济型酒店的出现重创了传统的二星级酒店的营销,甚至使其纷纷倒闭。究其原因是经济型酒店房务产品的变化和创新为顾客带来更多的舒适和方便。

2. 科学技术与营销

科学技术的发展也为酒店的营销提供了越来越多的手段和工具,使酒店能够以更有感染力的方式向消费者和组织购买者介绍酒店及其产品,从而为酒店营销活动带来了巨大的变化。例如,互联网的应用使酒店与顾客的沟通更为直观和有效。当今,酒店业关注节能减排。在资源再生的背景下,酒店在工程设计中应用了节能技术,使酒店的经济效果更加显著。在照明设计中,酒店采用节能技术,有效地提升了酒店运营中的节能功效。一般而言,照明节能的应用,除采用高效的光源和灯具外,还可运用新颖的智能照明控制系统。根据酒店工程部的测量,采用了智能照明控制系统后,酒店的客房照明、公共区域照明和空调等方面节省了30% ~40% 的电能。实践证明,科学技术是第一生产力,是促进酒店营销成功的重要因素。根据调查,任何酒店一旦认识到技术进步与技术革新的重要性且能不断地向市场推出新产品,这家酒店会取得酒店营销的主动权。当今,酒店智能控制系统是一个不断丰富和探讨的领域。随着科学技术的进步,酒店智能控制系统实现的产品功能及节能效益比传统的仅依靠自动化系统的措施更加明显。其发展对提高酒店产品质量、节约能源和费用及提高顾客对产品的满意度起到了十分重要的作用。因此,酒店应关注本行业及相邻行业的技术发展,不断地引进新技术,特别是在建筑技术、工程技术、电子技术、园林技术、烹调技术和服务技术等方面,并以此来提高酒店的环境、设施、家具、菜肴、酒水和服务等的质量和特色,甚至是更新换代。同时,由于技术的发展和变化,顾客消费行为和方式也会发生相应的变化而追求更加个性化的消费。

3. 科学技术与管理

互联网的出现使酒店营销组织形式与管理方式等产生了较大的变化,使酒店的运营组织结构更趋于扁平化,从而提高了工作效率。同时,使管理者的营销战略与职工所实施的营销活动更加协调并加速了信息反馈的速度,从而节约了管理费用。迈克尔·波特(Michael E. Porter)认为,科学技术的内涵不仅包括狭义的科技,还包括管理和组织的创新。因此,酒店运用新的科学原理及实施新技术还可使酒店在市场上获得竞争优势。

六、社会文化环境

社会文化是指在一种社会形态下已经形成的价值观念、宗教信仰、风俗习惯、文化教育和道德规范等的总和。任何一个酒店都处于一定的社会文化环境中。因此,酒店营销活动必然受到所在社会文化环境的影响和制约。为此,酒店应了解和分析所在地区和客源国等的社会文化环境并针对不同的环境制定出相应的营销策略。

1. 教育水平

教育水平是指消费者接受教育的程度与水平。一个国家或地区接受教育的水平常与该国家或地区的经济发展相一致。根据调查可知,不同的教育背景和文化修养的消费者对酒店产品的价值观、审美观和消费行为等表现不同。通常,教育水平较高的地区,消费者和组织购买者对酒店产品的欣赏能力、鉴别能力也较强,购买理性程度也比较高,且容易接受新产品。例如,商务楼层、无烟楼层和大床间等房务产品常受到高学历的管理人员和技术人员的青睐。同样,他们对自助餐、西餐、创新菜和葡萄酒等餐饮产品的消费与欣赏能力也比较强。

2. 价值观念

价值观念是指人们对社会生活中各种事物的态度和评判标准。在不同的文化背景下,人们的价值观念差异很大。因此,消费者和组织购买者对酒店产品的偏好深受其价值观念的影响。人们价值观念的差异常表现在对金钱、时间和风险的态度上。例如,一些人喜欢生活节奏快、讲究效率、崇尚现实消费、追求方便与舒适,而另一些人则青睐做事的稳重性。酒店管理者必须根据消费者不同的价值观念设计酒店产品。

3. 风俗习惯

风俗习惯是指人们在长期经济与社会活动中形成的行为规范,表现在饮食、服饰、住宿、节日、人际关系和道德伦理上。根据统计可知,不同风俗习惯的顾客对酒店产品的需求不同,主要表现在对酒店的外部环境、建筑外形、内部环境与布局、色调与装饰、内部设施与设备、客房与家具、食品原料及生产工艺等方面的态度。因此,酒店了解目标消费者的风俗习惯是开展市场营销活动的前提。

4. 宗教信仰

宗教信仰是构成社会文化的重要因素并影响酒店产品的消费需求和购买行为。然而,不同的宗教有着自己独特的行为准则、价值观念、节日礼仪和风俗习惯。例如,一些国家的人们在圣诞节对酒店餐饮产品的需求与我国人民在春节就有很大的差异。为此,酒店在营销中必须关注不同的宗教信仰、文化背景及其消费需求以利营销。

5. 亚文化群体

亚文化群体是指在共同文化群体中存在的具有特色文化的小团体。根据研究,每一种社会文化中都包含若干亚文化群体。亚文化群体可以根据其民族、宗教和地区等因素划分为不同特色的亚文化群体,也可以依据人们的活动爱好和饮食习惯等划分为亚文化群体。例如,根据人们对高尔夫球、网球和游泳的爱好程度等进行划分。亚文化群体常与社会大部分成员对同一产品持不同的态度。这一态度也会直接或间接地影响酒店产品的销售。一些学者认为,亚文化群体应归属于非正式组织。这一组织对酒店市场营销具有一定的影响。因此,酒店营销人员应当关注亚文化群体的消费需求。

七、国际环境

国际环境是指酒店面临的国际营销中的经济环境、人口环境、社会文化环境、政治法律环境、自然环境和科学技术环境等。经济全球化是当今世界经济发展的主要趋势,在这种形势下,各国酒店及其产品纷纷走出国门,在世界范围内寻找营销和发展机会。目前,许多国家将旅游业和酒店业作为一国的支柱产业,而国际上实力雄厚的跨国酒店集团早已把国际市场置于自己的营销范围内,并将国际营销观念作为指导本企业营销的理念。然而,不同国家与地区的顾客消费行为、社交方式、穿着举止和价值观不同。同时,不同国家与地区的消费者及组织购买者对酒店的环境、设施、色彩、图案、文字和餐饮等的喜好和忌讳不同。甚至,对酒店营销方法的理解有着较大的差异。这些差异直接影响着购买者对其所需产品质量、品种、功能和特色等的需求及购买行为。但是,全球化并不意味着酒店必须多国经营,特别是一些中小型企业。许多成功的企业家认为,只要在全球博得一块合适的位置就可以使其营销成功,关键是要审时度势,认真分析东道国的市场环境并权衡风险。

第三节　酒店营销微观环境

酒店营销的微观环境是指直接影响和制约酒店目标市场营销活动的,具有不同利益相关者的集合。它包括酒店内部环境、供应商、营销中介、竞争者、顾客及社会公众等。这些因素与酒店营销有着紧密的联系且不可控制。例如,酒店无法控制顾客对酒店产品的偏好等。因此,酒店必须对其微观营销环境进行深入了解和分析。其目的在于更好地协调酒店与这些相关因素的关系,进而促进酒店营销目标的实现。

一、酒店内部环境

酒店内部环境是指酒店决策层和其内部各职能部门对市场营销工作所产生的影响。由于每个单体酒店或酒店集团内部的组织结构不同,各酒店的相同部门的具体职责也有所区别。根据研究可知,酒店内部环境影响企业本身的协调性,从而影响酒店的营销工作。酒店各职能部门的业务能力在酒店微观营销环境中起着重要的作用。

酒店是生产和销售房务产品、餐饮产品与会展产品的企业。一般而言,酒店营销活动的实施主要由营销部筹划和安排。在酒店总经理或其他高层管理者的指导下，酒店营销部与其他职能部门合作，共同完成酒店的营销目标。通常，酒店高层管理人员制定酒店的营销任务、营销目标和营销战略，而且酒店具体的营销工作常依据酒店的任务和目标来实施。因此，酒店在制订营销计划时，需兼顾各职能部门的设施和设备及其管理层和执行层的专业水平和技能等，并与它们紧密合作，各负其责，形成不同的营销协调模式（见图 2-3）。然而，酒店在日常营销中，部门间的矛盾时有发生。通常，营销部赞同较宽的产品线并青睐那些可促进市场开发的产品价格及理想的价格折扣，而采购部赞同窄的产品线以方便采购，财务部则坚持各项产品的低成本与高效益。基于以上原因，酒店经常以市场营销为工作核心，以利于酒店部门间的协调和开发新产品，且制定有效的营销战略。同时由总经理或副总经理负责酒店营销的全面工作。

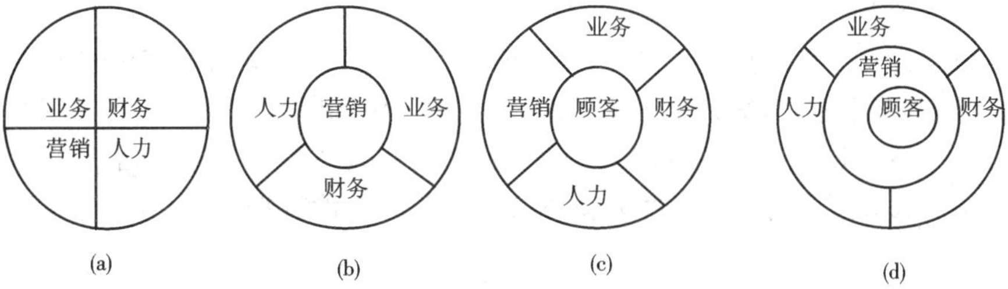

图 2-3　酒店内部不同的营销协调模式

（a）各部门同等重要；（b）以营销为中心；（c）以顾客为中心；（d）以顾客与营销为中心

注：1. 业务指房务部、会展部和餐饮部等业务部门；

2. 财务指财务部；

3. 营销指营销部；

4. 人力指人力资源部。

1. 酒店高层管理者及其主要职责

高层管理者是指酒店决策层的成员，包括总经理、驻店经理或副总经理和业务总监等。高层管理者拥有最高职位和职权并对酒店总体营销任务和目标负责。他们制定酒店营销规划、战略目标和重大决策，拥有人事、资金等资源的控制权并以制定酒店的营销战略为主要职能。

（1）总经理

酒店的最高级别管理人员称为总经理。在独立经营的酒店，总经理直接向投资人或投资代理人汇报工作。通常，饭店总经理统一管理酒店所有的职能部门，也常通过副总经理或驻店经理及助理总经理实施酒店的日常运营管理工作。一些总经理主要负责酒店的财务、营销和人力资源管理。在连锁酒店集团，总经理常常接受酒店所在区域分部领导或集团代表的管理和指挥。

（2）驻店经理或副总经理

在传统的组织结构中，中型规模酒店的驻店经理负责酒店的房务运营管理、餐饮运营管理和会展运营管理等工作。驻店经理常住宿在酒店，每天工作 10 余个小时，1 周工作 5 至 6 天。现代酒店，驻店经理将部分业务经营权授予部门经理。例如，授予房务部经理房务运营管理权，授予餐饮部经理餐饮运营管理权。尽管如此，现代酒店驻店经理或副总经理仍负责酒店的日常全部运营管理工作。

(3)业务总监

现代大型酒店常设立业务总监职务,包括人力资源总监、营销总监、财务总监、工程总监、房务总监和餐饮总监等。在酒店总经理的领导下,各业务总监分管部分运营管理工作,与酒店总经理等组成高效的管理团队。

2. 酒店职能部门及其主要工作

(1)营销部(Marketing)

酒店营销部是负责酒店市场调查与预测,开发及销售房务产品、会展产品和餐饮产品的部门。同时,负责酒店的公共关系,联系顾客等,并通过推销酒店产品增加酒店的营业收入。

(2)房务部(Room Division)

房务部是开发、生产与销售房务产品的部门。其主要负责客房预订和前厅接待,为顾客选房,提供行李服务、信息服务和商务服务。同时,协调顾客与酒店的各项服务事宜并处理顾客的投诉。此外,负责房间清洁服务、公共区域清洁服务、借用物品服务及协调工程部对客房维修等服务管理。一些大型酒店的房务部还设有洗衣房,为顾客和酒店各部门洗涤衣物。

(3)餐饮部 (Food and Beverage)

餐饮部是开发、生产和销售餐饮产品的部门,主要负责中餐、西餐和酒水的生产、销售和服务管理。该部门为零散顾客、会议团体和旅游团队等用餐提供服务。一些酒店还提供客房送餐和餐饮外卖服务。

(4)会展部(Event)

会展部是为各种会议和展览提供服务的部门。当今,大多数酒店会展产品的销售工作由营销部负责,而会展部仅负责会展服务管理。一些中小型酒店不设会展部,其会展服务管理由房务部或餐饮部负责。

(5)人力资源部(Human Resources)

人力资源部是为酒店招聘和培养人才的部门。现代酒店人力资源管理工作包括人力资源规划、职工配备、职工招聘、职工培训、薪酬管理、职工职业发展和职工业绩考核等。

(6)财务部(Accounting)

财务部是酒店财务工作的管理中心,其工作职责包括资金筹措、财务分析、成本控制和现金管理等。其日常工作包括向供应商付款,与营销部一起向旅行社和其他客户催收应收款项,为职工发放工资,收集和整理营业收入,按时完成财务分析报告,保持现金流量,进行财务审计等。一些酒店财务部还负责设备、用品和食品等的采购管理。大型酒店设立单独的采购部负责酒店的全部设备、用品和食品原料的采购工作。

(7)工程部(Engineering)

工程部负责酒店建筑结构、水、电和酒店全部生产设备的保养和维修,负责客房、电梯、游泳池、喷泉和其他健身及康乐设施的维修和保养管理工作。

(8)保安部(Security)

保安部负责巡视酒店所有的服务与运营场所。其职责是保证顾客、访问者和职工的人身和财产安全,保护酒店的财产安全并负责监视器的监控管理。

二、供应商

供应商是指为酒店运营提供燃料、原材料、设备和用品等的企业。根据调查可知,供应商提供的物品价格、质量和规格直接影响酒店产品的成本和质量,进而影响酒店的声誉、品牌及营销任务的完成。通常,供应商对酒店营销活动的主要影响表现在提供原料和物品的及时性和稳定性以及所提供物品的价格和质量等。基于以上原因,酒店必须选择那些价格合理、在质量与效率方面信得过的供应商并与它们建立长期稳定的合作,而酒店主管营销的人员必须加强与酒店采购部、财务部和供应商的沟通与协调,关注供应商提供的原料和设施的质量。根据调查,在对供应商的管理中,传统的管理模式是酒店选择数家供应商并根据不同的比例,从这些供应商中进货。从而迫使这些供应商以较低的价格和优质的服务尽量提高为酒店供货的比例。然而,这种管理模式潜藏着较大的风险。因为过度的价格竞争会使得供应商负担过重,最终放弃合作。因此,目前酒店选择少数供应商并与其建立战略合作伙伴关系,并以合理的价格提供高质量的原材料。综上所述,供应商的质量是影响酒店品牌、信誉和知名度及顾客满意度的重要因素。

三、营销中介

营销中介是指直接或间接协助酒店销售产品的企业、组织和个人。酒店营销中介主要包括中间商(网络代理商、旅行社、会展运营商、航空公司、特许联营企业)、金融机构和营销服务机构等。

1. 中间商

中间商是酒店营销活动不可缺少的组成部分。他们从各方面帮助和协助酒店销售产品,把产品销售给目标顾客。中间商的工作效率和服务质量直接影响酒店产品的销售状况。因此,酒店应当选择有信誉、素质高、有业务能力的中间商并与他们进行长期的合作。

2. 金融机构

在现代社会中,几乎所有的企业都会与金融机构有业务往来。金融机构主要包括银行、信贷公司和保险公司等。由于金融机构贷款利率或保险公司的保险金额变动都会使酒店的营销活动受到影响。因此,它们是酒店营销中介的重要成员。

3. 营销服务机构

营销的服务机构包括调研公司、广告公司、各种广告媒体和营销咨询公司等。通常,营销服务机构为酒店营销提供不可缺少的专业服务项目以提高酒店在营销活动中的效率。

四、竞争者

在市场经济条件下,任何酒店都不可能单独服务于某一区域市场。因此,酒店进行营销时,不可避免地会遇到竞争对手的挑战。由于竞争者常常与酒店处在同样或相近的市场竞争中。因此,竞争者的一举一动都会影响酒店的生存与发展。当然,市场竞争者对于一个酒店或酒店集团而言,来自很多方面。例如,酒店与顾客、供应商之间,都存在着某种意义上的竞争。然而,在这里,酒店的竞争者主要是指那些与本企业提供的产品相近,并且服务的目标顾客也基本相同的企业。根据调查,酒店竞争者主要分为本质竞争者、产品形式竞争者和品牌竞争者三种类型。此外,在酒店的竞争中,酒店密度也对酒店的竞争产生影响。它是指在某一区域中酒店或销售类似产品的企业数目。通常,酒店密度在酒店产品需求量相对稳定的基础上,会直接影响酒店市场的份额及体现酒店竞争的程度。为此,酒店在制定营销战略前必须充分了解本企业所处的市场及竞争对手情况,做到知己知彼而有效地开展营销活动。当然,一个酒店要获得成功,就必须比竞争对手做得更好,让顾客更满意。因此,酒店营销不仅要考虑目标顾客的需要,而且应在消费者和组织购买者心里留下比竞争对手更有优势的印象以赢得市场上的优势。竞争者常分为本质竞争者、形式竞争者和品牌竞争者。

1. 本质竞争者

本质竞争者也称为平行竞争者,是指满足同一种需求的不同类型的酒店。例如,商务酒店与度假酒店之间存在着竞争。尽管这些酒店之间的产品主要特色不同。其中,商务酒店的产品主要用来满足商务顾客的需求,而度假酒店的产品是用来满足休闲与度假顾客的需求。但是,这两种酒店所提供的产品基本上都是房务产品、餐饮产品和会展产品。因此,度假酒店仍然可以满足商务顾客对住宿、宴会及一些会议等的需求。

2. 形式竞争者

形式竞争者是指满足同一需要而提供不同级别产品的酒店。例如,五星级商务酒店、四星级商务酒店与三星级商务酒店的产品都能满足商务顾客对房务产品、餐饮产品和会展产品的需求。然而,不同级别的酒店产品,其设施、服务和价格都存在着一定的差异。但是,在必要的时段,五星级商务酒店可以采取价格优惠策略,向四星级商务酒店的客源市场销售其产品。

3. 品牌竞争者

品牌竞争者是指满足同一产品需要,类型相同而品牌不同的酒店。这些竞争者以相近的价格向相同的顾客群体提供相同的产品与服务。例如,万丽品牌与喜来登品牌在同一地区的豪华级商务酒店。

五、目标顾客

顾客是指使用酒店产品或服务的消费者和组织购买者的总称,是酒店营销与市场发展的基础,是酒店微观营销环境的重要因素。一般而言,顾客来自多种市场,主要包括消费者市场、工商企业市场、政府市场与非营利组织市场和国际市场等(见图 2-4)。消费者市场是指为满足个人或家庭消费需求而购买酒店产品的个人和家庭组成的市场。工商企业市场是指为生产和经营其他产品或服务以赚取利润而购买酒店产品的企业组成的市场。例如,会展运营商、旅行社等。政府市场是指为执行管理职能而购买酒店产品的政府职能部门组成的市场。非营利组织市场是指由高等院校、科研机构和社会团体等组成的市场,它们购买酒店产品是为了履行某种职能或职责以完成组织目标和任务。此外,还有国际市场,它是指购买酒店产品或服务的外国人及其组织,包括观光旅游者、度假旅游者、事务旅游者、生产商、中间商及非营利组织等组成的市场。根据调查,来自不同市场的顾客对酒店产品的需求各不相同。

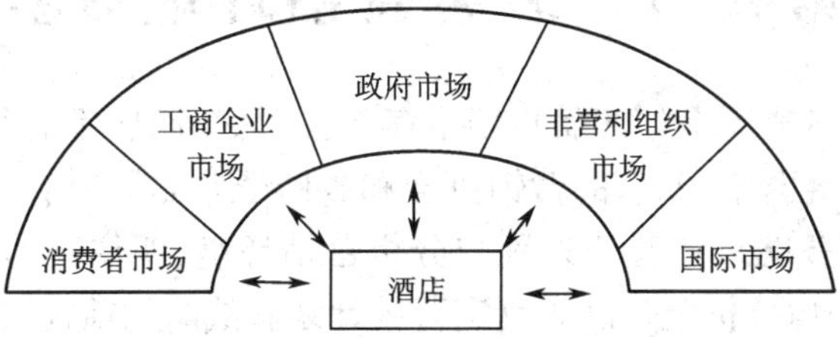

图 2-4　来自多种市场的顾客

目标顾客是指酒店服务的对象，是酒店产品的直接购买者或使用者。酒店与市场营销渠道中的各种力量之所以保持合作，其目的就是为了有效地向目标顾客销售酒店产品。因此，酒店应深入研究目标市场，了解不同目标顾客的需求并针对目标顾客的需求特点，提供适合的产品。

六、社会公众

社会公众是对酒店营销活动具有影响力的群体。其影响力可能有助于酒店的营销活动，也可能阻碍酒店的营销活动。社会公众主要包括金融公众、媒体公众、政府公众、社区公众及企业内部公众等（见图 2-5）。一个酒店如果希望从某个特定的公众那里得到回应、信任和赞扬，就需要针对该公众制定具有吸引力的营销方案以实现营销目标。金融公众主要包括银行、投资公司、证券公司和股东等，它们对酒店的融资能力有重要的影响。媒体公众主要包括报纸、杂志、广播电台、电视台和网络平台等传播媒介，它们能直接影响社会舆论。政府公众主要是指与酒店营销活动有关的各级政府机构和职能部门，它们所制定的方针和政策对酒店营销有着重要的影响。社区公众主要是指酒店所在地附近的居民和社区团体。实际上，社区是酒店的邻里，酒店应保持与社区的良好关系并为社区发展作出贡献，从而会受到社区居民的好评。社会公众的口碑有助于酒店建立良好的社会形象。企业内部公众是指酒店内部所有的职工，而职工是影响酒店营销效果的基础。综上所述，酒店营销活动涉及社会各方面的利益。这些社会公众的意见和建议对酒店的营销决策有着十分重要的影响。因此，酒店必须处理好与社会公众的一切关系，争取公众的支持，为酒店本身营造宽松的营销环境。

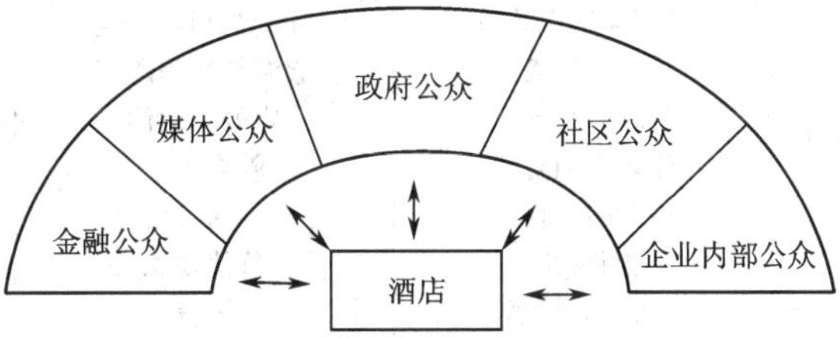

图 2-5　酒店的主要社会公众

第四节　酒店营销环境分析

任何酒店都不能依靠现有的产品长期生存下去,每个酒店都必须善于发现和抓住新的营销机会。在现实经营中,酒店的营销机会和威胁通常是同时存在的。酒店营销战略制定者和管理者的任务就是要善于识别与分析营销环境,抓住营销机会,克服环境的威胁。因此,酒店营销环境分析既是酒店制定营销计划和战略的前提,也是实施营销计划和战略的基础。

一、酒店外部营销环境分析

酒店外部环境是指存在于酒店周围并影响酒店营销的多种客观因素的总和。酒店识别外部环境的目的是基于了解酒店面临的营销机遇和环境威胁并对环境影响的具体状况进行分析,而作出必要的反应。

1. 宏观环境分析

宏观环境分析简称 PEST 分析,是酒店营销外部的政治法律环境(Political)、经济环境(Economic)、社会文化环境(Social)和科学技术环境(Technical)等的综合分析,PEST 是由以上各因素英语单词的第一个字母组合而成。其中,政治法律环境是指制约和影响酒店营销的各种政策与法律及其运行所形成的环境系统,是决定、制约和影响酒店生存和发展的重要因素。一个国家的法律既可保护酒店的正当利益,又可以监督和制约酒店的营销行为。这样,酒店的生产、运营和服务等活动都必须自觉遵守有关的法律规定,否则就要受到法律的制裁。因此,正确并充分地利用和适应酒店所面临的政治法律环境,是酒店成功营销的重要保证,也是实现酒店营销战略的前提。同时,酒店在制定营销战略与计划时,必须对所在地区的经济政策、经济体制、国民生产总值、就业水平、物价水平和消费支出等进行详细的了解。当然,酒店营销必须关注行业的技术发展、竞争者的技术水平、新产品的开发状况及地区的社会文化等(见表 2-1)。

表 2-1　酒店市场营销宏观环境分析模型

政治法律	经济	社会文化	科学技术
政治稳定性	经济发展状况	人口状况	产业技术
旅游政策	储蓄与信贷	劳动力流动	互联网
税收政策	汇率	教育与职业结构	技术开发状况
经济法	利率与货币政策	社会福利与安全	技术更新速度
旅游法	产业政策	旅游与休闲态度	能源利用与成本
食品安全法	政府开支	宗教与信仰	知识管理
合同保护法	商业周期阶段	教育水平	信息技术发展
人事劳动法	食品原料	生活习俗	智能技术
环境保护制度	能源状况	价值观念	技术转让率
能源政策	通货膨胀率	语言	新材料
物价政策	人均可随意支配收入		新工艺
财政政策	环境污染		新设备
货币政策			

2. 产业生命周期分析

产业生命周期规律是产业发展的基本规律。产业发展与产业内企业市场营销战略之间具有一定的内在逻辑关系。产业生命周期理论自诞生之日起就引起了经济学和管理学家的极大兴趣。迈克尔·波特1997年在《竞争战略》一书中论述了新兴产业、成熟产业和衰退产业中的企业竞争战略。酒店业是具有某种共同特性的企业构成的集合,是我国旅游产业的重要组成部分。通常,酒店的营销状况受旅游业整体发展状况的影响。因此,酒店营销计划和战略的制定首先要判断自己所处的产业是否有发展机会并根据产业的生命周期来判断酒店业的发展阶段。

由产业生命周期理论起源于产品生命周期理论可知,它是研究产业从诞生到衰退的演进过程中,产业内企业的数目、市场结构及产业创新动态变化等的理论。根据产业生命周期理论,酒店业生命周期可分为初创期、成长期、成熟期和衰退期(Gort 和 Klepper)四个阶段。这四个阶段是按照社会对该产业产品的需求而划分的。某一产业随着对其产品的需要而诞生,同样随着社会对该产业产品的需求消失而退出。因此,酒店业所处生命周期的不同阶段具有不同的营销环境特征。酒店业在初创期,产品设计尚未定型,销售增长缓慢,产品开发和推销的成本高、利润低,甚至处于亏损状态,这一时期竞争者少,风险大。在成长期,顾客对其认知的速度不断提高,销售和利润随之增长,而经营成本不断下降。然而,经营能力出现不足,市场竞争开始形成。在成熟期,重复购买成为顾客消费的重要特征,酒店产品销售趋向饱和,利润不再增长,生产能力开始过剩,市场竞争激烈。在衰退期,酒店产品销售和利润大幅度下降,酒店经营能力严重过剩。这时,竞争的程度由于某些酒店退出市场而变得缓慢。综上所述,产业生命周期是不可抗拒的客观规律,它是影响酒店营销和发展的基本因素之一。因此,酒店在制定营销计划和战略时必须对其所在产业生命周期特点及所处的阶段进行分析、判断和预测并通过营销战略的实施实现长期盈利并达到延长酒店生命周期的目的。由于产业生命周期对酒店竞争力具有很大的影响,酒店所处的产业结构及产业演变趋势就成了其营销环境分析和营销战略制定的基础。所以,酒店在制定和实施营销计划和战略时必须考虑所处产业生命周期阶段的不同及可能产生的重要影响。

3. 产业结构分析

酒店业是由一组生产和经营相近并可替代的房务产品、餐饮产品和会展产品的企业组成的。例如,长住酒店的房务产品可替代商务酒店的房务产品,度假酒店的会议产品可替代会议酒店的会议产品等。此外,不同酒店的餐饮产品常可互相替代。这说明,酒店面临产业结构的影响,产业结构对酒店营销计划和战略的制定和实施有着重要的影响。根据研究显示,激烈的酒店市场竞争不是巧合,而是来自产业内部的基础经济结构,包括5种竞争力量:潜在进入者、替代品生产者、购买者的讨价还价能力、供应商的讨价还价能力及现有酒店业内部竞争者。根据具体情况,每种竞争力量对某一酒店的重要性可能不同,所有5种竞争力量状况及它们之间的相互作用的强度,决定着酒店业竞争的激烈程度和获利的能力。在竞争激烈的区域,各酒店很难获得较高的利润,而在竞争相对不激烈的地区,各酒店普遍能获得理想的利润。如果某一地区的酒店业竞争不断加剧,那么将会降低酒店的投资收益率。如果酒店的投资收益长期低于最低收益,可能会使投资者退出该地区的酒店业并将资本转入其他行业。相反,酒店投资收益率长期高于最低收益率,将会吸引新的资本流入该产业,包括新加入者的投入和现有竞争者增加的投资。因此,酒店在制定营销计划和战略时,要认真分析以上5种竞争力量,要透过现象分析本质,分析每种竞争力的来源,制定适应产业环境的有效营销计划和战略(见图2-6)。

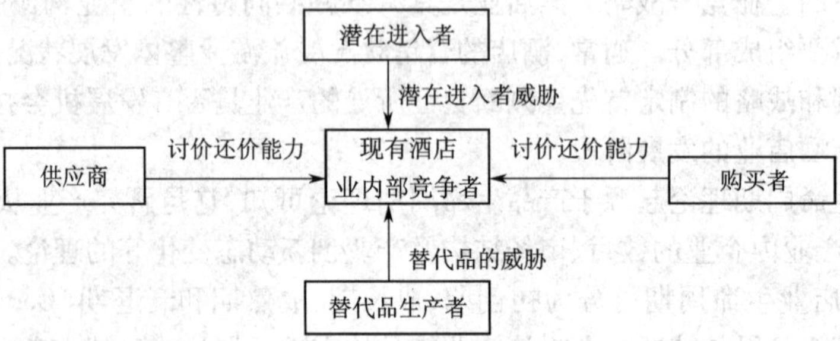

图2-6　产业结构分析

(1)潜在进入者

潜在进入者是酒店业的重要竞争力量之一,对企业有较大的威胁。这种竞争力是与进入障碍及原有酒店的反击力度相关联的。如果进入障碍高,原有酒店反击力强,潜在进入者就难以进入酒店业。总结酒店业的进入障碍,可来自规模经济、产品差异优势、资本需求、成本转换、销售渠道及其他因素等6个方面。首先,规模经济能阻止潜在进入者。因为潜在进入者面临大规模的生产并承担原有酒店反击的风险或者潜在进入者以高成本的劣势进行小规模的生产等。产品差异优势是指原有酒店的广告、服务和产品特色或获得商业信誉及顾客忠诚上的优势。根据研究可知,酒店产品差异优势一旦形成了潜在进入者的障碍,就会迫使潜在进入者耗费大量的资金开发有竞争力的产品及树立企业的信誉。资本需求所形成的进入障碍是指酒店业不仅需要大量资金,而且风险大。成本转换是指顾客变换供应者所支付的一次性成本。这些成本会引起消费者与组织购买者对变换供应者的抵制。在销售渠道方面,如果理想的销售渠道已被原有酒店占有,新建的酒店要进入这些渠道,必须通过让价或协同分担广告费用等方法,但是这样会降低新建立酒店的利润。其他因素包括专利权和特有的营销与服务技术等。

(2)现有酒店业内部竞争者

酒店业的内部总是存在着竞争,而且这种竞争在5种竞争力量中是比较强大的。当产业内的酒店数量多且规模相当时,一些酒店为了占领更大的市场份额和获得更高的利润会采取竞争手段以排斥其他酒店,引起企业之间的激烈竞争。由于酒店业在我国是个比较成熟的产业,酒店效益增长比较缓慢,酒店为了保证自身的发展,必须增加市场占有率和销售额。这样,酒店业的固定成本较高且产品难以持久。因此,酒店为了降低单位产品的固定成本,会持续地扩大市场份额和增加销售量。因此,常会引发价格竞争,使酒店间的市场竞争加剧。同时,由于酒店产品比工业产品差异性小,顾客对产品的偏好和忠诚度相对较低,更由于顾客对酒店产品的转换成本较低,这样顾客选择产品就具有较大的空间,这也是引起酒店市场竞争的原因之一。此外,当营销困难的酒店从行业中退出所遇到的障碍较大时,也会增加酒店间的竞争。这里的退出障碍主要是指专业化的固定资产处理的难度。

(3)替代品生产者等

替代品是指能够满足顾客同样需求的其他产品和服务,包括行业内更新换代的产品、其他行业提供的相同功能的产品。根据调查,除了酒店之间的竞争,酒店业与房地产业也存在一定的竞争。酒店业替代品的存在,为产品价格设置了上限。当酒店的房务产品价格超过这一上限时,顾客将转向替代品。例如,当长住酒店的房务产品价格上涨时,一些顾客会购买公寓或向房地产经营商租用房间。当替代品价格下降或顾客改用替代品的转换成本下降时,替代品就为酒店业带来了更大的压力。此外,对于酒店业而言,供应商的产品质量与价格及服务效率的下降会影响酒店产品质量与特色及盈利水平。尤其是在供应商较少,合适的替代品较少或改用其他替代品转换成本较高时更是如此。通过市场调查,消费者或组织购买者的购买行为常引起酒店之间的竞争。当顾客分布集中、规模较大或大批量购买酒店产品时,他们的讨价还价能力将引起酒店业的竞争,酒店会提供更周到的服务来赢得顾客的忠诚。对于在房务产品、餐饮产品和会展产品的质量与特色方面差异较小的酒店而言,顾客拥有更强大的讨价还价能力并会在产品价格和服务等方面提出更苛刻的要求。

二、酒店内部营销环境分析

酒店内部营销环境是指酒店内部对营销起着支撑作用的有形资源和无形资源的总和。酒店内部营销环境分析方法主要包括酒店营销资源分析、酒店核心竞争力分析等。

1. 酒店营销资源分析

酒店营销资源是指酒店向社会提供产品或服务过程中所拥有的并用于实现营销目标的各种资源或要素的集合。资源反映酒店的营销实力,是酒店完成营销目标必不可少的因素。酒店营销离不开其拥有的资源,而酒店拥有的资源决定其营销的效果。根据调查,酒店资源主要包括有形资源和无形资源,有形资源容易被识别且易于估算价值。例如,酒店建筑物、酒店设施与设备、客房和家具等。酒店的无形资产不容易被顾客识别。然而,它却是酒店营销中取得优势的源泉,也是竞争对手难以模仿的资源。例如,酒店品牌、企业文化、酒店信誉、技术资源及企业形象等(见表2-2)。作为酒店营销管理人员,在考虑有形资源的价值时,不仅要看到其数量的多少和账面上的价值,更重要的是评估它在营销中产生的价值潜力。由于各酒店管理人员和技术人员的构成存在差异,因此对有形资源的利用能力也不同。所以,同样的有形资源在不同的酒店会表现出不同的营销价值。无形资源常是酒店长期营销中积累的宝贵财富,酒店营销人员应重视本企业的无形资源。不仅如此,酒店应不断地创造新的资源并实现各种资源的整合。综上所述,在酒店营销环境分析中,酒店营销资源分析具有重要的意义(见表2-3)。

表 2-2　酒店营销资源分类表

有形资源	无形资源
物质资源：酒店地理环境与位置，能源资源，设施和设备性能，获得原材料质量、特点、渠道和价格 创新资源：高水平的管理人员与研发人员及其创新能力 人力资源：高学历与高素质及具有熟练业务水平和对企业忠诚的管理者与职工	财务资源：融资能力、酒店产生现金流能力 技术资源：专有技术、培训能力与商标等知识产权 商誉资源：商业信誉、品牌、星级

表 2-3　某酒店中餐厅营销资源分析

设施与设备	餐饮服务	菜肴与酒水	宣传与推销
方便与安全的停车场	适宜的温度与湿度	优质的菜肴与酒水	餐厅门口原料展示
独具特色的外部环境	个性化的服务方式	新鲜的原材料	专业的菜品制作
生态与愉快的用餐环境	温馨的问候	食品营养搭配	定制化的菜肴份额
舒适并有特色的桌椅	适合的服务效率	严谨的制作工艺	适合的成本与价格
高雅的餐具与摆台设计	专业的菜单介绍	特色的味道与装饰	优秀的厨师与服务员
豪华的吧台及装饰	方便的结账方式	专业的酒水配制	高效的营销信息传播
高效与特色的环境布局	高质量的服务标准	摆放调味品	餐厅中的葡萄酒展示
摆放艺术品	熟练的服务技术	安全与卫生的餐具	每日特菜菜单
	配套的背景音乐		

2. 酒店核心竞争力分析

酒店核心竞争力是指酒店在某一营销领域或某一业务方面领先于竞争对手的特殊能力，是酒店长期积累且独自拥有而其他竞争对手难以模仿的能力。从外部分析，酒店核心竞争力来源于营销理念、良好的公众形象和企业声誉等。实际上，酒店核心竞争力取决于酒店内多种职能之间的合作，而不仅仅取决于某项特别技术、某项专利或某个高层管理人员。酒店一旦培育出核心竞争力，在较长的时间内是很难被其他企业所替代的。根据研究，一些酒店的核心竞争力来源于其个性化的历史且深深扎根于酒店内部，具有较强的持久性和进入壁垒。因为核心竞争力是酒店在长期的营销管理中沿着特定的技术和营销模式积累起来的，且融于企业文化中，所以很难被竞争对手模仿或复制。根据调查，酒店核心竞争力富有营销价值，因为它可为顾客提供实质性的利益和效用，从而为酒店创造长期的营销主动权并带来丰厚的营销效果。酒店核心竞争力的评价包括许多方面：第一，是对酒店信息管理、人力资源管理、组织管理与财务管理方面的能力及创造性地解决问题的能力的评价；第二，是对酒店领导水平和团队精神等的评价；第三，是对酒店生产技术和服务模式等的获得、选择、应用及改进等方面的评价；第四，是对酒店营销渠道、营销策略、产品开发和企业声誉等的评价；第五，是对酒店的核心价值观的评价；第六，是对酒店的建筑物、地理位置和交通的便利情况的评价；第七，是对酒店的设施和设备、满足细分市场需要的房务产品、餐饮产品及会展产品的质量与功能等的评价。

本章小结

酒店营销环境，全称为酒店市场营销环境，主要是指与酒店营销活动有关的外部因素和内部体系的集合。任何酒店都生存在一定的市场环境中，这种环境实质是一种社会的生态环境，而酒店的生存和发展依靠市场营销环境。市场营销环境对酒店的营销和发展有着重要的影响。由于酒店的营销环境有宏观和微观之分，那么环境的作用也就不尽相同。宏观环境对于酒店的营销活动的影响至关重要。这些影响可能为酒店营销提供机遇，也可能产生威胁。酒店营销的宏观因素主要包括人口环境、经济环境、政治法律环境、社会文化环境、科学技术环境和自然环境等。它们是经常变化的，其变化对酒店的营销活动从两个相反的方面施加影响，即为酒店提供了新的营销机会，也可以对酒店的营销与发展造成障碍或限制。由于酒店的外部营销环境是企业不可控的。因此，酒店同其外部市场营销环境之间的主要关系是一种适应关系，即酒店要适应外部环境的要求并根据外部环境的变化而变化。同时，酒店应结合其内部条件，寻找和发现营销机会，避免和减少市场威胁及通过制定正确的市场营销战略和推销策略以实现酒店的营销目标。酒店营销的微观环境是指影响酒店营销活动并具有不同性质的利益相关者，包括供应商、酒店内部环境、营销中介、顾客、竞争者及社会公众等。微观环境是直接影响和制约酒店营销活动的力量和因素。

思考题

1. 名词解释

酒店营销环境　酒店核心竞争力　替代品　社会公众　营销中介　驻店经理

2. 问答题

①简述酒店营销环境的含义与构成。

②简述酒店营销环境的特点。

③论述酒店营销的宏观环境及其内涵。

④论述酒店营销的微观环境及其内涵。

⑤选择一个比较熟悉的酒店，分析其营销环境。

第三章

酒店营销战略管理

任何企业都有自己的营销战略,而酒店营销战略是为寻求和维持其市场竞争优势而作出的全局营销谋略。酒店营销战略的选择和制定关系酒店的生存和发展。通过本章的学习,可了解酒店营销战略的特征和层级,熟悉酒店营销战略的任务,掌握市场竞争分析方法与手段及酒店营销战略实施与管理。

第一节　酒店营销战略概述

一、酒店营销战略含义

酒店营销战略,全称为酒店市场营销战略,是指以酒店或酒店集团未来发展为基点,在分析外部与内部营销环境的基础上,为寻求和维持酒店市场竞争和未来营销工作的总体规划和安排作出的重大决策和安排。酒店营销战略是酒店整体运营战略中的一个重要组成部分,是在酒店整体战略及其战略目标的要求下,对酒店的营销活动,特别是酒店如何进入市场和占领市场及扩大市场所作出的长远规划。在传统的销售观念时代,酒店产品供不应求,酒店营销的首要问题是合理地组织生产,增加产品数量,降低生产成本。然而,在酒店市场处于竞争的前提下,酒店营销的核心不仅仅是生产问题,而是企业与市场紧密结合的问题。当今,由于消费者和组织购买者有了更多的选择权,酒店必须有足够的理由说服顾客购买本企业的产品以至在酒店所有的职能部门中,营销工作成为酒店经营的核心,而酒店的其他职能部门必须依据营销工作的要求和状况加以调整。随着酒店市场竞争的加剧,营销战略在酒店经营中的地位越来越突出,营销战略成为酒店总体经营战略最重要的组成部分,成为制定酒店经营战略的起点和终点。因此,酒店营销战略对酒店的生存与发展具有十分重要的作用。

二、酒店营销战略特征

酒店营销战略是在评价市场环境和企业自身能力的基础上并基于全局的、长远的和发展的视角,规划和处理营销中的重大问题。总结酒店营销战略的特征,主要包括以下几个方面。

1. 全局性

酒店营销战略以企业全局为目标,根据酒店或酒店集团的总体经营目标和发展而制定。它所规定的是酒店总体的营销行为,它所追求的是酒店总体的营销效果。虽然它包括房务部、餐饮部和会展部等局部的营销战略与具体的营销目标。但是,这些局部营销活动是酒店总体营销战略目标的有机组成部分。因此,酒店营销战略不仅涉及酒店的营销部,还关系到房务部、餐饮部和会展部等各职能部门的运营管理。

2. 长远性

酒店营销战略注重企业长远利益,是酒店谋取长远发展的谋略。虽然它以当前的营销环境为出发点对酒店整体的营销活动进行指导,但是,这一切是为了更长远的发展。因此,评价酒店营销战略水平的一个重要标准就是看其是否有助于酒店长期营销目标的实现及保证长期利益的最大化。酒店营销战略不仅对现实的营销工作起着指导作用,而且还可考虑 10 年或更长远的营销规划和部署。例如,营销战略制定人员对新建酒店的市场发展与变化的考虑,对酒店客房数量与客房规格与布局发展的考虑,对宴会及餐饮运营发展的考虑、对数年后酒店品牌发展的考虑以适应市场需求和市场竞争等方面的变化等。

3. 指导性

酒店营销战略是规定酒店总体且长远的营销目标、发展方向及所采取的营销行动纲领和重大措施等的基本步骤。酒店营销战略可带领全体职工不断地创新产品和创新营销策略并激励全体职工努力工作。在此基础上,酒店各项与营销有关的工作都以营销战略为核心。同时,通过营销战略,酒店的营销方针、营销任务及营销方法等都得到统一的规划和安排以求酒店整体的营销效果。因此,酒店营销战略的建立对于酒店的发展及其整体营销工作具有指导性和纲领性的意义。

4. 竞争性

由于制定营销战略是为了在市场竞争中获胜,所以酒店的营销战略具有竞争性的特点。当然,酒店营销战略的竞争性不仅是为了获得市场的优势,还在于酒店或酒店集团在与竞争对手的博弈中获得胜利而建立相对稳定的竞争优势。当今,酒店的市场竞争日益加剧。在这种前提下,酒店或酒店集团为了达到企业规定的营销目标和任务,需要选择和制定一个适合的营销战略作为营销活动的指南以保持其持久发展的态势。

5. 主动性

酒店营销战略是主动计划企业未来的营销工作,是适应酒店外部环境变化的企业经营行为,也是酒店或酒店集团主动克服企业内外部的困难和迎接挑战及利用各种市场机遇的工作部署。因此,酒店营销战略具有主动性。

6. 稳定性

为了实现酒店的可持续发展,酒店营销战略应具有相对稳定性。然而,这一稳定性首先应建立在主观条件和客观条件的基础上并认真分析酒店的宏观营销环境和微观营销环境等特点。同时,酒店所制定的营销战略必须从现实出发,避免偏差或朝令夕改。当然,酒店营销实践是动态过程,指导营销实践的战略是可以适时调整的。然而,保持相对的稳定性是酒店营销战略的基本特征。

7. 风险性

酒店的营销战略具有一定的风险性,主要的原因是酒店外部营销环境的多变性和复杂性及内部环境的发展与变化等。然而,风险与机遇总是同时存在的。因此,酒店要制定和实施成功的营销战略,其关键是抓住机遇并回避风险。

三、酒店营销战略的意义

营销战略实际上是对酒店的整体营销活动的规划、指导和约束。因此,对于酒店或酒店集团运营和发展具有十分重要的现实意义。

1. 利于酒店的生存与发展

对于酒店营销战略而言,首先是利于酒店的生存与发展。通常,酒店通过营销战略的规划与实施可加强对酒店内外资源和各业务单位及职能部门的管理和协调。从而,合成整体的营销力量并提高酒店或酒店集团的竞争力。当然,酒店营销战略必须与变化的内外环境相适应。这是酒店在市场竞争中生存与发展的关键。然而,这种相适应建立在对市场环境变化作出科学的判断与预测的基础上。只有做到这一点,才能保证酒店的成功营销。

2. 增强酒店的应变能力

酒店营销战略的制定建立在科学而准确的市场环境分析与预测的基础上。因此,当酒店或酒店集团内外环境发生变化时,管理人员可及时地调整原战略规划以提高其市场适应能力。

3. 发挥酒店的资源优势

酒店要想在激烈的市场竞争中占有理想的市场份额,就必须找到自身的资源优势且科学地加以利用,而酒店营销战略的制定正是以企业自身的资源优势为基础并合理地加以使用。因此,营销战略的制定必须充分发挥酒店的资源优势。

4. 提高酒店的管理水平

酒店营销战略是基于全面而长远的经营目标制定的。酒店要保证实现既定的营销战略目标和任务就必须加强各职能部门的管理与协调。包括各职能部门的业务管理、人力资源培训与开发、成本控制与财务管理、产品开发与设计、产品与服务质量管理、部门协调与财产安全、设备保养与维修等。

5. 增加酒店的收入与利润

根据研究,酒店营销战略的制定是决定企业实际收入与盈利水平的关键环节。这是因为酒店营销战略目标和任务追求的是酒店长期的发展目标,也是提高酒店竞争优势的重要步骤及获得长期营业收入和利润最大化的关键环节。

6. 保证酒店长期的生存和发展

酒店或酒店集团能否在激烈的市场竞争中求得生存和发展,在很大程度上取决于其营销活动是否能适应内外环境的变化。酒店营销战略确定了企业营销活动的方向、核心业务和发展模式以及结合企业自身的资源情况去适应环境的变化等。因此,营销战略是酒店和酒店集团在竞争中谋求生存与发展的关键。

7. 保证酒店预期的营销效果

酒店或酒店集团营销战略是规划本企业可利用的资源,使其统一合力以达到企业既定的营销目标。因此,通过将酒店的内外资源统一配置,以保证企业资源得到最有效和最充分的利用。同时,通过市场营销战略的规划,酒店或酒店集团可协调各方面的工作。从而形成一个协调一致的战略规划,为酒店和酒店集团的预期营销效果提供有力的保证。

8. 参与市场竞争的有力武器

在激烈的市场竞争中，酒店或酒店集团与竞争对手的竞争，不仅表现在现有实力的差距上，还体现在管理者的知识和才能的较量方面。因此，营销战略的科学选择、制定和执行是企业成功的市场竞争武器。

四、酒店营销战略层级

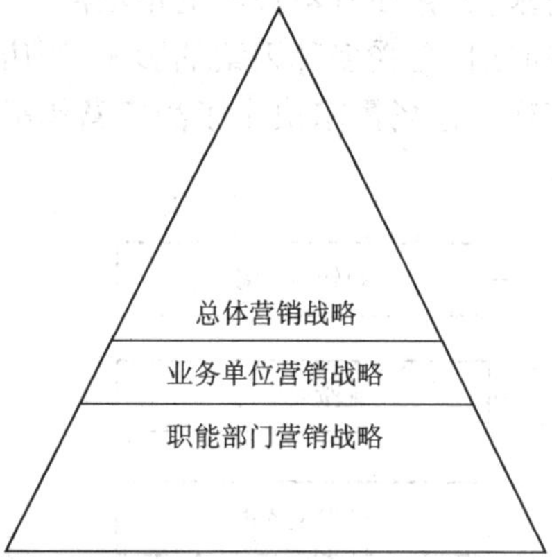

图 3-1　酒店营销战略层级

酒店营销战略具有多层级特点。一般而言，酒店或酒店集团的规模越大，内部组织结构就越复杂；集团内的品牌越多，其层级就越多。通常，酒店或酒店集团的营销战略常包括总体营销战略、业务单位营销战略和职能部门营销战略三个层级（见图 3-1）。其中，总体营销战略常作为业务单位营销战略和职能部门营销战略的指导性纲领。

1. 总体营销战略

总体营销战略也称公司营销战略，是指独立经营的酒店或酒店集团的总体营销战略，是企业整体营销活动的指导性文件，是酒店或酒店集团高层管理人员指导整体企业全局营销活动的纲领。同时，总体营销战略是酒店集团或独立经营的酒店根据其营销任务与目标，选择可进入的细分市场并合理地配置资源，决定其整体的营销活动并促使各经营单位和职能部门相互支持和相互协调的指南。

2. 业务单位营销战略

业务单位是指酒店集团内各品牌单位、独立经营的酒店或大型酒店内部的具有一定独立经营权的组织。例如，一些大型酒店的房务运营组织或单位、餐饮运营组织或单位及会展运营组织或单位在酒店的总经理及董事会的指导下，具有相对独立的经营权，其负责人为酒店的总监级别。这些业务单位为了保证其市场的优势和发展，及有效利用酒店和本业务单位的资源，并针对不断发展的市场环境作出的有竞争力的营销战略称为业务单位营销战略。当然，业务单位营销战略应依据酒店或酒店集团总体营销战略规定的任务和目标制定，并与本单位的营销战略目标及战略任务相协调。

3. 职能部门营销战略

职能部门营销战略称为酒店职能层营销战略，是指为了贯彻和实施酒店的整体营销战略和业务单位营销战略而制定的营销战略。职能部门营销战略的特点是结合本部门的专业和职责等特点，将企业总体营销战略和业务单位营销战略具体化。例如，某酒店的西餐厅营销战略是基于酒店的总体营销战略和酒店餐饮部营销战略而制定的，其任务和目标通常包括市场开拓、产品开发与创新、菜单筹划与设计、价格制定与实施以及举办一些推销活动等。

五、酒店营销战略任务

酒店营销战略任务是规定酒店或酒店集团的营销观念、营销方法与手段及员工和企业的社会责任等并为酒店或酒店集团指明参与市场竞争的目标市场、业务性质和业务范围及其重点营销工作。根据调查,大多数营销管理者以酒店市场营销战略为导向,制定并实施产品策略、价格策略、营销渠道策略和促销策略。当今,现实中的酒店市场需求多种多样且十分复杂,酒店市场不仅存在着潜在的市场需求,还存在着不规则的市场需求等。同时,现有的市场需求状况也非一成不变,随着时间的推移会受多种因素的影响,酒店市场需求的强度也会发生变化。基于以上原因,复杂多变的市场需求决定了酒店营销战略任务的多样性(见图3-2)。

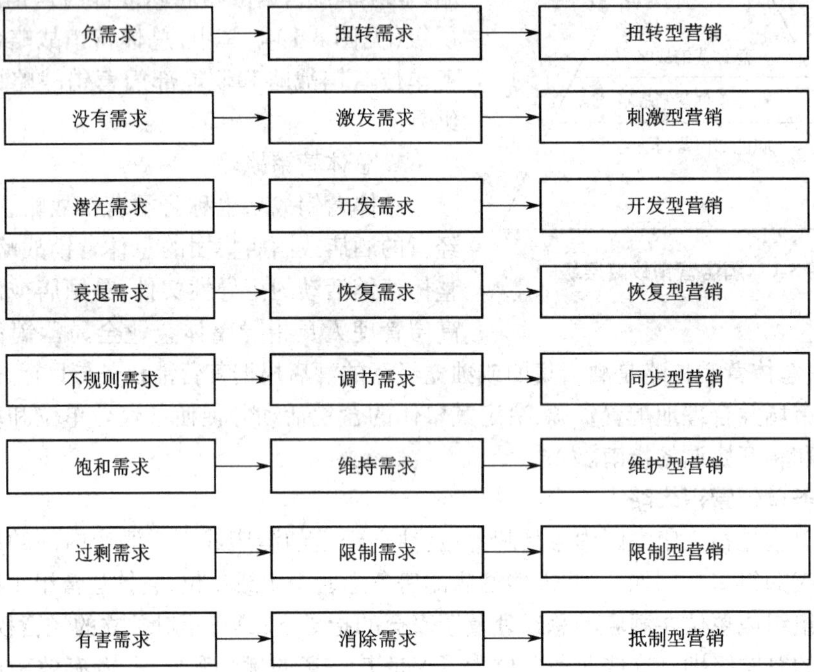

图3-2 酒店营销战略任务

1. 扭转型营销

当大部分潜在的顾客讨厌或不需要某种酒店产品时,酒店采取措施并扭转其负需求称为扭转型营销。例如,某酒店中餐厅的正宗四川菜已经销售数年,许多顾客都品尝了多次,餐饮营销收入呈不断下降的趋势。但是,这家餐厅增加了以水产品和蔬菜为原料制成的菜肴,且在工艺和口味等方面进行了调整。同时在菜单设计与新产品开发方面加大了管理力度,还增加了一些创新菜与特色菜,经广告宣传和促销后,该酒店中餐厅上座率持续上升,营业额不断地增长。

2. 刺激型营销

当大部分顾客不了解某些酒店产品时,酒店采取措施并扭转这种无需求的状况称为刺激型营销。例如，某酒店建立了商务楼层并开发了新型的房务产品——商务套房，尽管这一产品符合当时的市场需求，然而销售情况并不理想。酒店经过宣传，采取一些促销手段及优惠策略，并在商务楼层为入住顾客建立小型咖啡厅并提供免费的早餐与晚餐服务。同时，房价采取优惠措施，使商务套房的销售情况不断好转。最终，该产品受到了市场的欢迎。

3. 开发型营销

当市场对酒店某种产品存在需求，而其他酒店尚不存在这种产品或无法满足这种需求时，该酒店及时开发顾客需求的产品称为开发型营销。例如，近年来，一些酒店增加了咖啡厅、自助餐厅、各种规格的多功能厅等以满足商务消费者、组织购买者、休闲顾客等的商务用餐、各种会展用餐和休闲用餐的需求。

4. 恢复型营销

当大部分顾客对某些酒店产品的需求衰退时，酒店采取措施将衰退和下降的需求重新兴起，称为恢复型营销。例如，传统上一些顾客有在茶艺厅饮茶的习惯，后来人们对在茶艺厅饮茶的兴趣逐渐淡漠了。近年来，一些酒店开设了茶艺厅，保持了其传统的经营特点，又在环境和布局方面进行了创新。同时，根据中午、下午和晚上的不同时段，开发了茶餐和茶点，受到了一些商务顾客的青睐并收到了理想的营销效果。根据调查，现代酒店的茶艺厅讲究外观造型、内部文化、独特的设施和器皿及服务风格等。一些茶艺厅还增加了独特的现场音乐演奏。

5. 同步型营销

通常，酒店市场需求存在着明显的区域、季节和时间等差异，这一差异给酒店的营销带来一定的困难。因此，酒店调节需求和供给之间的矛盾，满足顾客对房务产品和餐饮产品等不规则的需求，尽量使酒店产品的需求与地区、季节和时段等的变化相适应的营销方式称为同步型营销。例如，酒店采用平日价格与周末价格、旺季价格和淡季价格等价格策略调节不同时段和不同季节的房务产品市场需求。同时，根据顾客不同时段的餐饮需求筹划不同的菜单。例如，早餐菜单、早午餐菜单、午餐菜单、下午茶菜单、正餐菜单和夜餐菜单等。此外，近年来一些酒店营销人员关注产品的文化内涵与特色并使产品融合了目标顾客的习俗与文化以满足顾客的需求。例如，在餐饮产品的食品原料和工艺方面，在客房布局与家具、用品与服务等方面满足目标顾客的需求，包括男士拖鞋与女士拖鞋等。

6. 维护型营销

当某些酒店产品的需求达到市场饱和时，酒店采取一些销售措施，保持其合理的售价，严格控制成本并改进产品的质量与特色，稳定产品的销售量以维护酒店营销效果的营销方式称为维护型营销。例如，当某地区的酒店房务产品市场趋于饱和状态，酒店一方面保持合理的售价，另一方面积极改进产品组合，采取了免费早餐或每天免费洗烫一件衣服等措施。一些酒店还在开晚床时，为每位顾客提供免费的小点心等。从而使酒店的房务产品销售量保持不变或略有增加。

7. 限制型营销

当酒店的某种产品需求过剩时，酒店开始实行限制型营销。主要的方法有提高产品的价格、减少服务项目等。例如，某地区酒店刚上市的特色菜肴非常著名，每天的顾客超过了酒店的接待能力。这样,酒店采取了适当地提高利润并保持产品高质量等方法限制该产品的销售量。当然,使用这一销售方法时,管理人员应十分谨慎。注意限制型营销的目的不是破坏营销,而是暂缓需求水平。

8. 抵制型营销

通常,酒店严禁将不符合国家和地区质量标准及企业质量水平的产品和不安全的餐饮销售给顾客,以免影响酒店的声誉和品牌。这是酒店营销中的职业道德,也是保持酒店可持续发展的核心工作。

六、酒店营销战略目标

战略目标是指酒店或酒店集团的最终追求,是企业衡量其经营业绩的标准(Junach和Glueck)。酒店营销战略目标是酒店对其市场发展前景的设想,是酒店或酒店集团在一定时间内预期可达到的营销效果,是反映酒店或酒店集团对未来一段时间内期望的营销活动水平。因此,酒店营销战略目标必须具体化和定量化,营销管理人员应协调各职能部门的人力资源、设施和设备等并统一全体职工的价值观,为酒店营销战略任务的实施提供评价标准和考核依据。同时,酒店制定营销战略目标必须严肃和科学。这就需要全体管理人员和职工集思广益,抓住企业的长远发展目标,分清主次,突出营销战略的重点并邀请专家对初步规划的战略目标进行论证。酒店的营销战略目标应是一个完整的体系,在酒店总体营销目标下可分解成各自独立的经营单位和职能部门的分目标,从时间上还可分为长期目标、中期目标和短期目标。从营销战略目标的性质上,可制定定性目标与定量目标。此外,酒店营销战略目标的制定一定要考虑市场环境,考虑企业的能力并且是酒店经过努力可达到的及体现酒店奋发向上和不断进取精神的。此外,这一目标应略高于酒店及个人的基本工作能力,使营销战略目标具有一定的超前性和激励性并鼓舞全体职工为实现酒店的总体营销战略目标而奋发工作。

第二节　酒店市场竞争分析

酒店市场竞争分析既是酒店选择与制定营销战略的前提,也是酒店营销战略实施的条件。酒店市场竞争分析主要包括酒店营销机会分析(SWOT分析)、酒店业务组合分析和酒店市场竞争分析。通过酒店市场竞争分析,酒店营销管理人员可明确其外部环境的市场机会和威胁并了解企业内部资源和产品的优势与劣势及目前企业面临的市场竞争概况,以此酒店营销战略的制定者可充分利用酒店的市场环境机会,发挥自身优势,克服环境可能造成的威胁,为选择和制定有效的营销战略奠定良好的基础。

一、酒店营销机会分析

酒店营销机会分析也称为酒店SWOT分析。其中,S和W是指酒店目前面临的环境优势(Strengths)和劣势(Weaknesses),O和T是指酒店可利用的机会(Opportunities)及面临的威胁(Threats)(见图3-3)。酒店营销机会分析的目的是判定酒店内在的资源优劣及外在环境的机会和威胁,从而更好地应对当前的市场环境并进一步调整本企业的营销战略。此外，通过酒店的 SWOT 分析可以了解酒店内部与外部环境的共同作用，明确酒店自身的市场地位并为选定和调整营销任务和目标做好充分的准备。这种分析方法可将酒店外部环境与其内部资源进行科学的组合，形成 4 种可参考或选择的战略。

1. 优势与机会营销战略（SO 战略）

优势与机会营销战略是指酒店发挥企业内部资源优势并利用外部环境机会的营销战略。由于酒店外部环境为企业发展提供了机会，而酒店又具有利用外部营销环境的各种资源。这时，酒店营销管理者应通过最佳资源组合来获得竞争优势或通过提供资源来强化已有的市场竞争优势。

2. 劣势与机会营销战略（WO 战略）

劣势与机会营销战略是指酒店可利用外部的营销机会并改进企业内部的劣势资源的营销战略。通常，酒店营销管理者可通过加强投资或对设施和设备的更新改造及招聘更有能力的管理人员和技术人员等方式调整企业内部的劣势资源，并将其转化为优势资源以提高酒店核心竞争力和营销水平。

3. 优势与威胁营销战略（ST 战略）

优势与威胁营销战略是指酒店可采用自身的资源优势并充分回避或减少外部营销环境的威胁和风险的战略。这样，酒店可通过本身的资源整合或调整以适应外部不理想的市场环境并获得市场竞争优势，将威胁转为营销机会。

4. 劣势与威胁营销战略（WT 战略）

劣势与威胁营销战略是酒店营销管理人员常采取的防御型战略。这一营销战略主要是指营销管理人员高度重视并防范营销中可能出现的风险，常设法弱化其内部资源的劣势，积极减少和避开外部市场环境的风险或威胁，形成可行的营销战略。

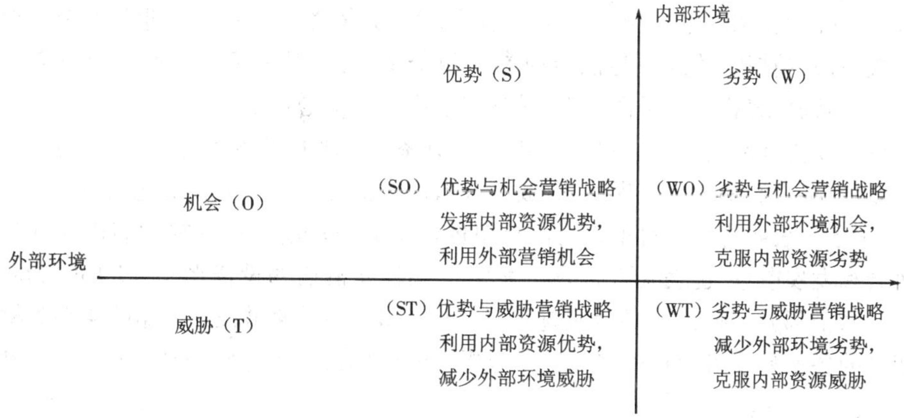

图 3-3　酒店营销机会分析

酒店营销机会分析的目的是为了适应不断变化的营销环境，制定一套有效的营销战略规划或通过调整营销战略方案改善营销现状，使酒店面临的营销劣势转化为优势并将营销环境的威胁因素转化为营销机会。例如，酒店由于缺乏高素质与专业水平的职工而表现出营销弱势时，酒店必须将职工招聘与培训工作作为营销战略的一项重要工作并投入资金为其提供支持。此外,在进行营销机会分析时,管理人员应熟悉本企业各种营销要素的内涵与特点并应特别关注那些可能涉及的因素(见图3-4)。

优势　　　　弱势

转化 ←

内部	财务资源 产品系列 规模经济 技术实力 管理能力 产品开发 盈利能力 产品研发 营销信息	缺乏专业职工 员工流动率高 缺乏资金 内部沟通不善 缺乏责任感 与供应商关系紧张 资源短缺 管理不善 促销能力不足
外部	国际市场 投资机会 多元化经营 技术创新 互联网 高品质产品	国内市场 竞争活动 竞争性投资 供应商问题 存在替代品 市场饱和

机会　　　　威胁

转化 ←

图3-4　酒店营销机会与问题分析中涉及的因素

二、酒店业务组合分析

酒店业务组合分析也称BCG矩阵分析,该方法由波士顿咨询公司(Boston Consulting Group,BCG)首先提出。波士顿咨询公司认为,企业应对本身的每一项业务制定一个独立的营销战略,营销战略的选择与制定应参考两个参数:相对市场占有率和市场需求增长率。其中,横轴代表相对市场占有率,纵轴代表市场需求增长率。

相对市场占有率表示酒店自身的市场占有率与行业中最大竞争对手市场占有率的比,以相对市场占有率1为分界线,分成高和低两个部分。大于1表明比竞争对手市场占有率高,小于1表明比竞争对手市场占有率低。市场需求增长率反映酒店产品在市场的成长机会和发展前景,也表明酒店的竞争实力,可决定酒店的投资水平,以10%为临界线分为高低两个部分。超过10%为高速增长,低于10%为低速增长。该矩阵4个方框分别将酒店中的各业务项目的营销状况进行分析,并可总结为:明星型、金牛型、问题型和瘦狗型业务(见图3-5)。

1. 明星型业务(Stars)

明星型业务是指市场需求增长速度快,相对市场占有率较高的业务。这类业务有比较好的市场成长机会,但是,需要投入较多的资源以支持其快速的发展。

2. 金牛型业务(Cash Cows)

金牛型业务在低增长的市场上有较高的市场份额。因此,利润和现金的生产量都比较高,而资金投入需求量较低。这种业务为酒店提供了资金来源,因而成为酒店的主要营

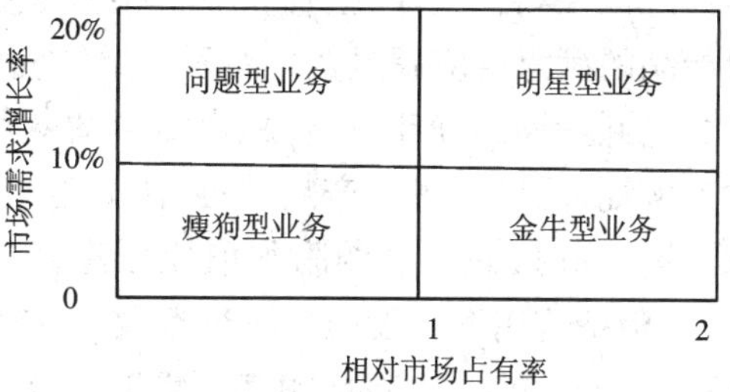

图 3-5　酒店业务组合分析

销项目。

3. 问题型业务(Question Marks)

问题型业务是指在高速的市场增长前提下,市场占有率相对较低的业务。由于市场上该项业务的需求不断增长,因此酒店或酒店集团需要投入较多的资金来开发市场。然而,在对该项业务制定营销战略时应当慎重,应在充分调查和分析市场环境及企业内部资源的前提下,采取适当的投资促使其成为明星型业务或采取外包战略。例如,一些酒店由于缺乏技术和经验致使本企业的西餐业务营销不佳。然而根据市场调查,西餐属于快速增长的业务。在这种前提下,酒店将西餐业务外包给酒店外部的著名餐饮企业,与其合作经营使问题型业务成为金牛型业务。

4. 瘦狗型业务(Dogs)

瘦狗型业务是指在低市场需求的前提下,占有相对较低市场份额业务。这项业务既没有市场吸引力,又不能为酒店创造收入和利润。不仅如此,维持该项业务需要较多的资源和成本。因此,这项业务适用的营销战略是淘汰这项业务。然后,选择其他有发展前途的业务项目。

三、酒店市场竞争分析

1. 产品价格分析

酒店应当比竞争对手以更实惠的价格销售同等级别与质量的产品。通常,价格是价值的表现形态,而价值是价格的基础。影响酒店价格的因素主要包括成本、需求和竞争等因素。成本因素主要包括固定成本、变动成本和人工成本等。因此,当市场上销售质量相同或相近的房务产品、餐饮产品和会展产品时,价格较低的产品被顾客选中的机会较多。尽管酒店因价格竞争损失了一些利润。但是,以较低的价格进行销售而提高了销售量。这样,酒店的总体收入和利润都会增加。许多酒店营销管理人员认为高星级酒店的房务产品、餐饮产品和会展产品属于弹性较大的产品,即产品价格降低,需求量会有明显的增加。大众化的房务与餐饮产品弹性较小,产品价格降低后,需求量不会出现明显的增长。通常,在较高级别的酒店产品营销中,产品价格强烈地影响产品的接受能力,从而影响产品的销售和企业的利润。因此,价格制定是酒店营销战略中的一项关键内容。

2. 产品价值分析

酒店产品价值不仅体现其坐落位置、服务技术和内部环境与设施等综合因素,还包括顾客对产品满意度的总体评价。酒店应以同级别企业价格销售更优秀的房务产品、餐饮产品和会展产品,顾客对产品的满意度应超过竞争对手。通常,酒店产品价值体现为产品的功能与特色同价格的比。功能是酒店产品适合顾客需要的效用,功能衡量标志是产品的质量水平、特色和用途。例如,同样的房务产品价格,酒店的级别高、交通方便、设施齐全、安全舒适、服务效率高等。同时,该产品的附加值比较高,包括具有特色和营养的早餐、每天免费洗涤一件衣服、免费使用健身设施等。当然,在价格因素不变的前提下,酒店的产品质量越高,质量越稳定,产品就越能满足顾客的需要。这样,酒店不仅能长久地拥有顾客,而且在市场竞争中还处于有利的地位。

3. 产品品种分析

通常,比竞争对手销售更全面或更有特色及更能满足目标顾客需求的产品品种的酒店或酒店集团,其市场竞争力更强。当今,在旅游业、会展业和酒店业不断发展的前提下,酒店的客房、餐饮、会展等产品应考虑不同顾客的需求。只有这样,酒店的营销机会和盈利的可能性才会增加。例如,餐饮产品要考虑宴会餐饮、休闲餐饮、会议餐饮和商务餐饮等不同需求的特点,菜肴风味不要单一,应有套餐和零点等服务。酒店房务产品应根据不同顾客的需求,设有普通楼层、商务楼层、行政管理人员楼层。甚至,可以根据市场需求,设立欧洲顾客楼层或区域、日本顾客楼层或区域、女士楼层或区域及长住顾客楼层等。客房可以有单人间、标准间、大床间、普通套间、商务套间和总统套房等。这样,可以在客房布局、家具式样和布件摆布等方面更符合目标顾客的需求。

4. 酒店服务分析

当今,随着科学技术的发展及计算机和网络的应用,传统酒店的有形产品及其营销模式有了很大的改善和提高。因此,同等级别酒店的客房、公共设施和餐饮等有形因素质量差异越来越小,产品质量的竞争已不仅表现在实体产品方面,而更多地关注于无形因素方面。例如,服务效率、服务功能、个性化服务和顾客满意度等。根据统计,高质量的酒店服务能赢得广大顾客的信任,提高企业的竞争力。现代酒店的服务内涵包括责任、诚信、安全、高效、微笑和朝气蓬勃的服务宗旨和服务方法,且现代酒店服务还包括创造型的服务及创新服务模式与服务环节等。当代的酒店服务必须给客户留下美好及深刻的印象,使酒店与顾客互相理解,互相沟通,互相信任。因此,营销成功的酒店,其服务管理的首要问题是调动全体职工的积极性,加强服务知识与技能培训,通过使内部职工满意以提高服务质量。从而留住老客户,赢得新客户。

5. 知识与技术分析

当今,酒店不仅是劳动密集型企业,更是知识型企业。酒店的市场发展和竞争力的核心内容之一是知识和技术。因此,酒店应当使用比竞争对手更先进的设备、生产工艺、服务工艺和高质量的原材料等创造出更优质且更具特色的产品销售给顾客。酒店生产与服务技术竞争最终表现在理想的产品性能和质量、适合目标顾客需要的产品特色、高效与专业的服务方法与技巧等方面。因此,技术竞争是酒店产品质量竞争的基础条件。技术上的优势是酒店在市场竞争中立于不败之地的重要保证。酒店生产和服务技术的基础与核心是拥有适合的技术人才、管理人才和高效的培训管理制度。

6. 营销决策分析

营销决策是指酒店为达到某一特定营销目标，运用科学的方法对酒店客观存在的各种资源进行合理的配置并从各方案中选出最佳营销方案的过程。营销决策是酒店营销战略制定的核心，它关系着酒店营销的成功与失败。正确的营销决策要求管理者必须明确酒店营销的总体战略任务和目标。然后，通过科学的论证保持相对的稳定。同时，正确的营销决策可使酒店的人力、财力和物力得到合理分配和运用。从而，酒店可创造和改善内部营销环境及提高酒店对市场变化的应对能力。

7. 应市时间分析

酒店应以比竞争对手更快的速度生产和销售市场需要的房务产品、餐饮产品和会展产品并抢先进入市场。酒店营销中，对应市时间的关注不仅能使酒店产品早于其他企业进入市场，而且能首先被顾客了解和接受。同时，即便以后其他酒店的同类产品上市，该酒店的市场影响力仍可占据一定的地位。例如，在20世纪90年代，一些酒店最先上市的商务楼层、主题餐厅、自助餐厅及金钥匙服务等都是具有影响力的产品和服务，并因此提高了酒店或酒店集团的知名度和美誉度。

8. 酒店信誉分析

酒店应争取在顾客心目中树立良好的形象以取得更多的消费者和组织购买者的信赖。酒店信誉的主要内容包括产品质量的信誉和产品价格的信誉等方面。因此，酒店的信誉表现为企业取得社会和顾客的信任程度，是在酒店市场竞争中取胜的基础。酒店比竞争对手更加讲究职业道德、产品质量与价格信誉等必然会在营销中取得成功。反之，损害本企业的信誉会被市场淘汰。此外，酒店的信誉还包括职工与相关利益者对其的信赖程度。

9. 酒店信息分析

信息是酒店营销不可缺少的要素，是市场的一种反映和风向标，信息决定酒店的营销活动的方向。酒店应具有比竞争对手更强的收集、选择、分析和利用信息的能力。通常，酒店若及时运用准确的信息指导其产品的开发和价格的调整等，必然会在营销中取得更有利的市场地位。

10. 人力资源分析

人力资源是存在于人身上的社会财富的创造力，是体力、技能和知识的总和。优秀的酒店招聘和培养大批理想的专业人才，满足企业生产、营销和管理的需要。当今，在激烈的酒店市场竞争中，谁能掌握先进的管理与技术，谁能把先进的知识与技术成果转化为现实的生产力，谁就能在激烈的市场竞争中获胜，而这一切都是由合格的人才作为保证。

第三节　酒店营销战略选择与制定

通常，酒店营销管理人员在分析企业的外部环境和内部资源及明确酒店的营销任务和营销目标后，应选择和制定具有预期效果的营销战略方案。

一、营销战略选择和制定原则

酒店在选择和制定营销战略时，应遵循营销战略的适用性、可行性和可接受性。同时，必须保证适应酒店的外部环境和内部条件，使酒店可利用外部机会及内部优越资源，减少或回避外部市场环境的风险及内部的不利条件以保持和提高酒店的市场竞争地位。酒店营销战略的选择和制定必须依靠企业现有的资源和能力，保证企业能达到预定的营销目标。此外，酒店选择和制定营销战略应考虑投资人、管理人员、全体职工和各部门对企业的期望，并关注财务状况变化及对利益相关者的影响等。

二、营销战略选择和制定方式

酒店营销战略的选择与制定可根据酒店的经营特点与规模，采用不同的工作方式，包括自上而下、自下而上、上下结合、建立规划小组等 4 种方式。自上而下方式，先由酒店高层管理人员选择与制定企业的总体营销战略，然后各职能部门根据总体营销战略的要求，结合各自的职能和职责制定本部门的营销战略。这种制定方式的特点是由酒店或酒店集团高层领导决定企业总体营销战略任务和目标并基于总体营销战略任务和目标对各职能部门提出具体要求，使总体营销目标集中并明确。然而，这种选择方式容易忽视下级部门的具体资源情况及现有的条件和能力。自下而上的选择方式可充分发挥下级部门的积极性，集思广益，且营销任务与目标切合实际。但是，由于各职能部门的业务的局限性，提出的方案可能是片面的，需要酒店高层管理人员重新分析和整合。根据统计，上下结合式常用于小型酒店营销战略的制定与选择。这种方式的特点是协调效果好，可缩短营销战略的制定时间。一般而言，酒店营销战略的选择和制定，由酒店总经理直接领导，营销部门为主要负责部门，各职能部门参与并组成营销战略规划小组协同工作。这种方式的特点是，上下结合并发挥各方面的积极性，适合各种规模和类型的酒店。

三、酒店营销战略制定影响因素

通常，在制定酒店的营销战略前必须明确本企业的市场需求、企业资源、企业发展情况及竞争者概况等。

1. 市场需求

根据调查，酒店产品的市场需求为酒店提供了生存与发展的机会。但是，这种需求受宏观环境中的政治、经济、技术、文化与习俗等因素的影响，因此在不断变化。这种变化为酒店营销提供了发展空间与机会，但也存在着一定的风险。这就需要酒店必须选择和制定切实可行的营销战略。由于酒店的市场需求既有现实性，也有潜在性。因此，酒店的市场需求也需要营销管理者的创造和开发，而创造和开发市场需求就要依据科学的营销战略。同时，酒店的市场需求具有一定的弹性和可替代性，而这种弹性与营销者的营销战略也有着紧密联系。正确的营销战略可满足市场需求，不切实际的营销战略可能把市场需求推向其他企业，给酒店营销带来较大的风险。因此，市场需求是决定酒店营销战略的第一要素。

2. 企业资源

酒店或酒店集团的资源是指能用来满足市场营销需要，维持酒店或酒店集团生存和发展需要的一切硬件设施和技术与手段。它包括人力资源、设备和设施及资金等，还包括酒店的营销模式、知识结构、服务技术、产品特色及营销组合等。酒店资源是酒店选择和制定营销战略的物质基础。如果这些物质基础不牢固，营销战略只能是纸上谈兵。但是，若有了一定的物质基础，没有出色的营销战略去有效利用，酒店也不会得到理想的营销效果。同时，酒店营销战略的选择还在一定程度上取决于管理者的优势。例如，管理者的知识、经历和爱好等都会影响其对各种市场机会的认识和掌握。此外，酒店营销战略的选择应建立在本企业核心能力的基础上才有利于发挥企业的优势。通常，尽管酒店现有的资源和能力可以支撑企业执行多种营销任务，但是只要这些资源和能力并非本企业独有，就有可能使本企业面临较大的市场压力。如果这些资源和能力不如其他企业强势，本酒店或酒店集团则有可能在市场竞争中遇到困难。所以，酒店或酒店集团应寻找自己的相对优势和核心竞争力以利市场营销。

3. 企业发展情况

根据研究，企业的发展历史对酒店的营销战略任务和目标有较大的影响。这是因为，酒店的生产和营销历史状况可使其在某一业务、产品、生产、技术、服务及市场声誉等方面形成自己的特色或品牌。因此，无论是酒店本身还是企业的业务部门必须根据自己的知识优势、技术优势、品牌优势、产品优势及营销优势等来确定本身的营销任务。

4. 竞争者

通常，酒店的营销环境是一个竞争的环境。竞争者的存在使酒店营销战略的选择和制定显得非常必要。竞争者的营销战略对本酒店营销战略的制定及实施有着重大的影响。所以，酒店在选择和制定营销战略时，必须认真研究竞争对手的营销战略及其详细的规划与内容，以便知己知彼、扬长避短并争取在营销竞争中取得优势。这也是保持本企业优势市场地位不可缺少的环节。

四、酒店营销战略方向

1. 竞争型营销战略

竞争型营销战略是指那些能够为企业带来市场竞争优势的营销战略，主要包括成本领先战略、产品差异化战略和产品集中化战略。

(1)成本领先战略

成本领先战略全称为成本领先营销战略，或称为低成本营销战略。该战略的实施使酒店的总成本低于竞争对手的成本。由于酒店业产品已基本标准化，同类与同级酒店产品之间的差异小。因此，价格竞争成为酒店业市场竞争的主要方式之一。在酒店市场上，多数顾客愿意购买实惠的酒店产品且顾客由购买价格较高的产品转向价格较低的产品所发生的转移费用很少或不存在。所以这一营销战略的实施效果比较显著。例如，当今经济型酒店的出现既保证了一些顾客对房务产品的基本需要，又满足了这些顾客对产品价格的支付能力。成本领先营销战略的主要优点是有利于在价格竞争中击败竞争对手，进而夺取酒店的市场。当然，这一营销战略也有利于争取更多的顾客。同时，由于是低成本，产品销量较大，对原材料的需求量也较大。从而，酒店可获得供应商更多的优惠。低成本营销战略还可阻止潜在的竞争者和代用品的进入。当然，成本领先营销战略不等于生产和销售低质量的产品，而是为目标顾客控制那些不必要的成本以保持产品的基本功能和特色。事实上，成本领先营销战略的目的是使用具有高素质和业务专长的管理人员和一线员工及先进的设施和设备并提高成本的使用效率来保持其产品和价格的竞争性。根据统计，成本领先营销战略可提高酒店产品的销售效率，但是容易被竞争对手模仿。

(2)产品差异化战略

产品差异化战略全称为酒店产品差异化营销战略，是指本酒店的产品与其他酒店相比具有显著的独特性。根据调查，这些独特性主要表现在酒店的地理位置、设施和设备、安全和卫生、时间与效率、服务方式及餐饮特色等方面，由此获得顾客的向往与青睐，使其他酒店在短时期内很难模仿。当然，酒店产品差异化绝不是产品的硬件上或是表面上的一些差别，而是深入到企业文化内涵和营销理念上。例如，酒店的品牌、声誉和信誉及关注对顾客的服务细节等。酒店产品差异化营销战略的优点是，利用顾客对产品的青睐，分散顾客对价格的注意力，避开市场的价格战，使其他酒店难以模仿从而形成本酒店独家营销的局面。从而，降低了替代品的威胁。同时，本酒店的产品既能以较高价格出售，又能保持较大的销售量，使本企业保持市场竞争的优势并获得理想的利润。实施产品差异化的营销战略，必须增加对产品研发的资金投入，重视应用新知识、新技术、新设备和新原料等方面。

(3)产品集中化战略

产品集中化战略又称产品专一化营销战略，实施该战略的酒店将营销项目集中在某一细分市场或目标顾客的需求方面。例如，经济型长住酒店、豪华级度假酒店或高星级商务酒店等。这种营销战略的优势在于企业能够控制某种产品的营销范围，使竞争对手难以进入。同时，酒店的市场竞争优势地位比较稳定。酒店的营销目标也比较集中，便于管理。其优点是可集中酒店的人、财、物等资源进行专项产品开发和研究。从而，提高产品的质量，优化产品的功能，体现产品的特色。对于酒店而言，还提高了规模经济效益，降低了成本。根据调查，产品集中化的营销战略对市场环境适应能力差。当市场需求发生变化或替代品出现时，会导致某产品销售量大幅下降，竞争能力减弱，酒店可能受到严重的冲击而陷于困境。因此，酒店实施产品集中化战略必须关注细分市场的容量及其发展潜力。

2. 成长型营销战略

成长型营销战略是以目前的营销战略为起点，向高一级的市场目标发展的一种酒店总体营销战略，表现在增加销售额和提高市场占有率等方面。酒店成长型营销战略主要包括：一体化营销战略、集中型营销战略和多元化营销战略等。

(1)一体化营销战略

一体化营销战略是指酒店或酒店集团充分利用自身的品牌、产品、管理知识、生产与服务技术、资金和营销渠道等优势不断向市场深度与广度发展的营销战略。这种营销战略包括纵向一体化营销战略和水平一体化营销战略。纵向一体化营销战略是从酒店整体营销业务出发，向前或向后扩展以扩大营销规模。当酒店向前接近顾客时，它在执行前向一体化营销战略。当酒店向后接近供应商时，即执行后向一体化营销战略。水平一体化营销战略也称作横向一体化营销战略，是酒店通过与其他企业在某些方面业务的联合或扩展以减少竞争对手并扩大营销规模及增加本企业的营销实力与效果的战略。酒店实施前向一体化的营销战略是加强对营销渠道的控制，投资建立分销机构及实施更接近顾客的措施。其中比较有效的方式是特许联营(Franchising)。特许联营是一种连锁的营销模式,是酒店将自己的品牌、生产与服务技术和管理模式等授权给被特许企业使用,双方共担风险,分享利润。酒店加强对供应商的合作以满足酒店对原材料等的需求说明酒店在实施后向一体化营销战略。目前,一些实力雄厚的酒店或酒店集团将水平一体化营销战略作为促进企业业务快速发展的重要战略。这一战略主要是通过同类企业或供应链企业的兼并、收购、战略联盟和管理合同等,进一步提高酒店的营销规模及优化资源配置水平以增加酒店集团的整体营销实力。例如,近年来在全球掀起的并购浪潮就是横向一体化营销战略广泛实施的体现。

(2)集中型营销战略

集中型营销战略是指酒店在现有产品和市场的基础上,通过市场渗透和产品开发等方式扩大酒店营销规模并增强酒店市场竞争优势的战略。酒店采用集中型营销战略可使其营销水平不断发展和壮大。集中型营销战略体现了酒店或酒店集团充分利用外部的有利环境,挖掘和运用酒店的内部资源,促使酒店达到更高水平的营销效果。酒店集中型营销战略的特点是需要不断投入资源,扩大产销规模,提高市场占有率,增强酒店的竞争力等。酒店集中型营销战略的主要模式包括市场渗透战略、市场开发战略和产品开发战略。市场渗透战略是指酒店在利用现有的产品和市场基础上,通过改善其服务质量和产品功能等并整合各种促销手段以扩大其市场份额的战略。市场开发战略是指酒店依靠原有的产品寻找潜在的客源并吸引新的顾客及争取新的市场。产品开发战略是指在酒店原有的市场基础上,不断改善和调整产品种类、产品功能和产品质量并开发新的产品以满足不断发展的市场需求。根据调查,近年来,一些欧洲国家的酒店集团在机场酒店开发小型会议产品并收到了良好的营销效果。总结这一产品受到市场青睐的主要原因是交通方便、价格实惠,深受一些小型会议组织者的欢迎。

(3)多元化营销战略

多元化营销战略是指酒店或酒店集团为了降低主营业务风险而进行的多元化的营销战略。这种营销战略包括相关多元化战略和非相关多元化战略。相关多元化营销战略是指酒店以现有设施和技术为基础,增加与现有产品相近的房务产品、餐饮产品和会展产品等。同时,酒店在横向与纵向上增加与现有产品相近的同类产品。例如,某酒店集团原营销四星级商务型酒店产品,现增加五星级商务型酒店产品或增加四星级度假产品等业务。酒店采用相关多元化营销战略可保持酒店或酒店集团的整体业务的营销发展水平,分散营销的风险。非相关多元化营销战略是指酒店增加与现有产品无关或关联度低的产品营销战略。例如,某酒店集团增加了房地产业务、旅游房地产业务(Time-share)或旅游产品批发与零售甚至农牧产品生产与销售等业务。毫无疑问,这种营销战略分散了企业营销风险的力度,使企业营销综合化。从而,改善了酒店的整体盈利效果,提高了酒店的市场应变能力。但是,它带来的后果是组织结构和管理更加复杂化。同时,由于酒店在新的业务中缺乏营销管理经验,部门之间缺乏协调性等,这样很可能使酒店总体营销效果下降。

3. 稳定型营销战略

稳定型营销战略是指酒店或酒店集团所遵循的营销方向和市场领域按既定的目标执行,实施基本保持不变或以较小幅度增长的战略。稳定型营销战略的特点是酒店对过去的营销业绩表示满意，决定追求既定的营销任务及与过去相似的营销目标。稳定性营销战略与成长型营销战略有所不同，稳定型营销战略在市场占有率保持不变的情况下略有增加，从而稳定和巩固酒店现有的市场竞争地位。酒店采取稳定型营销战略的条件是，面临比较稳定的市场需求及行业结构，或由于酒店资源不足而不得不采用相对保守的营销战略以避免开发新产品或扩展市场需要的资金。稳定型营销战略不必考虑对原有企业资源的调整。同时，这种战略可为酒店提供一个较好的休整期且降低酒店的营销风险。

4. 防御型营销战略

防御型营销战略是指酒店或酒店集团应付市场可能给企业带来的威胁，采取一些措施企图保护和巩固现有市场的一种战略。酒店实施这种营销战略表明酒店现有的营销状况和资源条件及发展前景不适应外部市场环境的变化和发展。目前，其营销状况不能为酒店带来效益，甚至影响酒店的发展。防御型营销战略的特点是对酒店现有的产品和市场实行收缩、撤退和调整及缩小市场范围。甚至，完全退出目前的营销领域。防御型营销战略主要包括收缩战略、剥离战略、清算战略。收缩战略是采取缩小产销规模和市场占有率，对原有营销领域进行压缩，控制其成本，改善现金流量，为新的营销业务提供资金。此外，当原材料价格上涨，成本上升，需求下降时，也有必要实施收缩的营销战略。剥离战略是摆脱那些盈利少、需要较多资金的营销业务。例如，一些酒店将日本餐厅或西餐厅业务等包租给专业的餐饮集团并与该集团实施共同管理。目前，剥离战略已成为酒店普遍采用的一种营销战略。清算战略是指酒店营销受到内外环境的严重影响或威胁，甚至是濒临破产时使用的战略。清算战略通常在其他营销战略无效时才被迫采用。清算战略适用准则是，酒店已采取收缩和剥离战略，但均未收到预期的效果。

5. 混合型营销战略

混合型营销战略是指大型酒店或酒店集团针对不同的业务单位或部门在不同的时段实施不同的营销战略方案以满足其营销任务和目标的需要。由于大型企业相对而言拥有较多的二级业务单位。这些业务单位可能在各自不同的市场区域拥有不同的资源优势，营销不同的产品等。特别是在多元化营销战略的形势下，对所有的业务单位采用统一的营销战略显然不符合企业营销工作的实际，会使企业的总体利益受到损害。所以，混合型营销战略是酒店集团或大型酒店营销过程中的必然选择。混合型营销战略实际上就是发展型营销战略、稳定型营销战略和收缩型营销战略等的多种营销战略的组合。在很多情况下，混合型战略的实施为解决酒店或酒店集团资源不足与战略目标之间的矛盾提供了方法。对于酒店营销管理者而言，混合型营销战略的使用频率仅次于发展型营销战略。

第四节　酒店营销战略实施与管理

酒店营销战略的实施是酒店营销战略管理的关键环节之一。酒店实施营销战略，首先需要一套完整的战略规划和高效的组织工作。一般而言，营销战略规划是一套完整的体系，包括长远的营销战略规划、年度营销战略规划、专项营销战略规划、各业务单位和职能部门的营销战略规划及各项营销战略的人力资源和财务预算计划等。根据营销战略管理的实践，酒店营销战略的控制工作贯穿于酒店营销战略管理的全过程。通常，酒店的各阶段营销战略执行情况都需要进行评价与控制。由于酒店的内外环境因素不断变化和发展,因此酒店或酒店集团的各项营销战略必须根据市场的变化及时调整与修改。

一、营销战略实施过程管理

酒店的营销战略过程管理是指为实现酒店的营销战略任务和目标,对酒店或酒店集团选择和利用营销机会的过程管理。实际上,一旦酒店接受了营销战略,其全部的营销活动就会纳入以市场为导向的运行轨道,而营销战略过程管理也就贯穿于酒店营销活动的全过程(见图3-6)。酒店营销战略过程管理主要包括酒店或酒店集团在分析市场机会、选择目标市场、策划营销战略、设计营销方案和实施营销方案中的指导、组织、协调、监督、控制和评价等工作。

图3-6　酒店营销战略实施的过程

1. 分析市场机会

分析、评价和掌握市场机会是酒店营销战略管理的首要任务。市场机会是消费者和组织购买者尚未得到满足的潜在需要。一些酒店或酒店集团总是把暂时供不应求的产品作为一种市场机会,而等到其将产品开发并生产出来后,该产品可能已经从供不应求转为供大于求的状况。因此,收集与处理酒店市场信息,分析与发现酒店的市场机会,做好酒店市场调研工作是营销战略实施的基础。只有这样,酒店才能在市场上居于领先的地位并获得较大的经济收益。酒店的市场机会基本上可分为显在型市场机会、前兆型市场机会和诱发型市场机会。

(1)显在型市场机会

显在型市场机会即已经存在于市场上的机会。这种市场机会是酒店或酒店集团可以看到的那部分潜在的市场需求,其表现为一些已有产品供不应求的情况。如果其存在着较大的供需缺口,那么酒店或酒店集团可将其作为一种市场机会去利用和开发。一般情况下,显在型市场机会的开发成本相对比较低,但是由于其可能被人多数酒店所发现,因此竞争可能十分激烈。因此,酒店或酒店集团很难在显在型市场机会中获得较高的营销效果。

(2)前兆型市场机会

前兆型市场机会即通过市场上存在的一些迹象预示未来可能产生的潜在需求。例如消费者和组织购买者的经济收入变化会导致一些新的酒店产品或更高级别及个性化酒店产品的需求。市场流行的各种消费因素也会预示一些酒店产品的需求。例如,当今休闲餐饮的需求不断扩大。同时,政治、经济、文化和自然等各种环境因素的发展与变化对酒店的房务产品、餐饮产品和休闲产品的消费需求产生重要的影响。因此,酒店把握前兆型的市场机会关键在于了解有关酒店产品消费需求的一些相关因素及其发展。

(3)诱发型市场机会

诱发型市场机会是指消费者和组织购买者本身不能自觉发起的某种消费需求,而是通过酒店的启发或诱导才能实现的消费行为。因此,酒店可根据经济和市场的发展和预测,从经验借鉴等角度形成对某些产品的开发和创意。当酒店发现市场上相应的消费观念和需求尚未产生的时候,应当主动对潜在的酒店产品消费加以诱导并使其形成现实的消费以促成市场机会。基于诱发型的市场机会,酒店必须对自身资源和能力进行准确评价。然而,市场上潜在的需求机会并不一定是某一酒店可以利用的。酒店应严谨地实施市场调查和分析,预测出可能适于本企业的可利用的市场机会。此外,酒店的市场敏感性和主动寻找市场机会的强烈欲望对于市场开发的效果也是非常重要的。

2. 选择目标市场

市场机会的发现可以让酒店了解其能够从事的那部分市场需要。然而,酒店要想进入某一市场并形成相对优势,还必须进一步清楚其要满足的细分市场的确切需要。这是因为不同的消费者和组织购买者所需要的产品种类和质量及功能与特点是不一样的,甚至是完全不同的。酒店或酒店集团只有认识了这些差异,才能为其提供最受青睐的酒店产品,从而在市场中建立本企业的竞争优势。因此,细分酒店市场,选择本企业的目标市场,做好本酒店的市场定位对于营销战略的实施十分重要。所以,酒店营销管理人员应善于发现市场机会,认真分析与评价并结合本酒店的能力和各种机会,决定本企业要进入的目标市场。

3. 策划营销战略

市场营销战略是在现代市场营销观念下,为实现其营销目标,对一定时期内的市场营销发展作出的总体设想和使命。实际上,营销战略是一种营销观念,也是一种较长远和整体的营销规划。酒店在进行市场选择和定位后,应及时对营销战略作出具体的安排以使酒店或酒店集团在营销过程中有明确的指导思想和具体的部署。酒店营销战略策划是酒店营销战略工作的一项重要的管理内容。因为酒店的任何营销任务和目标都来自酒店的营销战略。

4. 设计营销方案

通常,酒店的任何营销战略的实施都必须转化为具体的营销方案,而营销方案规定了营销战略的预期结果及每一个步骤和细节,从而可以付诸实施。营销方案一般包括具体的营销活动计划、营销费用的预算和营销资源的分配等。在酒店的营销方案中,主要涉及产品的开发、价格的制定、营销渠道选择、营销信息传播方式及促销策略的制定等。营销方案不仅应当对各项营销活动作出具体的安排,还应强调各种营销活动间的协调与配合,以形成整合的营销效应。同样,酒店营销费用的预算应达到其营销战略目标。营销费用的控制可依据达到的营销战略目标的实际需要而定。在具体的营销方案中,酒店或酒店集团还应对其营销资源在各具体的方案中进行合理的配置以形成营销效果。营销资源的分配不仅要考虑不同的营销方案需求,而且还要考虑不同区域中市场的需要,有时还要考虑不同阶段和时期中的投入以形成营销战略的有效性。

5. 实施营销方案

营销方案的实施是营销战略目标实现的必然工作,科学的营销方案也只有在得到充分的实施后才能显示出其营销效果。而营销方案的成功实施则取决于一个高效的营销组织系统和一套完备的营销控制程序。酒店的营销组织可根据酒店的种类、级别和具体营销任务而有所不同。但是,基于一般管理原理,酒店会由一个决策层的管理人员(例如酒店副总经理或营销总监)、一个职能部门(酒店营销部)及一些营销和业务部门的工作人员组成。酒店副总经理或营销总监负责酒店全面的市场营销管理工作并同其他职能部门进行沟通和协调,营销部负责酒店的具体营销活动的组织与实施,而营销部和其他一线职能部门的工作人员则是开展具体营销活动的基础。同样,酒店营销控制是保证酒店营销方案顺利实施的重要环节。一般而言,应主要做好以下 3 个方面的控制工作:年度计划控制,即从数量和进度上保证营销方案的实施,盈利能力控制,即从营销的质量上进行检验和提高。营销战略控制,即把握营销方案与市场环境及酒店整体营销战略的同步性和适应性。

二、组织和规章制度管理

酒店营销战略的实施是否成功,主要取决于酒店营销组织能否适应营销战略实施的要求。因此,酒店必须建立与营销战略任务及目标相适应的组织并配备管理人员和工作人员,明确各部门与人员的责任和权利并建立相应的规章制度。通常,酒店营销战略的实施由酒店总经理或副总经理负责。

三、人力资源与财务管理

酒店在营销战略实施前,必须制定财务预算并为职能部门配备充足的资金和人力资源。职能部门应根据承担的营销任务,科学地规划并制定工作进度。同时,各职能部门应详细地规划各自的营销项目和行动计划、资金投入、人力资源计划及市场开拓计划等。实际上,财务预算是营销战略实施的费用计划。财务预算和营销战略规划是相互联系的两个因素。此外,正确的资源配置要考虑酒店或酒店集团未来环境变化引起的营销战略变动的可能性以保证财务预算和营销战略方案有一定的灵活性。

四、职工激励与培训管理

酒店在实施营销战略方案中,管理人员应调动全体职工的积极性,采取措施改变或调整其传统的或不适合营销战略的某些制度和措施并建立适合营销战略的行为规范、工作方法和价值观念等。首先,酒店或酒店集团应培养职工追求较高的工作业绩的精神和行为,建立部门业务考核标准。其次,运用激励方法使职工奋发进取。包括增加工资、奖金、津贴及其他激励方式。相反,对于不称职的职工应及时调离。此外,为了保证营销战略的实施,酒店应建设与营销战略实施相适应的企业文化。

五、战略控制和业绩评价

战略控制是酒店营销战略实施的保证,使营销战略实施结果符合预定的目标。在营销战略实施中,制定营销管理人员职责和控制方法并及时获取有关信息以保证酒店及所有职能部门按照总体营销战略方案进行工作。同时,还要对营销战略实施的状况进行全面的评价并及时发现偏差并加以纠正。酒店营销战略控制内容可细分为:制定效益标准、衡量实际效益、评价实际效益和调整营销战略等。酒店营销战略控制程序主要包括战略实施前控制、战略实施中控制、战略实施后控制。酒店的营销战略控制方法应包括目标控制、质量控制、方法控制、成本控制、利润控制、财务控制和业绩评价等。酒店营销战略控制的手段包括财务预算、统计分析、专题报告和现场观察等。

本章小结

酒店营销战略,全称为酒店市场营销战略,是指以企业未来为基点,在分析外部与内部营销环境的基础上,为寻求和维持酒店的市场竞争和未来营销工作的总体规划和安排作出的重大决策和安排。酒店营销战略是酒店整体运营战略中的一个重要组成部分,是在酒店整体战略及其战略目标的要求下,对酒店的营销活动作出的长远规划。酒店营销战略具有多层级特点。一般而言,酒店或酒店集团的规模越大,内部组织结构越复杂,集团内的品牌越多,其层级就越多。然而,酒店或酒店集团的营销战略常包括三个层级:总体营销战略、业务单位营销战略和职能部门营销战略。其中,总体营销战略常作为业务单位营销战略和职能部门营销战略的指导性纲领。

酒店市场竞争分析既是酒店选择与制定营销战略的前提,也是酒店营销战略实施的条件。酒店市场竞争分析主要包括产业结构分析、酒店营销机会分析(SWOT 分析)、酒店业务组合分析和酒店市场竞争分析。酒店在选择和制定营销战略时,应遵循营销战略的适用性、可行性和可接受性。同时,要保证能够适应酒店的外部环境和内部资源,使酒店可以利用外部机会及内部的优越条件并减少或回避外部市场环境的风险及内部的不利条件以保持和提高酒店的市场竞争地位。酒店的营销战略过程管理是指为实现酒店的营销战略任务与目标,对酒店或酒店集团选择和利用营销机会过程的管理。实际上,一旦酒店接受了营销战略,其全部的营销活动就会纳入以市场为导向的运行轨道,而营销战略过程管理也就贯穿于酒店营销活动的全过程。

思考题

1. 名词解释

酒店营销战略　SWOT 分析　竞争型营销战略　成长型营销战略　多元化营销战略　稳定型营销战略　防御型营销战略　混合型营销战略

2. 问答题

①简述酒店营销战略的含义与特征。

②简述酒店营销战略的意义。

③论述酒店营销战略的层级。

④论述酒店成长型营销战略的特点。

⑤基于复杂多变的市场需求,论述酒店市场营销任务的多样性。

⑥对你熟悉的某一酒店进行市场竞争分析。

案例分析

星巴克公司的营销战略

1986 年霍华德·舒尔茨创建了星巴克咖啡厅，后来企业不断壮大和发展，成为咖啡公司。目前，星巴克公司已成为全球最大的咖啡连锁公司之一。该公司的业务不仅包括咖啡饮料的经营，还包括咖啡豆的生产和种植。基于星巴克公司的快速发展和其市场的扩张，人们对企业的传统营销理念产生了疑问。回顾星巴克公司发展的历程，人们不禁要问，该公司从一个西雅图小咖啡厅发展至今，成为全球著名的连锁企业，其营销战略的关键点在哪里？应该说，其核心的营销战略是"关系营销"。从其发展成功的实践可以总结出：该公司除了集中精力做好主营业务。同时，关心职工的利益，与供应商分享利益、与业务关系者建立紧密而广泛的合作等。

1. 内部营销战略

星巴克公司在营销中意识到企业内部营销是企业营销的基础。只有企业内部关系融洽协调，全体员工才能向外部扩展业务，将企业资源转化为企业利润。一项有关企业关系营销的研究结果表明，当企业内部顾客满意度达到 85% 时，外部顾客满意度可达到 95%。星巴克公司认为，成功的企业内部营销应建立良好的企业文化，留住并培养能够支撑企业发展的技术人员和管理人员，使企业与职工建立统一的价值观，满足不同层次职工的需要，与职工建立良好的沟通渠道，倾听他们的意见等。回顾舒尔茨在创建自己的企业时，他将用于广告的费用用于职工的福利和培训。1988 年星巴克公司为临时职工提供了完善的医疗保障。1991 年，星巴克公司为其核心职工提供股东期权。通过一系列的"职工关系"管理，星巴克公司收到了很大的经营效益，降低了职工流失率，特别是降低了那些能够支撑企业发展的核心技术人员和管理人员的流失率。同时，星巴克公司还通过有效的奖励策略，创造良好的工作环境从而激励职工的工作信心及鼓励职工进行产品研发等。由于所有的核心职工都拥有期权，所以他们除了工作中的上下级关系外，还有合作伙伴的关系。此外，星巴克公司将其管理中心命名为"星巴克公司支持中心"。这样，该公司将其原有的管理职能调整为向各家分店提供信息和服务的支持。通过权力下放，赋予基层企业和职工更多的经营自主权，对各分店的业务组织和营销策略也作出了调整和创新。

2. 客户关系战略

星巴克公司认为，成功的企业首要的营销任务就是满足顾客对其产品的需求，企业应保持满足顾客需求的营销宗旨。其中的一个营销工作就是同顾客进行产品需求的沟通并了解顾客的满意度。星巴克公司要求其各分店管理人员必须了解和掌握顾客的潜在需求并耐心地解释其咖啡和甜点等产品的特色，还要求所有的服务人员在服务时，与顾客进行眼神交流以表示对顾客的尊重。同时，服务人员必须表示对顾客建议的关注。此外，星巴克公司通过征求顾客对产品的意见，加强与顾客联系。每个周末，其总部管理人员都对顾客的意见进行反馈。在与顾客沟通中，星巴克公司不断地宣传新产品并与老顾客保持联系，使顾客更有效地使用其资金和成本。同时，该公司还建立了顾客档案，记录了顾客的类型、购买目的、购买时间、购买频率和产品偏好等。从而,该公司有效地掌握了目标顾客的具体需求以提高公司的营销效果。该公司重视顾客投诉,并保证处理好顾客的意见,对多次重复购买产品的顾客,公司还给予优惠和奖励。

3. 与供应商关系战略

星巴克公司认识到,必须与供应商建立良好的合作关系,培养供应商对本企业的信心,使其树立与本企业长期合作的信念。因此,星巴克公司管理人员积极参考供应商的建议并与他们建立长期的互利互惠关系。这样,该公司与咖啡种植园、面包加工厂、纸杯生产厂等建立且保持着长久而友好的合作关系。星巴克公司的采购部经理巴克·汉特(Buck Hend)认为,在餐饮产品的营销中,食品原料质量控制应放在营销中的首位。由于原料质量决定着产品质量,从而影响企业产品质量和信誉及市场的发展。这一环节是影响公司产品质量和价格的重要环节。同时,他认为产品质量在营销中的重要性应排列在原料质量的后面,而产品价格的重要性实际上位于营销中的第三位。没有优秀的产品质量和明显的特色,便没有企业的信誉和品牌。当然,也就没有理想的价格。舒尔茨认为,"公司不会因为产品的低价格而在产品原材料和生产工艺及服务等方面降低质量标准"。实际上,星巴克公司多年来为达到产品的高质量标准,对供应商提供的原材料和设施及其公司的生产能力、包装技术和运输效率等不断地进行评价和检查。同时,该公司只与具备发展潜力的供应商进行合作以保证星巴克公司的可持续发展。在合作中,一旦双方签订合同,星巴克公司会将供应商的营业额与星巴克公司的营销效果相协调作为星巴克公司给供应商的回报。从而,提高供应商的营业收入。这样,星巴克公司得益于供应商优秀而稳定的原材料,而供应商的发展得益于星巴克公司业务的不断扩大,这种紧密的合作为星巴克公司提升了市场声誉并扩大了营销效果。从而,供应商也收到了更多的订单和利润。此外,双方还就原材料的质量、生产效率、新产品开发等进行协商与合作。星巴克公司管理人员还不断地将其产品的发展趋势、市场规划等信息告知供应商以求与其进行更紧密的合作。

4. 与分销商关系战略

舒尔茨认识到,特许联营是现代服务业的有效营销战略,它不仅可以为企业带来利润,而且带来了声誉,声誉又带来了利润,利润又促进企业的发展。这样往复循环,使企业快速地成长和发展。作为餐饮企业的星巴克公司将自己多年的经营管理经验,享有的著名商标、店名和产品转让给分销餐厅,使它们迅速发展,而自己从中得到营销效益。这样,在舒尔茨营销战略的指导下,星巴克公司凭借本企业强势品牌,通过特许联营的方式销售星巴克的产品。星巴克公司通过与机场、书店、酒店和百货店等企业的紧密合作,不断地扩大公司的市场份额。星巴克公司的联营宗旨是,希望合作者经营成功并盈利。星巴克公司对提供给分销商的产品,除了收取成本外,仅收取少量的管理费。此外,星巴克公司还与一些企业、学校和医院等进行合作。

讨论题

①试分析星巴克公司的营销战略。

②总结星巴克公司营销战略的特点。

第四章

酒店市场调研与预测

市场调查与预测是酒店市场营销的基础。酒店通过科学的市场调查和预测，可获取酒店市场信息，了解酒店的市场现状，把握酒店市场未来的发展趋势。从而，为酒店营销决策提供可靠的依据。通过本章的学习，可了解酒店市场调查的含义、内容与方法，熟悉酒店营销信息系统，掌握酒店市场预测的基础方法。

第一节　酒店营销信息系统

酒店市场营销活动离不开相应的市场环境，酒店只有充分地了解市场及适应市场，才能使本企业的营销活动与社会需求相协调。因此，酒店做好营销决策及参与市场竞争的前提是做好营销信息的收集、整理与分析。

一、酒店营销信息

1. 酒店营销信息含义及特征

酒店营销信息，全称为酒店市场营销信息，是指有关酒店从事市场营销活动实况及特征的客观描述和真实反映，是酒店从事市场营销管理所必需的消息、情报、数据、知识和报告等的总称。当今，酒店营销十分重视市场营销信息，把它看作与企业的资金、原料、设备和人力资源同等重要的第五资源，是酒店营销管理的重要组成部分。酒店营销信息属于经济信息的范畴。同时，酒店营销信息具有社会性、系统性、流动性、有效性和准确性等基本特征。所以，酒店营销信息必须反映客观事物特征，运用信息传递载体，传递给接收者以便进行储存和加工，从而为酒店营销战略和营销活动提供服务。此外，酒店营销信息是商品交换的媒介，是连接生产和消费的媒介。酒店要想有效地开展市场营销、分析市场现状、预测市场未来，必须掌握和利用市场营销信息。

2. 酒店营销信息分类

根据酒店营销信息的内容及其来源，酒店营销信息可分为不同的种类。它主要包括原始信息和加工信息、静态信息和动态信息、日常信息和偶然信息、正式渠道信息和非正式渠道信息、企业内部信息和企业外部信息等。

(1)原始信息和加工信息

按信息加工的程度，酒店营销信息可分为原始信息和加工信息。原始信息是指最初的并直接反映市场经济活动现象及特征的信息。这是最广泛、最基本、最经常、最大量的信息资料，是经过实地收集或实验获得的原始资料。原始的酒店营销信息经过科学的加工、分类、整理并汇总后，成为加工后的酒店营销信息，简称加工信息。一般而言，不论是原始信息还是加工信息都可以作为酒店营销战略和决策的依据。

(2)静态信息和动态信息

根据酒店营销信息存在的状态，营销信息可分为静态信息和动态信息。静态信息是反映已经发生的市场经济活动的信息，用来进行分析和评价。动态信息是反映现实的市场情况，即反映市场经济活动变动的信息，这种信息具有较强的时效性。

(3)日常信息和偶然信息

根据营销信息的性质，酒店营销信息可分为日常信息和偶然信息。日常信息是反映正常市场经济活动的信息。它根据一定的程序，用一定的格式，定期并不断地进行收集和处理。偶然信息是指反映酒店市场中突然发生的信息。这类信息通常要进行紧急的处理，否则就会贻误营销时机。

(4)正式渠道信息和非正式渠道信息

根据信息传递的渠道，酒店营销信息可分为正式渠道信息和非正式渠道信息。正式渠道信息是指通过规定的渠道获得的市场营销信息。例如，正式文件、定期报告和统计报表等正式取得的营销信息。非正式渠道信息是指通过其他调查渠道、报刊资料及社交活动等获得的酒店营销信息。非正式渠道信息以特有的灵活性和时效性成为正式渠道信息的补充。

(5)内部信息和外部信息

根据信息的来源，酒店营销信息可分为内部信息和外部信息。内部信息是指反映酒店内部的生产和营销活动的所有信息。外部信息是指反映酒店外部市场环境发展和变化的信息。一般而言，酒店营销战略及其细节的确定和实现，不仅取决于企业内部的人、财、物等信息，而且涉及市场供求变化和竞争等外部的信息。

二、酒店营销信息系统

酒店营销信息系统是指由营销人员、信息处理设备和运作程序构成的一种结构或系统，其功能是及时而准确地对酒店营销信息进行收集、分类、分析、贮存、评价与分发，以将这些信息作为酒店营销决策、营销规划和营销战略的参考。从而，使酒店营销活动的计划、实施与控制具有较高的科学性和准确性。

1. 酒店营销信息系统组成

酒店营销系统由 4 个子系统或分系统构成，它们是内部报告系统、市场情报系统、市场调研系统和信息分析系统(见图 4-1)。

(1)内部报告系统

内部报告系统，是酒店营销管理人员首先接触并使用的营销信息系统。这一系统由酒店的财务、房务、餐饮、会展和营销等部门组成并定期向该系统提供有关酒店经营活动和营销活动等的信息，包括客房、餐饮和会议的预订与销售，餐饮产品与房务产品的成本与价格，酒店现金流量、应收与应付款、库存原材料及企业盈亏信息等。酒店营销人员通过分析这些信息，比较各种指标的原计划和实际执行情况，可及时发现企业的营销机遇及存在的营销问题。酒店内部报告系统的作用是使整个报告系统能够迅速、准确、可靠地向

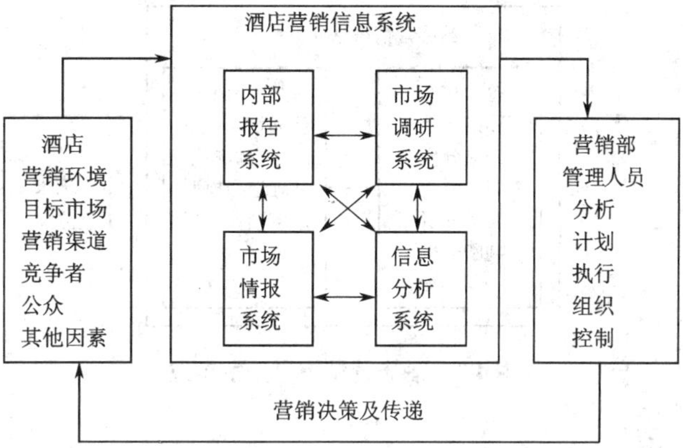

图 4-1　酒店营销信息系统组成

酒店营销决策者提供各种实用的信息。

(2) 市场情报系统

市场情报系统也称为营销情报系统，是指为酒店提供外部市场环境日常发生的，并与酒店营销相关的各种信息的系统。酒店通过市场情报系统，可从顾客、竞争者、合作者、公众、政府、研究机构及各种商业报刊、文件及网络等途径取得当前的市场信息。酒店为保持市场情报系统的正常运转，提高市场信息的质量和数量，酒店营销部必须不断地培训和激励营销人员与供应商、中间商及其他合作者等互通信息。同时，营销部及其他业务部门应重视参加行业协会等各种交流活动。

(3) 市场调研系统

市场调研系统也称为营销调研系统，它作为酒店营销信息系统的子系统，是具体完成特定的调研项目的系统。其功能是，针对确定的某一营销问题，收集、分析、评价和传递有关的信息资料并对研究结果做出报告，并提供给营销决策者，使其有针对性地解决特定的问题，减少营销人员主观判断造成的决策失误。由于各酒店在不同的营销环境下面临的营销问题不同，所以他们需要进行的市场调研内容也不同。一般而言，这些内容涉及顾客偏好、市场占有率、产品销售、产品开发、市场竞争及价格制定等。

(4) 信息分析系统

信息分析系统也称为市场决策支持系统，是指用来分析以上各子系统（内部报告系统、市场情报系统和市场调研系统）提供的信息资料，并可帮助解决复杂营销问题的一个子系统。这一系统，由统计分析软件和数学模型两部分组成。信息分析系统的功能是对所输入的各方面信息进行分析和归纳，帮助酒店营销决策者选择最适合的营销战略，支持最佳的市场营销决策（见图 4-2）。

2. 酒店营销信息系统的建立

(1) 专业的管理人员和技术人员

酒店市场营销信息系统的建立必须由企业的高层管理人员进行决策并加强管理和指导。同时，应培养专职或兼职的管理人员和技术人员，包括营销调研与预测人员、信息管理与操作人员等。当然，酒店董事会及高层管理者的支持是建立酒店营销信息系统并使

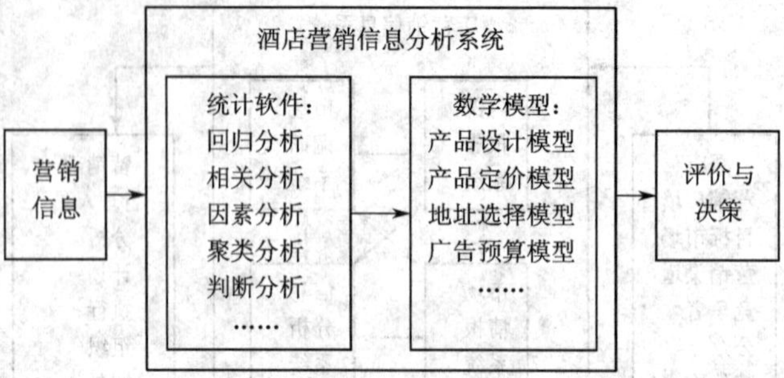

图 4-2 酒店营销信息分析系统

其成功运行的基础条件。

(2)清晰的组织结构与部门职能

酒店组织结构的专业化是建立酒店营销信息系统的前提条件。为此,酒店应根据现代管理学的组织原理,合理地设计酒店的组织结构,科学地设计职能部门及其工作职责。当然,酒店的组织结构还必须适应具体的市场营销环境并与酒店的营销信息系统的运行相协调。

(3)有效的硬件与软件条件

酒店建立营销信息系统,必须具有一定的硬件和软件条件,包括适用的计算机、通信设备和必备的软件,以达到信息收集、整理、分析与传递的科学化、标准化和程序化。

(4)适合的内部与外部环境

酒店建立营销信息系统,还必须适应一定的内部与外部条件。例如,酒店内部的经济基础、管理模式和营销目标、消费者与组织购买者的需要、政府的相关制度与政策、完善的社会网络信息及相关的技术设备供应条件等。

三、酒店营销信息工作程序

酒店获取营销信息并非轻而易举,通常要经过一系列的工作程序,包括信息的收集、整理、传递、存储、使用和反馈等基本环节。这些环节之间存在着紧密的相互关系(见图4-3)。

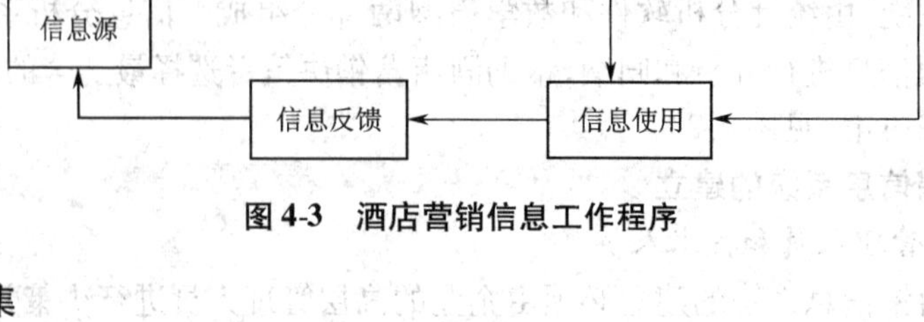

图 4-3 酒店营销信息工作程序

1. 信息收集

在信息调研过程中,首先要进行的是信息的收集工作。它是信息处理的第一步,也是信息管理的最基本一步。为了收集酒店内部的生产和经营信息,酒店必须建立健全的各种原始记录、账目和应该统计的资料。为了保证统计数据的统一性和时效性，酒店内部应建立统计报表制度，使用统一表格，规定统一的报送时间，自下而上地逐级上报。酒店除了收集企业内部的各种生产和经营活动信息，还必须收集其外部各种营销信息，从而为酒店的营销战略和决策提供可靠的依据。

2. 信息整理

信息整理是对收集到的各种有关酒店内部与外部的有关营销数据和市场信息进行审查、筛选、分组、归纳、运算和汇总等工作，使酒店营销信息能真正反映酒店内部的经营情况和外部的市场环境发展与变化的本质特征。酒店对于信息的审查，主要是检验信息的真实性、完整性和时效性，以便发现问题，及时纠正。酒店对营销信息的筛选是对所收集的各种信息进行鉴别，去伪存真。然后，按照一定的标准将经过审查的信息分成若干个类别进行归纳、运算和汇总。

3. 信息传递

信息传递是将经过整理的有关酒店营销信息，按其适用范围，采用不同的传递方法报送上级主管部门或下达各职能部门及在同级业务部门进行横向交流。同时，信息常采用公布的方式将信息传送到各部门和相关职工中。

4. 信息存储

通常，经过整理的各种营销信息并非立即使用。即便一些信息被立即使用，在使用后还需保留下来作为参考资料。因此，信息存储很有必要。酒店营销信息存储的作用主要是保证信息的连续传递并积累大量的信息，以便对酒店内部的营销活动及外部市场进行动态的、系统的和全面的研究和分析。同时，酒店营销信息的存储应便于存取，保证安全及节省存储空间。

5. 信息使用

酒店收集、整理、存储营销信息的目的是为了使用。通常，酒店营销活动过程是比较复杂的，是各种对营销具有影响的因素相互依存和制约的过程。因此，在使用信息时必须实事求是、全面综合地运用所得到的信息。此外，酒店使用营销信息的目的是及时发现企业营销活动的新情况和新问题以及从中掌握与营销活动相联系的规律性，促使酒店不断地提高营销管理水平和营销效果。

6. 信息反馈

酒店信息反馈是指将酒店营销决策的信息输出以后，将其营销活动结果及时反馈至酒店高层管理人员及相关部门。从而，控制和调整酒店营销活动。同时，酒店利用信息反馈可以建立高效的信息反馈系统以不断地提高营销战略和决策的水平。此外，在执行营销战略和规划中，营销管理人员可通过信息反馈使用调控措施以推动酒店整体营销活动向既定的战略目标发展。

第二节　酒店市场调研

由于酒店所有的营销活动都是围绕市场需求展开的，那么，酒店选择和制定何种营销战略，选择哪个或哪些目标市场，开发和销售什么产品，如何与竞争对手展开竞争等都需要以准确的市场信息为依据。因此,酒店认真而科学地进行市场调查和研究是其成功营销的基础。

一、酒店市场调研的含义与特点

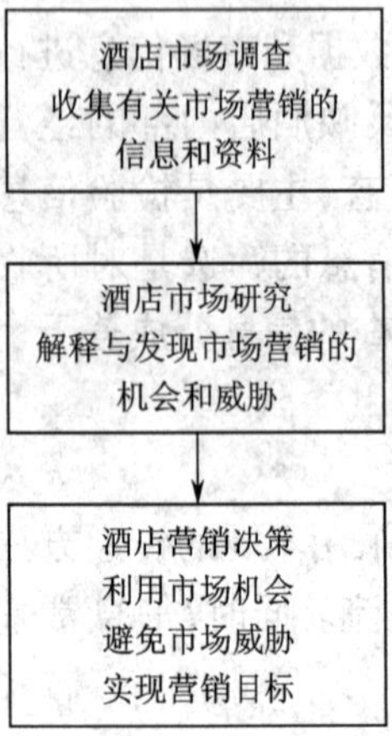

图 4-4　酒店市场调研与营销决策过程

酒店市场调查与研究简称酒店市场调研,是指通过科学的方法,系统而客观地收集、整理、分析和总结酒店市场相关信息和资料,并为酒店营销战略和决策的制定提供依据的一系列活动。酒店市场调研与营销决策的过程见图 4-4。酒店市场调研包括两个组成部分:酒店市场调查与酒店市场研究。它们是两个不可分割的工作过程。在酒店市场调研中,调研人员必须保持严肃的态度,对所有的信息资料进行认真的记录、整理、分析和处理,尊重客观事实,避免出现错误和偏差。同时,营销人员应通过市场调研了解酒店市场环境,发现营销机会与潜在的问题,认真研究调研中所获的各方面信息并在此基础上作出酒店的营销计划和决策。这里特别值得关注的是,酒店市场调研不是万能的。其原因是,并非所有需要的信息都可通过市场调查获得。同时,一些获得的信息并非都是真实的或存在偏差。因此,酒店营销管理人员决不可用市场调研的结果作为酒店营销决策的唯一依据。

二、酒店市场调研的产生和发展

酒店市场调研是酒店市场营销发展到一定阶段的产物。近年来,我国的旅游经济和酒店市场持续发展,酒店市场竞争也日趋尖锐。酒店为了有效地进行营销,满足目标市场的需求并在竞争中处于主动地位,将市场调研作为企业的营销活动不可缺少的工作环节和内容。

最早有记载的市场调研可追溯到 1879 年,是由美国艾耶父子广告公司(N. W. Ayer&Son)为农业生产设备的生产者制作一项广告而进行的。1895 年美国明尼苏达大学心理学教授,哈洛·盖尔(Harlow Gale)将邮寄的调查方式与广告研究联系在一起。1911 年查里斯·帕林(Charles C. Parlin) 成立了专业的商业调研小组,先后对农具销售、纺织品批发和零售渠道进行了系统的调研。20 世纪 60 年代,由于一些国家的经济高速发展,市场由卖方转向买方,从而为企业的市场调研的发展开辟了广阔的领域。

三、酒店市场调研的作用

市场调研对酒店营销起着重要的作用。酒店通过市场调研可把握其市场的发展趋势,更多地了解消费者和组织购买者对其产品的质量评价、期望和想法,了解他们潜在的需求,了解酒店市场的发展趋势并寻找营销机会。从而,不断地拓展酒店市场发展的空间。综上所述,酒店市场调研的作用主要包括如下几点。

1. 有利于酒店营销战略的选择和制定

酒店市场调研在酒店市场营销中具有很重要的作用。首先表现在,为酒店营销战略的选择和制定提供依据。由于酒店市场是一个复杂多变的环境,面对各种环境因素的变化,酒店营销战略的制定需要广泛而详细的市场信息。因此,通过市场调研,酒店可觉察到市场需求的变化和发展趋势,为酒店生产适销对路的房务、会展和餐饮产品作出科学的决策。许多成功的企业家认为,酒店市场是一个竞技场,每个市场营销参与者必须具有为本企业选择和制定正确营销战略的能力。同时,酒店针对其任何营销活动方案的制定和实施都是在市场调研的基础上完成的。

2. 有利于提高酒店的市场竞争力

现代酒店市场竞争,不仅是营销战略、推销技术、产品成本、产品质量与产品开发等方面的竞争,也是市场调查与研究的竞争。因此,及时、准确并全面地收集和分析酒店市场信息,可为酒店营销战略的制定赢得主动并使酒店更好地保持竞争优势。同时,通过周密的市场调查和认真的分析及总结而获得的市场信息将直接关系到酒店竞争能力和竞争优势的建立和保持。

3. 有利于酒店目标市场的确定

酒店市场营销调研对酒店市场定位具有十分重要的影响和制约作用。通常,酒店目标市场的确定需要其内部和外部的营销环境分析,而以上这些工作的完成都需要在了解和掌握酒店市场及其影响因素以及企业自身的资源等的基础上进行。因此,离开了市场调研,酒店对其内外环境的分析只能是主观想象和臆断。同样,酒店市场细分及其目标市场的确定均要以市场调研提供的信息为依据。所以,市场调研工作越科学和严谨,越有利于酒店市场的定位和目标市场的选择。

4. 有利于酒店产品的开发与创新

根据调查,酒店产品开发与销售策略的正确与否,直接影响和制约酒店的销售业绩与其市场的发展。因此,酒店制定正确的产品开发与推销策略的前提是深入掌握消费者和组织购买者对产品的需求,把握酒店市场消费的趋势,了解产品的生命周期及竞争对手的产品策略等情况。通过市场调研,酒店可有效地获取市场信息,为企业制定并实施正确的产品策略提供可靠的依据。

5. 有利于酒店产品价格的制定

酒店产品的价格策略是调节和引导酒店产品的市场需求、参与市场竞争、实现营销目标的重要手段。酒店实施正确的价格策略,除了需要考虑企业的定价目标和成本因素以外,还必须充分考虑酒店产品的供求关系、消费需求的类型和数量、个人消费者和组织购买者的购买能力及其消费偏好,市场竞争与垄断等的格局及相关产品的价格等因素。通过市场调研,酒店可充分掌握上述各类信息并为其产品的定价提供依据。

6. 有利于酒店营销渠道的选择与管理

酒店要正确地选择代理商和批发商,制定本企业的销售渠道,除了应考虑其传统的销售优势、产品功能与特点等因素,还必须考虑其销售区域、市场竞争者、中间商、国家政策与法律、交通运输等多种因素。这样,酒店通过市场调研可以获得上述各类信息并正确作出营销渠道的选择与管理策略。

7. 有利于酒店促销活动的展开

促销活动具有传递信息、沟通情感、树立形象、激发需求、促进购买、扩大销售等功能。促销活动对酒店市场营销具有重要的意义。因此，酒店在制定任何促销活动时，都必须以充分的市场信息为前提。基于此，市场调研可为酒店提供有关促销活动的各类信息，并有效地促进营销活动的开展。

四、酒店市场调研的类型

根据不同的调研目的，酒店市场调研常可分为探测性调研、描述性调研和因果关系调研。此外，还可以根据调研的时间和频率将酒店市场调研分类。

1. 探测性调研

这类调研是在酒店出现营销问题且情况不明的前提下，为了找出其中的问题，明确进一步调查的具体内容和重点而进行的非正式初步调研。这类调研，常采取简便的方法收集一些有关的资料。例如，收集现有的第二手资料，访问有关问题的专家、业务人员、顾客或邀请他们座谈以及参考历史上类似问题的经验教训等。因此，探测性调研一般不制定严密的调研方案，只是在及时地掌握有关信息，发现问题并了解调研范围等方面进行的初步市场调研工作，是为进一步的市场调研做好充分的准备。

2. 描述性调研

这类调研是指酒店对需要调查和研究的客观事实资料进行收集、记录、分析的正式调研。它比探测性调研深入、精细，需要事先拟订调研计划，注重客观情况的实录。通常要进行实地调查，收集第一手资料等。描述性调研的目的主要在于明确问题的过去和现状，并在此基础上，寻求解决问题的办法和措施。例如，酒店产品购买力的调研、酒店市场占有率的调研、酒店销售渠道的调研等都属于这类调研。

3. 因果关系调研

这类调研是指为了弄清一些营销问题存在的原因与其结果的因果关系进行的调研。在调研中，经常会碰到需要找出两个以上变量间的因果关系。例如，酒店住宿产品的种类与数量在不同的季节销售情况不同。某酒店自某一时段的客房销售量大幅增长，而同一时期广告的支出也增加，两者是否存在因果关系等。为了查明以上类似的问题，酒店需要通过因果关系调研以收集有关市场变量的数据资料，并运用统计分析方法和逻辑推理，找出它们之间的相互关系，判明何者是自变量，何者是因变量以及它们变动的规律。

五、酒店市场调研内容

根据研究，影响酒店产品营销因素错综复杂，包括政治、经济、人口、技术、文化、社会习俗等都会对酒店产品的营销效果及价格制定产生影响。因此，酒店市场调研所涉及的内容和范围比较广泛，它不仅包括酒店外部的市场环境，而且还包括酒店内部的资源和基础。

1. 酒店产品与销售调研

酒店市场是供求矛盾的统一。个人消费者与组织购买者对酒店产品需求的实现是基于酒店的房务产品、餐饮产品和会展产品的功能与特点以及顾客对产品的满意度等。因此,酒店产品与销售的调研还必须包括本企业产品的品种与销售量及行业的各种产品及其销售量、本企业各种产品在市场的占有率及发展趋势、某项产品的生命周期及其市场销售状态、待开发的产品与市场前景、国际与国内市场同类产品的销售状况等。酒店在了解市场总体的销售与发展的基础上,对产品及销售状况的调研有助于把握本企业的市场地位。同时,对营销战略的制定也十分有益。

2. 市场竞争环境调研

根据调查,酒店的竞争能力、产品的竞争能力及品牌的竞争能力等只有在市场竞争中才能明显反映出来。因此,市场竞争环境的调研有助于认识本企业在现实竞争中所处的市场地位及竞争者的营销战略及对本企业的影响等,以便酒店适时地采取相应的竞争对策,扩大本企业产品的市场占有率。酒店市场竞争环境调研的主要内容包括竞争对手的技术状况及其产品的竞争力、推销方式与策略、产品销售与新产品开发、产品功能与技术标准、市场同类产品的供应量与经营者数量、产品市场需求及发展趋势、本地区著名酒店品牌数量及其发展、本企业可能开拓和利用的市场及发展空间等。此外,酒店竞争环境的调研还应包括地方与国家的经济状况及发展、相关政策与制度、文化与科学技术、社会习俗与风尚等。

3. 消费者与组织购买者调研

消费者是指个人与家庭的消费者,在他们与组织购买者的调研中,最基础的内容是消费者与组织购买者类型与规模及收入状况、消费者与组织购买者现实的购买力及其发展、不同消费者与组织购买者的消费习惯及购买动机与行为、消费者与组织购买者对酒店品牌及对产品的偏好、不同类型的顾客对本企业产品的满意度。这些信息在酒店营销规划与战略的制定中占有重要的地位。

4. 价格与促销策略调研

价格是价值的表现形式,价值是价格的基础。酒店产品的价格构成不仅与成本、需求和竞争等方面相关,还受到供求关系、货币价值和顾客心理等方面的影响。因此,酒店应定时对本企业的房务产品、餐饮产品和会展产品的成本和价格进行调研。同时,对同一地区和同一时段的不同酒店的产品成本与价格进行调查与分析。此外,还要对不同酒店的定价方法和价格策略进行研究与分析。根据研究,有效的促销方法对酒店的营销效果起着十分重要的作用。因此,酒店应定时调研和评价本企业的促销手段和效果,调研与评价本企业的销售渠道和销售网络的布局及其效果,调研本企业的广告媒体选择及宣传材料的效果。

六、酒店市场调研程序

酒店在市场调研中应建立一套系统而科学的程序。这样,有助于提高酒店调研的效率和质量。由于酒店的市场调研类型、调研目的、调研范围和内容不同。因此,酒店的调研程序和步骤也不相同。一般而言,一项正式调研的全过程大体可分为调研准备、调研实施及分析和总结等三个阶段。每个阶段又可分为若干个具体步骤(见图4-5)。

1. 调研准备阶段

这一阶段主要应解决调研的目的、要求,调研的范围和规模,调研力量的组织并在此

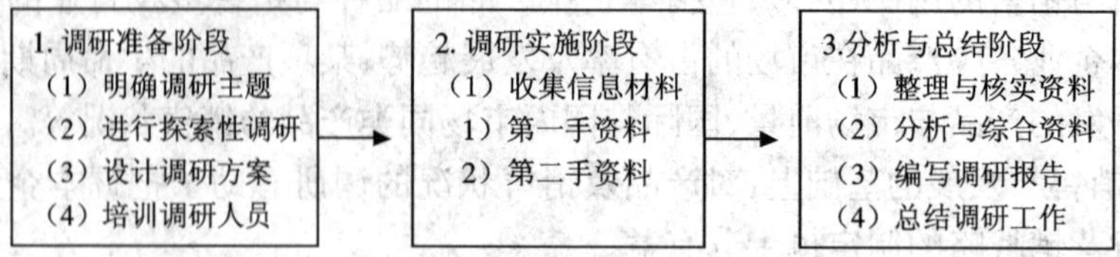

图 4-5　酒店市场调研程序

基础上制定一个切实可行的调研方案和工作计划。在开展调研前，酒店要根据营销中发现的问题，提出需要调查研究的主题。其次，应分析有关问题的情况，对调研本身进行可行性研究。酒店营销部应对初步提出的调研主题，进行有关资料的收集并做进一步的分析研究，必要时可组织非正式的探索性调研。然后酒店营销管理人员可根据探索性的调研结果，提出假设并为营销预测和计划提供更加客观的依据。同时要根据调研的目的考虑调研的范围和规模，调研的力量、时间和费用是否可行，从经济效益和社会效果等两方面来衡量一项调研是否值得。最后，拟订调研方案和工作计划。所谓假设是指运用思维、想象对某一具体调研的事物提出初步的设想或推测。调研方案是对某项调研本身的设计。它包括调研的目的要求、调研对象、调研内容、调研范围、信息资料的收集方法等。调研工作计划是指对某项调研工作的具体组织领导、人员配备、完成时间和工作进度、费用预算等进行安排。

2. 调研实施阶段

这一阶段的主要工作是组织调研人员，深入实际，按照调研方案的要求，系统地收集各种可靠的资料和数据，听取被调查者的意见。首先，酒店应根据调研任务和规模，配备好调研人员，调研人员可以是营销部的专职人员，也可以在酒店各部门中抽调。调研人员确定后，需要集中进行培训以明确调研方案并掌握调研技术。一般而言，在酒店市场调研中，仅依靠第二手资料是不够的，还必须通过实地调查方法收集原始资料。

3. 分析与总结阶段

在这一阶段的工作中，首先，应整理分析所获得的信息和资料。根据经验，酒店市场调研所得到的大量信息资料，常是分散或片面的，必须系统地加以整理才能客观地反映被调查事物内在的联系并揭示出问题的本质和因果关系。因此，及时复查核实调研资料，检查其是否有重复或遗漏的内容及数据是否存在相互矛盾的地方很有必要。其次，凡经核实校订的信息与资料，应进行分类整理。然后进行资料的分析与综合，从中得出合乎实际的结论。当然，对于调研所得的数据，可运用各种统计方法加以分析并制成统计表或统计图；对于调研发现的问题，可通过集体讨论加以分析论证。最后，编写调研报告。在撰写调研报告时，应使用事实材料对所调研的问题作出系统的分析说明，提出结论性的意见。此外，酒店市场调研结束后，要对各调研阶段工作进行认真地回顾和检查，以便改进和调整，包括调研方案是否切合实际，调研方法和技术是否存在问题及哪些问题还没有调查清楚并需要继续调研等。

七、酒店市场调研时机

市场调研对酒店的营销决策至关重要，但并非做任何决策都一定要做市场调研，酒店需要考虑每次的市场调研是否值得。一般而言,当调研成本超过收益,企业缺乏必要的资金及错过进入市场的最佳时机时,最好不做市场调研。当然,如果酒店需要调整产品来适应消费者和组织购买者的需求,为了让企业实施有效的市场竞争,市场调研还是必要的。通常,酒店市场调研比较理想的时机有以下3个。

1. 某种产品推向市场之前

在买方经济条件下,任何酒店在推出新产品之前,必须对潜在的市场做全面的了解。然后,根据市场需求有的放矢地开发酒店产品并生产出不同的个人消费者与组织购买者需要的房务产品、餐饮产品和会展产品。

2. 某种产品推向市场之后

酒店的某种产品推向市场之后,一般约在3个月后开展有关产品认知度、市场关注度及产品信息传播效果方面的调研。同时,酒店通过调研还可了解顾客对本企业营销策略和推销活动的建议,了解竞争对手及其制定的竞争策略情况。此外,市场调研可帮助酒店及时发现市场营销的机会或威胁,找出酒店面临的营销问题及其产生的原因并对目前的市场状况进行评价。从而,对企业的未来营销前景等作出预测。

3. 新产品代替老产品之前

酒店在某种新产品推向市场的一段时间后,若想使新产品代替老产品,应当先进行市场调研。因为,酒店以哪些新产品代替老产品,在什么时间生产和销售,以什么方式来替换老产品等,都要根据市场需求情况来决定。新产品的开发常具有一定的风险。一般而言,新产品的开发费用较高。然而新产品是否适销对路,是否被消费者或组织购买者认可等还是未知数。当然,在新产品开发项目确定前,酒店应对以下问题进行市场调研,包括是否有竞争对手开发同类产品、新产品的市场空间容量、开发新产品的难度如何、培育该产品的市场周期有多长及新产品上市后跟进的企业有哪些等。

八、酒店市场调研方法

市场营销调研的方法是指酒店市场调研人员在实施调研过程中收集各种信息资料所采用的具体方法。酒店合理地选择市场调研方法是市场调研中的重要环节。因此,调研方法的选择是否适当对调研结果有着非常关键的影响。市场调研的主要方法有文献调研法、询问法、观察法和实验法等4类。

1. 文献调研法

文献调研法也称作二手资料收集法,是指营销调研人员通过查询调研项目的有关信息资料,从中获取所需的信息并加以分析和总结的过程。所谓二手资料是经他人收集并整理的现成资料。酒店营销调研人员通过文献检索和委托咨询可获取。一般而言,通过文献调研,信息资料容易得到,成本比较低。同时,尽管二手资料不能提供某一调研项目所需的全部资料和信息,有一定的局限性。然而,二手资料可帮助酒店了解或明确一些基础信息。特别是在酒店及选择目标市场时,对某一地区的人口、经济、文化和社会环境等方面的调研具有一定的作用。不仅如此,文献调研可为实地调研打下良好的基础。当然,在使用二手资料前,调研人员有必要对其相关度和准确性进行评价。文献调研法主要收集、分析与总结酒店内部与外部的一些相关信息资料。酒店内部信息主要包括酒店或酒店集团的财务部、营销部、会展部、餐饮部、房务部和人力资源部等职能部门的一些统计数字、报表、原始凭证、总结报告、合同及顾客反馈的一些意见等。酒店外部资料来源包括国家旅游局、地方旅游局、旅游协会、酒店协会、各地政府职能部门及银行制定的政策法规、金融动态,消费者组织及各种媒体发布的行业发展、销售数据、消费者调查报告及各种相关信息。

2. 询问法

询问法是指调查者用被调查者愿意接受的方式向其提出问题,得到回答,获得所需要的资料。询问法是市场营销调研中最常用的一种方法,其中又可分为问卷调查法、面谈调查法、电话调查法和网络调查法。

(1)问卷调查法

这种调查方式的基本做法是根据调查目的,在制定好调查提纲的基础上,制定出简明易填的调查问卷并将设计好的问卷交给调查者,或通过网络递送给被调查者,请其自行填写后交回。这种调查方法的主要优点是样本可以有广泛的调查区域,答复者有充裕的时间考虑,成本比较低,可避免调查人员在实际调查时所发生的偏差,但是也存在着一定的缺点,缺点包括问卷的回收率较低。因调查人员不在现场,被调查者可能误解问卷中的一些问题。问卷调查不适宜做较多的征询及需要较长的调查时间。通常,酒店使用问卷调查法,调研人员常将调查表交与被调查者或留置在客房或餐厅并说明调查目的和填写要求,由被调查者自行填写回答,再由调查人员收回。

(2)面谈调查法

这种调查方式的基本做法是走出去或请进来,由调查人员直接与调查对象包括消费者个人或组织购买者见面,当面询问或举行座谈会,互相启发,从而了解历史与现状,收集信息,取得数据。面谈调查法可分为两种方式。其一是调查者可根据事先拟好的具体问题,有顺序地依次提出,请被调查者回答。这种方式内容明确,易于掌握,便于统计归类。其二是调查者通过与被调查者的自由交谈,了解所需的资料。被访问者可以充分发表意见,而且通过双向的讨论和启发,加深对所调查问题的认识。从而使调查者可能了解到未列入调查提纲的某些问题。面谈调查法在时间与费用方面支出较大,对调查人员的业务能力要求较高,调查结果的质量易受调查人员的工作态度、技术熟练程度和心理情绪等因素影响。此外,被调查人员可能带有某些偏见,一些被调查者的回答不够真实。

(3)电话调查法

这种调查方式的基本做法是调查人员根据抽样规定或样本范围通过电话向被调查者询问有关问题。其主要优点是获得信息最快、节省时间、回答率较高,不足之处是询问时间短,内容不可过于复杂并受被调查者记忆规律的限制。然而,近年来约有40%的被调查者拒绝电话调查或采访。此外,一些酒店或酒店集团还通过计算机辅助电话系统进行市场调研。

(4)网络调查法

这种方法的基本做法是调查者通过互联网向被调查者提供调查问卷,请被调查者填写,收集后并进行整理。当然,这种方法节省时间,费用低,不受时间与空间的约束,方便信息处理。然而,回答率及准确率不理想。当今,一些酒店集团将调查问卷挂在酒店的网页上，以此获得有关消费者与组织购买者对其产品与服务质量的评价和建议。

3. 观察法

观察法是调研人员在现场对被调查者的情况直接进行观察记录，以取得资料的一种调查方法。它不是直接向被调查者提出问题并要求回答，而是利用调研人员的直观感觉或是利用照相、录像或录音等方法，进行记录和考察被调查者的活动和现场事实。这样，观察法可以根据不同的调查目的，采取适当的手段。例如，从顾客在餐厅购买的餐饮产品的过程中，观察顾客的表情及用餐情况，分析其爱好。从而了解顾客对菜肴的原料、工艺、装饰和价格方面的要求和反应。又如，通过客房服务员每天对客房小酒吧添加的酒水和小食品的消费情况的观察，分析与总结不同地区、年龄、性别与职业的顾客对小酒吧中不同的餐饮产品偏好和消费趋向。观察法的优点是：通过实际观察可以客观地收集、记录被调查的人或事物的现场情况，调查结果真实可靠且准确性较强。有时，还可能得到询问法无法获得的信息和资料。观察法的缺点是持续的时间较长，难以观察到被调查人员内在的因素变化。例如，消费者心理及其购买动机等。同时，观察法要付出较高的费用并对调查人员的业务水平要求较高。

4. 实验法

实验法是指在一定的条件下，对市场现象中某些变量之间的因果关系及其发展变化过程进行观察分析的一种调研方法。这种调研方法是从自然科学的实验室实验法借鉴而来的。通常，酒店在更换菜单前，会销售一些创新菜并通过销售实验取得结果后再考虑是否在更大的市场范围内或细分市场进行销售。实验法可以观察到变量之间是否存在因果关系以及自变量的变动对因变量的影响程度等。实验法所取得的情况和数据比较客观，在定量分析上具有较强的应用价值。其不足的地方是需要较多的时间和成本。

九、调查问卷与抽样设计

1. 调查问卷

调查问卷也称为调查表，是收集酒店市场营销相关的原始资料工具，由一系列的问题或调查项目组成。通常，调查问卷的设计原则是根据酒店营销部调查目的，将所需要调查的问题具体化，使调查人员能顺利地获取必要的信息资料并便于统计分析。为此，调查问卷的主题应明确，且容易被调查者接受。同时，调查内容应通俗易懂、简明扼要且排列顺序清晰。此外，在调查问卷中，避免使用含糊不清的词语，例如“经常”或“有时”等。一般而言，调查问卷中的提问形式主要包括封闭式和开放式两类。其中封闭式提问法是指答案事先由调研人员拟订，在对问题所有可能的答案中，被调查者只能从中选择一个答案。封闭式提问法的优点是被调查者回答方便，节省时间，也便于调研人员的统计与分析。但是，其不足之处是被调查者缺乏自发性的表达。封闭式提问方法又可分为两项选择法和多项选择法。相反，开放式提问法是指在调查问卷中不规定任何的标准答案，被调查者可以根据自己认为的实际情况自由回答。这种方法也称为自由回答法。此外，一份成功的调查问卷将所要调研的项目明确地传达给被调查者并激发被调查者的兴趣，使被调查者愿意合作，最终取得真实而准确的回答。

2. 抽样设计

在市场营销调研的实践中，酒店基本上采用抽样调查的方法，而不是市场普查的方法以减少时间成本、人力成本和其他费用。所谓抽样调查是根据一定的原则，从调查对象的总体中抽出一部分调查对象（样本）进行调查，从而推断出总体情况的方法。因此，酒店营销调研采用抽样调查方法时，必须进行抽样设计，即确定恰当的样本数目和抽样方法，使抽选出来的样本能够真正代表被调查对象的总体。抽样调查方法一般分为两大类，即随机抽样与非随机抽样。所谓随机抽样是指对调查对象的总体中，每一个体都给予平等抽取的机会，排除人为主观因素的选择。随机抽样方法又可分为简单随机抽样、分层随机抽样和分群随机抽样等。而非随机抽样是指调查总体中的每一个体不具有平等抽取的机会，而是根据一定的主观标准来抽选样本。这种方法又可分为任意抽样、判断抽样和配额抽样等。

第三节　酒店市场需求预测

预测是对未来不确定事件进行推测并在一定范围内给予科学的预计。酒店市场或酒店需求之所以可以被预测是因为酒店营销管理人员通过对酒店市场营销知识的长期实践认识和积累，逐步掌握酒店市场的特点及其变化规律，并凭借各种科学的调研方法与预测手段，对酒店市场未来一定时间内的需求等作出相应的估计与预测。

一、酒店市场预测含义

酒店市场预测是在酒店市场调研得到的信息资料基础上，通过计算和分析，对未来一定时期内某种酒店产品的市场需求及发展趋势作出的评估与判断，从而为酒店营销战略与决策提供依据。在酒店营销管理中，营销调研、市场预测和营销战略与决策是紧密相连的，是酒店营销管理过程中的不同阶段。其中，营销调研是市场预测的前提，而市场预测是营销战略与决策的基础。

二、酒店市场预测基本概念

1. 酒店产品市场需求与酒店产品需求潜量

（1）酒店产品市场需求

酒店产品市场需求，是指在一定的地理区域、一定的时期、一定的营销环境和一定的营销方案中，特定的顾客群体愿意并且能够购买某种酒店产品的总量。为了正确地认识酒店产品市场需求这一概念，可以从以下 8 个方面来理解。

1）酒店产品

酒店产品是指某一具体的酒店产品种类，例如住宿产品、餐饮产品或会展产品，甚至是更具体的产品，例如某五星级酒店的商务楼层中的房务产品。由于酒店产品的范围比较宽泛，因此，酒店在测定某种产品的市场需求时，必须明确产品的种类与具体范围，例如住宿产品可以分为单人间、大床间、普通套房、豪华套房、公寓式套房及总统套房等。餐饮产品与住宿产品相比其种类与范围就更加复杂与广泛。

2）总量

总量表明某种酒店产品需求的规模，即表示某一种类酒店产品的市场需求总量。市场需求总量可以用实体数量、销售额或两者兼用来测定。此外，市场需求总量也可以用相对数来表示。例如，某五星级商务酒店的住宿产品在某城市的需求总量可用百分数来表示。

3）购买

在测定酒店市场需求量时，必须规定购买的含义。众所周知，酒店市场需求必须通过个人消费者和组织购买者的购买行为才能表现出来。因此，正确理解购买行为十分重要。

4）消费者群

市场细分原理揭示了不同的酒店产品消费者和组织购买者需求的差异性。因而，在对酒店市场需求进行预测时，要分别对不同的细分市场需求量加以确定，而不仅仅是测定整个市场的总需求。

5）地理区域

地理区域是指某一明确的地理区域。酒店市场需求的测定必须限定地理界限。不同区域客观上存在着经济、文化和习惯等方面的差异。因此，酒店产品的消费者和组织购买者因地理上的差异而呈现需求的差异。

6）时间期限

酒店市场需求的测定应有一个明确而固定的时间。通常，酒店的营销战略与规划有长期、中期和短期之分。为了准确地制定酒店营销战略与规划，酒店市场需求的测量必须有明确的时间或时段范围。

7）营销环境

酒店市场需求受不可控因素的影响。包括经济状况的变动、技术因素的制约及政治法律环境的影响等。因此，每一次酒店市场需求预测都应明确地列出有关环境因素发展和变化及其可能性并对有关环境因素的变化作出分析。

8）市场营销战略

酒店市场营销战略的制定受到市场调查水平的影响，进而酒店营销战略又对企业未来的市场发展产生明显的影响。因此，酒店市场需求预测必须基于其未来的定价策略与营销组合等战略和规划，并考虑企业自身的资源及其营销战略中的具体实施细节对市场需求变动的可能影响。

综上所述，酒店产品的市场需求受多种因素的影响。因此，酒店市场需求不是一个固定的数字，而是在给定条件下的函数。我们称之为市场需求函数或市场反应函数。

（2）酒店产品需求潜量

酒店产品需求潜量是指在一定的营销环境下，酒店产品市场需求的最高界限。即指在一定的区域、一定的时间、一定的营销环境以及一定的营销费用的支出水平条件下，个人消费者与组织购买者可购买的某种酒店产品的总量（见图4-6）。根据研究，随着酒店业营销费用的增加，促销力度的加大，酒店产品的需求也随之增加。然而，当酒店业对某种产品的营销费用支出达到一定数量后，即使营销费用再增加，某种酒店产品的市场需求也不再随之增长。这一酒店产品的市场需求界限称为酒店产品的市场需求潜量（Q_2）。

相反,酒店业对某种产品不进行任何营销活动,市场对这种酒店产品可能仍然有需求。这种市场需求量可称为酒店某种产品的最低市场需求量(Q_0)或酒店某种产品市场需求的最低点。因此,酒店某种产品的市场需求上限和下限(Q_0,Q_2)的差可以表示某种酒店产品市场需求的敏感程度。一般而言,高星级酒店产品的需求受营销费用支出的影响较大,而大众化经济型酒店产品市场需求受营销费用支出的影响较小。因此,当酒店业的市场环境发生变化时,特别是在经济繁荣期或衰退期,酒店的产品市场需求潜量应当重新测量。

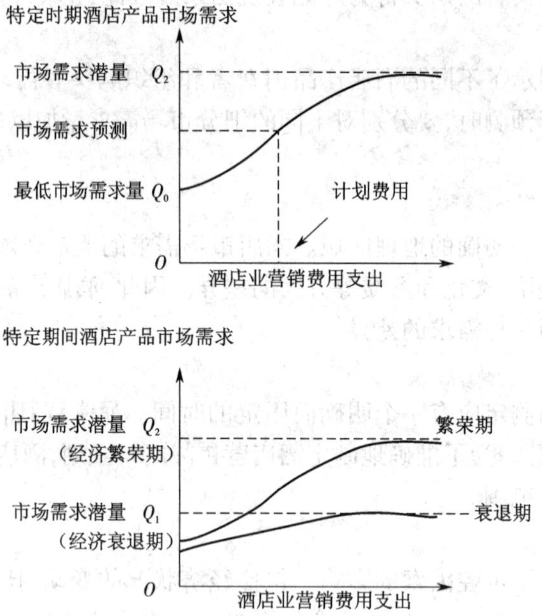

图4-6 酒店产品市场需求与行业营销费用的关系

(3)酒店产品市场需求潜量的估算

一般而言,在某个地区、某个时段、某种酒店产品的市场需求潜量可以用以下公式估算,有

$$Q = nqp$$

式中 Q——某种酒店产品市场需求潜量;

n(Number)——在既定的条件下,特定酒店产品的购买者数量;

q(Quantity)——每个购买者的年平均购买量;

p(Price)——单位产品的平均价格。

例1 某城市居民人口约有1 000万,其中约15%是大众化西餐潜在的购买者,每人平均年购买0.6次,每次人均消费约120元。外来流动人口每年约8 000万人次,平均每人次年购买大众化西餐0.3次,每次平均消费为160元,该城市大众化西餐市场需求量是

$Q_1 = n_1q_1p_1 = 1\,000 \times 15\% \times 0.6 \times 120 = 10\,800$ 万元(该城市居民的需求潜量)

$Q_2 = n_2q_2p_2 = 8\,000 \times 0.3 \times 160 = 384\,000$ 万元(该城市外来人口的需求潜量)

$Q = Q_1 + Q_2 = 10\,800 + 384\,000 = 394\,800$ 万元(该城市大众化西餐的总需求潜

量)

鉴于以上案例,一个地区的某种酒店产品的消费者人数、每人每年的购买量及平均消费水平等资料,必须通过市场调查取得,而且必须准确。如果这些数据不准确,酒店市场需求的计算将出现很大的误差。从而,失去酒店市场需求预测的意义。

2. 企业市场需求与企业销售潜量

(1)企业市场需求

企业市场需求是指在酒店产品市场需求中,某一酒店或酒店集团所占的市场份额。由于企业市场需求直接关系其营销决策。因此,对于酒店或酒店集团而言,预测企业市场需求与预测企业销售潜量同等重要。同酒店产品需求潜量类似,企业市场需求仍然是一个函数,称为企业需求函数或销售反应函数。根据研究,企业市场需求受多种因素影响,其中包括酒店产品市场总需求、竞争对手营销费用与营销策略及本企业营销费用和营销手段等因素的影响。企业市场需求可用以下数学公式表示,有

$$Q_i = S_i Q$$

式中 Q_i——酒店 i(酒店集团 i)的市场需求;

S_i——酒店 i(酒店集团 i)的市场占有率;

Q——酒店产品市场需求潜量。

一般而言,企业市场占有率与其营销费用的支出和营销活动的力度成正比关系。企业市场占有率的测量公式为

$$S_i = \frac{a_i M_i}{\sum a_i M_i}$$

式中 S_i——某酒店市场占有率;

M_i——某酒店营销支出;

a_i——营销支出有效性;

$\sum a_i M_i$——行业营销总支出。

例 2 酒店 A 和酒店 B 是某地区的两家四星级商务酒店,销售同样或相似的产品和服务。两家酒店的营销费用不同,酒店 A 每年营销费用 200 万,酒店 B 每年营销费用 160 万,酒店 A 营销费用有效率 0.9,酒店 B 营销费用有效率 1.2(营销费用平均有效率为 1.0),求酒店 A 和酒店 B 的市场占有率。

$$\text{酒店 A 市场占有率} = \frac{200 \times 0.9}{200 \times 0.9 + 160 \times 1.2} \times 100\% = 48.4\%$$

$$\text{酒店 B 市场占有率} = \frac{160 \times 1.2}{200 \times 0.9 + 160 \times 1.2} \times 100\% = 51.6\%$$

(2)企业销售潜量

企业销售潜量是指当某一酒店或酒店集团的营销力量对于其竞争者而言不断增加时,该酒店产品的市场需求所能达到的极限。在特殊情况下,企业销售潜量的极限有可能成为酒店产品需求潜量。例如,当麦当劳公司取得 100% 的汉堡包市场时,该企业已成为汉堡包市场的独占者,其销售潜量等于这一产品市场需求潜量。然而,在绝大多数的情况下,企业销售潜量低于酒店产品需求潜量,即使是企业的营销费用超过竞争对手。对于这

一原因的解释是,每一个竞争企业都有一支由本企业忠诚的购买者组成的核心消费团队。这个团队或这些顾客对其他企业实施的激励策略和使他们离开其青睐的酒店产品的努力很少关心。

三、酒店市场预测工作程序

根据实践,酒店市场预测涉及面较广,程序多。为了提高市场预测工作的效率和质量,酒店营销管理人员必须制定一套科学的预测工作程序。酒店市场预测工作程序主要包括以下5个方面。

1. 明确预测目标及拟定预测方案

酒店实施市场预测首先要明确预测目标和制订预测计划,这是酒店有效地进行市场预测的第一步。因为,有了明确预测目标和预测方案才能为进一步收集资料和选择预测方法指明方向。预测目标确定以后,就应根据目标的难易程度制订预测计划,包括调配预测人员、编制预测费用及安排工作日程等,使预测工作有计划、有步骤地开展。

2. 收集和整理信息与资料

通过市场调查并占有充分的信息资料才能对酒店市场变动的规律性和预测对象的发展趋势进行具体分析。同时,为预测模型提供必要的数据。一般而言,酒店市场预测需要收集的资料包括历史资料和现实资料两类。这些收集的资料和信息一定要以酒店市场预测的目的和要求为基础,力求做到信息与资料的广泛性、适用性和真实性。

3. 选定预测方法及模型并作出预测

选择适当的预测方法和预测模型是取得酒店市场预测成果的关键。在选择预测方法及模型时,酒店营销管理人员应综合考虑市场预测目标的要求和所收集的资料信息情况。由于酒店市场预测的每一种方法和模型都有其适用条件和适用范围。根据经验,在许多市场预测中,通常是几种方法交叉使用,使其功能和效果互相补充以达到预测的科学性。

4. 修正预测值

酒店市场预测具有近似性的特点。因此,预测的结果不可能与实际值完全一致,预测误差必然存在。然而,如果误差较大,说明预测模型或方法可能有问题,必须进行修正或选择其他的方法或模型。

5. 撰写预测报告

酒店营销管理人员对市场预测的结果进行必要的评价、检验并修正后,要确定最终的预测值并形成书面形式的预测报告及递交酒店领导人员,作为参考资料以便制定酒店营销战略和规划。

四、酒店市场预测方法

1. 定性预测法

定性预测法是根据个人经验和知识及一些文献资料来判断未来事件发展趋势和状态的预测方法。当酒店产品进行需求预测时,由于营销管理人员掌握的数据或资料不充分或一些重要的影响因素无法定量,只能凭借个人经验或积累的一些信息及根据文献论述进行分析和推理从而进行预测。其优点是方法比较简单、易于掌握及使用方便。

(1)顾客意向调查法

顾客意向调查法是酒店常用且有效的市场预测方法。由于市场是由潜在的购买者构成的。因此,酒店市场预测就是在一定的市场环境下,调查潜在的顾客的购买行为。这种方法是通过问卷调查顾客的购买意向,进而对某种酒店产品的未来市场需求进行分析与判断。由于这种方法是以调查顾客为基础,预测结果的准确度很大程度上取决于调查的准确性。调查问卷经常放在客房、餐厅和酒店的前厅等地方以方便顾客使用。此外,一些酒店的营销人员还通过电话和个人访问等方式调查组织购买者的购买意向等信息。

(2)销售人员意见法

通过召集负责不同地区或部门的销售人员,征求他们对自己负责区域或职能部门作出的销售预测及对市场情况的判断等信息,经汇总整理后,估算出某酒店的某种产品未来的市场需求变化。由于销售人员对本地区或本部门相关的市场比较熟悉,他们的意见可能最接近实际。不仅如此,通过这种方法酒店还可获得不同的区域、不同的产品、不同的目标市场的销售概况及预测。一般而言,在统计资料不完整的情况下,这种方法是比较理想的预测方法。然而,由于每个销售人员的知识、能力和观点都有一定的局限性以及他们对地区的经济发展形势和企业的总体营销规划了解得不全面。因此,他们对市场的发展趋势判断会出现偏高或偏低的现象。为了克服这一缺点或问题,酒店营销管理人员将他们对未来市场的评价进行修正。

(3)集体讨论法

集体讨论法是指酒店负责营销的高层管理人员召集营销部、财务部、房务部、餐饮部、会展部、采购部等相关管理人员并征求他们对自己负责的区域或职能部门作出的销售预测及对市场发展预测等的资料,经汇总整理后,判断某项产品未来的市场需求与变化。由于这些管理人员具备一定的业务知识,对业务情况比较熟悉。因此,这一方法是酒店营销预测常采用的方法之一。

(4)德尔菲法

德尔菲法(Delphi Method)是由酒店营销部管理人员邀请与预测内容相关的行业协会成员、中间商、企业内部营销人员及其他有关人员组成的专家组,请他们充分发表意见。例如,对某项酒店产品的未来需求作出判断等。由于这些专家熟悉业务,了解行情。他们的判断可能较好地反映某酒店产品的市场动向。但是,不同专家对未来的市场看法可能不一致,难免有一定的主观性。因此,可聘请多位专家发表意见,采用系统程序,使参加预测的专家不互相见面,可以匿名的方式反复讨论,经总结和整理后,再请专家们对这些意见进行讨论和总结。这样循环,直至取得较一致的意见。德尔菲法的优点是可以集中全体专家的智慧,预测结果较为准确。但是,预测项目的负责人必须选择熟悉市场和业务的专家并向专家准确地介绍需要预测的目标,要解决的问题和一些其他要求并且做好预测的总结。这样,完全消除了参加人员的心理影响,使他们可以独立自主地进行判断。同时,这一方法成本较低,节省时间,是酒店常用的预测方法之一。

2. 定量预测法

定量预测法也称为统计预测法,是指根据市场调研得到的比较完整的资料和相关变量,运用数学模型与统计方法,对产品市场需求和变化趋势等进行预测的方法。通常酒店营销人员可根据酒店内部与外部环境的变化将预测值加以修正，使预测值更加科学和贴近实际。定量预测法的优点是预测值受到主观影响因素较少。

酒店常用的定量预测法如下。

(1)市场试销法

市场试销法是通过开发新产品或改进老产品的试销以预测市场需求的方法。当顾客没有具体的购买计划和意向或在专家难以估计市场发展的前提下，酒店可直接进行市场试销。这种方法在预测某种新产品销售前景时比较适用。例如，某酒店通过广告宣传并试销大众化的欧美风味餐饮产品。然后，通过总结、分析与统计，可了解这种产品的未来市场需求。从而，为菜单筹划与设计工作做好充分准备。

(2)指数平滑法

指数平滑法是移动平均法的改进型，是一种权数特殊的加权平均法。这种方法考虑到最近时段的实际销售情况与预期销售情况的关系。因此，当预测下一期的销售额时，只要以本期实际销售额与本期预测销售额为基础，引入一个简化的加权因子(平滑系数 α，$0 \leqslant \alpha \leqslant 1$)就可以了，这种方法适宜酒店的短期销售预测。其计算公式如下：

下期预测值 = 本期实际值 × 平滑系数 + 本期预测值 ×(1 - 平滑系数)

式中，平滑系数的取值应根据过去的预测销售额和实际销售额的差额而定，如果两者差异大，平滑系数应取较大的值。反之，应取较小的数值。当 $\alpha = 1$ 时，预测值等于上期的实际值；当 $\alpha = 0$ 时，预测值等于上期的预测值。

假设平滑系数被某酒店营销人员定为 0.4，预测这家酒店 2018 年 6 月客房销售额，已知 2018 年 5 月实际客房销售额为 2 760 万元，而这家酒店 2018 年 5 月客房预测销售额为 2 700 万元，则有

下期预测值 = 2 760 × 0.4 + 2 700 × (1 - 0.4) = 2 724 万元

(3)季节指数法

季节指数法反映季节变化对销售量影响的一种预测方法。其实质就是计算各个季度的不同销售指数。由于受气候、风俗和习惯等因素的影响，酒店产品的市场需求常表现出明显的季节波动。因此，在预测酒店的房务产品、餐饮产品和会展产品的销售量时，采用季节指数法会收到理想的预测效果。这种预测方法的具体运用是，先求出历年各季度的平均销售额；然后求出各季度平均销售额占年平均销售额的百分比，即季节指数。最后，根据预测的下一年度全年的销售额乘以季节指数即可预测出下一年某季度的销售情况。其计算公式如下：

下一年某季度销售额 = 下一年度全年销售额 × 季节指数

例如，某四星级商务酒店 2018 年的房务产品销售预测总额为 2 735 万元，根据其 2015 年、2016 年和 2017 年各季度的房务产品销售情况(见表 4-1)，预测这家酒店 2018 年各季度的房务产品销售额。

表 4-1　某酒店 2015—2017 年房务产品销售情况

季度	2015 年(万元)①	2016 年(万元)②	2017 年(万元)③	平均销售额(万元)④ = (① + ② + ③)/3	季节指数⑤ = ④/2285.67
1	420	485	509	471.33	0.206 2
2	560	605	665	610	0.266 9
3	480	518	549	515.67	0.225 6
4	620	682	764	688.67	0.301 3
合计	2 080	2 290	2 487	2 285.67(3 年平均销售额)	100%

2018 年 1 季度房务产品的预测销售额为 2 735 × 0.206 2 = 563.96 万元

2018 年 2 季度房务产品的预测销售额为 2 735 × 0.266 9 = 729.97 万元

2018 年 3 季度房务产品的预测销售额为 2 735 × 0.225 6 = 617.02 万元

2018 年 4 季度房务产品的预测销售额为 2 735 × 0.301 3 = 824.06 万元

(4)回归预测法

回归预测法也称为回归分析法或回归法。这种方法是指将事物之间的因果关系加以模型化,建立回归模型,揭示预测目标与相关变量之间的数量变动关系。回归(Regression)一词首先由英国统计学家弗朗西斯·高尔顿(Francis Galton)于 1889 年提出。根据研究,酒店产品销售受多种因素影响并与一些因素存在着依存关系。例如,某酒店餐饮产品的销售受该地区人口数量、人们可自由支配收入及该地区的经济发展状况等因素影响。回归预测法可分为一元线性回归法和多元线性回归法等。一元线性回归法是对一个自变量与一个因变量之间的相关关系进行分析,建立一元线性回归方程作为预测模型对酒店产品销售进行预测的方法。例如,根据某地区的人口数量预测该地区西餐快餐的需求量。多元线性回归法是对多个自变量与一个因变量之间的相关关系进行分析,建立多元回归方程作为预测模型对酒店产品销售进行预测的方法。例如,通过某地区的购买房务产品的顾客数量、房务产品历史需求量、当地经济及会展业与旅游业的发展状况及其消费水平等因素预测该地区房务产品的未来需求量。然而,虽然回归预测法对酒店产品销售预测是一种实用价值较高的预测方法。但是,运用这一方法的前提是因变量与自变量必须存在着较高的相关关系。同时,自变量数据获取及其准确度是预测值质量的关键。当然,目前计算机与预测软件的运用为酒店的市场预测减少了很多工作量并增加了准确度。

3. 定性与定量结合法

酒店对市场需求进行预测,应当注意定性预测法和定量预测法的相互补充。根据调查,酒店营销管理人员在进行定性预测时,都尽可能地使用一些数学方法,对市场发展的变化趋势进行综合评价。在进行定量预测时,也常使用定性方法参与判断。例如,在预测期内发生了重大变化或出现新的影响因素,酒店营销管理人员就需要使用定性预测方法来补充定量方法。这样,在市场定量预测的基础上,根据新的影响因素进行修正。实际上,在实际的营销预测中,酒店只有把定量预测方法同定性预测方法科学地结合在一起,相互印证,才能取得较好的预测结果。

本章小结

酒店营销信息，全称为酒店市场营销信息，是指有关酒店从事市场营销活动实况及特征的客观描述和真实反映，是酒店从事市场营销管理所必需的消息、情报、数据、知识和报告等的总称。当今酒店营销十分重视市场营销信息，把它看作与企业资金、原料、设备和人力等资源同等重要的第五资源，是酒店营销管理的重要组成部分。酒店市场调查与研究简称酒店市场调研，是指通过科学的方法，系统而客观地收集、整理、分析和总结酒店市场相关信息和资料并为酒店营销战略和决策的制定提供依据的一系列活动。酒店市场调研包括两个组成部分：酒店市场调查与酒店市场研究。它们是两个不可分割的工作过程。在酒店市场调研中，调研人员必须保持坦诚的态度，对所有的信息资料进行认真的记录、整理、分析和处理，尊重客观事实，避免出现错误和偏见。同时，营销人员应通过市场调研了解酒店市场环境，发现营销机会与潜在的问题。认真研究调研中所获的各方面信息并在此基础上作出酒店的营销计划和决策。酒店市场预测是在酒店市场调研得到的信息与资料基础上，通过计算和分析，对未来一定时期某种酒店产品的需求及发展趋势作出的评估与判断。从而，为酒店营销战略与决策提供依据。在酒店营销管理中，营销调研、市场预测和营销战略与决策是紧密相连的，是一个统一管理过程的不同阶段。其中，营销调研是市场预测的前提，而市场预测是营销战略与决策的基础。

思考题

1. 名词解释

酒店营销信息　信息分析系统　外部信息　文献调研法　探测性调研　定性预测法　定量预测法

2. 问答题

①简述酒店营销信息分类。

②简述酒店营销信息系统组成。

③简述酒店市场调研类型。

④简述酒店市场调研时机。

⑤论述酒店市场调研作用。

⑥论述酒店市场调研内容。

第五章

消费者与组织购买行为

现代酒店的营销核心是满足顾客的需求,提高企业经营效益。因此,无论是个人消费者市场,还是组织购买者市场都存在着不同的酒店产品需求及不同的购买目的和购买程序等。因此,学习与分析消费者与组织购买者的购买决策程序及影响因素有利于企业更有效地进行市场营销。通过本章的学习,可了解消费者市场和组织购买者市场的含义与购买特点,掌握消费者购买决策和组织购买者购买决策的不同影响因素及购买程序。

第一节　消费者市场与组织市场

根据购买者购买酒店产品的用途,酒店市场可划分为消费者市场和组织市场。然而不同的市场其购买特点、购买目的及购买决策影响因素都存在着差异。

一、消费者市场含义

消费者市场也称个人消费者市场,是指为满足个人或家庭对旅游或休闲等消费的各种酒店产品或服务的市场,常称为散客市场。消费者市场是酒店业的各种住宿产品、餐饮产品、宴会产品和休闲产品市场的核心与基础。

二、消费者市场购买特点

1. 购买数量少,重复购买

根据研究,当今消费者市场或散客市场外出旅游、休闲或家事活动常以家庭为核心。因此,每一次购买酒店房务产品、餐饮产品等的数量较少。然而,现代旅游和休闲产品已经成为大众日常生活中的必需品。因此,消费者市场购买酒店产品具有重复购买和多次购买等特点。

2. 需求多样,持续发展

由于消费者的收入水平、文化背景、信仰观念、生活习俗等方面存在着差异。因此,不同的消费者对酒店产品消费有所不同,表现在对不同级别和类型的酒店、不同种类和设施的住宿产品、不同主题的宴会产品、不同风味与功能的餐饮产品等的偏好。随着社会经济的发展和人民生活水平的不断提高,消费者对酒店产品和酒店服务的需求不论是从数量、质量、品种或审美等方面都在不断地发展和变化。然而,其总的发展趋势是由较低级别的产品向高消费产品发展,由简单的服务技术向专业技术服务方向发展,由追求数量上的满足向追求质量和特色等方向发展。根据高星级酒店的营销部门统计,近几年在春节探亲期间,购买四星和五星级酒店的餐饮产品、房务产品和宴会产品的消费者逐年递增。同时,人们对餐饮产品的需求不仅是传统的中餐产品,还包括传统的西餐产品及主题餐厅的特色餐饮产品等。

3. 相互关联,具有替代性

消费者对酒店产品的需求具有一定的关联性。例如,购买了住宿产品,而餐饮产品的销售也在增加。同时,消费者的需求还具有替代性。例如,当海鲜菜肴销售量增加时,畜肉类菜肴的销售量可能减少。

4. 易受他人影响,周期循环

根据调查,消费者在酒店产品的消费中,呈现一种从众的特征。即在某一特定的时段或时空内,消费者对某些产品或服务的需求趋向一致。例如,近年来人们对西式快餐和披萨饼及经济型酒店的房务产品等的需求旺盛。同时,酒店产品的消费是一个动态和发展的过程。一些消费者对某些酒店产品的需求在获得满足后,在一定时期内可能需求会减少。但是,随着时间的推移,他们对某些产品还会继续青睐。因此,消费者对某些酒店产品的消费具有一定的周期性。例如,消费者在一段时间内对中式快餐或西式快餐进行消费后,发现快餐只能满足人们的日常需要,只能适应非正式场合的用餐需求。传统中餐或西餐在消费者的生活中可以担当正式宴请或重大活动的角色。所以,近两年来,优质并具有特色的传统中餐或西餐又受到了消费者的喜爱。

5. 需求弹性大,对品牌的忠诚度差

由于消费者对酒店产品的需求是直接需求,来源于其日常休闲与旅游等日常生活的需要。在一些地区的普通消费者的个人可随意支配收入有限的情况下,他们在购买酒店产品时,对于产品的价格会比较敏感。因此,消费者对于酒店产品的需求弹性较大,特别是对那些较高级别的住宿产品和餐饮产品等。另一方面,由于同类与同级别的酒店产品的功能与特色很相近,所以酒店产品的替代性较大。这一原因也导致了消费者市场对酒店产品的需求弹性。这样,受消费者对酒店产品价格的敏感度的影响,其对酒店品牌的忠诚度也较差。当然,在一些高消费的酒店产品需求中,仍然保持着一定的品牌忠诚度。

三、组织市场含义

组织市场常称作团队市场或组织购买者市场,是指工商企业为从事生产和服务等业务活动及政府部门和非营利组织为履行职责而购买酒店产品和服务构成的市场。基于酒店营销的视角,组织市场是法人市场和团队市场。酒店的组织市场主要包括产业市场、中间商市场、政府市场与非营利组织市场等。

四、组织市场类型

1. 产业市场

产业市场也称为生产者市场,是指购买酒店产品为生产和经营其他产品而服务的组织市场。这类市场主要包括制造业、农业、建筑业、公用事业、金融业、保险业和服务业等企业单位。

2. 中间商市场

在旅游业中,旅游批发商、旅游零售商都属于中间商的范畴。旅游批发商购买酒店产品主要用于生产包价旅游产品,然后转售给旅游零售商,即旅行社。旅行社和一些其他中间商购买酒店产品用于销售给旅游者以获取利润。

3. 政府市场与非营利组织市场

政府是酒店产品的主要购买者之一。政府市场是指各级政府中的职能部门在执行公务或管理中每年在酒店购买的会展产品、宴会产品和房务产品等形成的市场。非营利组织市场是指一些行业协会、大专院校和科研机构等为了履行职能而购买各类酒店产品和服务所构成的市场。非营利组织购买酒店产品不以营利为目的,不从事营利活动而执行一些培训、沟通和协调等活动。我国通常把非营利组织称为"机关团体或事业单位"。

五、组织市场购买特点

1. 购买数量大,购买者较少

根据统计,组织购买者每次购买酒店产品的数量比较大,有时一个组织或单位可能买一个酒店的全部房务产品、会展产品或餐饮产品,有时一张订单的金额可能达到数十万元,甚至百万元。同时,组织市场的营销人员比消费者营销人员接触的顾客少得多。

2. 地理位置集中,供需关系紧密

组织购买者常集中在某些区域,以至于这些区域的酒店产品销售量在全国市场中占据较大的比重。例如,北京、上海、天津、广州、杭州和香港等城市。同样,世界各国酒店产品主要集中在政治文化中心、较大的商贸城市、著名的旅游目的地和度假胜地等。正因为组织市场购买数量大,购买者较少的特点导致大客户对酒店业的营销具有权威性和重要性;而对酒店产品有需求的较大客户需要酒店源源不断提供货源。这样,酒店与大客户之间,每一方对另一方都具有重要的意义。因此,供需双方相互保持着紧密的关系。因而,一些组织购买者常在产品的品种、规格、质量、使用期和服务项目等方面提出一些具体的要求,而酒店常与买方进行沟通,详细了解顾客的需求并尽最大努力满足组织购买者的需求。

3. 需求弹性小,波动性大

根据调查,组织市场对酒店产品的需求总量相对消费者市场而言,受价格变动的影响较小。由于组织市场对酒店产品的刚性需求,因此酒店产品的需求在一定时期内弹性较小。这样,政府机构、工商企业不会因为房务产品、餐饮产品和会展产品的价格上调而大量减少出差或减少出席必要的会议等。然而,组织市场对酒店产品需求的波动幅度大于消费者市场需求的波动。这是因为组织市场对酒店产品的品种、数量的需求增加或减少对酒店业的发展起着关键的作用。例如,当今酒店的类型发展很快,由过去的 3 种发展至目前的 7 种,即商务酒店、度假酒店、会展酒店、机场酒店、公寓酒店、长住酒店及汽车酒店,而房务产品的种类已经发展至 6 种,包括标准间、大床间、商务套房、豪华套房、公寓套房和总统套房。这些产品的发展与组织市场的需求是分不开的。

4. 专业人员采购,影响购买的人较多

组织购买者基本上都熟悉酒店产品。一般而言,他们具有比较丰富的专业知识,了解各种房务产品、会展产品和餐饮产品的品种、规格与性能等。当然,酒店营销人员会向他们提供详细的产品信息并从技术的角度介绍本企业产品的优点和功能。然而,组织购买者在购买酒店产品的时候,决策人员较多。通常,政府部门、企业事业单位都有专职的部门和人员购买酒店产品。在购买决策中,常由高层管理人员与负责购买酒店产品的人员进行沟通。然后,指导购买人员购买。因此,许多组织的行政办公室及其工作人员形成了事实上的“酒店产品采购中心”。鉴于以上原因,酒店应选择训练有素的并善于人际交往的专业销售人员与组织中的采购人员进行业务协商以提高销售效率。

5. 直接采购,互惠购买

根据调查,许多组织购买者常向酒店或酒店集团销售中心直接购买产品,而不经过中间环节,对于价格较高或技术较复杂的会展产品更是如此。有时,组织购买者与酒店互相购买产品,即买卖双方经常互换角色,互为买方和卖方或成为三角形互惠购买方式,例如,酒店集团、旅游集团和航空公司等。

第二节　消费者市场购买行为分析

消费者市场购买行为分析是指了解和分析个人和家庭消费者购买酒店产品的主要影响因素、购买决策程序和购买类型等。根据研究,消费者购买酒店产品受到多种因素影响。其中,包括社会环境与文化,酒店的营销组合,消费者个人特征、心理因素及情景因素等。因此,在营销中,酒店营销管理人员在制定任何营销策略前,首先要识别消费者的购买关键影响因素和购买决策过程(见图 5-1)。然后,对消费者购买酒店产品行为进行科学的分析。根据消费者的需求发展与变化,设计、生产和销售符合消费者真正需求的房务产品、宴会产品、餐饮产品和休闲产品。

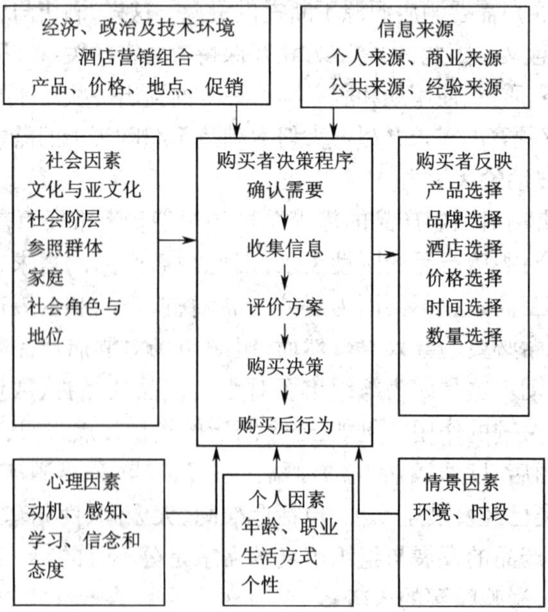

图 5-1　消费者市场购买酒店产品决策影响因素与程序

一、消费者购买决策的影响因素

1. 社会因素

(1)文化与亚文化

文化是指人类在社会历史发展中所创造的物质财富和精神财富的总和。包括价值观念、风俗习惯、行为规范、宗教信仰和伦理道德等。文化是历史的积淀,并不断地发展和演变。文化是社会共有的信仰,每一个社会都有与之相适的文化。不同民族和不同地区的文化内涵差别很大,文化影响消费者的生活方式和工作方式,影响消费者对产品的认同和购买行为。亚文化被称为文化中的文化。亚文化群体成员具有自己独特的生活方式和行为规范。对于酒店而言,消费者购买酒店产品的行为深受亚文化的影响,而亚文化群体构成了酒店的细分市场。

(2)社会阶层

社会阶层是指全体社会成员按照一定的等级标准划分为彼此地位相互区别的社会团体。同一社会阶层之间的消费态度及消费行为和价值观等方面具有相似性,而不同的社会阶层存在着差异。根据研究,社会阶层的地位有高低,其划分标准主要取决于职务、经济收入和受教育水平等。高社会阶层常常是大型企业的投资人,企业和事业单位的高层管理人员及他们的子女等。这些消费者常具有较高的教育背景、高的经济收入。中等社会阶层主要包括成功的中小型企业家、非营利组织的中层管理人员、一般科研人员与教师等。通常,他们受过高等教育,具有一定的消费能力。普通消费水平的社会阶层是指普通的企业职工、非营利组织的一般工作人员等。他们的经济收入一般,他们在购买酒店产品时更关注价格实惠的产品。根据调查,高消费社会阶层的消费者会入住著名品牌的高星级酒店,而普通消费水平的社会阶层对三星级及以下的酒店和经济型酒店有着较大的需求。当然,消费者的社会阶层归属是变化的,随着其职务、经济收入和受教育水平的变化,可以升至较高层,也可以降至较低层。

(3)参照群体

参照群体也称为参考群体或相关群体,实际上是消费者在形成其购买决策时将其作为参照或比较的个人或群体的集合。参照群体主要包括家庭成员、亲朋好友、同学同事、商界名人、影视明星及体育名人等。根据研究,参照群体的影响力至关重要,他们是被效仿的对象和行动的指南。尤其在缺乏客观标准的情况下,消费者的消费选择常以参照群体标准为依据。按照与消费者接触的紧密程度,参照群体可分为主要群体与次要群体。主要群体是指与消费者日常紧密接触的群体。次要群体是指直接接触,而比较疏远的群体。实际上,每个群体都有自己的行为标准而作为其成员的行为指南。影响消费者的参照群体不一定都是家庭或朋友中的成员,而很可能是来自那些可信任的群体或对某类产品熟悉的群体及广告代理商等。根据调查,作为酒店产品的参照群体常常来自消费者的亲戚、朋友、同事、旅行社销售人员、酒店预订人员及餐厅点菜员等,特别是餐饮产品的参照群体主要来自亲戚、朋友与同事。根据统计,参照群体对不同酒店产品的影响程度不同,取决于两个重要标准:主要表现在日常消费的普通餐饮产品和房务产品、高星级房务产品或高消费的餐饮产品。通常,相关群体对日常消费的餐饮产品和房务产品的影响力较弱，而对高星级酒店产品、高消费的餐饮产品、新上市的餐饮产品及特色餐饮产品影响力较强。

(4)家庭

家庭是基于血缘、婚姻和收养关系的两个或两个以上个人的组合，是最具影响力的参照群体之一。在消费者的一生中，每个人会至少属于两个不同的家庭。一个是自己出生的家庭，另一个是自己所组建的家庭。其中，出生的家庭基本上决定一个人的核心价值观并潜移默化地影响着消费者的消费行为，而组建的家庭会对具体消费行为产生直接的影响，是社会中最重要的购买单位，是酒店市场营销的重点之一。

(5)社会角色与地位

社会角色也可称为身份，主要是指一个人在社会或法律上的地位和受他人尊重的情况。地位是指人在社会关系中所处的位置。每个人一生会从属于多个群体或享有不同的社会地位。例如家庭、社会及各种组织机构。因此，一个人在不同的群体中的处境、身份与地位不同。例如，某企业的人力资源部总监在工作中是高层管理人员。在他的父母眼里，他的身份是儿子。在他自己的家庭中，他是父亲。此外，他还可能兼任其他社会职务。例如，他在上一级部门担任培训中心总监。这样，一个消费者在不同群体中的各种身份都会影响其消费行为。事实上，消费者常购买符合自己身份与地位的住宿产品、餐饮产品和休闲产品。

2. 个人因素

消费者对酒店产品的消费行为常受到年龄、职业和生活方式及个性等个人因素的影响。

(1)年龄

消费者对酒店产品的购买会随着年龄的变化而变化。一般而言，在 30 岁至 40 岁的年龄阶段，由于婴幼儿的拖累，其非商务外出旅游的可能性较少。然而，他们对于近距离的休闲产品、餐饮产品和度假产品的购买机会仍然存在。刚退休的职工，由于其年龄和身体状况还都保持着较好的水平，其外出购买旅游产品、房务产品和休闲产品的机会较多。根据调查，餐饮产品的销售与不同年龄的消费者有着紧密联系。不同年龄阶段对餐饮产品的风味、服务方式、食品原料、烹饪工艺、味道与质地等的需求有着很大的区别。

(2)职业

不同职业和经济状况直接影响消费者的生活方式和消费行为，在旅游产品和酒店产品的需求和消费上存在较大的差异。从而影响其对房务产品和餐饮产品的选择与购买。研究表明，企业事业单位的高层管理者、科研人员、医务人员和教师等外出旅游的人次较多，对酒店的房务产品、餐饮产品和休闲产品的质量和特色的要求较高。同时，在我国西餐的消费与消费者的教育背景有着紧密的联系。具有较高学历的消费者或曾出国接受过培训及留学回国人员等都是西餐的主要消费群体。目前，由于我国的教育水平不断地提高及英语教学的普及等原因，人们普遍青睐西餐快餐，特别是青少年。此外，消费者的经济状况对酒店产品购买与选择影响很大。所谓消费者经济状况包括他们的个人任意可支配收入、储蓄及存款利率的变化、个人资产等。根据统计，目前在我国进行旅游的国际旅游者多数来自经济发达的国家。这些旅游者通常购买高星级酒店的房务产品和餐饮产品。此外，近年来我国出国旅游的人数持续增长，然而大多数出境旅游者仍以购买中等级别的住宿产品和餐饮产品为主。

(3)生活方式

生活方式是人们根据对某种价值的追求而对生活作出的安排。同时，反映其对使用时间和金钱的态度及消费的行为。根据调查，同一年龄阶段、同一职业和相似经济收入的个人或家庭，因生活方式存在差异，其消费行为会有所不同。其中，可能有喜爱投资证券的成员，也可能有喜爱旅游的成员。因此，消费者的生活方式对酒店产品的选择和消费产生一定的影响。

(4)个性

个性是指个人带有倾向、稳定和本质的心理特征的总和，反映个人对消费品的兴趣和爱好，从而影响个人的消费行为等。一般而言，消费者会选择与其个性相吻合的产品。根据研究，消费者对酒店的坐落位置、建筑外观、环境气氛、色调与装饰、客房与餐饮特色等的选择与其个性存在着一定的关联。

3. 心理因素

消费者对酒店产品的购买行为除了与以上各因素相关，还受到心理因素的影响。消费者心理因素主要包括动机、感知、学习、信念和态度等。

(1)动机

动机即购买动机，是指为引发和维持个体行为并导向一定目标的心理动力，是一种内在的驱动力量，是产生消费行为的原动力。通常，购买动机是在消费需要的基础上产生的，是引发消费者购买行为的直接原因和动力。购买动机把消费者对酒店产品的需求行为化。这样，消费者通常按照自己的动机去选择自己需求的或青睐的房务产品和餐饮产品的类型和特色。在消费者行为中，购买动机首先表现为在多种消费需求中确认基本需求，其次表现为促使基本需求具体化，从而成为对某种房务产品或餐饮产品的购买意愿。在指向特定的酒店产品时购买动机还影响消费者对选择标准或评价要素的确定。通过上述过程，购买动机使消费行为指向特定的目标或对象。同时，购买动机还可促使消费者在多种需求的冲突中进行选择，使购买行为朝着需求最强烈、最迫切的方向进行。从而，求得购买行为效用及消费者需求满足的最大化。在现实生活中，每个消费者在消费时可能同时具有多种购买动机。这些复杂多样的动机之间以一定的方式相互联系，构成完整的购买动机体系。在这一体系中，各种购买动机所处的地位及所起的作用互不相同。有些购买动机表现得较强烈和持久，它们在购买动机体系中处于支配地位。有些购买动机表现得较弱或不稳定，它们在购买动机体系中处于依从地位。一般而言，消费者的购买行为是由具有支配地位的购买动机决定。酒店产品的购买动机一般可以分为 3 种。

1)理智型购买动机

理智型购买动机是指建立在消费者对酒店产品的客观认识基础上，经过充分的分析和比较后产生的购买动机。这种购买动机具有客观性与周密性的特点，并在具体的购买行为中表现为务实和求实惠的购买心理。

2)情感型购买动机

情感型购买动机是指顾客基于其情感和情绪产生的购买动机。例如，一些老年顾客对老字号的酒店产品特别青睐,因而产生购买动机。一些青年消费者在购买餐饮产品时,常惠顾一些著名的西餐快餐企业。

3)惠顾型购买动机

惠顾型购买动机是指消费者由于对特定的品牌或产品产生信任和偏好而形成的习惯性的重复购买动机。例如,一些顾客根据其出差经历购买某一酒店的房务产品。在他住宿期间,他感觉对那家酒店的地理位置、酒店环境、客房布局、服务效率及产品价格都很满意而对其产生信任感。那么在以后的出差中,凡是某一区域有他曾住宿过的品牌酒店时,这位顾客会考虑购买该品牌酒店。

(2)感知

感知是指事物直接作用于感觉器官时对事物各种属性的反映。通常,人们对客观事物的认识是从感知开始的,它是最简单的认识形式。例如,当一个西餐主菜——扒西冷牛排带马德拉少司(Grilled Sirloin Steak with Madeira Sauce)作用于消费者的感觉器官时,通过视觉反映了这道主菜的美丽颜色,通过味觉反映了少司的美妙味道,通过嗅觉反映了菜肴的葡萄酒清香气味。同时,通过触觉反映了牛排表面的成熟度和光滑度。一般而言,酒店产品的消费者主要经历3种感知过程。

1)选择型注意

消费者对日常生活中的许多广告或刺激物,不可能都加以注意,绝大多数都被筛选掉。然而,那些能引起消费者注意的刺激物,便是选择型注意。引起消费者注意的因素包括他们的需要和兴趣,还包括外在的刺激。当然,与消费者目前需要相关的、预期将出现的新产品或是变化幅度大于一般的产品或价格等也是他们比较关心的。例如,当某种餐饮产品在推销时,其降价30%的广告比降价5%的广告更会引起消费者的注意。

2)选择型曲解

选择型曲解也称为选择型扭曲,是指人们有选择地将某些信息加以扭曲,使之符合自己的意向。实际上,选择型扭曲是一种倾向。它将信息加以扭曲以便合乎自己的意愿并以符合预想的方式理解信息。这种按人们已有的想法来解释信息的倾向,就是选择型曲解。例如,当某传统的品牌酒店在消费者心目中已树立起信誉并形成人们的品牌偏好时,即使一段时间该品牌的产品质量下降,消费者也不愿意相信这是事实;而另一新的品牌酒店即使在同类产品中的质量已优于前者,消费者也不会轻易相信。

3)选择性记忆

选择性记忆是指消费者对信息的记忆是有所选择。事实上,留在人们记忆中的信息量一般会少于他们所接收和理解的信息量。通常,消费者倾向于记住与自己观点或需求一致的那些信息,这一行为往往是潜意识的。

(3)学习

学习是指有意识或无意识地通过信息处理导致记忆和行为改变的过程。一些学者认为,消费者的需要和购买行为与其不断学习相关。通过学习,消费者可获得丰富的知识和经验,其消费行为在不断地调整和改变。同时,消费者的学习与记忆是紧密联系在一起的,没有记忆,学习是无法进行的。同时,学习是驱使力、刺激、反应和强化等相互作用的结果。通常,酒店消费者的学习方式主要包括模仿他人的购买行为,了解和认识酒店的广告、品牌、产品特色及源于亲身的实践经历等。当今酒店市场不断发展与变化，新产品和新品牌不断出现，消费者会通过多方收集信息才作出购买决策。这也是一个学习过程。例如，经济型酒店产品在我国的发展历史比较短，消费者对其品牌的认识不足。目前，进入我国市场的品牌有法国雅高、美国万豪和希尔顿等集团的一些品牌酒店及国内的一些企业，包括如家、锦江之星和 7 天等。顾客会通过学习和记忆，了解这些酒店的价格、服务、设施和环境等信息并将这些信息作为购买酒店产品的参考和指导。

(4)信念和态度

消费者总是通过实践和学习获得自己的信念和态度，而态度与信念反过来又影响消费者的购买行为。态度是指消费者对某些事务或观念所持的正面或反面的评价和倾向，常由情感、认知和行为构成。例如，消费者会对某酒店产品的环境、设施、服务的质量及工作人员的素质与技术进行评价，从而产生购买倾向等。信念是消费者坚信某种观点的正确性并用来支配自己行动的个性倾向，是消费者对酒店产品及其品牌形象等的认识。消费者对酒店产品的信念可以通过经验和经历来得到，也可能来自偏见，甚至是通过误传等。一般而言，消费者对某酒店产品和服务形成某种态度并将其贮存在记忆中。并在消费者需要的时候将其从记忆中提取出来以帮助解决当前面临的购买决策。研究表明，每个消费者都有自己的需要和欲望，都有自己所需要的产品目标。因而，会产生相应的态度。酒店要改变消费者的购买态度主要通过更新和提高产品的功能和质量，完善酒店设施和服务，重视酒店营销信息的传播等。

4. 情景因素

根据调查，特定的情景在消费者购买中起着一定的作用。情景因素主要包括环境因素和时段因素等。不同的环境和时段对消费者购买酒店产品起着引导作用。

(1)环境

环境对于消费者购买酒店产品具有一定的影响力。研究表明，旅游与度假消费者青睐那些突出轻松和休闲风格的酒店，商务顾客喜爱突出商务气氛、具有艺术及个性化氛围的酒店。在酒店高级餐厅用餐的消费者，不仅因为该餐厅的优质和特色的菜肴具有吸引力，还因为该餐厅的雅致空间、豪华装饰、温柔的色调和照明，提供周到和细致的餐饮服务，讲究的餐具和餐台设计，使用银器和水晶杯，现场演奏高雅的音乐或文艺表演等因素。因此，现代酒店的餐厅环境设计从传统的封闭式调整为开放式，采用大型玻璃使餐厅透明化，行人能看到餐厅的气氛与风格。用餐顾客可透过餐厅玻璃看到整齐的马路、草地和绿树。同时，餐厅通道、走廊和座位既要布局合理，又要方便顾客和工作人员的出入。当今，酒店更加重视餐厅的服务设施和餐厅周围的环境及餐具和服务用品的功能与特色。此外，一些酒店还利用食品展示来突出餐厅环境的文化与特色。包括餐厅门口或餐厅内部陈列的新鲜食品原料、半成品菜肴或成品菜肴、点心、水果及酒水等以增加环境的视觉效应，使顾客更加了解餐厅的特色和产品质量并对酒店产生信任感。

(2)时段

时段对酒店产品的消费者具有一定的影响。根据调查，周末与节假日，消费者购买酒店房务产品和餐饮产品远高于平时。在餐饮产品销售的研究中发现，消费者在一天不同的时段，喜爱不同的餐饮产品。一般而言，大多数欧美人不想在早餐吃牛排，喜欢吃一些比较清淡的食品:土司片、牛角包、冷热饮、水果、香肠、火腿肉、奶酪及鸡蛋等。同样,我国城市居民也喜爱在早餐中食用一些清淡的食品。包括各类面点、粥类、汤面、云吞及各种小吃、鸡蛋、香肠、冷热饮和水果等。大多数我国的酒店产品购买者不喜爱将红烧肉和红烧鱼等菜肴作为早餐。近年来,洋快餐中的早餐套餐由于重视时段营销而受到部分学生和青年购买者的青睐。

二、消费者购买决策过程

酒店营销人员不仅要了解影响消费者购买的各种因素,还要了解消费者购买决策过程。营销人员必须明确购买酒店产品决策中的各种角色、购买决策的类型及购买过程等以便采取相应的营销策略来缩短消费者购买决策过程。

根据调查,消费者购买酒店产品的决策过程常由一系列相互关联的活动构成。它们在实际购买发生前就已经开始,一直延续到实际购买后。一般而言,消费者在购买比较重要的或复杂的酒店产品时,这一完整的购买决策过程会依次经历以下 5 个阶段(见图 5-2)。例如,当某一消费者在购买其婚宴产品时会相当慎重。他们常根据自己的消费能力及酒店坐落的位置、酒店设施、餐饮风味和服务质量等需求,通过广告、同事与亲戚等渠道收集酒店的信誉、产品价格与质量等信息并进行对比分析并认真评价。然后,作出购买决策。通常,在消费后,顾客会根据本身的期望值与产品的实际质量进行对比分析并进行评价及向其他潜在的购买者进行推荐。相反,在习惯型、平衡型或多样型的购买类型中,消费者经常会跳过购买决策过程的某些阶段。

图 5-2 消费者购买决策过程

1. 确认需要

消费者的需要常由两个方面的原因引起:一方面是内部需求和刺激。例如,饥饿会使人购买餐饮产品;另一方面是外部刺激,指消费者自身以外的所有环境因素的影响。例如,通过电视广告的宣传、酒店餐厅门前的面包或奶酪展示等刺激顾客购买面包的消费动机。所有这些来自内部和外部的刺激都可能引起消费者的需要并诱发其产生购买动机。从而,决定消费者的购买行为。当消费者感到某种购买需要并准备购买某种酒店产品去满足需要时,对这种产品的购买决策过程就开始了。因而,内部需要是推动消费者产生购买行为的动力,而消费者的另一部分需要由外部刺激的影响而产生。因此,即使是由于顾客产生了饥饿感,顾客内部引起的需要的满足也会被外部刺激的影响而购买不同的餐饮产品。所以,酒店应有意识地安排一些诱因以激发消费者对本企业产品产生强烈的需要。例如,国际上的一些酒店将房务产品与餐饮产品捆绑在一起进行销售以激励顾客购买本企业的房务产品,因为这些酒店的早餐自助餐的质量较高、价格实惠、特色突出。而且,房费包括早餐的费用等。一些酒店的房务产品宣传册不仅包括房间和内部设施情况,还包括各种服务方法与细节的介绍。例如,酒店客房服务中的晚床服务(Turn-down Service),每个房间每天为每个顾客提供一块免费的小点心。

2. 收集信息

通常,消费者对自己的购买需求进行确认后,会收集有关产品或服务等多方面信息。但是信息收集的积极性取决于消费者需要购买的产品对其的重要程度。当消费者对某项酒店产品的需要迫切,且这项产品价格较高而消费者不经常购买或不熟悉时,消费者会积极地、主动地去寻找和收集信息。当消费者并不急需某项酒店产品,可能在未来某一时段准备购买时,他会留心各种相关信息。一般而言,消费者的信息来源主要有 4 个方面:个人信息来源、商业信息来源、公共信息来源和经验信息来源(见表 5-1)。实际上,消费者收集信息的主要来源是商业来源。但是,个人来源是最有效的信息来源。商业来源一般只是起着告知的作用,而个人来源则起着认定或评价作用。因此,酒店应了解和掌握不同的信息来源对消费者购买决策影响的重要性。在此基础上,酒店应设计有效的信息传播途径,保持多种信息的传播,使酒店或酒店集团与目标消费者更好地进行沟通。

表 5-1　消费者的 4 个信息来源

信息种类	信息来源	信息特点
个人信息来源	家庭、朋友、邻居和同事等提供的信息	信息量较多,消费者信赖程度高
商业信息来源	广告、房务预订员、餐厅服务员、中间商和展览会等提供的信息	信息量多,消费者信赖程度一般,仅起着告知作用
公共信息来源	电视、报纸、杂志、广告牌、消费者协会等提供的信息	信息量多,消费者信赖程度比较高或起着一定的参考作用
经验信息来源	消费者从以往的购买、使用中得到的知识与经验	信息量少,消费者信赖程度高,具有评价作用

3. 评价方案

当消费者在收集到所需的信息后,会对这些信息进行分析、比较、判断并作出最终选择。不同的消费者使用的评价标准和方法差别很大。但是总体上消费者之所以购买某种酒店产品,是为了从该产品上寻求特定的功能与利益。因此,他们往往会把某类酒店产品看成是一些特定属性的组合并根据各自偏好将这些属性给予不同的权衡。然后对同类型的不同产品分别评价。通常消费者感兴趣的属性因不同的酒店产品质量、功能和特色而得到不同的评价。例如,消费者在选择房务产品时会考虑酒店的地理位置、住宿环境、安全与卫生、客房的面积与设施、住宿的方便与舒适、配套早餐的质量与特色等。根据调查,消费者在选择餐饮产品时,会考虑到菜肴的食品原料、生产工艺、食品安全、营养成分、用餐环境、产品价格等属性。同时,不同类型的消费者对酒店产品的各种属性和功能及其重要性的认识有很大差异。因此,酒店应仔细分析本企业各种产品的功能与特色,总结消费者对酒店产品的哪些属性最关注等。在上述分析的基础上,酒店应为消费者提供具有不同属性的产品并强化本企业的品牌。

4. 购买决策

购买决策是消费者购买酒店产品过程中的关键阶段。因为消费者只有作出购买决策后,才会产生实际的购买行为。消费者经过分析、比较和评价后,会对可供选择的酒店产品形成某种偏好,从而形成购买意向。但是,消费者购买决策的最后确定,还会受到其他两种因素的影响，包括他人态度和意外情况。

(1)他人态度

他人态度对消费者购买决策的影响程度取决于他人反对态度的强度、消费者遵从他人愿望的程度及他人的权威性等。一般而言，他人的否定态度越强烈，他人与购买者的关系越紧密，他人专业水平越高，其对消费者的影响力越强。在这种前提下，消费者修正自己的购买意向可能性越大。

(2)意外情况

消费者的购买意向还会受到意外情况的影响。在消费者即将购买某项酒店产品时，家庭收入、产品价格等意外的变化会改变消费者的原购买意向，使消费者推迟或取消原来的购买决定。

5. 购买后行为

消费者在购买某些酒店产品后，常会通过自己的体验和他人的评价，对其购买的产品进行评价，把他所体验到的产品实际质量和性能与购买前对产品的期望进行比较，进而产生一定的购买感受。这些感受主要包括满意、比较满意或不满意等。当消费者购买的产品功能与质量超过顾客的期望值时，顾客会很满意；当消费者购买的产品功能与质量等于其期望值时，顾客会满意；当消费者购买的产品功能与质量低于其期望值时，顾客会不满意。

三、消费者购买决策的成员

消费者购买决策经常不是由一个人单独决定的，常由不同的成员共同完成，是群体决策的过程。这不仅表现在个人使用产品上，更表现在家庭外出旅游、探亲及休闲活动中的集体购买行为。因此，了解不同家庭成员在酒店产品购买决策中的角色，对于酒店或酒店集团的营销战略制定和推销活动的筹划非常重要。酒店营销人员应分析和确认消费者在购买酒店产品决策中扮演的角色，相应地进行产品设计和广告促销等活动。应该说，很多时候，消费者之所以购买某酒店的产品是家庭成员共同影响的结果，特别是一些涉及家庭日常需要的酒店产品更是如此。例如，家庭外出休闲或家庭的宴请活动及重大节日活动。根据调查，家庭成员主要扮演以下5种角色。当然，这5种角色可以组合在一个消费者身上，也可以分别由几个消费者担任。

①发起者，首先提出购买某种酒店产品建议的人。例如，家庭中的儿童提出购买汉堡包等。

②影响者，对购买决策建议有一定影响的人。例如，家庭中的母亲或父亲认为应当去购买。

③决策者，对购买决策作出最后决定的人。例如，家庭中的父亲或母亲，甚至是爷爷或奶奶等决定是否去、什么时候去以及去哪一家酒店或快餐店购买，购买哪一种汉堡包等。

④购买者，实际购买的人。例如，家庭中的母亲或父亲带领儿童去购买汉堡包。

⑤使用者，实际消费者或使用产品的人。

一般而言，家庭中的所有成员或部分成员根据各自需要购买不同的酒店产品。

四、消费者购买行为类型

1. 习惯型购买行为

一些消费者根据自己的使用习惯和爱好购买酒店产品，或是到自己熟悉的环境或企业购买酒店产品，称为习惯型购买行为。在习惯型购买行为中，消费者参与程度低、产品的品牌差异程度小。通常，对于价格低廉、经常购买、品牌差异小的酒店产品，消费者不需要花费较多的时间进行选择，也不需要经过收集信息、评价产品特点等复杂的购买过程。实际上，习惯型的购买行为程序比较简单。通常，消费者选择酒店的品牌出于习惯和熟悉等原因，且不忠诚于品牌，购买后常不评价。然而，服务于习惯型购买行为的酒店，应当提供热情周到的服务，提供便利的购买条件，实施优惠的产品价格并做好营销信息传播和各种营业推广活动来强化消费者的习惯型购买。

2. 多样型购买行为

多样型购买行为是指一些消费者不愿意花费更多的时间收集产品的信息，不对产品进行比较和评估就决定购买酒店产品的行为。消费者的多样化购买行为特别适用于日常购买的餐饮产品和大众化的经济型房务产品。当然，一些消费者为了寻求产品的功能和特色，会不断变换产品的品牌。消费者之所以变换品牌，不是对产品不满意，而是出于对产品功能和特色的需求。例如，顾客对必胜客、麦当劳或肯德基等餐厅的不断变化的购买行为就是一个比较明显的案例。基于顾客多样型购买行为，酒店应通过美食节、菜单调整、价格优惠、创新服务等营销策略激励消费者对本企业保持相对稳定的购买行为。

3. 平衡型购买行为

当消费者接触不熟悉、价格较高、品牌差异较小的酒店产品且具有一定的购买风险时，平衡型购买行为就会产生。通常，消费者会观察和比较这类产品，由于一些酒店的品牌差异小，只要价格合适、购买便利，消费者就会迅速作出购买决策。然而，购买后，消费者发现该产品存在着某些缺点或发现其他同类产品的优点高于其购买的产品时，消费者可能会产生不平衡及不满意等一系列的心理变化。同时，消费者也在寻求一些信息来证明其购买的产品是优质而理想的。这时，酒店的营销人员应向消费者提供有关产品的评价信息，使其相信自己的购买决策是正确的，其购买的产品是优质的。例如，消费者在购买高星级酒店的房务产品和主题宴会时常会出现平衡型购买行为。

4. 复杂型购买行为

当消费者购买价格高、不经常购买且品牌的差异较大或购买非常有意义的酒店产品时，就会全身心地投入，常需要经历一个比较复杂的购买决策过程。这一购买决策过程首先需要学习和了解，从而对产品产生某种看法。对于消费者而言，复杂型购买行为具有重要的意义且消费者参与购买的程度较高。通常，对于复杂型的购买，由于消费者对产品不熟悉，需要经历一个学习过程并广泛地收集信息。消费者全面了解产品的功能和特点后，反复与其他品牌进行比较，形成一个态度。最后，作出慎重的购买决策。对于这样复杂型的购买行为，酒店营销者应采取有效的措施帮助消费者了解产品的功能及其特点并加强宣传和介绍产品的优势及其给消费者带来的利益。从而，影响消费者的最终选择。例如，消费者购买婚宴产品就属于复杂型购买行为。

第三节　组织市场购买行为分析

组织市场购买行为具有典型的购买特征,与消费者市场的购买行为既有相似性,又有较大的差异,特别是在影响组织购买者购买因素和购买程序方面存在着明显的差异(见图5-3)。

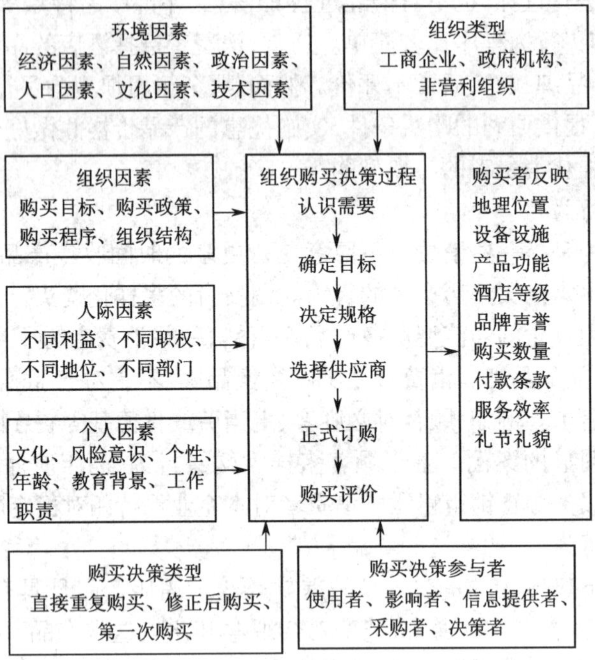

图5-3　组织市场购买酒店产品决策的影响因素与程序

一、影响组织购买者的购买因素

组织购买者在购买酒店产品时,常受到多种因素的影响。主要包括环境因素、组织因素、人际因素和个人因素等。

1. 环境因素

在影响组织市场购买的环境因素中包括政治、经济、技术、自然、文化和人口等因素,其中经济因素是最主要的因素。经济因素主要包括汇率及汇率的变动、通货膨胀、税收与政府补贴等经济政策的调整。一般而言,当经济不景气时,组织就会减少购买。因此,环境因素可以刺激组织的购买需求,也可抑制其购买行为的发生。所以,酒店营销管理人员应当关注环境的变化,力争把握组织购买者的购买机遇。

2. 组织因素

组织因素是指组织购买者自身的因素,主要包括组织购买者目标、购买政策、购买程序和组织结构等。通常不同的组织,其购买目标不同,表现在购买价格、产品功能与质量、购买效率等问题上。在购买政策方面，一些组织的购买政策常常是组织在长期购买中形成的规则或制度。此外，不同的组织购买者，其组织结构不同，特别是购买酒店产品的部门和人员在组织中的地位和级别影响组织的购买行为。当然，组织的购买程序也影响其购买行为。

3. 人际因素

人际因素是组织内部人事关系的因素，不同的人际关系会影响组织的购买行为。一般而言，组织市场的购买行为是由许多具有不同利益、职权、地位的人或部门组成。研究表明，他们之间形成了人际关系。这种关系常常纷繁复杂。酒店营销人员必须了解组织购买决策的主要人员及他们的决策方式和评价标准以便采取有效的营销措施并获得期望的订单。

4. 个人因素

组织市场的购买行为基本上是在组织中的个人相互影响的基础上产生的，即由个人作出的决策和采取的购买行为产生。因而，参与购买决策过程中的每个人都带有个人的动机、感知与偏好。这些因素又会受购买者的年龄、教育背景、工作职责、个性、风险意识和文化等的影响，进而影响到组织市场的购买行为。例如，一些富有经验的购买人员，可能善于同酒店营销者进行谈判，而那些受过良好教育的新手，可能善于做周密的购买方案。由于酒店营销工作的具体对象是参与购买的人，而不是抽象的工商企业或非营利组织等。因此，酒店营销人员必须了解组织购买者的个人基本情况，以便采取因人而异的营销措施。

二、组织购买决策类型

1. 直接重复购买

组织中的购买者依照过去的订购目录和基本要求继续向原供应商购买酒店产品称为直接重复购买，这是最简单的购买类型。组织购买者直接重复购买的酒店产品主要包括房务产品、餐饮产品和会展产品。通常，组织中的专职部门会对以往的供应商加以评估并将遵守合同与质量满意等作为条件而选择直接重复购买的供应商。因此，酒店营销部应当为组织购买者再次订购而提供方便的服务以减少再订购的时间。

2. 修正重复购买

当组织改变原订购产品的规格、价格或其他交易条件后再购买酒店产品时，即形成了修正重复购买。这时，组织购买者会向原先的销售单位——酒店提出新的购买条件并协商新的购买协议，甚至更换供应商等。当然，原先选中的酒店会感到一定的压力，将全力以赴地继续保持交易。然而，由于原供应商产品类型、产品质量、产品创新及价格等原因，新的供应商将可能获得交易。这种购买决策过程比直接重复购买更为复杂，买卖双方参与交易的人次和花费的时间都比较多。

3. 第一次购买

组织购买者初次购买某种酒店产品称为第一次购买，也称为新任务购买。第一次购买应当是组织购买决策类型中最复杂的类型。由于新购的酒店产品可能不是常购买的项目或组织购买者有了新的需求等原因形成了第一次购买。因此，组织购买者需要在一系列问题上作出决策。包括地理位置、设施与设备、产品功能和特色、价格范围、服务质量及付款条件等。这种购买类型的购买成本和风险比前两个类型都要大,购买决策的参与者也比较多,需要收集的信息也多,购买过程比较复杂。由于组织购买者还没有一个现成的"供应商名单",因而第一次购买对所有的酒店而言即是机会,也是挑战。

三、组织购买决策过程

与消费者的购买决策过程相比,组织市场的购买决策过程比较复杂。通常要经过6个阶段,包括认识需要、确定目标、决定规格、选择供应商、正式订购和购买评价。

1. 认识需要

认识需要是组织市场购买决策过程的起点。不论是工商企业,还是政府或非营利组织,只要在经营或管理过程中发现对会展产品、餐饮产品或房务产品的需求并有人提出购买某些产品和服务来满足生产或管理的需要时,酒店产品的购买过程就开始了。

2. 确定目标

组织对酒店产品的需要决定后,就要确定所需产品的功能特征、价格和数量等。通常,酒店产品的特征主要包括地理环境、酒店品牌、客房与餐饮功能与特色、价格及其他属性等。当然,酒店产品的种类主要包括不同种类与功能的房务产品、餐饮产品和会展产品。组织将根据自身的经营或管理需要确定产品的功能和规格等。现代酒店产品呈现个性化,主要体现在地理位置、建筑与设施、内部环境、客房与餐饮特色上,使顾客在入住和消费期间感到满意。同时,现代酒店产品趋向自动化,表现在客房的计算机和网络系统、电子门锁、房间音响系统和通信系统等。此外,现代酒店强调安全与舒适,采取严格的措施保证顾客的人身和财产安全。

3. 决定规格

在目标确定下来之后,组织的职能管理部门及专业人员着手制定要购买的产品规格及说明书。说明书中主要包括产品的种类、规格、功能和服务项目等技术指标,供购买人员参考。房务产品包括单人间、标准间、大床间、商务套房、豪华套房、总统套房、公寓套房等。餐饮产品由各种餐厅、酒吧、菜肴、酒水和餐饮服务组成。会展产品由各种会议室、展厅及可活动的会议桌椅、多媒体设施及会展服务等组成。其他产品包括商务中心、健康中心和娱乐产品。

4. 选择供应商

通常,组织购买者在其需求的产品功能与规格被具体化后,就要选择最合适的酒店。这一工作可通过多种途径进行,可通过网络查阅相关信息、可关注旅游与酒店业的广告或通过其他渠道了解信息。为了选购满意的酒店产品,购买人员通常通过适合的途径,选择产品质量高、功能与价格适合、声誉好的酒店。当然,酒店作为供应商应通过多种途径加强广告宣传,尽可能地提高企业的知名度和美誉度。然后,组织购买者提出购买申请并征求被选择的酒店报价。当组织购买者收到数个酒店的回复后,从中挑选出最适合其需求的酒店。当然,一些政府职能部门和非营利组织经常采取招标的形式进行购买。

5. 正式订购

组织在选择好酒店后,购买小组向选定的酒店发出正式订单,在订单上列出产品的功能、规格与技术说明、需要的各种产品数量等。通常，一些组织还与某酒店签订长期合同，建立长期的合作关系。这样，当组织需要某种房务产品或会展产品时，可按合同约定的条件购买产品。

6. 购买评价

当酒店产品经过购买及使用后，组织的采购小组常会征求使用者对产品的评价并检查酒店履行合同的情况。然后，根据评价结果决定是否继续与该酒店合作。

四、购买决策参与者

组织中购买酒店产品的参与者，或称为购买团队及购买小组等，是指围绕同一目标而直接或间接参与购买酒店产品决策及共同承担决策风险的人的集合。购买小组成员的构成常来自不同的职能部门或单一部门中的担负不同职务的人员。通常，购买小组或人员在购买决策中分别扮演以下 5 种角色中的一种或几种。

①使用者，组织中实际使用酒店产品的人。通常，使用者首先提出购买建议并协助确定产品的功能和规格等。

②影响者，购买组织内部或外部能够直接或间接地影响购买决策的人员。他们协助确定产品功能、规格与购买条件，提供购买方案，影响酒店产品的选择与采购，影响者包括组织中的高层管理者、办公室主任、办事人员和财务管理人员等。

③信息提供者，能够为购买小组提供购买信息的人，包括办公室工作人员、专职人员、技术人员和组织中的高层管理人员等。

④采购者，即被授予权力且根据购买方案选择酒店及商谈购买条款的人员。如果购买的产品较为重要，采购小组中会包括高层管理人员。

⑤决策者，有权决定购买，决定产品功能与规格，决定购买数量和选择酒店的人员。通常，有些购买活动的决策者为工商企业的主管人员、政府与非营利组织办公室主任等。一些重要的展会或主题活动及大宗购买常由更高层的管理人员进行决策，甚至是工商企业或政府职能部门及非营利组织中的领导人员。

本章小结

现代酒店的营销核心是满足顾客的需求，提高企业的经营效益。因此，无论是消费者市场还是组织购买者市场都存在着不同的酒店产品需求及不同的购买目的和购买程序等。因此，总结与分析消费者与组织购买者的购买决策程序及影响因素利于掌握不同消费群体的购买特征以便更有效地进行市场营销。根据购买酒店产品的用途，酒店市场可划分为消费者市场和组织购买者市场。不同的市场，其购买特点、购买目的及购买决策等影响因素都存在着差异。消费者市场是指个人或家庭为满足其日常消费、家庭事务、旅游或休闲购买酒店产品而形成的市场，常称为散客市场，是酒店业的各种房务产品、餐饮产品和休闲产品的主要消费者。组织购买者市场是指工商企业为从事生产和经营及政府部门和非营利组织为履行职责而购买酒店产品所构成的市场。酒店业或旅游业将组织购买者市场称作团队市场。根据研究可知，消费者购买酒店产品受到多种因素影响，其中包括社会环境与文化、酒店的营销组合、消费者个人特征、心理因素等影响。因此,在酒店营销中,管理人员制定任何营销策略首先都要识别消费者的关键影响因素和购买决策过程,对消费者购买酒店产品行为进行科学的分析,根据消费者的需求发展与变化,设计、生产和销售符合消费者真正需求的房务产品、餐饮产品和休闲产品。组织购买者购买行为具有典型的特征,与消费者市场的购买行为既有相似性,又有较大的差异,特别是在影响组织购买因素和购买过程方面存在着明显的差异。影响组织购买者购买酒店产品的主要因素包括环境因素、组织因素、人际因素和个人因素等。因此,组织市场的购买决策过程比较复杂。通常需要经过认识需要、确定目标、决定规格、选择供应商、正式订购和购买评价等6个阶段。

思考题

1. 名词解释

消费者市场　组织市场　购买动机　感知　时段　复杂型购买行为

2. 回答问题

①简述消费者市场购买特点。

②简述组织市场类型。

③论述消费者购买酒店产品决策的影响因素。

④论述组织购买者购买酒店产品的决策过程。

⑤对比分析不同的组织购买决策参与者的作用。

⑥论述组织市场购买酒店产品的因素。

第六章

市场细分与目标市场营销

市场细分是酒店目标市场选择和市场定位的基础与前提,而目标市场营销是酒店市场营销的重要内容之一。为了实现营销目标,酒店必须根据本企业的内部与外部营销环境和资源,在细分市场的基础上选择自己的目标市场并针对特定的目标市场开发与营销相应的产品。通过本章的学习,可以了解酒店市场细分的标准和方法,熟悉酒店目标市场选择条件,掌握酒店市场定位策略。

第一节　目标市场营销概述

一、目标市场营销含义

目标市场营销是指在酒店识别不同的消费者及组织购买者的需求特征前提下,选择其中一个或几个消费群体作为本企业的消费对象或目标市场并运用适当的营销组合,集中力量为目标市场服务,通过满足目标市场的需求获得理想的营销效益。

二、目标市场营销发展

1. 单一数量营销阶段

20 世纪 30 年代,世界上一些国家都处于工业革命阶段,整个社会经济发展的重心和特点是强调速度和规模。当时,在以卖方为主导的市场条件下,企业市场营销的基本方式是以数量为目标。酒店通过大量的生产、分销、促销单一规格的住宿产品和餐饮产品。基于这种营销模式,企业可降低产品成本,使销售成本最小化。从而通过降低产品价格并开发潜在的市场而获利。这一阶段的特点是以数量为营销目标,市场竞争不激烈,价格作为主要的竞争手段,消费需求具有相似性。

2. 产品差异化营销阶段

20 世纪 40 年代后,一些欧美企业面临产品过剩。在这一前提下,市场迫使企业转变营销观念。当时,酒店的营销方式从以数量为目标向产品差异化转变,即向市场推出一些具有本企业特色的房务产品、餐饮产品和会议产品。从而,获得比较理想的营销效果。然而,由于企业仅考虑自己现有的产品的开发能力,忽视了对市场需求的关注,最终,一些酒店营销出现了问题,甚至陷入了困境。

3. 目标市场营销阶段

20 世纪 60 年代后,由于科学技术的发展,生产力水平的提高,企业的产品日新月异。

当时,以产品差异化为中心的推销方法远不能解决企业的营销问题。在这种背景下,一些国际酒店迫于市场压力,转变其营销观念和方式,将产品差异化策略调整为以市场需求为导向的市场营销方式。从而,酒店在研究市场需求的基础上,结合自身的资源,选择本企业的目标市场并设计与目标市场需求相匹配的产品。

三、酒店目标市场营销的形成

目标市场营销是酒店营销战略与规划的重要内容,是酒店制定市场营销组合策略的前提和基础。为了有效地实行目标市场营销,酒店必须相应地实施市场细分、目标市场选择和市场地位 3 个重要步骤(见图 6-1)。

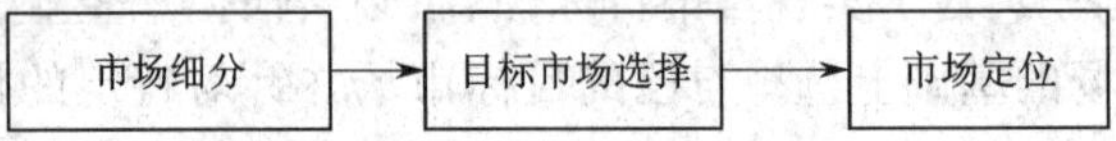

图 6-1　酒店目标市场营销形成的步骤

1. 市场细分

市场细分是指以消费需求的某些特征或变量为依据,区分具有不同需求的顾客群体。市场细分理论首先由美国营销学家——温德尔·史密斯(Wendell R. Smith)于 20 世纪 50 年代提出。这一理论是以消费者的需求、动机和购买行为的多元化和差异性来划分的。市场细分对酒店产品的开发与营销起着极其重要的作用。

2. 目标市场选择

目标市场选择是指在细分市场的基础上,按照一定的标准,选择一个或数个细分市场作为酒店目标市场的过程。目标市场选择是酒店目标市场营销实施的第二个步骤。由于酒店或酒店集团的一切市场营销活动都是围绕目标市场进行的。因此,酒店需要评价各细分市场并根据企业的资源与能力来选择目标市场并确定目标市场营销策略。

3. 市场定位

市场定位是指酒店或酒店集团在选好的目标市场之后,针对消费者和组织购买者对产品的某种特征或属性的重视程度,为本企业产品与营销组合确定一个富有竞争力的营销战略和行为。

四、我国酒店目标市场营销的形成

根据研究,20 世纪 70 年代我国的酒店业市场以卖方为主导。在卖方市场条件下,酒店市场营销的基本方式是大批量营销,即大批量生产房务产品和餐饮产品,产品种类与规格比较单一。在这样的市场环境下,酒店通过大批量营销的方式使企业降低了产品成本,获得了较丰富的利润。这一阶段成为我国酒店业大批量营销阶段。

20 世纪 80 年代我国旅游业与酒店业处于发展的初期。至 1988 年,通过改建与新建相结合、中资与外资相结合、国家兴建与地方兴建相结合等酒店发展模式,我国的星级酒店数量增至 1 496 个,客房数量发展至约 22 万间。当时酒店产品过剩,酒店迫于市场竞争的压力,不断转变营销观念,实施了产品差异化的营销策略。从而,获得了比较理想的营销效果。这一阶段成为我国酒店产品差异化营销阶段。

20世纪90年代是我国旅游业和酒店业的快速发展时期。至1995年,我国的星级酒店已达到3 720家,客房总数达48.6万余间。当时,酒店以产品差异化为基础的营销方式已远不能解决酒店面临的营销问题。于是,酒店业受到市场的压力,再次转变营销观念和方式。由产品差异化转向以市场需求为导向的目标营销。即酒店在研究细分市场和需求的基础上,结合自身的资源与优势,选择其中对本企业最有吸引力并最能有效地为顾客提供服务的细分市场作为本企业的服务对象并设计与服务对象需求相适应的产品与营销组合。这一阶段成为我国酒店业的目标市场营销阶段。

第二节　酒店市场细分

一、酒店市场细分含义

酒店市场细分,也称为酒店市场划分,是根据顾客对酒店产品的需求差异,将酒店市场划分为不同类型的消费者群体。每个消费者群体就是一个分市场,称为细分市场。酒店市场可以分成若干个细分市场。酒店市场作为一个复杂而庞大的整体,由不同的消费者和组织购买者构成。由于这些购买个体和团队在地理位置、资源条件、消费心理、购买习惯及产品需求等方面存在着差异。因此,他们会产生不同的购买行为。根据研究,酒店市场细分的理论基础是同类产品需求的差异性。如果不存在消费需求的差异,酒店便没有必要进行市场细分。同时,酒店市场细分是一个聚集过程,致力于从顾客需求的差别中寻求和发掘某些共同或相关的需求因素。这样,便将某一错综复杂的市场划分为若干个细分市场。酒店细分市场是客观存在的。

二、酒店市场细分作用

1. 有利于发现市场营销机会

所谓市场营销机会是指已出现于市场但尚未被满足的需求。这种需求是潜在的,通常容易被忽略。酒店或酒店集团运用市场细分的手段便于发现这类需求并可从中选择适合本酒店营销的目标市场。从而,抓住市场机会并使酒店赢得市场的主动权。通过市场细分,酒店可对每一个细分市场的购买潜力及其满足市场需求程度等进行对比分析,探索出有利于本企业的市场机会,使酒店及时作出产品的更新换代及适合的营销组合以便更好地适应市场的需要。

2. 有利于识别目标市场特点

在酒店日益激烈的竞争情况下,酒店或酒店集团通过市场细分,有利于发现目标顾客的具体需求。从而,调整本企业产品结构和特色,提高企业的市场竞争力,达到有效地与竞争对手竞争的目的。同时,基于细分市场,酒店更容易识别目标顾客的需求特点,而市场信息则更容易被了解和反馈。

3. 有利于集中市场的优势

根据调查,任何一家酒店或酒店集团的人力、物力和财力都是有限的。通过细分市场,选择了适合本企业的目标市场。这样,酒店可以集中人力、财力、物力,以争取局部市场上的优势而占领适合本企业发展和营销的目标市场。所以,酒店必须将整体市场进行细分。然后,确定本企业的目标市场。这样,可以把自己的优势集中到目标市场上,特别对一些中小型企业而言,更应该利用市场细分的手段,选择自己的目标市场。

4. 有利于全面提高经济效益

酒店或酒店集团通过市场细分后,可面对本企业的目标市场而开发和推销适合的产品。这样,既能满足市场需要,又可增加酒店的收入。当然,产品适销对路可以降低酒店的营销成本,提高产品的质量和特色。从而,全面提高酒店的经济效益。

三、市场细分理论基础

酒店市场细分的理论基础是多元异质理论。该理论认为消费者对酒店产品的需求是多元的,具有不同质的要求;而需求本身的异质性是市场细分的客观基础。这样,需求差异为酒店市场细分提供了依据,而相对的相似使酒店市场细分从可能成为现实。根据研究,在酒店市场上,顾客的偏好主要有 3 种:同质型偏好、分散型偏好、群组型偏好。这里,顾客偏好是指顾客对酒店产品的某种特色的需求和喜好的程度。假设某一地区的消费者对经典西餐最关心的两种属性分别是菜肴的食品原料和工艺特色,那么这些消费者在市场上对这两种属性的偏好可能存在着的 3 种模式如图 6-2 所示。

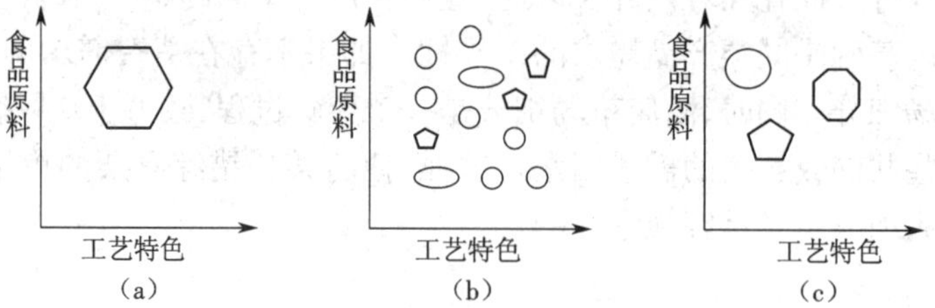

图 6-2　不同的市场偏好模式

(a)同质型偏好;(b)分散型偏好;(c)群组型偏好

1. 同质型偏好

同质型偏好表明消费者对西餐快餐的食品原料和工艺特色都有相同的偏好。同质型偏好说明了该地区的西餐快餐不存在自然的分市场,至少对西餐快餐食品原料和工艺特色这两种属性是如此。这时,酒店营销管理者应同时重视西餐菜肴的两种属性,而不应偏重其中的一种属性。

2. 分散型偏好

消费者对西餐快餐食品原料和工艺特色需求不集中,偏好不相同。一些消费者看重菜肴的食品原料,一些消费者看重菜肴的生产工艺。同时,消费者对菜肴的食品原料和工艺特色这两种属性存在着不同的重视程度,呈分散型。在分散型偏好的前提下,酒店所面对的市场选择是无限的。一般而言,酒店可定位于中央位置并可最大限度地满足数量最多的顾客需求。

3. 群组型偏好

一些消费者看重菜肴的食品原料,而另一些消费者看重工艺特色。虽然消费者对以上两种属性的关注程度有所不同。但是，消费者对两种属性的偏爱程度比较集中，客观上已形成了几个群组或不同的细分市场。这时，该地区的西餐快餐呈现的是群组型偏好。酒店在选择市场时，应参照这些群组的偏好并根据自身的资源和能力为其中一个或数个细分市场进行服务。

在酒店现实的营销活动中，上述 3 种偏好类型在不同程度上都是存在的。首先，顾客对不同的酒店产品需求，可能会呈现出不同的偏好特点。由于各方面因素的影响，一些顾客可能偏重某一种属性，另一些顾客可能偏重另一种属性或同时偏重两种属性。在酒店的现实营销中，顾客的需求偏好也可能很不集中。这就要求酒店在进行市场细分前应先了解本企业所面对的市场偏好状况及本酒店的地理位置、设施与设备、产品与服务等客观条件。在此基础上，酒店营销管理人员应认真研究如何满足顾客的偏好，以便决定是否有必要进行市场细分。同时，还要考虑市场细分的程度。

四、酒店市场细分标准

1. 消费者细分

（1）地理因素细分（表 6-1）

按地理因素细分是指酒店或酒店集团根据消费者所处的地理位置、自然环境细分市场。细分的标准包括商务区与度假区、南方与北方、沿海城市与内陆城市、省会城市与普通城市、国内与国外等。酒店将地理因素作为市场细分标准的原因是地理因素影响顾客对酒店产品的需求。由于各地区的气候、风俗习惯、经济和教育发展水平不同，形成了不同需求和偏好的酒店产品。例如，旅游景区对度假酒店有较大的需求，国际大都市对商务酒店和会展酒店的需求量较大。我国的直辖市、东部沿海城市与省会城市对传统西餐有需求。其他地区对西餐快餐有偏好，特别是儿童与青年人。

表 6-1　基于地理因素的消费者市场细分标准

细分标准		变量因素
地理因素	国界	国外（欧洲、非洲、大洋洲、北美洲、南美洲、亚洲等国家和地区）、国内
	地区	江苏、浙江、四川、山东、河北等
	地形	山地、平原、高原、盆地等
	气候	炎热、温暖、寒冷，海洋气候、陆地气候，干燥、潮湿等
	城市	大城市、中等城市、小城市，沿海城市、内陆城市，省会城市、非省会城市等
	功能与特点	商务区、闹市区、休闲区、风景区等

（2）人文因素细分（表 6-2）

所谓人文因素细分市场是根据人口、年龄、性别、家庭人数、收入、职业、教育、宗教及社会阶层和民族等因素把酒店市场细分为不同的消费者群体。人文因素与酒店有着一定的联系。通过调查发现，不同年龄、性别、收入、职业、文化程度和宗教信仰的顾客对房务产品和餐饮产品等的价格、品种、功能和特色的需求差异较大。

表 6-2　基于人文因素的消费者市场细分标准

细分标准		变量因素
人文因素	年龄	儿童、青年、壮年、中年、老年
	性别	男、女
	民族	汉族、蒙古族、回族、朝鲜族等,世界各民族
	年平均收入	3 万 ~5 万元、6 万 ~10 万元、11 万 ~20 万元,20 万元以上
	个人职业	政府官员、行政人员、企业家、科研人员、教师、职工等
	教育程度	专科、本科、硕士、博士等
	宗教信仰	无宗教信仰,佛教、基督教、道教、伊斯兰教等

(3)心理因素细分(见表 6-3)

尽管很多顾客的收入水平及所处地理环境等因素基本相同。然而,他们可能有着截然不同的消费习惯。这种习惯通常是由消费者心理因素引起的。因而,心理因素也是细分市场的一个重要原则。心理因素主要指人们心理特征和个性爱好等。一般而言,人们对生活的消费、工作和休闲存在不同的价值观念和态度。通常,不同个性和爱好的消费者对酒店产品有着不同的消费需求。基于消费者的心理因素,酒店业应制定适合的营销组合。

表 6-3　基于心理因素的消费者市场细分标准

细分标准	特点分析
理想心理	顾客理想中的酒店会因人因事及因地而异,理想中的酒店可能是高楼大厦或幽静的花园等,也可能是高星级酒店或经济型酒店等
不定心理	顾客初到陌生地区的酒店消费,总表现出一种无可适从的不确定性心理。这是由于对消费的环境、设施、餐饮等各种产品价格及服务方式不了解造成的
时空心理	一个地区的顾客常喜爱其他地区的风味菜肴,这就是时空心理在酒店消费中的反映。因此,酒店应设立异地风味餐厅。例如,北方地区的酒店营销浙江和广东地区的风味菜肴等。酒店应时常举办美食节,销售其他地区或国家的地方菜系以满足顾客的时空心理需求
怀旧心理	在中老年人群中,普遍存在并随年龄增加的怀旧心理。老年食客常抱怨目前的菜肴工艺不如以前,味道不如传统菜肴等。他们入住与用餐时总喜欢寻求"老字号"的酒店
求新心理	求新心理人皆有之,许多青年人乐于在新建的酒店消费,入住新型的客房,青睐创新的菜肴。根据调查,不论何等级的酒店,如果客房设施陈旧、菜肴呆板,只有价格在变动,肯定不会受顾客的欢迎
实惠心理	顾客都想以较少的支出获取更实惠的产品心理,在酒店产品的消费中更是如此。因此,价格策略对酒店促销起着一定的作用
雅静心理	酒店业不同于百货商店或娱乐场所,更不同于农贸市场。顾客通常希望酒店的环境幽雅并安静,不愿在噪声高、拥挤、脏、乱、差的环境中用餐或住宿
舒适心理	顾客对房务产品、会展产品和餐饮产品的消费需求不仅仅局限于环境的幽雅和恬静,还需要心情舒畅。因此,合理的设施布局、自然的生态环境、礼貌的服务都是非常重要的酒店产品质量要素
卫生心理	通常,顾客要求酒店环境干净、整洁,餐饮符合国家卫生标准,安全可靠。根据市场调查,清洁卫生是顾客选择酒店的首要因素
保健心理	当今,随着国家经济的发展,人们愈加地关注身体健康。顾客喜爱并选择有游泳池、健身中心和庭院的酒店并趋于光顾那些食品原料安全、烹饪工艺利于身体健康的餐厅。因此,健康设施是酒店不可缺少的设施,而餐饮安全是任何级别和种类的酒店不可忽视的营销基础

(4)行为因素细分(见表6-4)

根据顾客对房务产品和餐饮产品的购买目的和时间、使用频率及对企业的信任度、购买方式等将顾客分为不同的消费群体。例如,习惯型消费群体、瞬时型消费群体和计划型消费群体及不同的生活方式与个性等。

表6-4　基于行为因素的消费者市场细分标准

细分标准		变量因素
行为因素	生活方式	朴素、保守、传统、现代、亚洲、欧洲、北美等
	顾客个性	活跃、孤独、内向、外向、热情、冲动、冷静等
	应用时机	周末、平时、年初、年末、节假日等
	使用情况	曾经使用、从未使用、初次使用、使用频率、潜在使用者
	追求利益	方便、经济、易于购买
	忠诚程度	忠诚、转移型、易变者
	使用频率	少量使用、中量使用、大量使用、经常使用

2. 组织市场细分(见表6-5)

通常,组织购买者的购买目的、购买行为等与消费者购买酒店产品有着很大的差异。根据调查,组织类型、组织规模、地理位置、购买目的、需求因素和购买行为等都是组织市场细分的标准。在组织类型的细分中,旅游批发商、旅游零售商、工商企业、社会团体和政府机关等有着不同的购买行为,主要表现在购买目的、购买频率、产品质量与标准及价格要求等方面。在组织规模细分中,大型组织,特别是政府职能部门,大型企业集团、产业会议组织者等的购买行为不仅表现在每次购买的数量多,而且购买的产品较为复杂。通常,大型组织一次购买的酒店产品包括不同种类的房务产品,其中包括标准客房、商务套房、豪华套房,甚至总统套房。其购买的会展产品包括大型会议室服务、中型会议室服务和小型会议室服务,甚至包括展厅服务等。其购买的餐饮产品常包括欢迎晚宴、欢送宴会、平日用餐和鸡尾酒会等。此外,地理位置是组织购买者细分的重要变量之一。一些政府机构、工商企业与非营利组织常选择交通方便,距离其本部比较近的地方接待外地来宾和工程技术人员等,并组织和召开各种年会、学术会议和管理会议。

表6-5　组织市场细分标准

细分标准	变量因素
组织类型	旅游批发商、旅游零售商、会展运营商、工商企业、大专院校、社会团体、政府机关
地理条件	交通运输、通信条件、组织机构的地理布局
城市类型	直辖市、省会城市、一般城市、其他地区
组织规模	大型组织、中型组织、小型组织
需求因素	购买目的、使用频率、质量标准、功能要求、价格要求
购买行为	购买能力、购买数量、购买品种、购买制度与购买程序、付款方式

五、酒店市场细分原则

酒店细分市场的前提是,必须有明显的需求差异,细分市场客观存在且有一定的规模和潜在的购买力并有显著的特色产品需求,是企业通过努力可达到的营销目标。当然,酒店市场细分的变量是非固定的。例如,人们的收入水平、城市规模、区域发展、交通条件等因素是发展和变化的。因此,酒店细分市场采用的变量标准应根据实际调查的数据,避免产生错误信息,作出错误的判断。酒店市场细分是创造性的工作。当所有的细分市场变量都是最基本的数据并与酒店营销实践呈松散联系时,细分市场的价值会受到质疑。因此,酒店营销人员应深刻地理解酒店市场,从企业实际出发,创造性地选择一些有价值的变量,真正发现适合本企业的细分市场和目标市场。此外,还应放弃规模较小,经济效益差的细分市场。综上所述,基于酒店的市场细分,无论是消费者市场,还是组织购买者市场等,并非所有的细分市场都是有意义的。因此,酒店细分市场必须遵循以下几个基本原则。

1. 可区分原则

酒店市场细分的基础是顾客需求的差异性。所以,凡是使消费者和组织购买者需求产生差异的因素都可以作为市场细分的标准。由于各类酒店市场的特点不同。因此,酒店市场细分的标准也有所不同。这里的可区分原则主要是指在顾客的需求和消费行为上存在的差异。同时,针对不同的细分市场,酒店可开发不同的产品及营销组合以满足细分市场的要求。

2. 可衡量原则

可衡量是指用于酒店细分市场的标准和变数及细分后的市场是可以识别和衡量的。这说明可衡量原则既要具有明显的区别,又要有合理的范围。如果某些细分变数或购买者的需求和特点很难衡量并细分市场后无法界定及难以描述,酒店市场细分就失去了意义。一般而言,一些带有客观性的变数,例如,年龄、性别、收入、地理位置和职业等都易于确定,有关的信息和统计数据也比较容易获得;而一些带有主观性的变数,如心理和性格方面的变数就难以确定。因此,用于酒店市场细分的标准必须是科学的,应具备可操作性并可区分各细分市场的特征和规模。例如,将酒店市场细分为经济型酒店、中等级别的商务型酒店及豪华型度假酒店等市场。

3. 可实现原则

酒店细分市场必须是可实现的,是指酒店通过努力可达到的目标市场,是通过开展营销活动可进行有效促销和分销的市场。实际上,酒店市场细分的可实现原则是考虑酒店营销活动的可行性。如果在某酒店细分市场上存在着竞争者,而企业缺乏足够的营销能力和竞争力。那么,酒店在这一细分市场的营销有效性很难把握。

4. 可盈利原则

可盈利是指酒店细分市场的规模要大到能够使企业足够获利的程度,使酒店值得为它设计一套营销组合以便顺利地实现营销目标并且有市场拓展的潜力。因此,酒店所选定的细分市场必须是可盈利的且盈利水平较高的。当然,细分市场的规模应有发展前途。例如,一些学者认为,人们所谓的“旅游饭店”,实际上并不存在。由于这类酒店市场范围狭隘，消费季节性强，盈利差。再者，“旅游饭店”这一类型或这一名称呈现模糊不清的概念。因此，市场细分并不是将市场分得越细越好，而是适度细分以便能有效地进行营销。因此，如果酒店市场细分的规模过小，其市场容量便是有限的。相反，规模过大，则不利于酒店选择目标市场。

5. 相对稳定原则

相对稳定是指细分后的酒店市场能否在一定时间内保持相对稳定。因此，稳定直接关系到酒店生产与营销的稳定性。对于大中型酒店而言，由于其投资周期较长，如果细分市场需求不稳定会造成酒店营销困难以致严重影响其投资回收和经营效益。因此，酒店细分市场必须是在一定时期内相对稳定的消费群体，否则所选定的细分市场就会动荡不定，酒店就无法为之开发产品，也无法制定价格及选择营销渠道，更无法实施有效的推销活动。

六、酒店市场细分方法

1. 单因素细分法

单因素细分法也称作重点因素细分法，是指酒店仅根据影响消费者和组织购买者需求的某个关键因素或最重要的因素进行市场细分。例如，将地理位置、产品需求、消费能力等某一个因素为重点而进行的市场细分。

(1)根据地理位置细分市场

根据地理位置细分市场可分为机场酒店(Airport Hotel)、城市酒店(City Hotel)、城郊酒店(Suburban Hotel)、度假酒店(Resort Hotel)、高速公路酒店(Highway Hotel)等市场。

(2)根据购买目的与产品需求细分市场

根据购买目的与产品需求细分市场可分为商务酒店(Commercial Hotel)、度假酒店(Resort Hotel)、长住酒店(Residential Hotel)、汽车酒店(Motel)、会议酒店(Convention Hotel)、机场酒店(Airport Hotel)、休闲酒店(Lodge)、培训中心(Training Center)和分时度假酒店(Time－share Hotel)市场。

(3)根据顾客消费能力细分市场

根据顾客消费能力细分市场，可将市场需求分为豪华级酒店、中等级别酒店和经济级酒店市场。

1)豪华级酒店(Luxury Service)

图 6-3　豪华级商务酒店——天津丽思卡尔顿酒店

豪华级酒店通常是指五星级酒店，也称作五钻石级酒店或最高级别酒店(World-Class Service，见图 6-3)。豪华级酒店的主要目标消费者和组织购买者是企业高层管理人员、高级行政人员、富有商人和政府、企业与非营利组织的高消费会议及庆典活动的消费者。豪华级酒店设施包括高级餐厅和酒吧、华丽的会议室和贵宾餐厅，酒店装饰豪华与精致，客房宽敞且带有高级家具并摆设艺术品。房间的家具和装饰高雅并带有食品中心或客房酒吧，客房内有烫熨过的长绒毛巾、大块香皂、高级洗发液等，客房服务每日 2 次，包括开晚床服务。每天有免费的杂志和报纸。这种酒店公共区域宽敞，设施齐全。其中的多种类型的风味餐厅可满足不同国家和民族顾客的需求。酒店有零售商店、礼品店、服装店、首饰店、精品店和国际杂志店等。豪华级酒店强调个性化服务和金钥匙服务，服务人员对顾客的人数比例高于其他级别酒店，金钥匙服务员通常掌握英语、法语和日语等多种日常用语。

2）中等级别酒店（Mid-range Service）

在国际上，三星级与四星级酒店常被称为中等级别酒店。中等级别酒店可提供住宿、餐饮和商务及休闲等日常的服务。这种级别酒店提供礼宾服务、机场接送和客房送餐服务。该级别酒店设施包括特色餐厅、咖啡厅和大厅酒吧。根据调查，一般的企事业单位青睐中等级别的酒店。例如，大专院校和一些企业集团的科研活动和营销活动及年会等主要在中等级别酒店进行。商务顾客、旅游散客和家庭旅游团队喜爱入住中等级别酒店。由于中等级别酒店的服务去掉了顾客认为不需要的豪华设施和服务等项目，房间面积小于豪华级。因此，产品价格适中并低于豪华级酒店。

3）经济级酒店（Economy Service）

经济级酒店常称作有限服务的酒店（Limited Service）。这种酒店可提供干净、舒适和价格实惠的房间，吸引那些需要最基本服务的商务顾客、旅游顾客及一些企业单位。一些顾客对房务产品的购买精打细算，他们只需要客房的必要设施和服务。这些顾客包括带小孩的旅行家庭、旅游团队、普通商务人员、度假游客、退休职工和一般消费的会议团体。经济级酒店提供电视机、游泳池、大众化餐饮、中型和小型会议室等。这种级别的酒店通常不提供客房送餐服务、礼宾服务、洗衣服务和较大型的宴会服务。在一些欧美国家，经济型酒店甚至仅提供自助式餐饮，不提供正规的餐饮服务（通过服务员为顾客点菜，将餐饮送至餐桌的服务）。许多经济级酒店每天早上在酒店大厅提供免费的或价格优惠的早餐。

2. 多因素组合法

多因素组合法是酒店根据影响消费者和组织购买者需求最关键的因素：两个或两个以上因素作为细分市场的标准。例如，一些消费者与组织购买者在作出酒店产品购买决策时，常考虑地理位置和产品功能或地理位置与产品价格等组合因素。因此，酒店营销管理人员将影响顾客购买的多因素作为细分市场的依据。

3. 系列因素细分法

系列因素细分法是指一些酒店或酒店集团根据消费者和组织购买者需求的诸多因素及企业的自身资源与营销特点将市场进行细分。这种方法有利于酒店或酒店集团更好地制定相应的市场营销策略。

第三节　酒店目标市场选择

所谓目标市场是酒店在细分市场的前提下，基于满足现实与潜在的目标顾客需求，依据酒店自身的资源选定一个或数个特定的服务对象，也是指酒店通过市场调研和分析选择要进入的一个或几个细分市场。实际上,酒店目标市场的选择就是在细分市场的基础上确定符合本酒店或酒店集团营销的最佳细分市场,即确定本企业的服务对象。

一、目标市场选择条件

在市场细分的基础上,酒店或酒店集团为了实现自己的营销目标,在复杂的市场需求中寻找并选择那些需要本企业产品的消费者及组织购买者并为选中的目标市场策划产品、制定价格、建立营销渠道及实施营销策略等。同时,酒店必须根据自身的资源、能力和竞争优势,保证被选定的目标市场有充足的购买力,从而可充分地发挥本企业的营销潜力。此外,被选定的目标市场应尽可能是竞争者较少或较弱的细分市场。

1. 细分市场规模

酒店选择目标市场首先应评估所选的细分市场规模是否符合本企业的营销目标。如果所选的细分市场规模小于企业的营销目标,企业就达不到所期望的营业收入和利润。反之,细分市场规模大于企业的营销目标,酒店就必须增加较多的投入。从而会产生一定的风险。

2. 市场增长潜力

酒店评估某细分市场是否值得经营或进入,不仅要评估其静态的规模,还要分析其动态的发展。一些细分市场虽然当时规模有限,然而其预期增长水平可能较高。例如,在刚刚进入21世纪的时候,我国经济型酒店的市场规模有限,而在其发展过程中,市场增长速度很快。同样20世纪末我国西餐市场仅在几个直辖市或少数经济发达的城市有少量的需求。然而,目前西餐在我国东南部经济发达地区和全国省会城市普遍受到人们的青睐。

3. 企业营销能力

尽管酒店细分市场的规模和预期增长水平对于酒店选择目标市场来说很重要。然而,选择目标市场不可忽视的条件之一是本企业的人力、财力与物力等基础和营销能力。根据调查,如果一个细分市场不适合本企业的营销发展目标,不会为酒店带来长期的营销效益。那么,这一细分市场便应当放弃。

4. 竞争者数量与策略

通常在竞争对手较多时,消费者与组织购买者对酒店产品的功能和特点的印象及对酒店品牌的印象都是非常重要的。因此,酒店在选择目标市场前,必须清楚市场上竞争者的数量和竞争力。同时,酒店应尽力避开具有过多竞争对手的细分市场,而应选择差异化的细分市场。

5. 产品的同质性

所谓产品的同质性是指消费者与组织购买者对酒店产品的功能与特色方面感觉的相似程度。酒店选择目标市场的目的之一是方便消费者与组织购买者识别本企业的产品功能与特点。根据研究,一些地区的酒店产品同质性较高。那么,在这些区域酒店应当选择差异化的细分市场以保证本企业营销的有效性。

6. 产品生命周期

根据研究,酒店产品与其他产品一样,存在着产品生命周期。即一种新型的房务产品、餐饮产品或会展产品从开始进入市场到被市场淘汰的整个过程。因此,酒店应避免选择将要被市场淘汰的产品市场。例如,在产品功能与特色方面落后于需求的房务产品与餐饮产品。

二、目标市场选择范围

目标市场选择范围也称为目标市场的覆盖范围。酒店在选择目标市场范围时应考虑本企业在该细分市场的优势、细分市场的需求和购买潜力、细分市场的竞争对手及本企业应达到的市场占有率等。通常,目标市场的选择范围主要包括市场集中化、市场专业化、产品专业化、选择专业化和市场覆盖化。

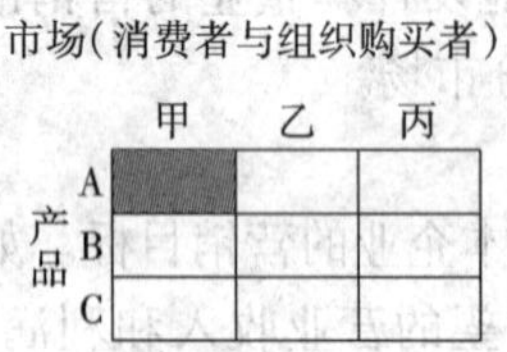

图 6-4　市场集中化

1. 市场集中化

市场集中化是指酒店或酒店集团仅选择一个目标市场,经营一种产品(见图 6-4)。例如,某酒店集团将经济型酒店作为在国内各地区的目标市场,服务于那些青睐价格实惠的消费者。

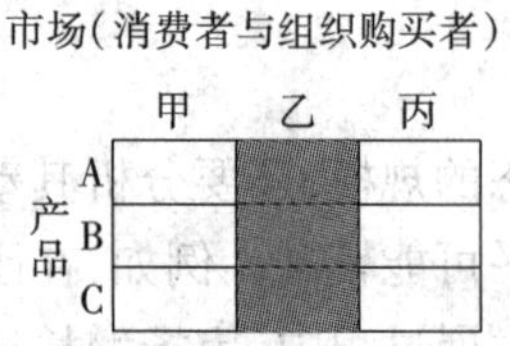

图 6-5　市场专业化

2. 市场专业化

市场专业化是指酒店或酒店集团仅选择某一类消费者群体并向这一细分市场营销多种产品(见图 6-5)。例如,某酒店集团选择中等消费的客源作为其营销目标。从而,该集团在全国不同的城市和经济发达地区分别经营中等级别商务酒店、中等消费水平的会议酒店和度假酒店。

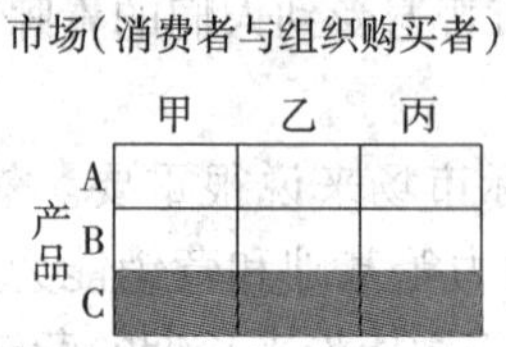

图 6-6　产品专业化

3. 产品专业化

产品专业化是指酒店或酒店集团营销单一种类的产品,服务于数个不同的细分市场(见图 6-6)。例如,某酒店集团在全国各城市经营不同级别的商务酒店,服务于多种消费者群体,包括高消费的商务旅行者、中等消费的商务散客、一般工商企业的会议等。

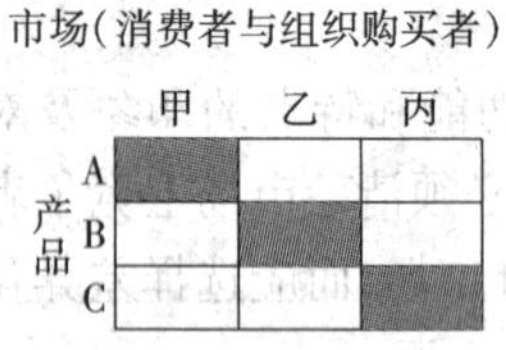

图 6-7　选择专业化

4. 选择专业化

选择专业化是指酒店或酒店集团选择数个有发展潜力且不同的细分市场,并为这些细分市场制定不同的营销组合(见图 6-7)。例如,某酒店集团在省会城市经营五星级商务酒店,在二级城市经营三星级商务酒店,在著名景区经营中等消费水平的度假酒店。

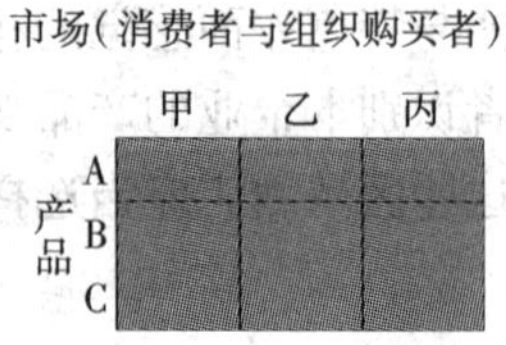

图 6-8　市场覆盖化

5. 市场覆盖化

市场覆盖化是指酒店或酒店集团以不同的产品和营销组合满足各细分市场的需要(见图 6-8)。例如,某酒店集团在经济发达地区经营高星级商务酒店和长住型酒店,在经济欠发达地区经营经济型和三星级商务酒店,在景区经营各级别的度假酒店和会展酒店等。这种选择范围适合有经济和管理实力的酒店集团。例如,万豪国际酒店集团。

三、目标市场营销策略

酒店或酒店集团选定目标市场后，为了达到预期的营销效果，必须根据自身的资源、能力和竞争优势，采取一系列策略使企业营销成功。酒店的目标市场营销策略主要包括无差异型营销策略、差异型营销策略和集中型营销策略3种。

1. 无差异型营销策略

酒店在选择目标市场时，把整个酒店市场作为自己的目标市场，忽略顾客需求的差别，集中顾客的必需，设计出一套酒店产品及统一的营销组合，包括产品性能和特色、价格、销售渠道及促销方法等，吸引整个酒店市场的大多数顾客的营销活动（见图6-9）。例如，某酒店集团在任何地区都经营经济型酒店，酒店的客房仅为标准客房和大床间，所有客房服务实施统一的标准，面对所有商务、旅游和会议顾客。这种营销策略的优点是成本低，营销方法相对简单；缺点是不能满足不同顾客对房务产品的需求。在没有竞争的前提下，这种策略有效。随着酒店市场的发展和竞争，酒店采取无差异型市场策略将越来越困难。

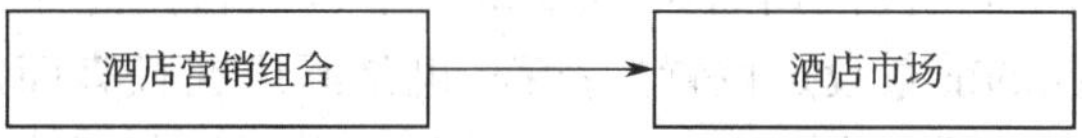

图6-9　无差异型营销策略

2. 差异型营销策略

差异型营销策略是指根据细分市场的需求差异，酒店采取不同的营销组合，经营不同的酒店产品，满足不同顾客的需求并分别设计出相应的产品价格、产品特色、营销渠道和推销策略，实施分别组合的营销方式（见图6-10）。当今，许多酒店管理人员认为，在酒店市场越来越成熟的前提下，企业必须在有限的市场领域中满足不同消费者与组织购买者的需求才能取得成功。例如，某酒店集团在不同的地区，根据当地的社会经济发展状况及对酒店产品的需求情况营销不同级别和不同设施与服务特色的产品，包括商务酒店、会展酒店和度假酒店。当然，酒店实施差异型营销策略的前提是必须具备一定的财力、物力、技术力量及有能力的管理人员。

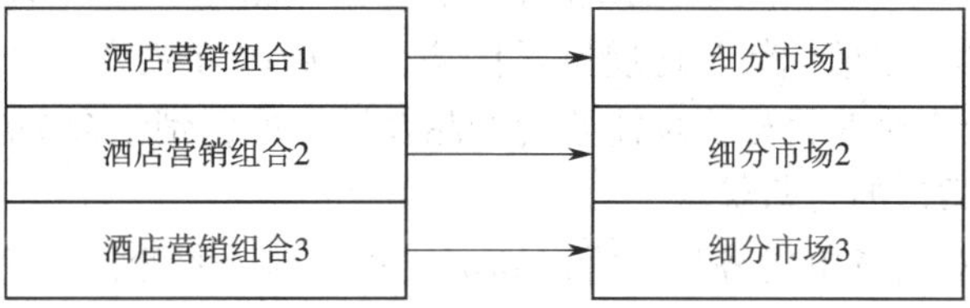

图6-10　差异型营销策略

3. 集中型营销策略

集中型营销策略是指酒店选择一个或几个需求相近的消费群体，集中企业所有的人力、财力和物力，集中制定一套完整的营销组合（见图6-11）。根据市场调查，成功的酒店营销的产品种类不一定大而全或小而全，而是集中其优势产品与特色产品，面对一个或几个特定的目标市场。例如某酒店集团面对相似需求的商务顾客、会议团体和旅游团队经营中等级别的商务酒店。这种酒店集中了中等消费水平不同的消费者群体。

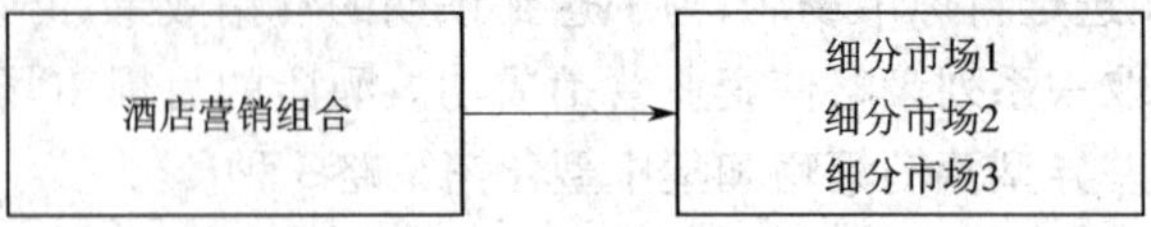

图 6-11　集中型营销策略

第四节　酒店市场定位

一、市场定位含义

市场定位理论首先由美国的两位广告公司经理阿尔·里斯(Al Ries)和杰克·特劳特(Jack Trout)于 1972 年提出。后来受到学者与企业家的广泛重视。市场定位也称作产品定位或竞争性定位,是酒店营销中不可缺少的环节,是酒店根据目标市场的需求和本企业的特长对本企业产品的前景设定位置的过程,也是酒店在顾客面前树立自己产品特色和良好企业形象的过程。通过市场定位,消费者和组织购买者可明显感觉和认识到本企业与其他企业在形象方面和产品方面的差别以保证酒店产品在市场上深受顾客欢迎。市场定位的主要作用是塑造本企业的产品在细分市场的位置,增加酒店的知名度和美誉度。

二、酒店市场定位步骤

酒店市场定位的关键是企业要设法在自己的产品和营销组合方面找出比竞争者更具有竞争优势的因素。通常,酒店市场定位的过程包括以下 3 个步骤。

1. 确认本企业潜在的竞争优势

市场竞争优势主要是指酒店业在产品开发、服务质量、销售渠道、品牌知名度等方面的优势,这种优势或能力既可以是现有的,也可以是潜在的。酒店或酒店集团要确认本企业潜在的市场竞争优势,首先应与竞争者在各方面进行比较和分析,找出双方的强项和弱项,包括管理人员、技术人员和职工的组成,技术与管理优势,产品功能、产品质量与特色,财务能力与价格优势,营销优势与地理位置优势及市场占有率等。通过对上述指标的对比分析,选择最适合本企业目标市场需要的产品及适合的营销组合等。

2. 落实本企业相对的竞争优势

落实本企业相对的竞争优势是酒店市场定位的基础。所谓相对竞争优势是指酒店或酒店集团在内部资源和外部市场能够胜过竞争者的优势。酒店落实相对的竞争优势实际上是一个酒店与竞争者在各方面营销实力的比较过程。只有确认相对的竞争优势并初步确定本企业在目标市场上所处的位置才能完成市场定位。

3. 准确把握本企业市场竞争优势

选择了本企业的目标市场和落实了相对市场竞争优势后,酒店必须开发与目标市场需求相一致的房务产品、餐饮产品和会议产品等。同时,营销人员必须制定相应的营销策略,并将企业各方面的产品优势与产品特点传达给目标市场。这一工作要通过一系列的营销管理、宣传和促销活动来完成,并在目标顾客心目中留下深刻的印象以使目标顾客认同和偏爱本酒店的产品,熟悉本企业的市场定位。

三、酒店市场定位策略

酒店市场定位策略有以下 4 种。

1. 避强定位

避强定位是指避开强有力竞争对手的市场定位。其优点是可在较短的时间内树立自己的品牌。当竞争对手在市场的地位非常牢固时,酒店或酒店集团盲目地与其竞争会导致本企业营销失败,而创建自己的产品特色和品牌才是成功的关键。基于以上原因,应通过寻找市场的空白及没有被满足的市场需求,开发适应本企业目标市场需求的个性化产品,包括房务产品、会议产品和餐饮产品等。从而,与其他企业形成区别,为本酒店或酒店集团产品在市场上找到合适的位置。

2. 对抗定位

对抗定位是指与市场最强的竞争对手"对着干"的定位方式,是与竞争对手经营同样的酒店产品的定位策略。这种营销定位具有一定的风险。一些企业家认为,这种定位策略能激励企业奋发上进,是可行的定位尝试,一旦成功会取得到巨大的市场优势。然而,其关键是知己知彼才能取胜。这种定位策略要求酒店或酒店集团必须考虑自身的资源和实力。

3. 概念定位

在酒店市场高度发展的前提下,通过市场细分找到一个尚未开发的市场机会比较困难,而概念定位是指影响和改变顾客的消费习惯,将一种新的消费理念打入顾客心里的定位策略。例如,主题酒店带有本地交通信息频道的客房、适合大众化口味和消费能力的西餐等都是新概念酒店产品。当今,主题酒店在国际上已有 50 余年的发展历程。主题酒店是指以所在地区最有影响力的资源和文化特征为素材且具有明显的文化氛围和产品特色的酒店,进而营造出一种独具魅力与个性化特征的酒店。主题酒店主要包括自然风光酒店、历史文化酒店、特色城市酒店、特色娱乐项目酒店(见图 6-12)、名人文化酒店和艺术特色酒店等。

4. 重新定位

重新定位是指酒店为本企业在市场上重新确定产品特色和企业形象以争取有利的市场地位的定位策略。通常,酒店对销售少、市场反映差的房务产品、餐饮产品和会展产品等会重新定位。其目的是摆脱营销困境,重新获得产品销售潜力与市场的活力。同时,当竞争者推出新产品等原因使本企业产品市场占有率下降或消费者及组织购买者的需求发生了变化使本企业产品销售量减少时,酒店应考虑对市场重新定位。综上所述,酒店重新定位主要是基于原定位不能达到企业的营销目标、酒店发展新市场的需要、酒店参与竞争的需要等 3 个前提。

图 6-12　迪士尼乐园酒店

四、酒店市场定位方法

酒店市场定位方法有以下 4 种。

1. 基于酒店产品功能定位

根据顾客对产品功能的需求,酒店根据本身的资源与能力,可将酒店定位为商务酒店、度假酒店、长住酒店、会展酒店及汽车酒店等。同时,将餐饮产品定位为大众餐厅、主题餐厅、宴会餐厅、休闲餐厅及各种风味餐厅等。

2. 基于酒店等级定位

酒店为满足消费者与组织购买者对酒店建筑、内部设施、客房及用品等的质量与特色的不同需求,可将酒店定位为经济型酒店、三星级酒店、四星级酒店及五星级酒店。酒店星级越高,酒店的等级也就越高,其设施应当越全面而豪华,服务应越周到,酒店产品的生产与营销的投入越高。当然,其产品的价格也越高。当今,一些酒店集团不参加星级定位,而是以满足本企业目标市场的满意度定位,从而收到了理想的营销效果。

3. 基于坐落位置定位

为了满足不同地理位置的顾客需要,并根据市场对地理位置的需求及本企业资源,将本企业定位为机场酒店、城市酒店、城郊酒店、度假地酒店及高速公路酒店等。

4. 基于时段需求的定位

酒店根据顾客在不同时段对餐饮消费的需求,将餐饮产品定位为早餐市场产品、早午餐(brunch)市场产品、午餐市场产品、下午茶市场产品、正餐市场产品和夜餐市场产品,并根据不同的细分市场需求设计菜单(见图 6-13)。

五、酒店市场定位应注意的问题

酒店市场定位离不开企业自身的资源水平和竞争优势、知名度和美誉度。通过研究,当目标市场半数以上的顾客熟悉本企业且青睐本企业的产品时,说明本企业有较高的知

图 6-13 某酒店咖啡厅下午茶菜单

名度和美誉度。当某一酒店具有较高的知名度,较低的美誉度时,营销人员应认真检查其产品的功能与特色及营销组合等存在的问题并通过市场定位重新提高美誉度。对于一个具有较高美誉度,较低知名度的酒店而言,其市场定位不明确,营销组合存在问题,营销人员应调整其产品的功能与特色及促销力度。一些知名度低且美誉度低的酒店,其产品功能不能满足目标顾客的需要,产品缺乏特色,营销组合不利。这样的酒店应重新树立企业形象,完善产品功能与特色,调整企业营销组合,通过重新定位提高其知名度和美誉度。

$$知名度 = \frac{知晓人数}{地区总人数} \times 100\% \qquad 美誉度 = \frac{称赞人数}{知晓人数} \times 100\%$$

本章小结

目标市场营销是指酒店或酒店集团在市场细分的基础上,选择其中一个或几个消费者群体作为本企业的消费对象或目标市场并运用适当的营销组合,集中力量为目标市场服务。通过满足目标市场的需求获得理想的营销效益。目标市场营销是酒店营销战略与规划的重要内容,是酒店制定市场营销组合的前提和基础。为了有效地实行目标市场营销,酒店必须实施市场细分、目标市场选择和市场定位 3 个重要的步骤。酒店市场细分也称为酒店市场划分,是根据顾客对酒店产品的需求差异,将酒店市场划分为不同类型的消费者群体,每个消费者群体就是一个分市场,称为细分市场。目标市场选择是指酒店通过市场调研和分析选择要进入的一个或几个细分市场的过程。实际上,酒店目标市场的选择就是在细分市场的基础上确定符合本企业经营的最佳细分市场,即确定本企业的服务对象。市场定位也称作产品定位或竞争性定位,是酒店营销中不可缺少的环节,是酒店根据目标市场的需求和本企业的资源对本企业产品的前景设定位置的过程,也是酒店在顾客面前树立自己产品特色和良好企业形象的过程。通过市场定位,消费者和组织购买者可以明显感觉和认识到本企业与其他企业在形象方面和产品方面的差别,以保证本酒店产品在市场上深受顾客欢迎。市场定位的主要作用是塑造本企业的产品在细分市场的位置,增加酒店的知名度和美誉度。

思考题

1. 名词解释

市场细分　市场定位　同质型偏好　差异型营销　目标市场营销

2. 问答题

①简述目标市场营销的发展。

②简述酒店市场细分的原则。

③论述酒店市场细分理论基础。

④论述目标市场选择范围。

⑤论述酒店市场定位策略。

第七章

酒店产品组合与开发

酒店产品是酒店营销组合中的重要因素之一，直接影响和决定酒店营销组合中的其他因素管理。当今，任何酒店或酒店集团都应致力于产品质量的提高和产品开发与创新，以便更好地满足市场的需求并提高企业市场竞争力。

第一节 酒店产品概念

一、酒店产品含义

酒店产品是指提供给市场的，能够满足消费者和组织购买者需求和欲望的房务产品、餐饮产品和会展产品等。酒店产品由满足顾客需求的某种物质实体和非物质形态的服务构成。物质实体包括酒店建筑物、客房、设施、家具、用具、菜肴和酒水等，称为有形产品。非物质形态服务包括酒店的声誉与等级、环境、气氛与温度、服务效率和礼节礼貌等，称为无形产品。酒店的有形产品质量与特色从产品外观可以看到；无形产品质量和功能从产品外观看不到，但是顾客很容易感受到。

二、酒店产品组成

1. 依据产品的完整性

根据产品的完整性，酒店产品由产品的核心层、实体层、期望层、延伸层和潜在层 5 个层次组成（见图 7-1）。

(1) *产品核心层*

产品核心层也称作核心产品，是指顾客在购买酒店产品时所追求的最基本的功能、效用和利益。这是顾客在购买酒店产品时要获得的核心利益。例如，客房的可住性、餐饮的可食性、会展设施的适用性等。核心层具有酒店产品最重要的和最基本的功能。

(2) *产品实体层*

产品实体层也称作基本产品或形式产品，是指满足顾客基本需求的房务产品、餐饮产品和会展产品等的种类、规格、质量、功能和特色等的特征或形式。根据酒店的定义，酒店是生产和销售房务产品、会展产品、餐饮产品和休闲产品的企业，可称为宾馆和旅馆等。酒店又可以分为不同的等级和产品质量标准。因此，即便在同一个酒店当中，同类产品也有不同的规格和标准。例如，房务产品中的标准客房与商务套房的面积、设施、布局、家具及用具等都会有明显的差别。

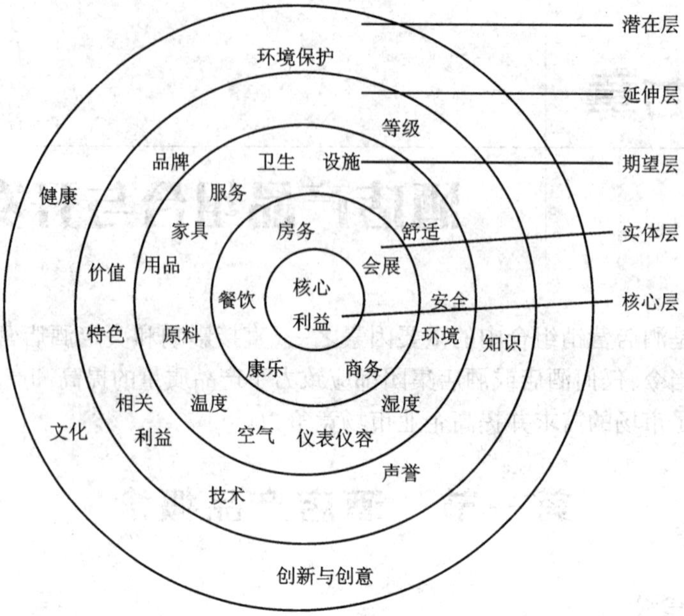

图 7-1　完整的酒店产品

(3)产品期望层

产品期望层也称作期望产品,是指顾客对酒店产品期望的某些特定要求或属性与条件。例如,一些顾客对酒店的建筑物、酒店的外部环境(周围环境、停车场、草地和绿树等,见图 7-2)、酒店内部环境和公共设施(大厅空间、花园、电梯、健康中心等,见图 7-3)、客房(种类、面积、设施、家具及用具)、客房日用品(床单、毛毯、三巾、梳子、香皂、洗浴液等)、餐厅与酒吧(环境、布局、家具和设施、餐具与酒具)、菜肴与酒水(风味、特色、原料、造型、颜色、包装等)、健身设施(种类与布局)、园林和绿化(规模、造型)、职工服装、仪表仪容和举止行为、酒店内外标志、广告、宣传品、办公用品和酒店艺术品等的要求和期望。此外,消费者和组织购买者在购买酒店产品时常对酒店的安全、室内温度和湿度有要求和期望,对前厅接待、电话服务、餐饮服务及客房服务等有效率要求,对客房、餐厅和酒吧有舒适度要求,对办理出入酒店手续和电话通信等的方便程度有期望,对酒店服务的礼节礼貌与酒店声誉等有要求。

(4)产品延伸层

产品延伸层也称作延伸产品,是指顾客购买酒店产品附带的利益总合或所产生的相关需求的满足。通常包括顾客对酒店的级别、品牌与产品特色的要求等。例如,当顾客购买房务产品时,其理想的房务产品包括每天得到味道醇香的免费的茶叶和咖啡,房间内有免费的矿泉水,淋浴间内的香皂与洗发液的质量是优质的、著名的品牌。此外,一些商务顾客希望早餐的费用包括在住宿费中,不用单独收费并且希望早餐的食品有较多的品种等。一些住在高星级酒店行政楼层的顾客,他们可在商务楼层的餐厅用餐,其延伸产品常是免费的套餐或是自助餐。这些延伸的产品或服务项目增加了顾客的便利,提高了酒店产品内在的价值。

图 7-2　某酒店外部环境

(5)产品潜在层

产品潜在层是指顾客对酒店现有产品产生的附加条件或新需求。例如,根据近几年酒店业对国内外顾客的房务产品需求的调查,消费者与组织购买者对中等级别商务酒店客房浴室的面积增加的需求人数在不断扩大。顾客对客房浴室进行功能分区的需求人数也在不断地增长。同时,顾客对健康与清淡食品的需求及关注以健康的工艺制作菜肴的需求趋势有所发展。此外,随着人们对环境意识的增强,一些顾客认识到酒店产品不仅是正式或非正式合同规定的产品,还应包括营销活动的结果。例如,酒店不会造成环境污染等。

2. 依据产品的功能

根据酒店产品的功能,酒店产品由房务产品、餐饮产品和会展产品等组成。

(1)房务产品

房务产品也称为住宿产品,由各种客房与其内部的设施、家具和用品及房务服务构成。客房的种类包括单人间(Single Room)、标准间(Standard Room)、大床间(Big Bed Room)、商务套房(Business Suite)、豪华套房(Deluxe Suite)、总统套房(Presidential Suite)和公寓套房(Apartment)等。房务服务主要包括客房预订服务、机场接送服务、前台接待服务、行李运送服务、客房清扫服务和电话通信服务等。

图 7-3　酒店内部环境与公共设施

(2)餐饮产品

餐饮产品由各种餐厅、酒吧、服务设施、菜肴、酒水和餐饮服务等构成。餐厅的种类包括咖啡厅(Coffee Shop)、自助餐厅(Cafeteria)、多功能厅(Function Room)、贵宾厅(Private Dining-room)、特色餐厅(Specialty Dining-room)和主题餐厅(Theme Dining-room)等。例如,法国餐厅、意大利餐厅、俄罗斯餐厅、西班牙烧烤餐厅等都属于特色餐厅,而海鲜餐厅、扒房(Grill Room)、素菜餐厅等属于主题餐厅。酒店的酒吧常包括大厅酒吧(Lobby Bar)、主酒吧(Main Bar)、餐厅酒吧(Restaurant Bar)、保龄球酒吧(Bowling Bar)和湖畔酒吧等。菜肴包括中国菜、法国菜、意大利菜、美国菜、俄罗斯菜、日本菜和韩国菜等。酒水主要包括发酵酒、蒸馏酒、配制酒、鸡尾酒及各种冷饮和热饮等。餐饮服务包括餐厅预订服务、迎宾服务、摆台服务、点菜服务、上菜服务、斟酒水和结账服务等。

(3)会展产品

会展产品由各种会议室、各种展厅及内部的多媒体与音频设施及相应的服务构成。

(4)康乐产品

康乐产品由各种健身产品与娱乐产品等构成。其中,健身产品主要包括游泳池、健身中心和相应的服务。娱乐产品主要包括网球场、保龄球馆、棋牌室、高尔夫球场(见图7-4)、儿童乐园及相应的设施与服务等。

图7-4　酒店的高尔夫球场

(5)其他产品

为了方便住宿顾客的生活和工作,一些酒店还经营其他产品。主要包括商务中心(Business Center)、精品店(Specialty Store)、礼品店(Gift Store)、花店(Flower Shop)、书屋(Book Room)与小型超市等。其中商务中心提供翻译、复印、打字及文秘服务。同时,还代售飞机票和火车票等。

三、酒店产品特点

现代酒店产品显示完整性、多功能、个性化与自动化等特点。同时,完善各种设施和服务使顾客在入住和消费期间感到舒适和满意。

1. 酒店产品的完整性

现代酒店产品紧跟目标市场需求,将有形产品和无形产品有机结合,使产品更加完整。例如,完整的房务产品应包括舒适的房间、适用的设施和家具、理想的日用品和周到的房务服务等。完整的餐饮产品应包括满意的菜点和酒水、用餐环境和相关的服务等。

2. 酒店产品的多功能

现代酒店为顾客提供方便,使酒店产品具有多种功能。主要表现在酒店的整体多功能、客房多功能、餐厅多功能等。功能是指产品的效能和作用,是酒店产品最基本的特点。酒店产品的多功能主要体现在住宿功能、餐饮功能、会议功能、展览功能、商务功能、健身功能、购物功能和休闲功能等。客房多功能体现在住宿功能、洗浴功能、化妆功能、办公功能、读报功能、看电视功能和用餐功能等。根据调查,当代酒店的餐厅已不仅是提供餐饮的场所,更是一个包括休闲、宴会和交际等多元化的场所。

3. 酒店产品的个性化

现代酒店产品呈现个性化,体现在建筑特色、环境特色、餐饮特色(见图 7-5)、客房特色、服务特色、办公用品特色等方面。例如,客房布局和风格可以是中国传统风格、欧洲风格及中西合璧式的风格。根据酒店坐落区域的气候和温度,酒店游泳池也可以是开放式的休闲游泳池。

图 7-5　某酒店的葡萄酒酒吧

4. 酒店产品的自动化

现代酒店产品趋向自动化,表现在客房的计算机和网络系统、电子门锁、客房内的音响系统和通信系统等方面。

四、酒店产品组合

通常,酒店至少经营两种及以上的产品并将它们科学地组合并为顾客提供方便以利酒店营销,主要包括房务产品、餐饮产品和会展产品等。

少数规模较小而且是低星级或无星级的酒店常常仅经营一种产品——房务产品。那么,如何将酒店产品进行有效组合是酒店产品决策的核心问题之一。

1. 酒店产品组合概念

(1)酒店产品组合

酒店产品组合常被称作酒店产品搭配,是指一个酒店提供给市场的全部产品线和产品项目的有机组合方式,也称为酒店产品全部结构。酒店产品组合是随着市场需求而变化的动态组合。

(2)酒店产品线

酒店产品线是与产品技术、结构或营销等方面紧密相关的一组产品,是酒店产品组合中的某一大类产品,即能够满足顾客同类需求并在功能、使用和销售方面具有相似度的一组产品。例如,房务产品、会展产品和餐饮产品便是酒店或酒店集团的三个大类产品,称为三大产品线。

(3)酒店产品项目

酒店产品项目是指产品线内不同的产品品种或不同的具体产品。通常一个三星级或更高级别的酒店在各产品线内经营多项产品。例如,某五星级商务酒店的餐饮产品包括传统风味西餐(法国餐厅或意大利餐厅)、特色风味中餐(广东餐厅,见图7-6)、大众化西餐(咖啡厅)、中西结合的小食品(食品街)、大厅酒吧和专业酒吧等6个项目。

图7-6　某酒店的广东餐厅

(4)酒店产品宽度

酒店产品宽度是指酒店经营的产品大类的数目。例如,某酒店生产与营销房务产品、餐饮产品、会展产品、康乐产品、商务产品和日用商品等共计6条产品线,说明这家酒店的产品宽度是6。

(5)酒店产品长度

酒店产品长度是指酒店经营的产品总数量。例如,某酒店产品宽度为6,长度为35。其中的酒店房务产品包括单人间、大床间、标准间、商务套间、豪华套间、总统套房和公寓式套房7项;酒店餐饮产品包括广东餐厅、北京餐厅、咖啡厅、法国餐厅、多功能厅、食品街、大厅酒吧7项;会展产品包括会议服务、展览服务、大型主题活动策划与婚宴服务4项;康乐产品包括健身房、保龄球馆、台球室、高尔夫球场、网球场、游泳池6项;商务产品包括飞机票与火车票代售服务、电脑房出租、打字与复印服务、文秘服务、翻译服务、代办旅游6项;其他产品包括洗衣服务、报亭、小超市、礼品店和书屋5项(见表7-1)。

表7-1　酒店产品长度与宽度

	酒店产品宽度(6)					
酒店产品长度(35)	房务产品	餐饮产品	会展产品	康乐产品	商务产品	其他产品
	单人间	广东餐厅	会议服务	健身房	飞机票与火车票代售服务	洗衣服务
	大床间	北京餐厅	展览服务	保龄球馆	电脑房出租	报亭
	标准间	咖啡厅	大型主题活动策划	台球室	打字与复印服务	小超市
	商务套间	法国餐厅	婚宴服务	高尔夫球场	文秘服务	礼品店
	豪华套间	多功能厅		网球场	翻译服务	书屋
	总统套房	食品街		游泳池	代办旅游	
	公寓式套房	大厅酒吧				

(6)酒店产品深度

酒店产品深度是指在酒店产品组合中的每个产品中的品种或是每个产品的具体特色与规格的数目。例如,在商务套房中有不同式样的家具、装饰、棉制品及服务项目。根据目标顾客需求,在咖啡厅早餐菜单设计了两个类别的套餐,共计 27 个菜肴、点心和水果等(见表 7-2)。又如,一个咖啡厅每天可以销售 6 个餐次(Breakfast, Brunch, Lunch, Afternoon Tea, Dinner, Night Snack)。每个餐次有不同种类与数量的菜肴和甜点等。

表 7-2　某五星级商务酒店早餐菜单

早餐套餐(SET MENU)	
大陆式早餐(THE CONTINENTAL BREAKFAST)	90.00
自选　橙汁、西柚汁、菠萝汁、番茄汁	
(Your Choice of Orange Juice, Grapefruit Juice, Pineapple Juice or Tomato Juice)	
面包自选牛角包、甜面包、土司或丹麦面包	
(Baker's Choice:Croissant, Sweet Roll, Toast or Danish Pastry)	
黄油、橘子酱和果酱 (Butter, Marmalade and Jam)	
咖啡、茶或巧克力奶 (Coffee, Tea or Chocolate)	
美式早餐 (THE AMERICAN BREAKFAST)	160.00
自选　橙汁、西柚汁、菠萝汁、番茄汁或水果	
(Your Choice of Orange Juice, Grapefruit Juice, Pineapple Juice,Tomato Juice or Fruits)	
玉米片、大米片或粥 (Corn Flakes, Rice Crispy or Porridge)	
两个鸡蛋可挑选任何烹调方法并带有咸肉、火腿肉或香肠	
(2 Eggs any Style with Bacon, Ham or Sausages)	
面包自选牛角包、甜面包、土司或丹麦面包	
(Baker's Choice: Croissant, Sweet Roll, Toast or Danish Pastry)	
黄油、橘子酱和果酱 (Butter, Marmalade and Jam)	
咖啡、茶或巧克力奶 (Coffee, Tea or Chocolate)	
特式菜肴(SOMETHING SPECIAL)	
早餐牛排带鸡蛋 (Breakfast Steak with Egg)	85.00
早餐牛排 (Breakfast Steak)	75.00
扒熏鱼(Grilled Smoked Kipper)	80.00
1 份香肠(1 Portion Sausage)	25.00
1 份火腿肉(1 Portion Ham)	25.00
1 份咸肉(1 Portion Bacon)	25.00
粥类(PORRIDGES)	
鸡肉粥 (Chicken Porridge)	25.00
鱼肉粥 (Fish Porridge)	25.00
猪肉粥 (Pork Porridge)	25.00
果汁(JUICES)	
橙汁(Orange Juices)	25.00
菠萝汁(Pineapple Juices)	25.00
西柚汁(Grapefruit Juices)	25.00
番茄汁(Tomato Juices)	25.00

续表

新鲜水果(FRESH FRUITS)	
菠萝、木瓜或西柚(Pineapple, Papaya or Grapefruit)	25.00
烩水果(Stewed Fruits)	
李子、桃、梨(Prunes, Peaches or Pears)	25.00
木瓜与奶酪(Mixed Fruit Yogurt with Papaya)	25.00
奶酪 (Plain Yogurt)	25.00
谷类(CEREALS)	
玉米片(Corn Flakes)	15.00
大米片(Rice Crispy)	15.00
面点(FROM THE BAKERY)	
黑莓煎饼带冰淇淋(Blueberry Pancake with Icecream)	25.00
吐司面包(Toast)	25.00
牛角包,两个(Croissants, two)	25.00
甜面包,两个 (Sweet Rolls, two)	25.00
丹麦面包,两个(Danish Pastries, two)	25.00
带黄油和果酱和橘子酱(Served with Butter, Jam and Marmalade)	
鸡蛋 (EGGS)	
奶酪、鲜蘑任选,鸡蛋卷可带火腿肉(Ham, Cheese or Mushroom Omelette)	45.00

(7)酒店产品关联度

酒店产品关联度是指酒店各产品在最终用途、营销方式、分销渠道或其他方面的紧密相关程度。例如,酒店会议产品和餐饮产品在生产方面关联度小。然而,在营销方式和分销渠道方面关联度很强。因为购买会展产品的顾客通常都需要在同一酒店住宿和用餐。因此,当某酒店在销售会展产品时,如果不能满足顾客对住宿和餐饮产品的需要会严重地阻碍会展产品的销售。当然,许多会展产品还与康乐产品有着紧密的相关度。因为,欧美国家的顾客习惯于日常健身活动。因而,健身房和游泳池等设施对他们来说很重要。综上所述,酒店在进行产品组合时应考虑顾客对酒店产品的整体需求。酒店营销管理人员应注重产品的关联度以增强其市场地位和销售能力。酒店产品的宽度越大,说明酒店大类产品越多。反之,大类产品越少。同样,酒店产品的深度越大,酒店产品的规格、品种就越多。反之,产品品种与规格就越少。所以,酒店在进行产品组合时应考虑产品之间的相关性,增强产品组合中的关联意识,充分发挥企业产品、技术、服务和销售的优势,酒店房务产品的深度与关联度见表7-3。

表7-3 某酒店房务产品深度与关联度

无烟客房 (All Rooms are Non-smoking)
带羽绒床垫的舒适床 (Deliciously Comfortable Bed with Goose Down Comforters)
丝绒鹅绒芯枕头 (Goose Down and Fiberfill Pillows)
开晚床服务 (Evening Turndown Service)
全棉浴衣 (100% Terry Cotton Bathrobes)
每天室内报纸服务 (Daily Newspaper Delivered to Room)
免费瓶装纯净水 (Complimentary Bottled Water)

续表

12 岁以下儿童住宿免费（Guests Under 12 Years of Age Stay Free） 婴儿床与加床服务（Cribs and Rollaway Beds Available） 室内保险箱（In-room Safes ） 9 个餐厅有客房送餐服务（Room Service is Available Through NINE Restaurants） 免费的全部闭路电视频道和 HBO 频道（Full Access Cable and Complimentary HBO） 带数据接口的双通话器电话（Two-line Speakerphone with Data Port） 房间兼容高速 ADSL 互联网访问和所有公共区域的高速无线互联网服务（Complimentary High-speed ADSL Internet Access in Each Room and High-speed Wireless Connectivity Throughout all Public Areas） 客房内付费的电影和录像节目（Pay-per-view Movies and Video Games） 中央供热系统和空调（Central Heat and Air Conditioning）
天花板电扇（Ceiling Fans） 室内 CD、时钟和收音机（CD Stereo/Clock and Radio） 熨斗和烫熨板服务（Iron and Ironing Board） 电吹风机（Hair Dryers） 花园内的室外游泳池(Outdoor Swimming Pool in a Peaceful Garden Setting) 花园旁的健身俱乐部(Health Club Facilities Nearby) 游泳池旁的散步小路(Jogging and Walking Paths Along the Coast are Just One Block Away) 停车场(Valet Parking)

2. 酒店产品组合意义

根据研究，酒店产品的宽度、长度、深度和关联度对酒店的营销活动产生重大影响。一般而言，增加产品的宽度，即增加产品线和扩大酒店产品的营销范围，可使企业获得新的发展机会并充分利用酒店的各种资源。当然，也分散了酒店的投资风险。同样，增加酒店产品的长度和深度会使酒店各产品线具有更多的规格和品种以适应或满足消费者与组织购买者的需要和爱好。同时，增强了酒店的竞争力。通常，增加酒店产品的关联度，可发挥酒店的特长或资源优势，提高酒店的经济效益。反之，酒店降低产品的宽度和长度可集中企业的资源，降低成本，提高生产和营销效率。因此，科学的酒店产品是酒店根据市场需求、市场竞争形势和企业自身的资源和能力对产品的宽度、长度、深度和关联度等方面作出的营销战略决策。

3. 酒店产品组合分析

酒店是以房务产品为基础的具有多种产品的经营企业。主要包括房务、餐饮和会展等产品。不同种类和级别的酒店，其产品组合不同。酒店应定期对本企业的产品组合进行分析和评价，准确把握其营销方向以取得理想的营销效果。此外，酒店产品组合是动态的组合。由于酒店内外部条件与环境在不断地发展与变化，酒店产品组合也应随之进行调整，增加或减少部分产品线及产品项目，使产品组合达到科学化、合理化及最佳组合。为此，酒店常借助一些方法分析酒店产品的组合。常用的分析方法主要包括销售额与利润分析法、产品结构分析法、象限图分析法和酒店业务组合法(见第 3 章)。

(1)销售额与利润分析法

销售额与利润分析法是指酒店营销管理人员以酒店现行的各产品线中不同产品项目

的销售额及其利润占产品线所有产品全部销售额和利润的重要程度为依据，优化酒店产品组合。例如，对一些进入成熟期的产品，由于市场竞争激烈，销售额和利润呈下降趋势，酒店必须调整这些产品的产品策略、价格策略和营销策略以提高它们的市场份额和获利水平。当然，酒店营销管理者可根据市场需求的发展，淘汰这些老化的产品。

(2)产品结构分析法

酒店产品结构分析法也称作5R分析法，是指酒店产品在地理位置、产品功能、购买时间、产品价格和产品数量等方面是否符合目标市场的需求及是否达到企业理想的营销效益和社会效益。酒店使用产品结构分析法的前提是，十分清楚市场的发展与目标顾客的需求。

1)适合的地理位置(Right Place)

著名的美国酒店企业家斯坦特勒(Statler)根据自己多年经营酒店的经验，将酒店成功的因素归为酒店的地理位置。他认为，酒店成功的三个要素是，地理位置、地理位置，地理位置。根据研究，酒店成功的要素是酒店地理位置与酒店的级别、酒店的种类和顾客的需求相协调。因此，在酒店筹建和升级改造中，营销管理人员必须对本企业所在地的经济、文化和习俗等情况及其发展进行认真的评价。

2)适合的产品(Right Products)

所谓适合的产品是指酒店必须营销目标顾客需要的产品，包括房务产品、餐饮产品和会展产品的种类、功能和质量标准等。此外，基于酒店的长期发展与旅游业可持续发展，酒店新开发的产品还必须适应地区经济发展与环境保护等的要求。

3)适合的购买时间(Right Time)

通常，酒店产品受季节和时段等因素影响。例如，在对商务酒店的房务产品销售的统计中发现，每年的1月、7月和8月的销售量和营业收入低于其他月。在对餐饮产品的销售的调查中，发现火锅产品不适合夏季销售，而冰淇淋的销售量夏季最高。当然，丹麦面包在早餐销售量最高。因此，新开发的酒店产品应考虑购买季节和时段的影响因素。

4)适当的价格(Right Price)

酒店在开发新产品时必须考虑目标消费者和组织购买者对产品的消费能力及消费习惯等。不同的消费者和组织购买者对不同价格的酒店产品有不同的消费习惯和承受能力。当然，酒店的坐落地点及其经济发展状况和酒店本身的级别与酒店的新产品定价紧密相关。

5)适当的数量(Right Quantity)

酒店在开发新产品时必须考虑本地区目前的经济状况和未来的发展趋势。同时，还要考虑目标顾客的数量和消费水平及目标市场未来的发展等因素。因为，这些因素都与开发新产品的数量及酒店的投资与产出等紧密相关。例如，在改造酒店老客房时，如果将其原来的客房数量全部上升一个级别或将酒店全部餐厅销售的餐饮产品提高一个档次。那么，新开发的客房数量和餐厅座位数必须与目标顾客的增长量及消费水平相适应。

(3)象限图分析法

象限图分析法由美国通用电气公司创立。这种分析方法利用市场吸引力和本企业优势两个因素构成一个坐标。每个轴分为高中低3个级别，形成一个象限图。纵轴表示企业优势,横轴表示市场吸引力(见图7-7)。由图可知,市场吸引力与本企业优势分别由数个具有影响力的因素组成。运用象限图分析法,首先应将酒店产品分为不同的级别并进入相应的象限(方格)的位置上,再进行分析并作出决策。图中9个象限可分为3个类型。象限1、2、4表示具有发展潜力的产品。这些产品具有较高的市场吸引力,企业在经营这些产品时具有丰富的资源和竞争力。因此,酒店应将这些产品作为营销与发展的对象。象限3、5、7属于中间状态的产品。这些产品可转变为具有发展潜力的产品,也可能成为被淘汰的对象。因此,酒店应继续保持并根据市场需求不断调整这些产品的功能和特色。同时,关注这些产品的发展状况。象限6和9显示企业没有优势与能力营销这类产品,而这类产品也不具有市场吸引力,是企业应该淘汰的产品。象限8显示,虽然这种产品的生产和营销对于酒店而言,具有一些资源或优势,但这种产品的市场吸引力很低。因此,这种产品功能或特色必须经过调整,使其适应市场需求。

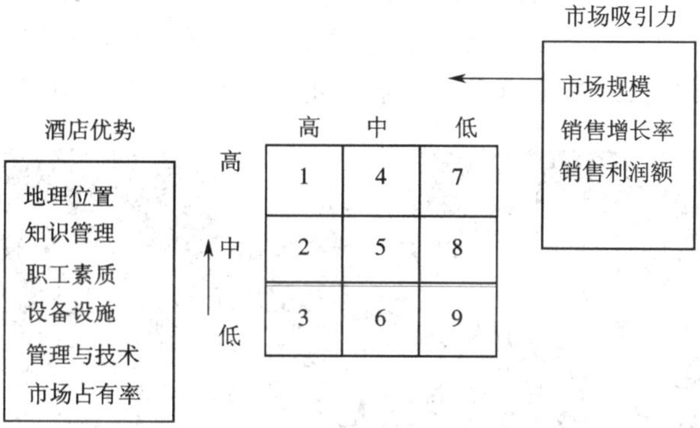

图7-7 象限图分析法

4. 酒店产品组合策略

酒店产品组合策略是指根据市场需求及酒店内部的资源优势和营销能力,选择不同的产品宽度、长度、深度和关联度以适应本企业营销的产品品种、市场规模和范围的方法和活动。不同的酒店或酒店集团应根据本企业的资源优势、技术实力和所在的市场环境等,对本企业的产品组合策略作出适当的选择。

(1)全线全面型策略

全线全面型策略是指酒店着眼于各细分市场,向所有的细分市场提供其需要的各种产品组合。该策略要求酒店同时拓展产品的广度和深度,增加产品线和产品项目,力求覆盖每一个细分市场。酒店对其产品线之间的关联程度没有限制。

(2)市场专业型策略

这一类型是指酒店向某一目标市场提供所需的各类型产品组合以满足这一类型顾客的需求。市场专业型是依据同一类型顾客的需求设置产品线。例如,对高星级商务酒店设置其需要的房务产品、餐饮产品和会展产品等。

(3)产品线专业型策略

产品线专业型策略是指酒店只营销某一产品线内的各项产品以满足目标顾客需求的产品组合策略。酒店采用这一组合策略,可随时根据市场需求增加产品线的深度以扩展产品项目。例如,一些酒店集团仅对其目标顾客营销不同级别的商务酒店。

(4)有限产品线型策略

有限产品线型策略是指酒店仅生产和营销某一产品线中的少数几个产品项目以满足市场需求的产品组合策略。这一策略常被小型企业采用。例如,一些国家和地区的汽车旅馆仅仅为需要经济实惠型的消费者提供经济型的标准客房和大床间等房务产品。然而,由于这些酒店采用了一些顾客青睐的相关产品组合措施,包括免费室外游泳池和实惠的早餐自助餐服务等,其房务产品营销业务也是相当理想的。综上所述,对于资源和营销能力相对比较薄弱的小型酒店,它们采用有限的产品线策略可发挥企业的专长,并带来理想的投资效益。

(5)个性化产品型策略

这是指为目标顾客专门需要而营销的特色产品组合。这种产品组合策略的市场竞争威胁小。例如,小型精品酒店的建筑设计、环境文化与一般酒店的有着明显的差异,它们有着自己的创意(见图7-8)。其房务产品与餐饮产品等的组合设计体现了本企业独特的深度和关联度。因此,精品酒店慎重保持本企业产品的个性化以利营销。

图7-8 某小型精品酒店的创意走廊

5. 酒店产品线决策

产品线是酒店产品组合的基础,产品的宽度、长度、深度与关联度都取决于产品线的状况。因此,实现酒店产品组合的最佳化,离不开产品线的科学决策。酒店产品线决策主要包括产品线的延伸、填充与缩减策略。

(1)产品线延伸策略

酒店产品线延伸是针对其产品项目向更高一个级别或更低一个级别发展的策略。

1)向上延伸策略

这一策略是指酒店在原有的营销项目基础上,向高一级别的产品项目延伸。酒店实施这一策略可能获取更丰厚的营销空间与利润,可作为市场竞争的一种手段以提高企业的形象。当然,酒店实施向上延伸的策略可以完善酒店产品线,满足不同的消费市场需要。但是,采用这一策略酒店必须具备一定的资源和能力。其中包括酒店原有的声誉比较高且具有向上伸延的充足资源和实力。同时,还具备市场确实需要的产品项目需求等。

此外，酒店还应具备应付竞争者的能力。

2）向下延伸策略

向下延伸策略是指酒店在原来经营的产品基础上，增加一些消费水平较低的产品项目。例如，某酒店集团原来在省会城市和东部沿海城市生产和营销四星级商务酒店产品。同时，在各省的二级城市增加三星级商务酒店产品，甚至经济型酒店产品。酒店采用这一策略可弥补企业市场上的空缺，扩大市场占有率。但是，酒店经营比原先级别较低的产品项目可能对其原有的市场形象造成不良的影响。例如，被顾客认为是"走下坡路"等。为此，酒店应在权衡利弊后再作出决策。一些酒店集团采用不同的品牌名称来实施向下延伸策略，防止影响其原有品牌的声誉。

3）双向延伸策略

双向延伸策略是指酒店同时向更高级和更低级双向扩展产品线。酒店采用这一策略的主要目的是为了扩大营销范围，增强企业的竞争力。但是，酒店只有在原产品经营中取得市场优势后且有足够的资源和能力时才可进行双向产品线延伸策略。否则，还是单向延伸策略较为稳妥。

（2）产品线填充策略

酒店产品线填充策略是针对产品的具体项目而言的。它是指在原有产品线的范围内增加新的产品项目。这一策略仅是一种战术决策。其目标是多方面的，通过扩大经营范围增加销售额和利润，满足顾客的差异化需求。同时，酒店可利用过剩的生产能力提高企业的竞争力和收入等。但是，酒店必须认清市场的实际需求并根据这种需求来增加产品项目并以动态的观点来认识产品线的填充。此外，新的产品项目必须有充足的市场需求以保证销量。

（3）产品线缩减策略

产品线缩减策略是指酒店根据市场需求、本企业资源和能力的变化等，适当减少一部分产品项目。同时，对进入衰落期并造成企业亏损的产品，对没有市场吸引力或没有发展潜力的产品应当删减。例如，一些高星级酒店，由于本企业的资金和技术力量的限制，对日本餐厅和西餐扒房实施外包策略，本企业仅经营中餐厅和宴会餐厅。同时，调整中餐厅的菜单，将不受顾客欢迎的那些菜点删去，增加一些顾客青睐的产品和饮料。

第二节　酒店产品生命周期

一、酒店产品生命周期含义

酒店产品市场生命周期简称酒店产品生命周期，是指酒店产品的市场寿命，即一种新的酒店产品从开始进入市场到被市场淘汰的整个过程。酒店产品生命周期通常分为投入期、成长期、成熟期和衰退期4个阶段（见图7-9）。根据研究，酒店产品进入市场后，其销售量和利润通常会随着时间推移而改变，呈现一个由少到多、由多到少的过程，如同人的生命一样，由诞生、成长到成熟，最终走向衰亡。这就是酒店产品的生命周期过程。

二、酒店产品生命周期各阶段特点

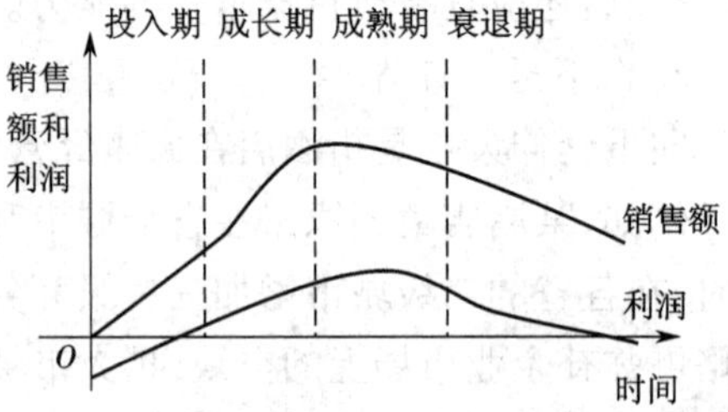

图 7-9　酒店产品生命周期

1. 投入期

投入期也称为介绍期,即新的酒店产品投入市场的初级阶段。此时,由于技术与管理不成熟,酒店产品的质量不稳定,且顾客对这种产品不了解、不熟悉或产品尚未被市场认可和赏识,一般仅有少数顾客为了产品的新功能或特色而购买。因此,销售量比较低。当然,酒店为了扩展销路,加强广告宣传,实施一些促销措施。所以,需要较高的促销费用和成本。在这一阶段,由于技术和管理等多方面的原因,产品不能大批量生产,因而成本比较高,销售额增长缓慢。这一阶段,很可能得不到利润,甚至可能亏损。当然,这种产品的功能和特色也有待进一步完善和调整。

2. 成长期

成长期也称作增长期或发展期,是酒店产品打开销路的阶段。这时,顾客对产品已经熟悉,较多的顾客开始购买,市场逐步扩大,生产成本相对降低,酒店的销售额迅速上升,利润也不断增长。在这一阶段,竞争者常看到有利可图,纷纷进入市场并参与竞争而使类似产品供给量大量增加。

3. 成熟期

成熟期也称作饱和期。在这一阶段,酒店产品在市场上呈现饱和状态,酒店产品的销售趋于平稳,直至下降。当然,酒店的营业额和利润会持续下降,生产能力不断过剩,市场竞争逐渐加剧,产品价格会不断降低,促销费用也随之增加。

4. 衰退期

随着旅游业、房地产业和餐饮业的发展,新的酒店产品或酒店产品代用品会出现,使顾客的消费习惯发生变化,从而转向其他产品或代用品。这时,酒店的某些产品销售额和利润额会不断下降以致被市场所淘汰。一般而言,酒店产品进入了衰退期后,酒店的利润持续减少,甚至无利可图。例如,我国一些城市从 20 世纪 90 年代以来,经济型酒店的出现代替了传统上的二星级酒店,其原因是经济型酒店的所有客房都带有淋浴间,而传统的二星级酒店仅有部分客房带有淋浴间。因此,功能落后的二星级酒店的房务产品在 90 年代初期呈现衰退现象。

三、酒店产品生命周期各阶段的营销策略

由于酒店产品生命周期的 4 个阶段呈现出不同的市场特征。因此,酒店应根据其产品的不同生命周期阶段的市场特点制定和实施相应的营销策略。同时,由于酒店产品生命周期的不同,酒店必须不断地开发新产品而取代即将衰退的产品。此外,同一产品的生命周期的各个阶段在不同的国家和地区出现和持续的时间不同。因此,酒店营销人员应把握这一特点,并作出科学的营销决策。

1. 投入期营销策略

投入期的市场特征显示酒店产品销量少，生产和营销成本高，销售利润低甚至为负值等。根据这一产品生命周期阶段的特点，酒店应特别关注以下的几个问题。首先，投入市场的酒店产品必须有针对性，产品进入市场的时机要适合并设法将销售力量直接投向最有可能的购买者，使市场尽快接受这一产品以缩短介绍期的持续时间，使产品尽快地进入成长期。其次，在酒店产品介绍期，一般由产品、渠道、价格、促销这 4 个基本要素组成不同的营销策略。以下仅将酒店产品价格与促销费用结合起来考虑，产生以下 4 种策略（见表 7-4）。

表 7-4　酒店产品投入期营销策略

	促销费用高	促销费用低
价格水平高	快速高价策略	缓慢高价策略
价格水平低	快速低价策略	缓慢低价策略

（1）快速高价策略

这种策略是指以较高的价格和较高的促销费用推出新的酒店产品策略，实行这一策略的目的是以高价优质的产品树立酒店的声誉和形象从而尽快收回投资。这一策略的特点是可以快速地建立酒店的知名度而占领市场。当然，实施这一策略的前提条件是潜在的市场中大部分顾客还不清楚或熟悉这种产品。然而这种产品有较大的需求潜力。目标顾客需求迫切而有较高价格的购买准备。同时，酒店面临着潜在的竞争者威胁，企业需要尽早地树立品牌形象。

（2）缓慢高价策略

这一策略是指以较高价格、较低促销费用推出新产品。其目的是以尽可能低的费用求得更多的利润。实施这一策略的条件是，市场规模较小，产品已有一定的知名度，其目标顾客愿意支付较高的产品价格，潜在的竞争者不明显，对本企业威胁不大。

（3）快速低价策略

快速低价策略是指以较低的产品价格、较高的促销费用推出酒店新产品。其目的在于先发制人，以最快的速度打入市场，取得尽可能高的市场占有率。然后，随着销量和产量的增加，使单位产品的成本降低而取得规模效益。实施这一策略的条件是该产品市场容量相当大，潜在的消费者对产品不了解且对产品价格十分敏感。同时，潜在的市场竞争比较激烈。此外，酒店产品的生产和营销成本可随生产规模和销售量的扩大而降低。

（4）缓慢低价策略

缓慢低价策略是指以较低的产品价格和较低的促销费用推出新产品的策略。通常，低价可扩大酒店产品的销售，而较低的促销费用可降低营销成本而增加利润。这种策略的适用条件是，市场容量大，产品的知名度较高，市场对价格十分敏感。同时，虽然市场存在着一些潜在的竞争者，但是对企业威胁不大。

2. 成长期营销策略

新的酒店产品经过投入期以后，消费者与组织购买者对该产品已经熟悉，消费习惯也已经形成，产品销售量迅速增长。这时，新产品就进入了成长期。当某种酒店产品进入成长期以后，老顾客会重复购买并且带来了新的顾客，销售量大批量增加，企业利润迅速增长。这一阶段，酒店的营业收入和利润基本达到高峰。然而，随着酒店产品销售量的增加，企业生产规模也逐步扩大，产品经营成本逐渐下降，新的竞争者会参与竞争。随着酒店市场的竞争加剧，新的酒店产品开始出现，酒店市场开始细分，分销渠道不断增加。酒店为了维持其产品的销售，需要保持或增加促销费用。但是，由于产品的销量增加，平均促销费用便会下降。基于酒店产品成长期的特点，企业为了维持其市场增长率及延长利润获取的时间，常采用提高产品的品质，增加产品的附加值等措施。此外，酒店还加强促销和宣传力度，降低产品的价格以提高产品的知名度和美誉度等。

(1)提高与改进产品质量

酒店提高与改进产品质量对于酒店产品的成长期的营销效果十分重要，其措施主要包括对酒店产品的功能与特色进行改进以提高产品的质量与竞争力，同时，更加满足目标顾客的需求，吸引更多新的顾客。例如，增加房务产品的附加值，调整餐饮产品的内涵，开发会展产品的新功能等，使本酒店产品优于其他企业的同类产品。一些酒店在客房开晚床服务时，每天为顾客提供一块免费的点心。一些酒店根据顾客入住的时间和次数，为顾客进行免费升级客房等措施。

(2)加强广告宣传与促销

加强并调整广告宣传，把广告宣传的重点从介绍产品和建立产品知名度向树立产品形象及树立企业名牌方向转移。同时，开辟新的销售渠道，扩大销售网点，维持老顾客并吸引新顾客。

(3)降低和调整产品价格

根据酒店产品的销售状况，在适当的时机实施降低或调整产品价格的策略以激发那些对价格敏感的消费者和组织购买者购买及重复购买。同时，为顾客实施更多的价格优惠策略以阻止竞争者加入市场竞争。

(4)寻找和扩展新的细分市场

基于酒店产品销售状况，酒店应通过市场分析，寻找并进入尚未满足的细分市场。同时，根据新的细分市场的需要，开发和生产新的酒店产品并尽快进入市场。

3. 成熟期营销策略

进入成熟期以后，酒店产品的销售量增长缓慢，逐步达到了最高峰，然后缓慢下降。通常，酒店产品的销售利润也从成长期的最高点开始下降。这时，酒店市场的竞争程度常常比较激烈。各种著名的酒店品牌、各种同类酒店产品不断地出现。根据研究，成熟期的酒店市场营销宜采取主动出击的策略，使产品的成熟期尽量延长以及使产品生命周期出现再循环等。为此，酒店常采用市场调整、产品调整及营销组合调整等策略。

(1)市场调整

这种策略是指酒店营销管理人员寻找产品的新用途，寻求购买酒店产品的新消费者和组织购买者及改变促销方式等以增加产品的销售量。通常，酒店应通过各种推销手段提高购买者的人数和用量。包括提高消费者和组织购买者的购买频率，增加客户每次购买的数量，吸引那些曾经购买过竞争者产品的顾客，使其购买本企业的产品等。

(2)产品调整

这种策略是指通过产品的调整来满足顾客的不同需要并与市场调整相结合,包括改进产品质量和增加产品功能等措施。例如,增加早餐的品种与特色,使早餐更加适合不同国家和地区的顾客习惯和爱好。从而,提高房务产品的销售量和销售额。

(3)营销组合调整

这种策略是指通过对酒店产品、产品价格、销售渠道和促销方法等组合因素的综合调整以激励酒店产品销售量的回升,延长酒店产品的市场寿命。常用的方法是,根据酒店在各方面的能力和特长,在产品质量不变的前提下,降低产品的价格,使酒店产品的价格更具有竞争力。同时,适当提高产品的促销费用、扩展产品的分销渠道及增加产品的功能等。

4. 衰退期营销策略

当酒店的某一产品销售额明显下降时,说明这种产品已进入衰退期。这一阶段,酒店获得的利润很低,甚至为零。通常,在衰退期阶段,消费者和组织购买者的消费习惯已经发生改变。酒店面对衰退期的产品,需要进行认真的研究和分析,准确地掌握营销时机,及时退出市场。此外,对于进入衰退期的产品而言,酒店不应当长期保持现状,以免影响酒店声誉,通常采用以下策略。

(1)继续策略

继续策略是指继续沿用传统的营销策略,根据原先的细分市场,使用相同的分销渠道、产品价格与促销方式,直至这种产品完全退出市场为止。

(2)集中策略

集中策略是指将酒店各种能力和资源集中在最有利的细分市场和分销渠道上,从中获取利润。集中策略既有利于缩短产品退出市场的时间,又为酒店创造了更多的经济收入。

(3)收缩策略

收缩策略是指逐步放弃那些原来的目标顾客群体,降低或减少促销活动,尽量减少促销费用以增加产品利润。当然,这样会导致产品在市场上加速衰退。但是,可以从忠实企业的那些顾客中获得一些利润。

(4)放弃策略

放弃策略是指对于衰退比较迅速的酒店产品,应该当机立断,放弃营销,其中包括采取完全放弃的形式。例如,酒店可以完全放弃某种产品的生产和营销,也可采取逐步放弃的方式。使这种产品所占用的各种资源和成本逐步转向其他产品。

第三节　新产品开发与创意

一、酒店新产品含义

新产品是指在产品结构、功能和形态等方面发生了变化并推向了市场的产品,包括全新产品、换代的新产品、改进的新产品和仿制的新产品等。所谓酒店新产品是指在房务产品、餐饮产品和会展产品等的功能、风格和特色等方面有明显的变化、提高或改进的产品。当然，酒店新产品告诉了我们那些是以前从未生产和销售过的房务产品、餐饮产品或会展产品等。例如，新的房务产品是指客房的结构、设施、家具和用品及客房服务程序与方法等发生变化或调整并在以前从未生产和销售。新的餐饮产品是指在食品原料、工艺、特色及用餐环境与服务方法等方面发生变化或调整并在以前从未生产与销售。新的会展产品则可能在会议室和展厅的面积、设施、视频设备及会议室功能和服务等方面发生变化或调整。此外，从酒店的营销效果分析，酒店整体视觉环境的提高，包括内部环境及其色调、采光、照明和装饰的改善，花卉、盆景、假山、瀑布、壁画和装饰物的增加与调整使酒店整体环境产生庄严、高雅、富贵、热情和喜庆等形象也都属于酒店新产品的创意与生产。

二、酒店新产品分类

1. 全新产品

全新产品是指应用新的营销原理，新的生产或服务技术，新的设备、家具或食品原料等生产和营销以前所未有的房务产品、餐饮产品和会展产品等。实际上，全新产品是为满足顾客新的需求而创新的酒店产品。根据调查，对于大多数酒店而言，独立发展和创新产品比较困难。因为，酒店应用新的生产或经营技术需要较长的时间且花费较多的资金和人工成本。但是，国际酒店业在新产品的创造与发展方面从没有停止过。例如，20 世纪 50 年代酒店业开发了电梯（Electric Elevator）、客房空调机系统（Air-conditioning）。20 世纪 60 年代开发了客房内电视机（Free Television）。20 世纪 70 年代酒店业开发了客房电子钥匙系统（Keyless Locks）、客房彩色电视（Color Television）、客房电话信息灯（Message Lights on Telephone）。20 世纪 80 年代，酒店业开发了闭路电影系统（Free In-room Movies）、房间内办理离店系统（In-room Guest Check-out）。20 世纪 90 年代开发了房间内个人计算机系统（In-room Computers）、酒店电话计费系统（Call Accounting Systems）等。

2. 换代的新产品

酒店应用新的生产或服务技术，使用新的设施和家具及食品原料等，使新产品在功能和特点等方面高于原产品的酒店产品称为换代新产品。包括换代的房务产品、餐饮产品和会展产品等。例如，商务楼层是商务套房的换代产品。这一新产品是根据市场需求和发展趋势，将酒店的某一楼层或数个楼层完全以商务套房的方式组合在一起并且在商务楼层上配套了咖啡厅和读报室等。一些酒店还为住宿商务楼层的顾客配备了专用电梯及金钥匙服务或管家服务以满足商务顾客的需求。

3. 改进的新产品

改进的新产品是指对原有房务产品、餐饮产或会展产品在空间、设施、家具、原材料及其功能、服务程序或方法等进行局部改进或调整的产品。因此，改进的新产品不是由于生产技术或服务技术的进步而导致产品的重大革新。改进的新产品比较容易被顾客接受，但是也易于被竞争者仿效。例如，自助餐、清淡而有营养的菜点（见图 7-10）、单人间客房、大床间客房、无烟楼层、金钥匙服务都是近年来酒店产品改进与发展的新趋势。

图 7-10　扒西冷牛排带马德拉少司

4. 仿制的新产品

仿制的新产品基本上是酒店模仿市场上已经存在的房务产品、餐饮产品或会展产品等。一些仿制的酒店新产品常在仿制过程中加上一些局部的改进或创新。这样,仿制的新产品也常称为本企业的新产品。基于酒店市场竞争和营销效果的考虑,仿制的新产品是酒店新产品开发中的重要成员之一。近年来,随着我国餐饮市场的蓬勃发展,一些酒店在中餐菜肴的生产中,仿制了其他酒店的餐饮产品。同时,又借鉴了一些西餐菜肴的生产工艺和菜肴造型等。这些仿制的菜肴中增加了本企业的特色。其中,包括食品原料、生产工艺或装饰与器皿等的改进。根据市场调查,这些仿制的新产品深受市场的欢迎。

三、酒店新产品开发意义

创新是酒店营销与发展的基础。如果酒店在创新新产品方面滞后,那么它在市场竞争中将面临被淘汰的危险。因此,持续开发新产品对于酒店的生存和发展具有重要的意义。

根据酒店业的调查,酒店开发新产品可充分发挥企业内部资源和经营能力,又可提高其经济效益。同时,新产品开发有利于酒店使用新的设备和材料、新的生产与服务技术。从而,酒店将其产品不断地推陈出新以调整或完善产品的品种和功能,增强酒店或酒店集团的市场竞争力。当然,酒店不断地开发新产品关系企业的生存和发展,新产品的开发绝不是一项简单的工作,而是一项艰难的任务。酒店产品开发不仅需要投入较多的资金和人力资源及技术等,而且具有一定的风险。实际上,由于社会经济的发展,人们对酒店产品的需求呈现个性化。因此,一项新开发的酒店产品问世,适合多方顾客的需求几乎是不可能的。此外,对于资源和技术投入较高的酒店新产品,需要酒店投入更多的资金和人力。这样,酒店在开发新产品时必须保持积极与慎重的态度,避免盲目、轻率地采取行动。

四、酒店新产品开发原则

为了使酒店新产品尽可能地取得成功,酒店在开发新产品时应遵循以下原则。

1. 开发本企业目标市场需求的新产品

酒店应开发符合本企业目标市场需求的产品,这一原则是酒店开发新产品的成功关键。酒店应根据地区的社会经济发展和市场需求开发新的房务产品、餐饮产品和会展产品。其中,在开发新的餐饮产品方面是最困难的。由于顾客对餐饮产品的忠诚度差,他们对餐饮产品的青睐是经常变化的。因此,一种新的餐饮产品的生命周期是比较短的,经常是一两年或几个月,甚至是更短的时间就结束了其市场生命。

2. 根据企业资源和能力开发新产品

酒店应当根据本企业的资源、设备条件、技术力量等确定新产品的开发方向。同时,新产品的开发方向必须是既符合本企业目标市场需要,又可发挥本企业的优势。酒店只有量力而行,才能扬长避短。如果酒店忽视本身的资源和条件,新产品的开发就很难奏效。在酒店新产品的开发中,酒店可自行研制新产品,酒店可采用新的生产和服务方法、新的设施和设备、新的原材料等创造出具有本企业特色的新产品。再者,酒店可引进新的经营管理技术、改进本企业原有的设施、设备和服务方法。通过购买品牌使用权、联营、合作经营等方式,尽快地把新产品生产出来。这种方法可使酒店迅速地掌握新的生产与服务技术,实施新的营销模式。从而,缩短与竞争对手的差距。当然,也可通过学习国内外的先进技术和管理模式。然后,对本酒店产品加以改进以使其更符合本企业目标市场需求的产品。

五、新产品开发组织

1. 酒店集团营销中心

一些酒店集团或酒店将企业内的新产品开发工作委派给营销部或营销中心负责。通常,酒店集团营销中心总监负责集团的营销管理等多方面管理工作,其中,包括新产品的开发工作。这样,一个酒店集团的营销中心,其职责是做好市场信息的收集、整理和反馈,掌握市场需求的动态与发展,适时地开辟新的销售渠道,不断拓展市场空间,开发市场需要的新产品等。

2. 酒店集团新产品研发部

一些酒店集团将集团内的新产品开发工作委派给产品部或新产品研发中心。由产品部总监或新产品研发中心主任负责酒店集团的产品开发工作。通常,酒店集团产品研发中心主任不仅负责新产品开发,还负责现有产品线的管理工作。一个卓越的产品研发中心主任应该全面管理酒店集团的产品研制与试制工作,并且为产品的销售前景、市场发展和利润指标等负有责任,而且还要为酒店集团的业务发展寻找新的市场机会。

3. 酒店新产品开发小组

一些酒店或酒店集团在实施新产品开发工作时,组成临时的工作小组,并委派专职或兼职的组长负责新产品开发工作的计划、审核、组织及实施。其工作人员来自各部门临时抽调的业务人员或技术人员。通常,酒店或酒店集团的上层管理人员制定新产品开发工作的目标与任务、完成时间与财务预算及市场营销策略等。

六、酒店新产品开发程序

为了提高新产品开发的成功率,减少新产品开发中的风险,酒店通常建立新产品开发管理程序,主要包括以下几个过程。

1. 新产品创意

新产品创意也称为新产品构思,是为满足新的市场需求而提出的设想。在新产品创意中,酒店或酒店集团新产品开发部门的主要责任是,寻找适合的产品创意,将新产品创意送至酒店或酒店集团的相关业务管理部门,征求专业管理人员和研发小组的意见并加以修改和充实。通常,新产品的构思要符合企业自身的发展目标、营销战略和目标市场。根据调查,许多成功的新产品的创意和构思主要来自消费者、组织购买者、中间商、一线业务管理人员、营销人员、行业管理人员及大专院校研究者等的建议及竞争对手的创新产品等。然后，经过酒店或酒店集团的技术人员和管理人员的构思和创意。

①产品与需求对比法。将现有的酒店产品的各种属性详细地排列出来，然后对照市场的发展和顾客的需求，在此基础上形成新的产品创意。例如，对于酒店餐饮产品而言，清淡而健康的菜肴、新口味的地方菜肴和大众化的西餐等都是近年来顾客的新需求。

②产品功能连接法。先列举不同酒店产品的功能，然后根据顾客需求，把某一产品与另一产品或几个产品的功能结合起来，使其更加满足顾客的需求而产生的产品创意。例如，酒店的行政楼层的创意是将最初的商务套房及其客房服务、餐饮服务和金钥匙服务等组合在一起，使其更加满足商务顾客的需求。

③专业人员讨论法。召集若干名专业管理人员和营销人员一起探讨新产品的创意和构思。讨论前，负责新产品开发的管理人员向参会人员提出若干个相关的问题，请大家做好充分的发言准备，会上畅所欲言，相互启发与联想，提出各种新产品的构思和建议，会后经新产品研发小组分析和归纳，形成新产品的创意。

④征集产品意见法。酒店产品开发管理人员通过问卷调查及召开座谈会等方式了解消费者和组织购买者对产品的意见与建议，并提出他们的未来需求。然后将这些需求信息发给专业部门的技术人员和管理人员并向其征求新产品的构思。

2. 新产品创意筛选

产品创意筛选是指酒店产品开发管理人员对已经形成的新产品设想与构思进行筛选。其目的是选出那些符合本企业营销目标和长远市场发展规划并与本企业资源和能力相协调的产品创意，摒弃那些可行性小或获利较少的产品创意。因此，酒店在对新产品的构思进行筛选时，既要防止对新产品创意潜在的价值估计不足以致漏选而失去市场机会，又要防止误选那些缺乏市场前途的构思或创意以致造成产品开发失败。为此，酒店集团或酒店产品开发部门要尽可能地吸收各专业部门中有经验的管理人员和技术人员参加研讨以提高新产品创意筛选的准确度。通常，酒店产品开发管理人员可通过新产品创意评价表对新产品创意进行筛选（见表7-5）。

表7-5　酒店新产品创意评价表

基础条件	权重(*A*)	企业能力(*B*)	得分(*A*×*B*)
酒店地理位置	0.2	0.8	0.16
酒店建筑物	0.1	0.8	0.08
酒店设施与设备	0.05	0.6	0.03
酒店财务能力	0.1	0.9	0.09
职工素质与能力	0.1	0.7	0.07
管理与技术水平	0.1	0.5	0.05
市场需求与发展	0.2	0.9	0.18
能源与材料采购	0.1	1	0.10
酒店营销能力	0.05	0.8	0.04
总计	1.00	各项满分为1.00	0.80

评价的等级:0.00~0.40分为不适合开发的产品创意;0.41~0.75分为应当慎重和进一步评价的产品创意;0.76~1.00分为比较理想的产品创意。

3. 概念产品的形成

新产品创意经筛选后,还必须将创意具体化以形成明确的概念产品。概念产品是指已经成型的产品创意,即用文字或图像等形式清晰地表达出产品的内涵和属性,使之在顾客心目中形成一种潜在的产品形象,称为概念产品;而产品创意是人们以语言表述方式推向市场的一种可能性产品。根据调查,一个酒店产品的创意常可以转化为若干个概念产品。这一工作完成后,新产品开发部或营销部要对这些概念产品进行测试并征求目标顾客的看法与建议及购买意向。通过对目标顾客的问卷调查或深度访谈等的调查结果来决定是否开发某一新产品。

4. 概念产品商业分析

商业分析是指酒店产品开发管理人员召集财务管理人员、营销管理人员、相关业务管理人员及企业外部专家等从经济效益方面分析概念产品可能具有的商业价值、成本与利润水平、投资收益和预计销售额等。同时,在各种竞争因素、市场地位和市场占有率等的基础上,评价新概念产品在市场上的成功或失败的可能性。当然,一个新产品要实现顾客的购买,它必须同时具备市场购买力和顾客购买愿望。

5. 概念产品营销规划

酒店选择了最佳的概念产品并经过商业分析后,必然要研究如何将这一概念产品引入市场以及制定其进入市场的初步营销规划和营销组合措施。其主要工作包括3个部分:第一,描述这种概念产品的未来目标市场的规模和结构、市场定位及近期的销售量、市场占有率和预期利润率等;第二,产品的预期价格、销售渠道及第一年的推销费用预算;第三,还要制定这种概念产品在未来3~5年内的销售计划和投资收益等。

6. 实体产品研制

概念产品经过商业分析及初步营销规划后,下一步的工作就是将概念产品转化为实体产品。其工作程序主要包括对新产品的设计、试制、测试和鉴定等。酒店或酒店集团通过投入资金、设备、时间和人力资源等将概念产品实体化并寻找新产品存在的问题及要改进的功能和属性等。同时,在这一阶段中,要进一步检查与判断新试制的产品在技术上和商业上的可行性以决定是否继续研制或及时加以调整或改进。例如,一些酒店在创新菜肴的研制中,对某些食品原料的使用是否方便采购,食品原料使用的数量与比例及加工与烹调中的工艺方法和程序等是否符合目标顾客的消费需求及是否符合本企业的技术力量与设施等的分析都是属于实体产品在技术上和商业上的可行性分析。

7. 新产品试销

新产品的样品经过部分顾客试用基本满意后,酒店或酒店集团可根据改进后的设计进行小批量的试生产并在有选择的目标市场中做检验性的试销。试销不仅能增进酒店对新产品销售潜力的了解。同时,还可以启发酒店对这一产品推销策略的改进和营销组合的调整。通常,酒店对新产品试销中使用的方法包括向个人消费者或组织购买者提供样品及免费试用(餐饮产品、康乐产品),或作为奖励品赠送给顾客。同时,实施优惠的价格销售餐饮产品、房务产品和会展产品,免费为顾客升级房务产品等。然后,通过消费者或组织购买者对新产品的评价与满意程度,决定是否正式生产某种新产品以实现其商业化。在新产品试销时应对以下问题作出决策:试销范围及目标市场,试销时间、时段与季节,试销中要取得的信息,试销成本与销售技术及试销成功后应进一步采取的措施等。实践表明,一些新试制的酒店产品在市场试销时,仍然有不受顾客的青睐而遭到市场淘汰的可能性。

8. 新产品商业化

新产品试销成功后,应根据试销中收集到的顾客意见,进一步改进产品的功能和质量。然后,进行正式的批量生产并全面推向市场。这时,由于新产品刚进入市场,其利润微小,甚至亏损。因此,酒店或酒店集团要对新产品商业化的投资和付出的费用及成本有所准备。

七、新产品采用与扩散

新产品是否能快速地扩散并被消费者和组织购买者广泛接受和重复购买是酒店新产品开发成功的关键。通常,酒店新产品被市场接受和扩散像其他产品一样,存在着一定的采用程序。这一程序由美国著名的学者——埃弗雷特 · 罗杰斯(Everett M. Rogers)于1962 年通过调查和分析数百个顾客接受新产品的实际程序而得到。他认为,潜在的购买者对新产品的接受和采用一般通过 5 个过程:知晓、兴趣、评价、试用和采用。

1. 知晓

知晓是消费者与组织购买者获得新产品信息的初级阶段。通常,新产品信息的主要来源是广告,也有一些是通过间接的渠道。这一阶段,消费者与组织购买者已经认识或觉察到有一种新的房务产品、餐饮产品或会展产品存在。但是,他们对新产品的功能、特点和价格等详细信息尚不清楚。

2. 兴趣

兴趣是指消费者与组织购买者受到一些关于酒店新产品的信息影响和启发,产生了一定的兴趣并在寻找该产品更详细和具体的信息。通过调查,广告宣传和人员推销将提高消费者或组织购买者对产品的认知和兴趣。虽然潜在的顾客对新产品会产生兴趣。但是并不一定会购买或采用。

3. 评价

在评价阶段,消费者与组织购买者主要是权衡对新产品的采用会给他们带来的价值及付出的成本和是否存在风险。他们收集相关信息,开始结合自身或本组织的需求,对新产品的吸引力和购买价值作出判断。

4. 试用

消费者或组织购买者开始试用新产品,获取使用经验并评价新产品为其带来的价值与付出的成本。如果新产品能够带来超过他们预期的价值或新产品具有独特的功能和特点,而原有产品不具备这一特点和功能时,消费者和组织购买者会继续购买与使用新产品。否则,就会放弃。

5. 采用

在这一阶段,消费者或组织购买者通过试用新上市的产品并收到了理想的效果。他们通常放弃或减少对原有产品的购买并完全接受新产品并会重复购买。

八、新产品使用者

在所有的产品领域里，一些消费者对某种上市的新产品乐于首先购买和采用，而一些顾客习惯随大众购买物品，另一些人却直至最后才采用新产品（罗杰斯，1962）。根据研究，对于新开发的酒店产品扩散而言，以上的理论也适用。由于每个消费者或组织购买者的性格、受教育程度、文化背景、购买习惯、消费水平、社会地位及工作环境等因素的不同，他们对新上市的酒店产品的使用时间和购买频率方面有着不同的反应。通常，可分为最早使用者、早期使用者、中期使用者、晚期使用者和最晚使用者（见图 7-11）。

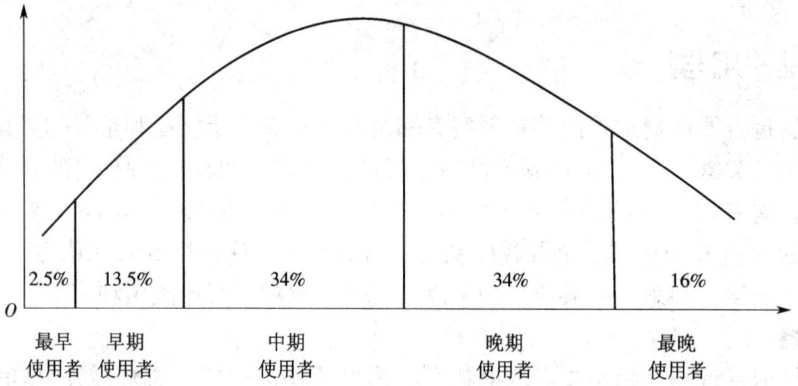

图 7-11　酒店新产品使用者分布

1. 最早使用者

最早使用者也称作“消费先驱”。这些顾客富有个性，勇于创新，性格活泼，具有较强的消费意识，较少听取他人的意见。一般而言，他们的经济状况比较好，社会地位较高，受过高等教育，容易接受广告宣传和促销信息的影响。这类使用者约占酒店新产品使用者的 2. 5% 。

2. 早期使用者

根据调查，早期使用酒店新产品的顾客一般比较年轻，富于探索，对新事物比较敏感并有较强的适应性，经济状况较好。他们具有较高的教育背景和有一定的社会地位，对早期使用新产品具有自豪感。例如，下午茶产品、自助餐婚宴等。这类使用者容易接受广告及其他营销渠道传播的信息。但是，他们的消费态度比最早使用者谨慎一些。早期使用者约占所有新产品使用者的 13. 5% 。

3. 中期使用者

中期使用者通常具有较高的教育背景，思维灵活，有较好的工作环境和稳定的经济收入。他们容易受到社会中的著名人物或组织机构的消费行为及广告和促销活动的影响。他们不甘心落后于潮流，但是，受其消费能力的限制，对于高消费的酒店产品比较谨慎。他们经常是在征询了早期使用者的意见后才购买新上市的餐饮产品、房务产品、会展产品和娱乐产品等。这类使用者占所有接受新开发的酒店产品的总人数 34% 。当然，一些顾客是为其组织购买。

4. 晚期使用者

晚期使用者是指在消费潮流中属于较晚购买新上市酒店产品的消费者和组织购买者。根据调查，晚期使用者的工作职务、受教育水平及收入状况常落后于早期使用者。他们对于新事物和新环境多持观望态度，常在酒店产品的成熟阶段开始购买。这类使用者通常占所有接受新产品使用者的34%。

5. 最晚使用者

最晚使用者的购买行为比较保守，青睐传统的酒店产品。因此，在产品进入成熟期以后才接受。这类使用者通常占所有接受新产品购买者的16%。

在以上的5种酒店新产品使用者中，中期使用者和晚期使用者占所有新产品使用者的68%，而最早使用者和早期使用者虽然人数不多。但是，是酒店新上市产品的购买带头人。他们对中期使用者和晚期使用者有较大的影响和激励作用。因此，在酒店新产品上市时，酒店的营销目标首先应是最早使用者和早期使用者。然后，积极争取中期使用者和晚期使用者。

第四节　酒店品牌策略

品牌是酒店整体产品的重要组成部分。品牌策略是酒店产品策略和酒店营销战略的重要内容之一。在酒店市场营销中，实施科学的品牌策略，可突出产品的差异化，有利于树立产品在消费者和组织购买者心目中的良好形象，进而提高酒店各种产品的营销效果。

一、品牌的含义

品牌是用来识别酒店或酒店集团产品并使之与竞争对手的产品形成对比的商业名称及产品标志。酒店品牌是一个集合概念，它由品牌名称和品牌标志两部分组成。品牌名称是指，品牌中可以用语言称呼的部分。例如，喜来登(Sheraton)、万豪(Marriott)、希尔顿(Hilton)和假日(Holiday Inn)等。品牌标志是指酒店品牌中可以被识别，但不能用语言称呼的部分。通常由图案、符号、颜色或字体造型等构成(见图7-12)。

图7-12　酒店或酒店集团品牌

酒店品牌与商标是容易混淆的一对概念,两者既有联系又有区别。通常,酒店品牌与商标是紧密联系在一起的。这种联系主要表现在,酒店品牌与商标常作为总体与部分之间的关系。一般而言,所有的商标都是品牌。但是,酒店品牌不一定都是商标。品牌是酒店产品在市场上的牌子,它强调的是品牌与产品质量和特点之间的关系,是酒店在产品质量和顾客利益等方面对顾客的承诺。其主要的作用是宣传产品及区别产品。当然,商标也可以宣传酒店产品。但是,其更重要的作用是法律概念。实际上,商标是已获得专用权并受法律保护的酒店品牌。随着市场经济的发展,商标是酒店产权的组成部分,而驰名商标更是酒店或酒店集团的巨大财富。综上所述,品牌是酒店或酒店集团向购买者提供的一系列特定的产品、服务和顾客利益的保证。

二、酒店品牌内涵

1. 属性

品牌常代表着特定的产品属性,这是品牌最基本的含义。品牌属性可以归类为产品属性或企业属性。例如,某酒店产品的品质和创新,既是产品属性,又是企业属性。品牌属性常对于酒店或酒店集团的形象有支撑作用,可使顾客产生联想、好感和尊敬,进而对品牌有一定的感情。根据调查,"喜来登"意味着舒适和安全的环境、礼节礼貌服务、优秀的产品等,使顾客入住后心情愉快和工作顺利等。

2. 利益

品牌通常体现出某种特定的顾客利益。顾客购买酒店产品实质是购买某种利益。因此,这就需要酒店必须将产品的属性转化为产品的功能和顾客的利益。多年来,酒店品牌建设注重产品的内涵与价值,追求产品的完美。通过有效的品牌建设,使消费者和组织购买者对其产生信任并接受品牌产品,进而通过市场营销获得预期的收益并在顾客和产品之间架起了桥梁。

3. 价值

品牌必须体现价值。例如,"万豪"体现酒店高雅的内外部环境和豪华设施,完美的客房布局和适合的家具与用品,良好的餐厅环境和舒适的用餐空间、特色与美味的菜肴和酒水及细心的服务方法与程序等。因此,品牌的价值感的内涵要求酒店或酒店集团营销者必须明确对这些价值感兴趣的购买者群体。

4. 文化

品牌内涵常具有特定的企业文化。这些企业文化包括酒店或酒店集团的管理模式、职工素质与价值观、企业伦理和产品特色等。例如,威斯汀(Westin)是喜达屋(Starwood)酒店集团中历史最悠久的品牌。该品牌的酒店选址都在世界著名城市的中心商业区,每一家酒店的建筑风格和内部陈设都显示了其特色的文化。21世纪是知识经济时代,品牌作为走向市场的通行证,被酒店业视为市场营销与市场竞争的利器,而文化则是品牌的重要内涵和核心。没有文化作为基础,品牌很难在酒店市场上立足。

5. 个性

酒店品牌反映一定的个性。这种个性不仅表现在品牌名称和符号方面,更重要的是表现在产品的特色及其产品的组合深度方面。因此,不同品牌的酒店或酒店集团会使顾客产生不同的品牌联想。例如,凯悦酒店集团在多年的发展中,结合其所在地区的文化和习俗等特点,其产品都具有反映其品牌风格的特点。同时,该集团的产品特点还包括尽善的服务。这些独特的服务有:凯悦酒店金护照(Hyatt Gold Passport)、老顾客身份识别和奖励计划、VIP金钥匙楼层(VIP Concierge Floor)、免费赠送晨报、专业和民族特色的餐饮产品等。此外,凯悦酒店的会员可享受一些价格的优惠,包括每消费1美元,可获得积分并可将积分兑换为住宿费和餐费等。

6. 用户

品牌内涵暗示着购买或使用酒店产品的消费者或组织购买者的类型,而产品特色是品牌的基础与核心。随着酒店产品消费观念的不断发展和变化,酒店产品只有不断地创新和发展才能保持其品牌的领先地位。探究世界著名酒店品牌的影响力,可以发现酒店产品必须向个性化和差别化方向的发展。因此,酒店营销管理者必须将其产品特色和市场需求紧密地联系在一起,使产品既达到品牌的要求,也能满足本企业的目标消费者和目标组织购买者的需求。

三、酒店品牌功能与意义

品牌是酒店或酒店集团的宝贵无形资产。优秀的品牌形象反映其产品的质量和内涵,有助于吸引消费者和组织购买者购买且扩大市场占有率。同时,可在市场竞争中发挥重要的作用。酒店品牌的功能与意义主要表现在以下几个方面。

1. 品牌便于顾客识别与购买

根据营销实践,品牌便于顾客识别与购买产品。酒店产品不一定是品牌产品,而品牌内均有特色的酒店产品。由于房务产品、餐饮产品和会展产品等是酒店品牌的载体。因此,酒店建立品牌的基础和核心是建立本企业产品的质量标准与特色并得到顾客的信任和接受。当然,品牌建设的前提是与顾客建立紧密的关系。再者,品牌有利于树立企业的形象并获得中间商和购买者的信任,从而利于酒店或酒店集团开发与销售新产品。根据研究,品牌表面上属于酒店或酒店集团,其实更属于顾客。通常,优秀的品牌代表优质的产品。一旦品牌在顾客心中确立了良好的形象和声誉,品牌就成为酒店产品的有效广告并激励顾客的购买欲望,增加消费者和组织购买者的重复购买,使顾客忠诚度得到进一步深化。所以,酒店或酒店集团越是拥有品牌,其享受品牌带来的价值效益就越大;而顾客越是拥有品牌,他们渴望付出的情感和金钱就越多。因此,拥有品牌的酒店或酒店集团才是成功的企业。

2. 品牌可使产品得到法律的保护

由于品牌经注册后即成为商标,享有专用权。因此,品牌可避免不法企业抄袭和假冒本企业的特色产品行为,保护酒店的合法权益。然而,市场上雷同的酒店产品很多。因此,品牌建设及其发展成功的因素是科学的管理模式、优秀的企业文化和不断创新的酒店产品。

3. 品牌可向顾客传递生活或工作方式

通常,品牌被赋予一种象征意义而影响消费者和组织购买者的生活和工作方式并为酒店带来长久的经济效益。根据调查,不同品牌的酒店,其产品功能与特色不同。这是由于酒店内外环境与设施的不同,房务产品布局和家具及用品不同,用餐环境和餐饮风格不同,酒店服务方法与程序等不同的原因。这样,通过顾客购买和使用酒店产品,酒店或酒店集团确实对购买者或享用者传递了某种生活或工作方式。从而,可能造成顾客的重复购买。

4. 品牌可为酒店或酒店集团带来收益

品牌是酒店或酒店集团的无形资产,虽然它不像土地、建筑物和设备等那样显而易见。然而,同样具有可交换的属性,产生价值,且用于投资并带来理想的收益。

四、酒店品牌分类

1. 根据品牌使用者分类

(1)酒店或酒店集团品牌

酒店或酒店集团自己创建和使用本企业创建的品牌称为酒店品牌。在品牌运营实践中,由于产品设计、产品质量水平和产品特色等都决定于酒店或酒店集团,加之市场的供求关系对酒店或酒店集团的营销效果影响等原因。因此品牌几乎都为酒店或酒店集团所有,特别是中型规模及以上的酒店或酒店集团。对于酒店集团而言,品牌的建立与发展是其生存与发展的关键。

(2)旅游中间商品牌

旅游中间商品牌是指旅游运营商、会展运营商和在线旅行服务商等企业的品牌。近年来,酒店产品,特别是房务产品,通过旅游中间商品牌进行出售呈明显增加的趋势。当然,旅游中间商品牌数量也出现明显的增加。随着市场经济的发展,酒店市场竞争日趋激烈,品牌的作用日益为人们所认知,旅游中间商对品牌拥有的欲望也越来越强烈。许多市场信誉较好的旅游中间商都争相设计并使用自己的品牌。通常,酒店或酒店集团在选用本企业品牌或旅游中间商品牌销售其产品时,关键要考虑是谁的品牌在产品分销链上占主导地位或拥有更高的市场信誉及拓展市场的潜能等。一般而言,酒店或酒店集团本身知名度和美誉度较高及其产品市场声誉较高的情况下,宜采用酒店或酒店集团的品牌。这种策略便于酒店或酒店集团建立市场信誉,建立消费者和组织购买者对其品牌的忠诚等。相反,对酒店资金缺乏、知名度和美誉度差及新进入市场的产品而言,多采用中间商的品牌,有助于酒店或酒店集团的产品迅速进入市场,特别是一些中小型酒店,在其产品特色尚不明显及竞争力不强和知名度不高的前提下更是如此。大多数酒店或酒店集团既采用本企业的品牌,也采用著名中间商的品牌以扩大本企业产品的销售量及市场知名度。

(3)特许公司品牌

特许公司品牌也称为母公司品牌或总公司品牌,是指品牌所有者将品牌的使用权授予品牌使用者并准许其在特定区域和特定的业务内使用。所谓特许,是特许经营的简称。特许经营是由酒店集团或酒店(母公司)与被联营的酒店(子公司)组成的联营。通常,母公司拥有垄断优势、著名的商标和品牌、雄厚的资金、特色产品、先进的管理技术和销售网络等。子公司常是一个独立的经济实体。这样,由母公司与被特许联营的酒店(子公司)以某种规定方式从事经营活动称为酒店特许联营。通过特许联营,母公司准予子公司生产和销售母公司的产品,授权使用母公司的品牌,而被联营的酒店需要每年向母公司支付专利费和管理费。

2. 根据品牌完整性分类

根据酒店品牌的完整性分类,酒店品牌可以分为完全品牌、文字品牌和标志品牌 3 个种类。完全品牌是指酒店品牌既有品牌的文字名称又有品牌的标志,这种酒店品牌是完整的,便于阅读和记忆。文字品牌只有品牌的名称而没有品牌的标志。标志品牌是指仅有品牌的标志而无品牌的文字名称。例如,五星级酒店的标志为 5 颗星(☆☆☆☆☆),而没有文字。

3. 根据品牌文字分类

根据品牌文字分类,酒店品牌可分为中文品牌、外文品牌和数字品牌等。中文品牌是指用中文表示的品牌名称,这种品牌广泛地被中国酒店及酒店集团所采用。在我国的外文酒店品牌中,目前已经有英语、法语和德语等外文的品牌,此类品牌使用者通常是跨国酒店集团。数字品牌是用数字表示的酒店品牌,由于阿拉伯数字有限,酒店的数字品牌容易出现雷同或相似。因此,不容易注册而获得法律保护,使得这种品牌的使用者的数量相对较少。有些跨国经营的酒店或酒店集团的品牌出现两种语言文字,例如英语和中文。这种品牌便于跨越语言障碍,方便他国顾客的识别,有利于拓展市场。

4. 根据品牌含义分类

根据品牌内在的含义,酒店品牌可以分为人名品牌、地名品牌、动植物品牌和企业名称品牌等。人名品牌是以人的姓名或姓名的一部分命名的品牌。一些酒店或酒店集团的品牌以企业创始人命名,例如,Hilton(希尔顿)。一些酒店以产品的发明者或设计者命名。还有一些酒店以被纪念和尊重的人名命名,例如, Buffalo Hotel(伯菲勒,著名的酒店创始人)。以地名命名的酒店品牌采用的地名多是酒店的所在地。例如,天津宾馆、首都宾馆、南京饭店等。以动植物命名的酒店品牌更具有企业本身的个性。例如,广州白天鹅酒店。

5. 根据品牌寓意分类

品牌寓意体现对购买者的告知,包括酒店各种产品的功能、使用效果及对顾客的关爱等。这种寓意也蕴含着酒店或酒店集团的经营理念和企业文化等。根据品牌的寓意,品牌可划分为产品功能型品牌、产品效果型品牌和酒店情感型品牌等。例如,瑞吉、豪华精选、皇冠假日等都是含有寓意的品牌。

五、酒店品牌设计原则

1. 简易性

酒店品牌设计要求品牌标记易于记忆、易于读取和易于理解,利于购买者识别,方便企业宣传并降低宣传成本。

2. 合法性

酒店品牌设计必须遵守所在国家和地区的法律和法规并向当地专利和商标管理部门申请注册。同时,在营销时,要注意品牌在使用地名、人名、数字和图案等方面的法律限制以及目标市场的习俗与禁忌等。

3. 独特性

酒店品牌应别具一格，简单醒目，具有独特性。同时，应该有新颖美观、感染力强等特点。从而，引起消费者和组织购买者的注意并可对其有深刻的印象。此外，品牌的文字和图形应富有个性，使顾客产生美好的联想以增强宣传的效果。例如，喜来登的标志“S”，出现在 70 多个国家。随着酒店市场的竞争，酒店或酒店集团能否创造自己的品牌和产品个性及企业形象关系到其营销的成功与失败。

4. 适应性

酒店品牌的发音和标志要符合各地区消费者的传统文化和风俗。否则，容易引起歧义而造成营销困难。因此，品牌设计人员必须广泛分析、认真研究各国和地区的价值观念、风俗习惯、审美情趣和文化传统等内容。

5. 提示性

酒店品牌名称应向消费者和组织购买者提示其产品所含的某种内涵或效用，体现品牌标志下的产品功能与特色。同时，应具有感召力。例如，“凯悦”代表优秀的产品和服务给顾客带来愉快和舒适。

6. 美观性

品牌设计应新颖美观。因此，要认真选择适合本品牌产品特点的符号和图案、文字形状等作为品牌的标志。例如，采用流行的色彩、明快的线条、精练的文字、抽象的图案，使品牌显示形象化和艺术化。

7. 稳定性

酒店品牌应具有稳定的品质。这样，有利于品牌进一步的延伸。因此，酒店或酒店集团在建设品牌时，应突出其产品的特点，考虑酒店品牌下的产品特点和使用价值等。同时，还应考虑企业的资源条件，使本企业的资源获得最佳利用。此外，酒店还应力图在品牌个性方面与竞争者有所区别，应当突出本企业的特色，营造自己品牌的优势。否则，顾客会将本企业品牌视作模仿而不予信任。

六、酒店品牌策略

近几年，随着国际酒店市场竞争的不断加剧和企业品牌意识的增强，酒店业品牌化的程度也在不断提高。

1. 品牌使用策略

酒店品牌使用策略是指酒店或酒店集团决定所有产品都使用一个品牌，还是各种产品分别使用不同的品牌。通常有以下 4 种可供选择的策略。

（1）统一品牌策略

统一品牌策略即酒店或酒店集团所有的产品，包括不同种类的产品都使用统一的品牌。采用统一品牌策略的企业常具有较强的竞争实力，其知名度和美誉度在国际与国内都比较高。因此，对于拥有较高声誉的酒店或酒店集团而言，采用统一品牌可以充分利用其名牌的效应，使其所有的产品都能获得一定的市场优势。这种策略有利于降低新产品的营销费用，有助于显示企业的实力，塑造企业的形象。然而，如果其中某一种产品出现了问题，就可能影响全部产品和整个企业的声誉。

(2)个别品牌策略

个别品牌策略是指酒店或酒店集团对每一种产品分别使用不同的品牌,酒店使用个别品牌可以避免在产品质量不同或目标市场差异等情况下,采用统一品牌所造成的风险。因此,个别产品应各自发展,即使一个产品声誉较差也不会影响其他产品及整个酒店集团或酒店的信誉。同时,可使酒店为每个新产品寻求最适当的品牌名称以吸引顾客。同时,对新产品的推广也十分有利。此外,还有利于酒店进一步开辟细分市场,满足不同顾客的偏好。但是,对树立统一的企业形象方面不利。

(3)分类品牌策略

分类品牌策略是指酒店集团对其不同类别的产品分别采用不同的品牌名称,以便在不同大类产品领域中树立各自的品牌形象。有时即使在同一类产品中,由于品质等级的差异,不同等级的产品也要使用不同的品牌。

(4)复合品牌策略

复合品牌策略是指将主品牌与个别(分)品牌结合起来使用。例如,在个别品牌前冠以企业名称而形成:主品牌+副品牌。根据调查,世界上许多酒店或酒店集团把复合品牌策略用于新产品的开发与上市。这样,可使新产品既能享受酒店或酒店集团已有的市场声誉,又可使各种新产品显示出不同的特色。

2. 品牌延伸策略

品牌延伸策略是指酒店或酒店集团利用其成功的品牌声誉来推出改良的产品或新产品的策略。根据统计,在跨国酒店集团中有2/3以上的企业采用品牌延伸策略来拓展酒店市场。酒店或酒店集团使用品牌延伸策略的优势在于有利于降低新产品的市场导入费用,可以使新产品借助成功的品牌市场信誉的前提下顺利进入市场。但是,当消费者或组织购买者不认可被延伸的品牌时,原品牌的市场信誉会受到一定的影响。

3. 新品牌策略

当酒店集团推出新产品进入市场时,常发现原有的品牌不适合新产品的功能、特点或价格时。酒店或酒店集团就要为新产品创建一个适合的品牌。

4. 多品牌策略

酒店集团有时为一种产品设计两个或多个品牌。这种多品牌策略的优点是多个品牌的总销售量之和会超过单一品牌的销售量。多品牌的缺点是如果每个品牌仅占很小的市场份额。那么,这种品牌策略毫无意义。

5. 合作品牌策略

合作品牌也称为双重品牌,这是两个或更多的品牌在一个产品上的联合策略。每个品牌的持有企业都期望与另一个品牌联合。这种策略适合刚进入市场的新品牌或竞争力较差的品牌。合作品牌策略的最大优势是可强化本企业品牌的优势。例如,海河假日酒店、万丽天津宾馆等。

6. 品牌再定位策略

品牌再定位策略是指全部或部分调整或改变品牌原有的市场定位的做法。根据研究,虽然酒店品牌没有市场生命周期。但是,这绝不意味着品牌设计出来就一定能持续到永远。为了使品牌能持续到永远,在品牌运营实践中必须适时并适势地做好品牌的再定位工作。受品牌的竞争和消费者与组织购买者需求变化等因素影响，即使某一酒店的品牌在市场上最初定位很好，随着时间的推移也需要重新定位。实际上，品牌再定位的目的是使现有产品具有与竞争者产品不同的特点，与竞争者产品拉开距离。因此，酒店进行品牌再定位时，主要考虑两个方面的影响。一方面，要考虑再定位的成本，即把原品牌从一个市场定位点转移到另一个市场定位点所支付的成本费用，包括改变产品品质与特点等的费用及营销费用等。一般认为，再定位距离原来市场定位点越远，其定位成本就越高。另一方面，要考虑再定位的营业收入和利润，即品牌在新市场位置上所增加的收入等。

本章小结

酒店产品是指提供市场与满足消费者和组织购买者需求和欲望的房务产品、餐饮产品和会展产品等。酒店产品由满足顾客需求的某种物质实体和非物质形态的服务构成。物质实体包括酒店建筑物、客房、设施、家具、用具、菜肴和酒水等，称作有形产品。非物质形态服务包括酒店的声誉与等级、环境与气氛、服务效率及礼节礼貌等，称为无形产品。

酒店产品具有多功能，主要表现在酒店整体多功能、客房多功能、餐厅多功能等。功能是指产品的效能和作用，是酒店产品最基本的特性。酒店具有多功能主要体现在住宿功能、餐饮功能、会议功能、展览功能、商务功能、健身功能、购物功能和休闲功能等。

酒店产品组合常称作酒店产品搭配，是指一个酒店或酒店集团提供给市场的全部产品线和产品项目，也称为酒店产品结构。酒店产品组合是随着市场的需求而变化的动态组合。根据研究，酒店产品的宽度、长度、深度和关联度对酒店的营销效果产生重大影响。因此，科学的酒店产品组合是酒店根据市场需求、市场竞争形势和企业自身的资源和能力对产品的宽度、长度、深度和关联度等方面作出的决策。

酒店产品市场生命周期简称为酒店产品生命周期，是指酒店产品的市场寿命，即一种新的酒店产品从开始进入市场到被市场淘汰的整个过程。酒店产品生命周期通常分为投入期、成长期、成熟期和衰退期 4 个阶段。品牌是用来识别某个酒店或酒店集团的产品或服务并使之与竞争对手的产品或服务形成对比的商业名称及标志。通常由文字、标记、符号、图案和颜色等要素构成。酒店品牌是一个集合概念，它由品牌名称和品牌标志两部分组成。

思考题

1. 名词解释

酒店产品　房务产品　餐饮产品　酒店品牌　酒店产品生命周期　酒店产品组合

2. 问答题

①简述酒店产品特点。

②简述酒店产品线。

③简述合作品牌策略。

④论述酒店产品组成。

⑤论述酒店产品线决策。

⑥论述酒店品牌策略。

⑦根据酒店产品生命周期论述各阶段的营销策略。

第八章

产品价格制定与调整

价格是酒店市场营销组合的重要因素之一，而价格决策是酒店市场营销策略的重要组成部分，它关系到酒店的产品销售和利润等问题。随着酒店市场营销环境的发展与变化，酒店产品价格的制定与调整不仅要考虑成本补偿问题，还要关注目标顾客的接受能力与酒店在市场中的竞争力。

第一节　价格影响因素

价格是价值的表现形态，价值是价格的基础。酒店产品价格的构成包括各种成本、费用、税金和利润等。任何酒店产品价格决策，除了先由决策者根据企业自身的考虑而提出设想外，还必须顾及对酒店产品价格制约或促成的各种客观因素。因此，酒店产品价格决策既受到企业内部因素的影响，也受外部环境因素的制约（见图 8-1）。酒店或酒店集团内部因素包括酒店类型、酒店等级、营销目标、产品成本、营销组合和定价机制等。外部因素包括坐落环境、需求与价格弹性、市场竞争、宏观环境、政府政策和顾客心理等。

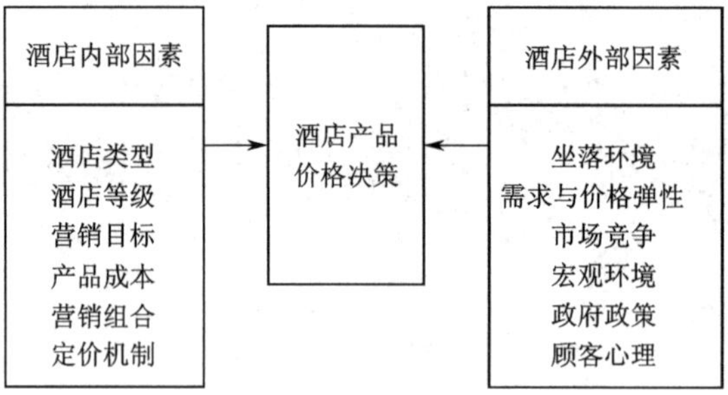

图 8-1　影响酒店产品价格的因素

一、酒店内部影响因素

1. 酒店类型

不同类型的酒店，其产品价格不同。商务酒店主要的目标顾客是商务与公务人员及参加会展的人员等，常坐落在城市交通便利的商务区域。其设施设备和服务项目齐全，有各种客房、中式和西式餐厅、各种规模和功能的会议室、酒吧和康乐设施等。这种酒店注重通信设施、商务设施、会议设施、交通工具及相应的住宿服务、餐饮服务和会展服务等。高星级商务酒店的房务产品价格相对较高且房价波动幅度相对较小。

度假酒店常位于交通方便、气候宜人的风景名胜地区或名山秀水附近，主要的目标顾客是度假、休闲和会议顾客。其产品特点是提供休闲的环境、舒适的房间、特色的餐饮及完善的康乐设施。度假酒店产品价格常随季节及平日与假日的不同而变化。在旅游旺季,酒店的房价可以高于平时的价格。在淡季,房价会大幅度下降,甚至仅能维持变动成本。

长住酒店是适应长期住宿顾客的需要,常坐落在交通方便的城市或郊区,房间以套房为主。这种酒店的特点是,套房内的设施比商务酒店齐全,厨房有炉灶和冷藏箱,有小型洗衣房并装有洗衣机和烘干机等。长住酒店产品计价方法和服务方法都比较灵活,房价可以以天、周、月、季度或年为计算单位。其房务产品不论以任何形式计价,价格都比较平稳。

2. 酒店等级

通常,酒店产品的价格和酒店等级有一定的联系。一般而言,酒店的级别越高,目标顾客的消费能力就越强。在国际上,酒店常分作 4 ~ 5 个级别。我国、美国和欧洲的部分国家,酒店一般分为 5 个等级。它们是一星级(一钻石级)酒店,二星级(二钻石级)酒店,三星级(三钻石级)酒店,四星级(四钻石级)酒店和五星级(五钻石级)酒店。酒店星级(钻石级)越高,酒店的等级越高。其设施与产品功能越全面,建筑物与装饰越豪华,服务越周到。其产品的成本及价格也越高。

3. 营销目标

酒店或酒店集团营销目标是影响酒店产品价格的重要因素,不同种类与等级的酒店,其营销目标不同。当然,同一类别和级别的同一种酒店产品,由于业务的淡季或旺季及不同,顾客购买产品时间、数量和品种等不同的原因,产品的价格也会不同。因此,酒店或酒店集团的营销目标越清晰,其产品的定价策略就越明确。通常,酒店产品的定价目标受酒店或酒店集团营销目标的影响主要包括以下几个方面。

(1)生存与发展

通常,酒店的价格策略与酒店产品面临的市场及发展阶段紧密相关。当酒店或酒店集团面临生产能力过剩、市场竞争激烈或顾客需求发生变化等问题时,酒店或酒店集团首先应考虑企业的生存问题。然后,考虑发展。在这种环境下,酒店的生存与发展比利润更重要。酒店首先要做的事情就是补偿其产品的变动成本及部分固定成本。一般而言,在经济萧条时期,一个拥有 300 间客房的酒店,其每晚理想的销售情况是,至少销售 180 间房务产品或是客房。当然,是在一定的价格前提下,基于一定的产品价格。如果每天的客房需求量下降至 120 间。那么,酒店营销管理人员会试图用最有效的营销策略摆脱销售量下滑的趋势。通常,在允许的条件下,酒店会降低房务产品的价格以保持一定的资金流动。

(2)投资收益与利润

每个酒店都要认真对待投资收益与利润。酒店或酒店集团之所以投资某项业务,其目的是希望在一定的时期收回投资并获得利润,当然,一些酒店期望在一定的时期获得最大的利润。通常,酒店及酒店集团的利润目标主要包括长期利润目标、短期利润目标和满意的利润目标。长期利润目标是指,酒店制定行业通用的产品价格并生产和营销优质的,甚至超过同类型或同级别产品质量和功能的房务产品、餐饮产品和会展产品以求在市场竞争中取胜。短期利润目标是指,酒店追求短期利润最大化,采取撇脂价格策略对产品进行定价。然而,对于当今的酒店业而言,这种定价方法越来越困难。满意的利润目标是指酒店或酒店集团为了获得长期的利润,避免价格竞争。在营销中,酒店或酒店集团制定一个比较适中的价格以保证企业获得长期和稳定的收益。

(3)市场占有率

一些酒店或酒店集团降低产品价格以便把竞争者的顾客吸引到本企业,使本企业的市场占有率达到较高的份额。这一目标是,随着企业的市场占有率不断提高,酒店或酒店集团可积累更多的生产和营销经验,使其成本不断下降,而成本的降低可进一步导致利润的增加。此外,酒店或酒店集团制定较低的产品价格也是为了阻止新的竞争者进入同一市场。例如,在澳大利亚黄金海岸的万豪酒店曾经将其标准客房的价格定为99美元。半年后,其价格增长了近1倍。由于该酒店在产品的营销初期采用了较低的价格和较高的质量策略,从而,该酒店的标准客房质量和功能得到了市场的青睐,产生了较高的需求。因此,该酒店的标准客房价格逐步上升至理想的价格。实际上,这种定价策略不是直接使用价格竞争的方法,而是将价格策略与其他因素进行捆绑来获得更理想的收益。

(4)质量与特色

通常,酒店产品价格与产品质量和特色等因素相关。一些酒店或酒店集团为了在市场上树立良好的企业形象,常在产品开发、生产和促销等阶段投入较高的成本以生产和营销优质并具有顾客理想功能的产品。然后,为本企业产品制定较高的价格,这种较高的产品价格又进一步提高了企业的形象并增加了对高消费顾客的吸引力。例如,某地区的丽思卡尔顿酒店每间标准客房的建筑成本约为50万美元,而其培训和雇用的高素质员工的薪酬和费用也高于同级别的酒店。从此,丽思卡尔顿酒店成为高端消费者和组织购买者的理想消费场所。同样的,美国四季酒店将本企业定位成豪华级酒店。该酒店的每间客房价格都高于同级别的其他商务型酒店。相反,经济型酒店的客房价格为实惠型或经济型。因为,经济型酒店将其服务模式定位为满足顾客的最基本的需求,而称为有限服务的酒店。

4. 产品成本

通常,在酒店产品的价格构成中,成本常作为定价的基础。因此在价格决策中,酒店或酒店集团营销管理人员必须掌握酒店产品的各种成本和费用。例如,产品总成本是酒店或酒店集团在产品的制作和营销中所支付的总费用,总成本包括固定成本和变动成本。固定成本是指酒店或酒店集团固定开支的总和。例如,每月支付的租金、管理人员的薪酬及设备的折旧费等。通常,固定成本在一定的时期和一定的业务量范围内不随酒店产品的生产或销售收入变化而变化。变动成本是酒店或酒店集团直接用于产品生产和销售的各种费用总和,包括能源费,低值易耗品和食品原料成本及临时职工的开支等。变动成本的特点是随着酒店或酒店集团生产和销售数量的变化而成正比例变化。例如,如果酒店的客房销售量增加一倍,其所需的客房服务员、客房的消耗品等成本及销售佣金也会相应地增加。当变动成本表现在每一个单位产品时,称其为单位变动成本。例如,制作某一个菜品使用的食品原料成本和能源成本等。通常,固定成本是分摊在酒店的产品中。这样,在一定的生产范围内,酒店产品的生产量越大,其每个产品所分担的固定成本份额就会越少。因此,酒店产品单位成本常随着企业的生产规模不同而变化。此外,生产经验、技术经验和管理经验的积累会使酒店产品的生产效率不断提高。不同的生产和管理经验积累水平将会影响酒店产品的生产和营销成本。从而,影响酒店产品的价格。根据调查,顾客通常不会考虑酒店的运营成本而关注的是产品价值。因此,酒店营销管理人员必须谨慎地控制产品成本。如果其生产与销售的成本高于其他竞争者。那么,这个酒店的产品价格就会高于其他同类酒店而可能失去市场吸引力。因此,一些酒店或酒店集团为了更清楚地了解产品价格与成本之间的关系,开发了制定价格的软件。

5. 营销组合

价格是酒店或酒店集团基于经营目标的营销组合的重要内容之一。因此,酒店或酒店集团在制定产品价格时,必须考虑营销组合中的所有因素。首先,要考虑产品的内涵、类型和特点等。例如,客房面积、朝向、位置、设施、家具、用品及客房服务等代表不同的房务产品质量、功能与特色。不同质量与功能的房务产品,其价格应当不同。在制定餐饮产品的价格时,由于原材料的品种与质量、用餐环境和设施的不同,生产与服务技术等不同,其产品质量与特色区别很大,其价格必然不同。综上所述,酒店产品的质量、功能与特色及销售渠道和促销方式对产品价格有重要影响。通常,酒店销售渠道常由一个或几个中间商组成,酒店或酒店集团对这些中间商的营销活动必须给予相应的补偿。因此,酒店或酒店集团在制定产品价格时,不仅要考虑最终消费者愿意支付的价格,还要关注中间商需要的各种费用。此外,促销费用是酒店产品价格构成的另一个重要因素。由于酒店或酒店集团营销范围不断扩展,酒店市场竞争日益加剧,从而促销费用在酒店产品价格中的构成比例有不断增加的趋势。最后,在酒店产品处于不同的生命周期阶段时,其产品的促销费用也不相同。所以,这些因素都会影响酒店产品的价格水平。

6. 定价机制

酒店产品的定价机制对酒店产品价格具有一定的影响。所谓定价机制是指由谁来定价,根据什么程序来定价及如何利用市场信息进行反馈和交流等。一般而言,小型酒店由酒店高层管理者制定价格,而大型酒店通常在总经理或副总经理的指导下,由营销部和财务部总监等组成的价格制定小组负责制定酒店产品的价格。通常,酒店产品价格制定小组成员还包括房务部经理、餐饮部经理和会展部经理等。一些酒店集团常由营销中心主任或地区营销总监等根据集团的营销策略和其他影响因素制定集团内的产品价格的范围。根据需要,酒店的一线业务管理人员,可根据酒店集团或本企业的营销战略或价格原则,在市场需求旺季或某时段,做一些价格的调整。其价格可以超过该酒店同类产品的平均价格,而在需求淡季或某时段,其价格可低于该酒店同类产品的平均价格。然而,酒店不论如何制定产品价格或实现价格目标,其营销管理人员必须争取完成或超过预计的年度销售额。当今,一些酒店由财务部门和营销部门联合组成收益管理部门,并且与有关业务部门互相合作制定出既有营销力度,又有最佳收益的产品价格。

二、酒店外部影响因素

1. 坐落环境

酒店产品价格的主要影响因素之一是酒店的坐落位置。美国著名的酒店管理企业家,酒店管理之父——艾尔斯沃斯·米尔顿·斯塔特勒(Ellsworth Milton Statler)(见图8-2)在多年的成功营销中总结出一个重要规律:“酒店营销成功的要素是坐落环境。”可见,酒店的坐落环境的优劣是酒店营销成功的关键。根据调查,坐落在优秀的地理位置和环境的酒店,与相同类型、相同级别和相同价格但位置不同的酒店相比,客房销售率高。同时,对于同等质量和功能的房务产品,其价格可以高于其他区域的酒店。坐落在环境较差的酒店,由于交通原因或经济因素等,酒店的客房销售相对较低,顾客消费能力也低。在这种情况下,酒店就必须采取较低的产品价格来吸引顾客。

2. 需求价格弹性

经济学意义上的需求是指具有支付能力的需求。因此,酒店产品的价格对需求的影响至关重要。

通常,成本是制定酒店产品价格的下限,而市场需求是酒店制定产品价格的上限(见图8-3)。无论是消费者还是组织购买者都会将酒店产品的价格与拥有该产品所获得的利益进行对比,权衡得失。因此,在酒店制定产品价格时,营销人员必须了解价格与需求之间的关系。在完全竞争的市场条件下,酒店产品价格完全在供求规律的自发调节下形成,企业只能随行就市定价。其次,酒店在制定价格时必须考虑消费者和组织购买者对产品价格和价值的感受及其购买决策。换言之,酒店产品的定价必须以消费需求为中心。由于消费者和组织购买者在选购酒店产品时,通常要将价格与价值(消费者所感受的价值)相比较。这样,只有在他们感到值得购买时才会购买。此外,酒店产品价值可分为实际价值和消费者感受价值,两者并不总是一致的。因此,酒店在制定产品价格时,不应仅根据其实际价值和成本,还必须考虑市场需求的强度和消费者的心理因素等,而了解消费者的心理,在很大程度上要根据营销者的经验和智慧来完成。同时,酒店价格制定者必须了解需求的价格弹性。所谓需求价格弹性是指产品价格变动对市场需求量的影响。根据调查,不同的酒店产品市场需求对价格变动的反应不同,也就是弹性大小不同。当需求的价格弹性大于1时,则弹性较大。当需求的价格弹性小于1时,则弹性较小。

图 8-2　斯塔特勒

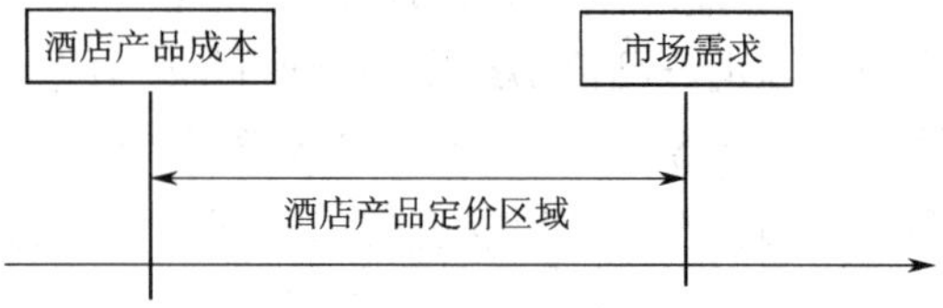

图 8-3　酒店产品定价区域

许多酒店营销管理者认为高星级酒店产品属于富有弹性的产品,包括房务产品、会展产品和餐饮产品等均属于弹性较大的产品。而大众化的酒店产品(经济型酒店和大众餐饮)弹性较小。例如,某四星级商务酒店标准客房的价格下降12.8%,从780元下降到

680 元,需求量从平均每天 126 间增加至 172 间,每天的销售量约增加 36.5%,其价格弹性为 2.85,说明高星级商务酒店的房务产品需求价格富有弹性(见图 8-4)。相反,某经济型酒店的标准客房每天的价格从 320 元下降到 280 元,价格下降约 12.5%,销售量从平均每天 76 间增加至 81 间,销售量约增加 6.6%,经济型酒店标准客房需求的价格弹性约为 0.5,说明经济型酒店标准房务产品的需求缺乏价格弹性(见图 8-5)。然而,当消费者或组织购买者意欲购买的酒店产品独具特色时,他们对价格的意识相对而言比较淡薄。例如,坐落在某一区域的酒店,由于该酒店的地理位置优越,顾客对该酒店的价格意识就会比较淡薄,允许该酒店的产品价格高于同类型或同级别产品价格的一个合理的范围。当然,在不易找到代用品或不容易对代用品的质量进行比较时,购买者对酒店产品的价格意识也常表现得比较淡薄。此外,在顾客的总消费中,酒店产品的消费额所占比例较低或顾客的酒店消费由他人承担时,购买者对酒店产品的价格意识也比较淡薄。

$$\text{需求价格弹性} = \frac{\text{需求量变动百分比}}{\text{价格变动百分比}} = \left|\frac{(Q_2 - Q_1)/Q_1}{(P_2 - P_1)/P_1}\right|$$

式中　Q_1——原需求量;

Q_2——需求变动量;

P_1——原价格;

P_2——价格变动量。

$$\text{高星级商务酒店标准客房需求价格弹性} = \frac{36.5\%}{12.8\%} = 2.85 > 1$$

$$\text{经济型酒店标准客房需求价格弹性} = \frac{6.6\%}{12.5\%} = 0.53 < 1$$

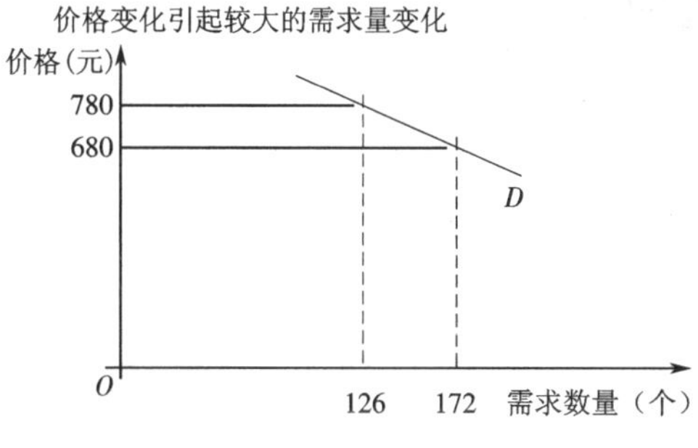

图 8-4　高星级酒店房务产品需求价格弹性

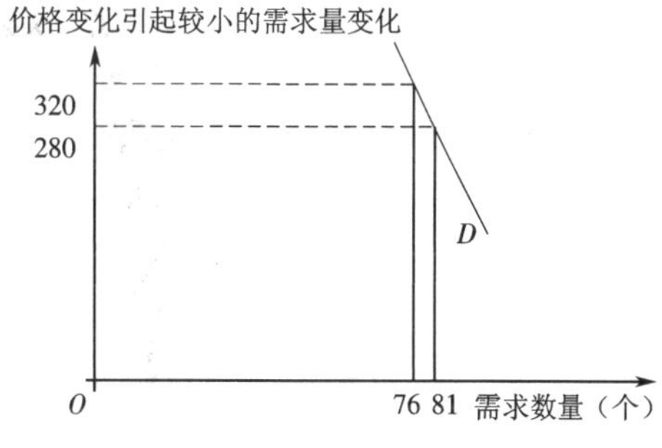

图 8-5　经济型酒店房务产品需求价格弹性

3. 市场竞争

市场竞争是影响酒店产品价格决策的另一个重要的外部因素。这一因素又可分为竞争者和竞争环境等两个方面。所谓竞争者一般是指那些与本企业提供的酒店产品相似并且目标市场也基本相同的其他酒店,而竞争环境是指酒店生存与发展的外部环境。酒店在制定产品价格时,必须考虑竞争者的成本与产品价格及对本企业价格变动可能作出的反应。一般而言,顾客在选购酒店产品时,总要在同类产品中比质和比价。基于以上原因,酒店在制定产品价格前应派出专业人员调查产品的价格,收集竞争者的价目表及询问购买竞争者房务产品、餐饮产品和会展产品的顾客对价格与质量的意见并进行对比分析和研究，也可征询顾客对具有代表作用的品牌酒店的产品质量和价格的认识及意见。

4. 销售方式

根据调查，酒店产品的价格策略常与销售方式有一定的联系。酒店营销人员或一线服务人员在销售房务产品、餐饮产品和会展产品时，常采用交叉销售和升级销售方式。交叉销售是指通过满足顾客的多种需求而实现酒店多种相关产品的销售。这种销售方式源于银行业和保险业。由于顾客在购买银行产品或保险产品时需要提交个人资料，因而，这些信息可用来进一步分析顾客的需求并为顾客提供更多和更好的服务。交叉销售的实质是在拥有一定信息资源的情况下向顾客进行的一种推销手段。这种方法是一种有效的收益管理方法。在交叉销售中，酒店营销人员或服务人员可对顾客交叉销售一些相关的产品，为顾客提供方便，使顾客更加满意。例如，向会议组织者销售会议产品时，向其推销不同种类的房务产品和餐饮产品并给予一定的价格优惠；向购买餐饮产品的顾客提供套餐菜单。套餐菜单的价格比零点同样的餐饮产品节省约15%的费用（见图8-6）。升级销售是指根据顾客过去的消费爱好，为其提供更高价值的房务产品、餐饮产品和会展产品等以激励其消费和购买。例如，向顾客销售房务产品时，向其推销更高级别的产品并给予一定的价格优惠等。升级销售的关键是营销人员或服务人员要把握好销售时间和机遇。一个成功的升级销售不仅为酒店带来收益与利润，还增强了顾客对酒店的忠诚度。酒店实施升级销售，管理人员需要对一线营销人员或服务人员进行培训。同时，当员工销售成功后，酒店应给以员工相应的报酬和奖励。

图8-6 咖啡厅套餐菜单

5. 产品价值

根据调查，酒店产品价值影响酒店产品的价格。一般而言，酒店的产品价值包括产品属性、产品功能和产品特色等。如果酒店与其他企业销售同级别的产品条件下，提高本企业产品内在的价值和功能及创造本企业产品特色，可为酒店或酒店集团带来更加宽阔的价格空间及吸引更多的个人消费者和组织购买者。

6. 商务支付

商务支付全称为商业支付效应，是指企业或组织机构为外出公务人员的住宿和餐饮付款而使这一类消费者对酒店产品价格产生的效应。根据统计，这类消费人员愿意购买质优价高的房务产品和餐饮产品等并且对酒店产品的价格失去或部分失去敏感性。因此，酒店在制定产品价格时，决策者应充分了解顾客的类型及其愿意支付的额度。

7. 最终利益

所谓最终利益，是指顾客的最终利益，而不是酒店的最终利益。酒店在制定产品价格时，决策人员应关注顾客的最终利益。一般而言，顾客在酒店消费时，如果其购买的产品支出占其外出或旅游的总费用较小的部分或占非货币收益的重要因素，其对酒店产品的价格敏感度相对减弱。因此，酒店在制定产品价格时应关注不同顾客的最终利益。例如，当父亲或母亲为其子女策划婚宴时，通常力求完美，不希望有尴尬的局面出现。这时，他们对酒店婚宴产品的价格敏感度有所下降。同样，一对夫妇去旅游，如果其机票和其他旅游项目的花费较高，而每晚的住宿费用占其旅游总支出的很少一部分。那么，他们对酒店产品的价格敏感度会相对减弱。

8. 其他影响因素

根据调查，除了以上各种因素影响酒店的产品定价外，还有一些关键因素影响酒店价格的制定，包括国内或国际的经济发展状况及是否出现通货膨胀、利息率的高低、地区政府的物价政策等因素。这些因素影响酒店产品的生产成本，影响顾客对产品价格和价值的理解。此外，政府相关政策和法规也是影响酒店产品定价的重要因素之一。例如，《中华人民共和国价格法》第十四条第一款规定，经营者不得相互串通，操纵市场价格，损害其他经营者或者消费者的合法权益。

第二节　定价原则与方法

把握影响产品定价的各种因素是酒店进行价格策略的必要条件，而酒店产品价格的确定应具有一定的原则和方法。

一、酒店产品定价原则

1. 价格应反映产品价值

酒店任何产品的价格首先应以成本为基础，高价格的产品必须反映优秀的酒店环境、高规格的设施和设备、周到与专业的酒店服务等。否则酒店产品将不会被顾客信任从而不再被购买。一些高星级酒店的产品价格参照了声望定价法和心理定价法，将产品的价格上调一部分。酒店产品价格制定者应当特别注意，产品价格过分偏离成本将失去它应有的意义和营销作用。

2. 价格应适应消费者需求

酒店产品价格必须紧密联系酒店的级别、功能和特色。通常，三星级及以下的酒店属于大众化的酒店产品，其房务产品和餐饮产品等的价格必须是大众可接受的。高星级酒店的房务产品，在空间、设施、家具和服务等方面都应精心设计。其硬件和服务质量都应当是专业化和高水平的。高星级酒店的中餐厅和扒房,其菜肴要经过精心制作,使用高规格的食品原料,用餐环境幽雅,服务周到。由于高级别的餐饮产品不论在变动成本还是固定成本都高于大众化餐厅。因此,其菜单价格高于普通餐厅可以被顾客接受。一些酒店营销不善的原因是其产品价格超过了目标顾客的接受能力,从而不适应顾客的消费需求。

3. 价格应具有一定的稳定性

酒店产品价格应具有一定的稳定性,不要随意调价。否则,其产品和价格将不被顾客信任。当酒店产品的成本上升时,其产品价格可以上调。但是,根据对顾客的调查,每一次酒店产品价格的上调幅度最好不要超过 10%。同时,酒店为了保持产品价格的稳定性,应尽力挖掘人力成本和其他经营费用的潜力。同时,应尽量减少价格上调的幅度或不上调,保持产品价格的稳定性。

二、酒店产品定价程序

通常,酒店通过 5 个步骤制定产品价格以使其产品更有营销力度。酒店定价程序主要包括确定价格目标、分析与预测价格需求、估计成本与利润、评估营销环境,选择定价方法,确定最终价格(见图 8-7)。

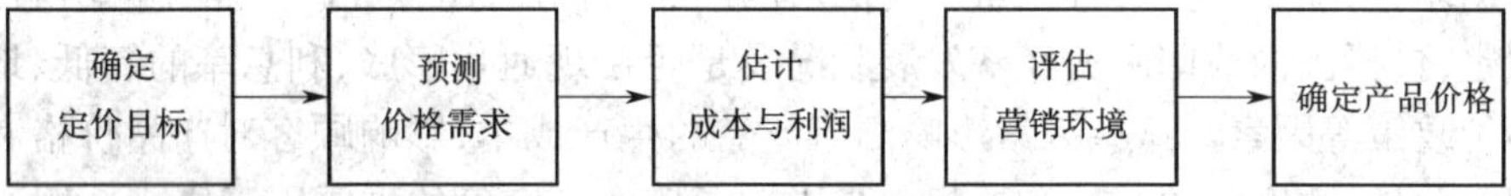

图 8-7　酒店产品价格制定程序

1. 确定价格目标

价格目标是指酒店产品价格应达到的营销目标和收益目标。长期以来,酒店产品价格受到成本和目标市场承受力等两个基本条件的限制。因此,酒店产品价格范围必须限制在两条边界内。这样,在确定酒店产品价格时,成本是酒店定价的最低限,而目标市场价格承受力是酒店定价的最高限。当然,不同级别和不同种类的酒店有着不同的目标市场和定价目标。同一类型或级别的酒店在不同的营销时期,也有不同的收益目标。因此,酒店应权衡利弊后加以选择。此外,酒店产品价格目标不应仅仅限制在销售额目标或市场占有率目标等方面,还应考虑到酒店的可持续发展。

2. 预测价格需求

不同地区、不同时期、不同消费目的及不同消费习惯的消费者与组织购买者对酒店产品的价格需求不同。因此,酒店在制定产品价格前,一定要明确价格影响因素,制定切实可行的产品价格。营销人员必须要调查和预测顾客对不同酒店产品的价格需求及他们理解价格与需求间的关系情况。通常,酒店产品的价格与需求为反比关系,即价格上升,需求量下降;价格下降,需求量上升。当然,价格变化对不同类型和级别的酒店产品需求量的影响程度不同。根据酒店产品的销售统计,高消费的酒店产品通常富有价格弹性。因此,对于这一类产品可通过降价提高销售量。从而,提高酒店销售总额。经济型酒店房务产品和大众化餐厅的餐饮产品价格弹性小,对于这一类产品通过降价不会提高销售量,也不可能提高销售总额。但是,通过适当的提高价格和质量,增加产品的功能与特色,可能会增加其销售量和销售总额。

3. 估计成本与利润

酒店产品成本与利润是产品定价的关键因素，其中成本是基础，利润是目标。当然，酒店产品销售还取决于市场需求，而市场需求又受价格制约。因此，酒店产品价格决策者在制定产品价格时，一定要明确产品成本与市场需求的关系，确定成本、利润、价格和需求之间的相互联系。

4. 评估营销环境

酒店产品价格不仅取决于市场需求和产品成本，还取决于企业的外部环境，包括通货膨胀、经济增长、消费者信心和竞争者情况等。了解这些因素，有助于酒店产品价格的制定。在经济萧条时期，顾客对酒店产品价格的敏感度高。此外，酒店所处的竞争环境也是影响价格决策的重要因素，尤其是那些容易经营，利润可观的产品更是诸多酒店竞争的焦点。因此，酒店管理人员在制定价格前，要深入了解竞争对手的产品质量与功能、设施和设备的配备及工作人员的技术和管理水平等并作出评估。当然，消费倾向、消费习俗及人口因素也是影响酒店产品价格不可忽视的因素。

5. 确定产品价格

完成了以上 4 个环节后，酒店营销管理人员还应选择适当的价格制定方法并确定最终价格。

三、酒店产品定价组织

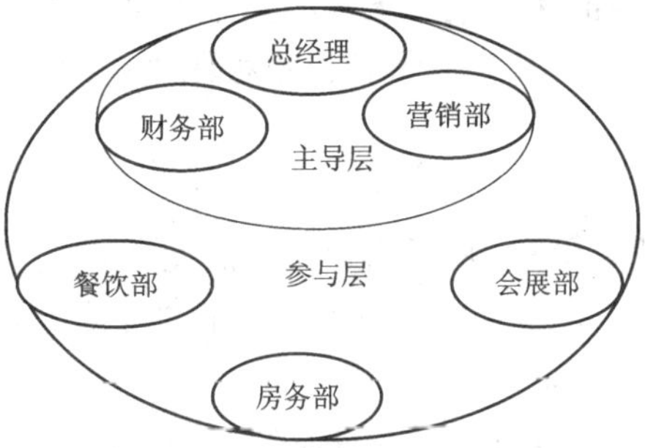

图 8-8　酒店定价组织

通常，酒店产品定价组织在酒店总经理或副总经理的领导下，由财务部、营销部和其他一线业务部门组成（见图 8-8）。在酒店产品的价格制定中，营销部和财务部的沟通合作是酒店准确定价的基本保证。在定价中，财务部从产品成本和企业利润的角度提出对不同产品的价格意见，而营销部主要从顾客价值认知、价格反应和竞争者的产品质量与特点及价格等因素出发，寻求产品价格及其销售量、市场占有率、市场认知等的相互关系。同时，房务部、餐饮部和会展部等一线业务部门结合本部门的产品成本和产品功能与特色及顾客对产品的认知等情况提出一些价格建议。根据调查，酒店财务人员通常偏好较高的产品价格，而营销人员常持相反的意见。在营销部内，基层的销售人员往往比他们的经理更偏好较低的产品价格，尤其是当某些产品的功能和特色与其他企业同质化时更加如此。

四、酒店产品定价方法

酒店产品定价方法是酒店在特定的价格目标下，依据成本、需求与竞争等 3 个主要因素，运用价格理论，对酒店产品价格进行决策的具体方法。酒店价格制定主要包括 3 种方法:成本导向定价法、需求导向定价法和竞争导向定价法。

1. 成本导向定价法

成本导向定价法是酒店常用的定价方法。众所周知,成本是酒店生产和营销所发生的各种费用,客观上要求酒店通过房务产品、餐饮产品和会展产品等的销售得到补偿并获得大于支出的收入。当然,超出成本的部分为利润。通常,以成本为导向的定价方法主要包括成本加成定价法、食品成本率法、边际成本定价法和目标收益定价法。

(1)*成本加成定价法*

成本加成定价法简称为成本加成法,是指在酒店单位产品的总成本(生产成本和销售成本)的基础上,加上一定的单位产品目标利润额来确定产品价格。其计算公式为

$$\text{单位产品价格} = \text{单位产品成本} + \text{单位产品目标利润额}$$
$$= \text{单位产品成本} \times (1 + \text{目标利润率})$$

其中

$$\text{单位产品成本} = \text{单位产品变动成本} + \text{单位产品固定成本}$$

通常,酒店使用成本加成定价法时,关键要确定合理的目标利润率,而目标利润率的确定必须考虑市场环境和行业特点等多种因素。通常,酒店业的某一种房务产品或餐饮产品等在特定市场以相同的价格出售时,成本较低的酒店可获得较高的利润。在进行价格竞争时还可拥有较大的回旋空间。这种定价方法体现了以产品价值为基础的定价原则。在成本加成的基础上制定出来的价格对买方和卖方都比较公平,卖方可得到正常的利润,买方也会觉得价格趋于合理。其次,简化了定价工作,便于酒店经济核算。然而,运用这一方法计算价格,对成本的确定是在假设销售量达到某一水平的基础上进行的。如果某种酒店产品销售出现困难,则预期利润很难实现,甚至成本补偿也很困难。此外,成本加成法不适应市场竞争的变化。

(2)*食品成本率定价法*

食品成本率定价法简称食品成本率法或系数定价法,是酒店业常用的定价方法。这种方法多用于餐饮产品的定价。其特点是简便易行。基于食品成本率制定的餐饮产品价格程序如下。

①确定本企业餐饮食品成本率,参考本地区同类与同级酒店的餐饮产品价格,考虑区域经济特点和顾客消费能力与需求。例如,我国经济发达地区的三星级酒店餐饮产品食品成本率约为30%,经济欠发达地区的三星级酒店餐饮成本率平均为35%~40%。

②确定餐饮产品的定价系数,将餐饮产品的价格定为100%,计算方法是将价格除以本酒店或其中某餐厅的食品成本率。

③计算餐饮产品的价格,将食品原料成本乘以定价系数(见表8-1)。

$$\text{餐饮产品价格} = \text{食品原料成本} \times \text{餐饮定价系数}$$

$$\text{定价系数} = \frac{100\%}{\text{食品成本率}}$$

$$\text{食品成本} = \text{主料成本} + \text{配料成本} + \text{调料成本}$$

$$\text{食品成本率} = \frac{\text{食品成本}}{\text{销售价格}}$$

在餐饮产品的定价中，为了增加收益，可对不同种类的菜肴或酒水实行不同的食品成本率标准。通常，高消费的餐饮产品食品成本率可以高些。例如，葱烧海参的食品成本率可以高达45%或更高。汤和甜点及价格较低的餐饮产品的食品成本率可以低些，约25%或更低。

表8-1　餐饮产品定价系数与食品成本率对照表

系数	食品成本率	系数	食品成本率
3.33	30%	2.63	38%
3.23	31%	2.56	39%
3.13	32%	2.50	40%
3.03	33%	2.44	41%
2.94	34%	2.38	42%
2.86	35%	2.33	43%
2.78	36%	2.27	44%
2.70	37%	2.22	45%

(3)边际成本定价法

边际成本定价法简称边际成本法，也称为变动成本定价法。它是以变动成本为依据，结合酒店产品的边际贡献制定产品的价格。边际贡献是指产品销售的总收入与总变动成本的差额。这样，边际贡献减去补偿固定成本的部分，即为酒店的利润。当边际贡献小于固定成本时，就会出现亏损。通常，即使是亏损，也可补偿一部分的固定成本。这种计价方法的特点是，仅以变动成本作为定价基础，市场渗透力较强，在旅游淡季或业务清淡的时段酒店常采用，目的是降低单位产品的价格，增加销售量以提高业务淡季或者清淡业务时段的销售额和利润。

产品价格 = 变动成本 + 边际贡献

边际贡献 = 固定成本 + 利润

(4)目标收益定价法

目标收益定价法简称目标收益法。这种定价方法主要考虑的是酒店的目标收益。采用这种方法是根据酒店的投资总额、预期的销售额及投资回收期等因素确定产品价格。这种定价方法的特点是，较少考虑市场竞争和需求，仅从保证酒店投资效益为出发点制定产品价格。根据研究，这种定价方法对于需求弹性较小的经济型酒店房务产品等较为实用。目标收益法计算公式为

单位产品价格 = (总成本 + 目标收益额)/预期销售量。

2. 需求导向定价法

现代市场营销观念要求酒店业的一切生产和营销必须以目标顾客需求为中心，并在产品、价格、分销和促销等方面予以充分体现。因此，酒店产品定价仅考虑成本而不考虑市场竞争及顾客需求的方法，不符合现代酒店营销观念。所谓需求导向定价法，也称为市场导向定价法或顾客导向定价法，是指根据市场需求和顾客对产品的认知差异来确定酒店产品价格的方法。这种方法的特点是灵活有效地运用价格差异。对于成本相同的酒店产品，其价格可随顾客所处的环境及对产品价值的感受变化而调整。酒店产品需求导向

定价法主要包括理解价值定价法、需求差异定价法和需求倒算价格法等。

(1)理解价值定价法

理解价值定价法简称理解价值法。所谓理解价值,也称作感受价值或认知价值,是指消费者或组织购买者对某种酒店产品价值的主观评价。因此,理解价值法就是以消费者和组织购买者对某种酒店产品价值的理解程度为定价依据,运用各种营销策略和手段影响顾客对酒店产品价值的认知,形成对酒店有利的价值观念。然后,再根据酒店产品在消费者和组织购买者心目中的价值来制定价格。一般而言,不同的顾客对酒店产品的价值理解程度不同。这时,酒店可运用各种营销策略影响顾客对产品价值的认知和理解,形成有利于卖方的价值观念。例如,在高星级酒店的餐厅或酒吧,一罐啤酒的价格可能是零售商的3~4倍。但是,仍然有部分顾客接受。这些顾客认为,该啤酒的价值不仅是啤酒本身的价值,还包括酒店的声誉、优秀的用餐环境、优质并具有特色的设施及周到且专业的服务等。理解价值定价法的关键和难点是获得消费者和组织购买者对产品价值理解的准确资料。如果酒店过高估计消费者或组织购买者对某种酒店产品的理解价值,其价格可能定得过高。这种情况的发生难以达到产品应有的销售量。反之,若价格决策者低估了顾客对某种酒店产品的理解价值,其价格可能低于应有的水平,使酒店收益减少。因此,酒店必须通过广泛和深入地了解各种产品的需求及产品价值被顾客认知的情况。

(2)需求差异定价法

酒店常以服务对象、销售时间和销售地点等需求差异作为参考依据以制定各种产品的价格。例如,酒店根据不同的旅游团队、散客或长住顾客等对房务产品需求的差异及根据旅游淡季和旺季对各种酒店产品的需求差异制定价格。同时,酒店还根据不同的消费者和组织购买者对不同的餐次(早餐、午餐和正餐)需求差异制定不同的价格。所谓需求差异定价法,简称为需求差异法,是指酒店产品价格的确定必须参考顾客的需求并适应市场需求。同时,酒店对同一产品在同一市场上可制定不同的价格。这种定价方法的优点是,可使酒店产品的价格以最大限度地符合市场需求并促进酒店产品的销售而获取最佳的经济效益。由于需求差异定价法针对不同需求而采用不同的价格以实现顾客的满足感,从而可酒店谋取更多的利润。因此,需求差异法在实践中得到广泛的运用。然而,需求差异法在某种程度上会影响顾客与酒店的良好关系。从而,影响顾客对酒店的满意度和信任度。需求差异定价法通常可有以下几种形式。

①以顾客为基础的差别定价。这种定价方式是指对同一酒店产品针对不同的顾客需求,制定不同的价格。例如,对商务顾客和旅游顾客(见表8-2)、老客户和新客户、长期客户和短期客户、团队和散客、会议团队和宴会团体及不同时段预订客房的客户等分别采用不同的产品价格。

表8-2　不同的顾客对酒店产品需求与消费模式

度假旅游者	商务出差者
提前较长时间预订客房	经常临时订购客房
对不同质量和功能的客房易于接受	对酒店产品质量与功能需求较高

续表

度假旅游者	商务出差者
目的地比较灵活	目的地明确
需求的价格弹性较高	需求的价格弹性较低
对酒店的坐落环境与品牌关注度不高	对酒店的坐落环境和级别关注度较高

②以坐落位置为基础的差别定价。这种定价方式主要通过对不同的楼层和坐落位置的同级别客房收取不同的房费以调节顾客对不同坐落地点和朝向客房的需求和偏好。

③以时间为基础的差别定价。同一类型酒店产品成本相同,而价格可随季节、时段、周末或平日等的不同而不同。例如,对于商务酒店的房务产品,周末的价格可能是平日价格的50% ~60%;而同样的餐饮产品,午餐的价格可能是正餐价格的85%。

④以产品为基础的差别定价。不同功能、不同规格、不同种类的房务产品和餐饮产品,其价格会有所不同。这种价格的制定不仅反映了成本之间的差异。同时,参考了需求因素的不同。

⑤以流转环节为基础的差别定价。酒店将产品出售给旅游批发商、旅游零售商和会展组织商等的产品价格往往不同。由于旅游批发商和旅游零售商及会展组织商等企业在销售酒店产品时会产生不同的销售费用及其他原因的支出。因此,酒店批发给不同企业的产品价格会有差异。

⑥以交易条件为基础的差别定价。这种定价方式关注交易条件。交易条件主要是指交易量大小、交易方式、购买频率和支付手段等。由于交易条件不同,酒店可能对其产品制定不同的价格。一般而言,交易批量较大的,价格较低。这些顾客通常是组织购买者。对于零星购买的散客,产品价格较高。通常预付订金或连续购买的散客,其购买的酒店产品价格低于标准价格。因此,商务散客购买酒店房务产品得到的价格优惠通常较少。

(3)需求倒算价格法

需求倒算价格法简称需求价格法,也常称为反向定价法。一般而言,正向定价法是基于生产者,酒店→中间商→顾客;而需求倒算法是顾客→中间商→酒店。这种定价方法的特点是,酒店制定产品价格时,先测定消费者和组织购买者可接受的产品价格,然后推出酒店批发给中间商的产品价格,再推出不同酒店产品的门市价格。当然,使用需求倒算法计算酒店产品价格的前提是,酒店生产各种产品必须严格控制成本。需求倒算法的优点是有利于酒店的市场竞争,更好地开拓市场。同时,有利于促进按需生产的营销原则。这种定价方法对于需求弹性较大的房务产品和餐饮产品比较适用。不仅如此,在新酒店的筹建中,不同种类客房的数量和各种餐厅的座位数都应根据其市场需求及发展确定。

3. 竞争导向定价法

竞争导向定价法简称竞争导向法。在竞争比较激烈的市场上,酒店常通过研究竞争对手的产品种类与特色、营销条件、服务状况和价格水平等因素并依据本企业的竞争实力、产品成本和供求状况来确定本企业的产品价格。因此,凡是以市场竞争因素作为定价参考依据的定价方法都属于竞争导向定价法。它包括随行就市定价法和差别定价法。随行就市定价法是将行业主要竞争者的产品价格作为依据,制定本酒店的产品价格方法。

差别定价法常常与流行的定价方法相反,有意识地高于或低于竞争者的产品价格。竞争导向定价法的最大特点是:价格不仅与产品成本和需求直接相关;而且在制定产品价格时,酒店还要参考竞争者的产品价格。当本企业产品成本或市场需求变化时,如果竞争者的产品价格未变,就应考虑是否维持原价或做一些适当的微调。反之,虽然本企业产品的成本或需求没有变动,如果竞争者的产品价格变动了,酒店应考虑是否相应地调整产品价格。当然,为实现企业的定价目标和总体营销战略并谋求本企业的生存和发展,酒店或酒店集团可以在其他营销手段的配合下,将产品的价格定得高于或低于竞争者产品的价格,并不一定与竞争对手的产品价格保持一致。

(1)随行就市定价法

随行就市定价法简称随行就市法,是指为了避免价格竞争带来的损失,酒店采用随行就市的定价方法,即将本企业的产品价格保持在市场平均价格的水平上。此外,采用随行就市定价法,酒店不必全面了解顾客对不同产品的价格反应,从而为本企业的营销与价格决策节约了时间。采用这种方法,关键在于确定目前的"行市"。在实践中,"行市"的形成有两种基本途径。第一种是在完全竞争的市场环境里,各酒店都不能单独地决定本企业的产品价格。酒店基本上通过对市场的多次调查与分析,企业相互之间对市场和成本的理解而将产品价格保持在一定的水平上。第二种是在垄断竞争的市场条件下,少数著名品牌的酒店首先制定产品价格,其他企业可能参考其价格或追随其价格。根据调查,随行就市定价法在中小型酒店的产品定价中有较高的使用率。然而,这种定价方法的缺点是缺乏主动性,是一种被动的定价方法,酒店无法通过随行就市法来获得更多的收益。一些酒店采用了随行就市法后,随着价格领导者的价格调整而调整,虽然企业可以获得稳定的利润,却在价格制定上滞后于价格领导者,无法主动地采用更有进取的定价方法来获取更多的利润空间。

(2)差别定价法

从根本上来说,随行就市定价法是一种防御性的定价方法,它在避免价格竞争的同时,也抛弃了价格竞争的"利器"。差别定价法则反其道而行之。它是指酒店通过营销人员的努力,使同类型和同质产品在消费者和组织购买者心目中树立不同的形象,进而根据自身的特点,选取低于或高于竞争者的产品价格作为本企业的产品价格。因此,差别定价法是一种主动型和进攻型的定价方法。其特点是,要求酒店在某一区域的市场上占有较大的份额。同时,在酒店产品质量与其他企业相同的条件下,实施差别定价,空间有限。因此从长远看,酒店只有通过提高产品质量、改善功能和体现特色等措施,才能赢得顾客的信任并在市场竞争中取胜。

第三节　酒店定价策略

在市场营销活动中,酒店不仅要掌握价格的制定方法,还要研究各种定价策略。所谓定价策略是指酒店制定产品价格的谋略和技巧。通常,酒店在确定产品价格时,必须依据不同的产品质量、功能和特色,产品成本的组成,顾客认知水平与企业竞争状况,消费者与组织购买者的构成及顾客消费心理等因素。

一、新产品定价策略

在酒店市场上，新产品价格的高低，决定着它能否在市场上持续发展，能否满足消费者和组织购买者的需要等。同时，也决定着酒店是否可增加利润以扩大再生产。目前，酒店新产品的价格策略主要包括以下几个方面。

1. 撇脂定价策略

撇脂定价策略是指在新产品投入市场的初期，酒店有意识地把产品价格定得高一些，力争在竞争对手出现前，迅速地获得较多的利润，尽快地收回投入的资金，待同类产品大量上市后，产品价格会逐步下降。通常，这种定价策略常用于需求弹性较小的产品及不易被竞争者仿制的产品。这种定价策略的优点是，新产品进入市场的初期，由于需求弹性小，竞争者尚未进入市场，在一定的时间范围内，利用顾客求新心理，以较高利润的价格进行销售。这样，酒店可先获得较多的利润，所得收益可作为扩充市场等用途。此外，撇脂定价策略可使产品的价格留有余地，有利于酒店依据市场进行价格的调整。如果不采取这种定价策略，产品初期的价格偏低，待成本上涨后，会使酒店在产品的价格方面处于被动地位。当然，撇脂定价法也存在一些缺点，酒店实施这种策略不利于新产品的迅速推广。由于产品价格偏高，使得部分顾客的购买力受到限制。从而，影响酒店产品的销售量及认知水平。同时，由于价格较高，酒店容易满足营销现状，不利于酒店改进生产和营销技术，也不利于提高生产率和降低运营成本等。此外，高价可带来高额利润，能迅速吸引竞争对手的加入。根据调查，一些酒店运用撇脂定价策略后，其高价产品的销售量迅速下降，利润不断减少。

2. 渗透定价策略

渗透定价策略是指在新产品上市初期，酒店有意识地把产品价格定得低一些以便在短期内将产品渗入市场。这种定价策略是把部分产品价值让渡给顾客，酒店或酒店集团只留下一小部分利润。渗透定价策略的优点是，在新产品的市场开拓阶段，尽管利润可能不理想。但是，可能使一些经济实力不强的酒店处于被动地位而退出市场，从而有利于本酒店或酒店集团长期占领市场。从长远看，首创企业仍可获得理想的利润。一般而言，酒店采用渗透定价策略和排斥了竞争对手后，可逐步提高产品价格而增加利润。此外，这种定价策略容易增强顾客对企业的信任。然而，该策略也存在一定的缺点，由于新产品的价格较低，会影响同类产品的销售并缩短同类产品的市场寿命周期。同时，如果酒店因成本上升需要提高产品价格时，可能会影响其产品的销售。因此，这种定价策略常应用于市场上需求弹性较大的高星级酒店产品。

3. 满意定价策略

满意定价策略也称为温和定价策略，是指将酒店产品的价格制定在目标顾客可以接受的水平上。满意定价策略显示了撇脂定价策略和渗透定价策略的共同优点。这种策略与撇脂定价策略相比，价格要低一些，比渗透定价的价格要高一些，是一种中间价格。这种定价策略和产品价格，对于酒店和顾客及中间商而言都比较满意，故称为满意定价策略。

二、心理定价策略

酒店为适应不同的顾客心理而选择适当的定价策略称为心理定价策略。这种定价策略是针对顾客心理而采用的，主要包括声望定价策略、尾数定价策略、整数定价策略和小单位定价策略等。

1. 声望定价策略

一些顾客把酒店产品的价格看作产品的质量和顾客身份的标志。因此，高星级酒店常常对其房务产品，特别是商务楼层、行政楼层和部分餐饮产品（风味餐厅、传统餐厅）制定较高的价格以满足顾客的求名心理。这种定价方法称为声望定价策略。但是，声望定价策略不适用大众化的酒店，只适于高星级酒店。当然，高价格的客房和餐饮，其设施、空间、功能和特色都是经过管理人员精心设计的。此外，高星级酒店的工作人员和服务人员都由受过专业培训的职工来担任。

2. 尾数定价策略

尾数定价策略是指在确定酒店某种产品价格时，可利用顾客的消费心理，制定非整数价格并以零头数结尾，使顾客在心理上有一种实惠的感觉，或是价格尾数取吉利数而激起顾客的购买欲望。从而，促进酒店产品的销售。心理学家的研究表明，酒店产品价格的尾数出现微小的差别时，可明显地影响顾客的购买行为。尾数定价策略的优点是，可使顾客认为企业定价认真准确，增强对酒店的信任感。其缺点是，尾数定价策略仅适用于大众化的酒店产品，对于高星级酒店产品的消费者和组织购买者的吸引力并不理想或几乎没有吸引力。

3. 整数定价策略

高星级酒店为了迎合顾客的自尊心理，将产品以整数定价。整数定价策略适用于高星级的房务产品、餐饮产品和会展产品，特别是适合于著名品牌的高星级酒店。根据调查，某些消费者和组织购买者，特别是高星级的商务旅行者和长期住宿行政楼层的企业管理者或行政管理人员往往将产品的价格作为评价酒店产品质量和功能的指示器。

4. 小单位定价策略

小单位定价策略是指酒店将某些酒店产品分成小的销售单位进行销售。其目的是降低单位产品的价格以利销售，也方便顾客的购买。这种价格策略广泛地用于餐饮产品。例如，在酒水营销中，酒店将顾客经常饮用的各种烈性酒、餐前酒和餐后酒以 1 个盎司为 1 个销售单位。一些酒店还将葡萄酒分为半瓶或 1/4 瓶等进行销售。

三、折扣定价策略

酒店为了扩大销售和加快资金周转，酒店或酒店集团给顾客和中间商以某种价格折扣的策略称为折扣定价策略。折扣定价策略主要包括批量折扣策略、累计折扣策略、功能折扣策略和季节与时段折扣策略等。批量折扣常用于旅游批发商和会展运营组织机构及其他组织购买者对购买批量的房务产品、会展产品和宴会产品等的定价策略。累计数量折扣是指顾客在规定的时间内，购买一定数额的酒店产品，酒店根据其购买的总量给予一定的折扣。功能折扣是酒店营销中常用的定价策略。例如，对于购买房务产品的顾客，实施免费早餐或早餐折扣及免费使用健身设施策略等。季节折扣策略常用于业务淡季的房务产品和清淡时段的餐饮产品销售。通常，一些度假酒店在旅游淡季的房价常是旅游旺季的50%等。每天清淡时段的餐饮产品价格常是营业高峰时段价格的85%或更低一些。

第四节　酒店价格调整

酒店处于一个不断变化的市场环境中，为了生存和发展，有时需要主动地降低产品价格或提高产品价格，有时需要对竞争者的价格调整作出适当的反应。

一、酒店主动调整价格

酒店为其产品制定产品价格后并不一定达到其理想的营销效果。因此，随着市场营销环境的变化，酒店必须对现行的价格进行适当的调整。当然，价格的调整可采用降低价格或提高价格等不同的策略。通常，酒店产品价格调整的原因既可能来自于企业内部因素，也可能来自酒店外部环境。如果酒店利用自身的产品优势或成本优势，主动地对价格进行调整，将产品价格作为市场竞争的利器，这种价格调整可称为主动调整价格。有时，酒店的价格调整出于应付市场竞争的需要，即竞争对手主动调整价格，而酒店需要被动地调整价格。所以，无论是酒店主动调整价格还是被动调整价格，酒店产品的价格调整形式不外乎降低价格或提高价格等两种策略（见表8-3）。

表8-3　酒店价格调整的主要原因

提高产品价格的主要原因	降低产品价格的主要原因
生产设施与材料	产品因素
设施与设备价格上升	成熟期的产品
原材料价格上升	产品成本下降
燃料价格上升	供需关系
产品质量与功能	淡季与清淡时段
产品功能提高	潜在的竞争者增加
服务水平提高	市场需求量减少
客房质量提高	竞争者降价
用餐环境改善	市场竞争
餐饮工艺加强	增加销售量
成本与费用	增加周转资金
劳务费增加	吸引顾客购买
税金增加	适应市场竞争
运费上升	开拓新市场
食品原料价格上升	其他原因
其他经营费用增加	扩大中间商销售
通货膨胀	
其他原因	
遏制过度消费	
营造品牌形象	

1. 价格降低策略

根据调查,酒店产品价格降低策略的原因比较多,主要来自酒店外部需求和市场竞争及酒店内部营销战略调整和成本的变化等因素。此外,也可能是国家和地区的政策和法规等的制约和干预。酒店降低产品价格通常以直接降价方式进行。但是,酒店也会采用各种折扣形式来降低产品价格。在当代的酒店营销中,采用降低产品价格策略要综合考虑产品的成本、产品在市场的生命周期、不同的季节和时段及顾客对产品的认知等因素。那么,综合以上降低价格的原因主要表现在以下几个方面。

①酒店急需回笼大量现金,酒店对现金产生迫切需求的原因既可能是某些产品销售不利,也可能是为了筹集资金而进行的某些营销活动。这时,酒店可通过对需求弹性较大的产品进行降价而增加销售量和销售额以获取更多的现金。

②酒店通过降低产品价格来开拓新市场。根据调查,某种新产品的潜在顾客常由于其消费水平的限制而阻碍了他们的消费。在这种情况下,只要降低这些产品的价格,且在不会对原有消费顾客产生影响的前提下,酒店可通过降低产品价格来扩大这些产品的市场销售。

③对于某些酒店产品而言,由于各酒店的生产和营销条件及成本不同,其产品成本会有所差异。因此,以销售某些产品保本或获得微利的酒店,当其他企业主动降低这些产品的价格后,会因为本企业被迫降低价格而得不到利润。从而,造成这些被迫降价的酒店停止生产和经营。这种价格的竞争无疑有利于主动削价的酒店。

④当酒店或酒店集团生产能力过剩,产品供过于求而又无法通过产品的改进和扩大销售的时候,酒店通常会采取降低产品价格的策略。

⑤酒店的价格决策者预期产品降价会扩大销售额和利润及渴望获得更大的市场份额时,特别是对那些成熟期的酒店产品而言,降价常可增加销售量。

⑥随着科学技术的进步和酒店经营管理水平的提高,一些产品的成本和费用在不断下降。这时,酒店会对某些产品实施降价策略以扩大其市场规模及增加利润。

⑦酒店决策者出于对中间商的考虑,为减少中间商的资金占用且扩大产品销售而提供更为优惠的条件和机遇,酒店会考虑对中间商实施降价。这样,有利于酒店与中间商建立良好的合作关系。

⑧当地区政府为了实现物价总水平的下调,鼓励消费,遏制市场垄断,可能通过一些政策和法规,使酒店的产品价格下调。此外,在经济萧条时期,酒店产品的价格会降低以适应消费者和组织购买者的购买力水平。

2. 价格提高策略

酒店产品的价格提高确实可增加企业的利润。然而,也会引起其市场竞争力的下降及顾客和中间商的抱怨,甚至还会受到政府的干预和同行的指责。从而,对酒店营销产生不利的影响。虽然如此,在实际营销中,酒店仍然需要实施一些提价措施。一些酒店采用间接提高价格的方法,把提价的不利因素降到最低限度,使其价格的提高不会影响产品的销售量且能被潜在的顾客接受。当然,酒店在提高产品价格时应向顾客说明原因并帮助顾客寻找一些节约开支的途径以减少顾客的不满及维护企业形象。同时,酒店应严格控制其价格调整的幅度,促使消费者和组织购买者继续购买。因此,酒店必须重视消费者和组织购买者对价格提高的反应。酒店价格提高的主要原因如下。

①当某些产品成本增加时,酒店为了减少成本的压力会提高这些产品的价格。例如,原材料价格上涨或是经营管理费用提高等。基于以上原因,酒店为了保证其利润不致因此而降低,可采取提高产品价格的策略。

②在通货膨胀条件下,即使酒店仍能维持原价,随着时间的推移,其利润的实际价值呈不断下降的趋势。为了减少酒店的经济损失,只好提高产品价格,将通货膨胀的压力转移至中间商和产品的购买者。

③当酒店某些产品供不应求或在需求旺盛而其生产和经营规模又不能及时扩大以满足市场时,运用提高产品价格的方式来遏制需求,可以取得较高的利润并为扩大生产和营销做好充分的准备。

④一些酒店利用提高产品价格营造其品牌形象,使消费者和组织购买者产生价高质优的心理或提高其企业知名度和产品的声望。一般而言,对于那些创新的酒店产品和特色产品及处于市场优势的产品及销售旺季等前提下,提高产品价格的效应表现得比较明显。反之,不利于营销。

二、酒店被动调整价格

根据调查,酒店的竞争对手在实施价格调整前,通常要经过一段时间的考虑,权衡利弊并在调价前采取保密措施以保证价格调整的成功。在这种情况下,酒店应尽快对竞争者调价的目的、调价的期限、竞争者调价对本企业市场占有率和销售量的影响、同行业对竞争者调价的反应等进行调查和分析。同时,酒店还应考虑是否调整本企业产品种类及其功能和特色等措施来应对竞争者的调价。通常,在同质产品市场上,如果竞争者降低产品价格,本企业的首选应当是降低产品价格防止顾客转向价格较低的酒店进行消费。然而,面对竞争者的提价,本企业既可跟进,也可以暂时观望。如果大多数酒店采取维持原有价格的措施,竞争者的价格上调策略很可能以失败而告终。在异质产品市场上,由于酒店的地理环境不同、设施和服务等的水平不同,酒店面对竞争者的调价,有着较大的选择余地。酒店可采取维持原有价格或加强促销力度、增加销售网点、提高产品质量及增加产品功能以保持原有的价格。当然,也可部分地或完全跟随竞争者的价格变动,保持原来的市场格局,巩固原有的市场地位等。此外,酒店可采取提高产品质量和功能等策略并采取高于竞争者的产品价格。一些酒店利用其较强的经济实力或优越的市场地位,采取比竞争者更大幅度的降低价格策略以回应竞争者的价格降低策略。

三、收益管理与价格调整

收益管理作为酒店谋求收益最大化的营销管理技术,起源于 20 世纪 70 年代的民用航空业。目前被广泛应用于酒店业房务产品价格的调整。收益管理实际是一种实时定价策略,是指运用信息系统和价格调整策略,在适当的时间以适当的价格把适当的产品销售给适当的顾客,以实现固定的服务设施和各细分市场潜在需求之间的匹配。从而实现收益最大化。收益管理的核心是价格细分或称为价格歧视。酒店的收益管理是基于市场的不同需求和价格的弹性特点,通过价格调整来有效地管理酒店营业收入和客房与餐厅的位销售量。收益管理的基础是准确的市场细分和预测。由于酒店业的固定成本较高、变动成本相对较低、客房数量固定、房务产品的需求波动性较大且房务产品不可储存等特点,适合采用收益管理。当然,酒店的收益管理实施需要较多的信息。目前,已有开发好的收益管理软件来支持复杂的酒店房务产品价格调整系统。例如,酒店或酒店集团的订房中心可将当前客房的预订情况与预期销售量进行对比。如果,当前的销售情况低于预期,酒店收益管理系统会将部分客房由标准价格变为优惠价格。如果,目前的销售情况符合预期或高于预期的数量,则维持原来的标准价格。通过收益管理系统,酒店或酒店集团既可以将较低价格的房务产品提供给对价格敏感的消遣型旅游者,也可以将价格较高的房务产品销售给那些对价格不敏感的商务顾客和行政管理人员,以此实现酒店的收益最大化。根据调查,酒店运用收益管理系统可帮助其进行价格调整和增加收益。为了防止一些顾客得到本来为其他细分市场设计的房价,通常酒店为其价格设置一定的购买条件。例如,规定超低价的房务产品需要提前30天预订并且不包括早餐等。这些条件有效地限制了商务旅行者对低价格房务产品的购买,使他们只能支付较高的价格。酒店运用收益管理策略,必须严格掌握房务产品的超额预订,以免影响酒店或酒店集团的信誉和服务质量。

四、顾客对价格调整的反应

根据调查,不同的消费者与组织购买者对酒店产品价格变动的反应不同,即使处在同一市场的消费者和组织购买者对酒店产品价格变动的反应也不同。从理论而言,酒店营销人员可通过需求价格弹性来分析顾客对产品价格变动的反应。如果需求弹性较大表明价格反应明显,需求弹性较小,表明反应微弱。然而,在营销实践中,酒店产品价格弹性的统计和测定存在着一定的困难,其准确度常取决于消费者和组织购买者对酒店产品的预期价格、原价格水平、价格变化趋势、市场竞争情况及产品生命周期等多种因素影响,及随着时间和地点的变化而变化。因此,研究消费者和组织购买者对酒店产品调价的反应,酒店营销人员应多关注和分析消费者和组织购买者的价格意识。所谓价格意识是指消费者和组织购买者对酒店产品价格高低的感觉程度,包括知觉度、清晰度和准确度等。顾客对酒店产品价格意识的强弱常以其对酒店产品价格回忆的准确度为指标。根据研究,消费者和组织购买者的价格意识和其经济收入呈负相关。即收入越低,价格意识越强;收入越高,价格意识越弱。此外,广告对顾客的价格意识也起着促进作用,增强了他们对价格的敏感性。消费者和组织购买者接受酒店产品价格界限的原因主要由其价格意识决定。这一界限为酒店调价指明限度。因此,酒店产品的价格应保持稳定。综上所述,消费者和组织购买者对酒店产品价格变动的反应如下。

①在一定范围内的价格变动是可以被消费者和组织购买者接受的。然而,当产品提价的幅度超过顾客接受的上限时,会引起他们的不满并产生抵触情绪而不愿购买酒店产品。反之,酒店产品价格下降幅度低于顾客接受的下限会导致顾客的疑虑,也对其购买行为产生抑制作用。

②因广告宣传,顾客的经济收入增加或在通货膨胀等条件下,消费者和组织购买者对酒店产品价格调整的上限会提高。然而,如果消费者和组织购买者对酒店产品质量问题

有明确的认识或其经济收入减少及市场上酒店产品价格连续下降的条件下，顾客对产品价格接受的下限会降低。

③当某酒店产品价格下降时，消费者和组织购买者可能认为，酒店产品的功能比较落后，设施陈旧或产品质量下降及企业可能遇到了财务方面的困难。

④当某酒店产品价格上升时，顾客可能认为，该酒店设施得到改进，功能得到加强，经营成本上升或认为是一种营销策略及酒店想赚取更多的利润等原因。

五、竞争者对价格调整的反应

酒店或酒店集团为了保证本企业价格调整的成功，在价格调整前必须调查与分析竞争者对本企业价格调整的反应，否则难以取得预期的效果。通常，酒店或酒店集团可调研几个典型的企业予以分析。同时，尽可能地获得竞争者的价格决策并了解竞争者的营销目标。如果竞争者的营销目标是实现其长期利润最大化，那么竞争者对本企业价格调整的反应可能是加强广告宣传、提高产品质量和特色等，而不一定相应地调整其产品价格。当然，如果竞争者考虑产品需求的价格弹性较大，为了维持其市场占有率，很可能实施相应的价格调整。通常，酒店或酒店集团为了减少价格调整可能带来的风险，必须在价格调整前明确以下几个问题。

①本酒店的产品质量、功能和特色及在行业中所处的市场地位。

②本酒店主要的竞争者、竞争对手会如何理解本企业的价格调整。

③针对本企业的价格调整，竞争者可能采取的对策，这些对策主要包括哪些具体措施。例如，进行价格调整、提高产品质量、增加产品功能及实施其他营销策略等。

④针对竞争者可能作出的反应，本企业将采取的对策或是应对方案。

本章小结

价格是价值的表现形式，价值是价格的基础。酒店产品价格的构成包括各种成本和费用、税金和利润等。任何产品价格决策，除了首先由决策者根据企业自身的考虑而提出设想外，还必须顾及可能制约或促成酒店产品价格的各种客观因素。因此，酒店产品的价格决策既受到企业内部因素的影响，也受外部环境的制约。不同类型的酒店，其产品价格不同，酒店产品的价格与酒店等级有一定的联系。一般而言，酒店的级别愈高，其设施的功能愈全面，建筑物与装饰愈豪华，服务愈周到，其产品的成本及价格也愈高。通常，在酒店产品的价格构成中，成本常作为定价的基础。因此，了解酒店产品成本的种类及其作用对酒店产品价格的制定至关重要。

一般而言，酒店确定产品价格，要根据各种产品本身的质量、功能和特色，产品成本组成，顾客的认知程度及行业的竞争状况，消费者与组织购买者的构成及顾客消费心理等。此外，酒店处于一个不断变化的市场环境中，为了生存和发展，有时需要主动地降低产品价格和提高产品价格。有时，还需要对竞争者的价格调整作出适当的反应。

思考题

1. 名词解释

酒店类型　收益管理　定价机制　心理定价策略　需求倒算法　差别定价法

2. 问答题

①简述酒店产品的定价方法及其特点。

②简述需求价格弹性。

③简述收益管理与价格调整的关系。

④论述酒店价格的调整策略。

⑤论述影响酒店产品价格的主要因素。

案例分析

适合的产品价格

某城市的一家独立经营的汽车饭店正在与附近的一家连锁汽车饭店进行竞争。尽管这家独立经营的汽车饭店硬件优于对方，但连锁汽车饭店的客房出租率为83%，而独立经营的汽车饭店客房出租率仅有76%。经过研究，独立经营的汽车饭店管理人员想到了一个适合的价格策略。他们订制了一个较大的招牌，上面写道"低廉的折扣价，欢迎到本店住宿"，并在招牌上画了一个箭头指向他们的饭店入口处。可这一"高明的价格策略"导致了该饭店的客房出租率持续地下降，甚至降至65%，利润也不断地下滑。后来，该饭店聘请了一位营销咨询师。咨询师到达饭店后，经过现场调查和分析，认为顾客尽管注重饭店产品的价格，但更注重其设施和产品的质量和功能。他认为，尽管独立经营的汽车饭店拥有高质量的设施，但是他们的价格策略却显示了饭店营销中的各种问题。例如，随意削价、管理无章和产品质量低下等。最后，营销咨询师对独立经营的汽车饭店作出如下建议：作一个精致的饭店牌匾，新的牌匾以砖墙为基，上面镶嵌饭店的名称，还建议改善该饭店的外围景观和照明效果，重新装饰饭店的前门并且实施合理的产品价格。同时建议，新的房价应比连锁汽车饭店的价格高出2美元。此外，建议采用新的促销口号，内容应涉及饭店的设施和产品特色及附加的早餐服务等。从此，独立经营饭店的房价比连锁汽车饭店高出2美元并且比自己一年前的房价高出7.5美元。此后，该饭店的客房入住率不断地提高，升至85%，而连锁汽车饭店的客房出租率下降至74%。

讨论题

①根据本案例，分析酒店产品价格与价值之间的关系。

②总结酒店产品的定价原则。

第九章

营销渠道选择与管理

第一节　酒店营销渠道概述

营销渠道是酒店市场营销组合的主要内容之一。酒店建立高效畅通的营销渠道，是实现其产品价值及开拓市场的关键环节。由于酒店产品的不可贮存性和地点不可转移性等特点，酒店除了发挥自身的营销优势外，还必须选择适合本企业营销需求的营销渠道以实现营销任务和营销目标。通过本章的学习，可以了解酒店营销渠道的含义、类型与作用，熟悉各种中间商及其特点并掌握营销渠道的选择和管理。

一、酒店营销渠道含义

酒店营销渠道，也称作酒店分销渠道、酒店营销网络、中间商或中介组织等。酒店营销渠道由便利顾客购买酒店产品且互相联系的商业组织和个人组成。实际上，酒店营销渠道是指酒店或酒店集团向消费者和组织购买者提供产品所经过的各个环节和途径（见图9-1）。在现代市场经济条件下，酒店和酒店集团并非将本企业生产的全部房务产品、餐饮产品和会展产品直接销售给最终使用者，而是借助于一系列中间商的营销活动，将酒店或酒店集团与消费者或组织购买者联系在一起。从而，克服酒店或酒店集团与顾客在时间上或空间上的分离。

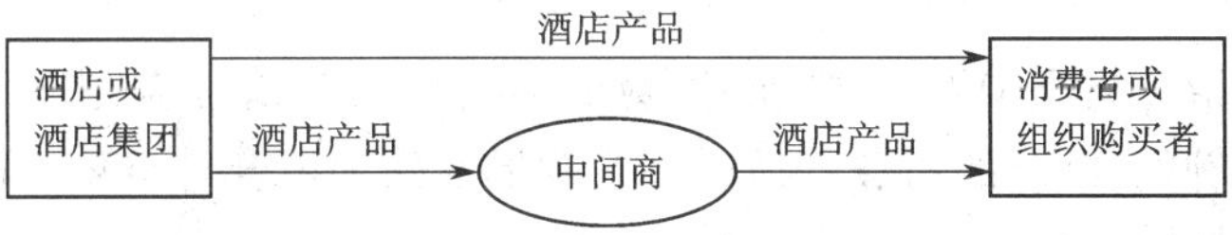

图9-1　酒店营销渠道

二、酒店营销渠道类型

酒店根据本企业对营销渠道的利益或风险的预期，常构建适合本企业发展的营销渠道。根据酒店营销渠道的特点，酒店营销渠道可分为不同的类型。

1. 根据营销渠道级数划分

营销渠道级数，也称为中间商级数、营销渠道层数或分销渠道长度等，是指酒店产品所有权或使用权从酒店转移到消费者或组织购买者的过程中，任何一个对产品负有推销责任的组织,都可以成为一个营销渠道的级数或层次(见图 9-2)。

零级渠道：酒店 ——————————————→ 消费者或组织购买者
一级渠道：酒店 ——————→ 零售商 ——————→ 消费者或组织购买者
二级渠道：酒店 ——→ 批发商（代理商）——→ 零售商 ——→ 消费者或组织购买者
三级渠道：酒店 ——→ 代理商——→ 批发商 ——→ 零售商——→ 消费者或组织购买者

图 9-2　酒店营销渠道级数

根据营销渠道的级数或层数,酒店营销渠道可分为零级渠道、一级渠道、二级渠道和多级渠道。这样,对酒店营销而言,有许多专业化的营销渠道可以利用,包括酒店代理商、旅游批发商、旅游运营商、旅游零售商、会展服务商、企业与事业单位的差旅管理部、奖励旅游运营商、在线旅行服务商、航空公司、酒店集团订房中心和全球分销系统等。为了提高酒店的营销效果和控制好营销成本,酒店营销管理者必须选择适合本企业的中间商并合理地设计营销渠道的级数。

(1)零级渠道

零级渠道也称为直接渠道,是指酒店将酒店产品直接销售给消费者或组织购买者的过程,零级渠道不经过任何中间环节或中间商。目前,一些酒店出于节省开支,增加利润及规避因中间商而产生的风险等原因,采用零级渠道的直接营销方式。直接营销方式主要包括营销部人员推销、电话推销、网上预订和网上在线销售及酒店内部服务人员推销等方法。这种销售方式主要依靠人与人的直接接触来销售产品,便于双方交流与沟通且节省了流通费用,降低了营销成本。从而,使酒店产品具有理想的价格优势和竞争优势。此外,电话销售和网上在线销售方式是借助于通信工具和因特网与顾客直接沟通。从而,提高了销售效率,增加了销售的便利性,又节约了成本和时间。

(2)一级渠道

一级渠道是指在酒店和顾客之间只有一层中间商或代理商的销售环节。例如,顾客通过某旅行服务网或旅行社(旅游零售商)预订酒店的房务产品,一些酒店的会议产品通过会展运营商销售给会议的组织者。一级营销渠道也可称为单层次营销渠道。

(3)二级渠道

二级渠道是指在酒店和顾客之间经过两个中间商的营销渠道,即含有两个级数或层数的营销渠道。例如,酒店的房务产品通过旅游批发商的组合与包装,再经过旅游零售商销售给顾客的营销模式。

(4)三级渠道

三级渠道是指在营销渠道中包含三层中间商的营销渠道,包括酒店产品代理商、旅游批发商和旅游零售商等。例如,某酒店的房务产品通过其集团的订房中心、旅游批发商和旅游零售商等 3 个环节销售给顾客。此外,一些酒店产品是通过本国旅游批发商、他国旅游批发商和他国旅游零售商销售给消费者或组织购买者。

2. 根据营销渠道结构密度划分

营销渠道结构密度是指酒店或酒店集团在营销渠道的某一层上使用同类中间商数量的多少。酒店在每个层次选择较多的同类中间商称为宽渠道,使用较少的同类中间商称为窄渠道。通常,酒店营销渠道结构的密度主要包括密集型营销渠道、选择型营销渠道和精选型营销渠道 3 种(见图 9-3)。

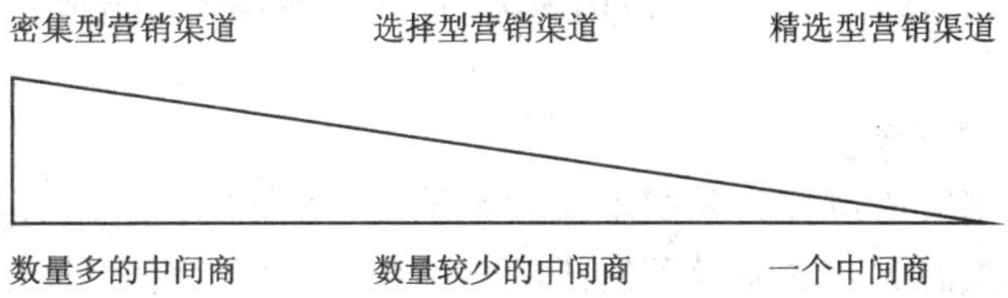

图 9-3　酒店营销渠道密度

(1)密集型营销渠道

密集型营销渠道也称作广泛型分销方式,是指酒店或酒店集团在营销渠道的同一流通环节或层次上通过数量较多的中间商销售其产品以构成覆盖面宽广的营销网络。这种营销渠道的优势在于渠道密集、销售潜力较大。然而,密集型营销渠道在某一市场区域内,可能导致中间商之间为争夺市场而降低产品的价格。从而,影响酒店或酒店集团的产品价格体系。当然,对于酒店或酒店集团而言,中间商数量过多,需要较多的时间与渠道成员进行协调与沟通且需要较多的精力和费用进行渠道的维护与管理。

(2)选择型营销渠道

选择型营销渠道是指酒店或酒店集团在同一流通环节中选择数量较少的中间商。这种营销方式既有适当的市场覆盖面,又利于开拓新的营销市场。一般而言,这种营销渠道可使酒店和中间商之间进行紧密的配合以提高中间商的积极性,也满足了酒店产品的销售量。同时,酒店还可以控制中间商的营销行为以避免渠道冲突。

(3)精选型营销渠道

精选型营销渠道也称为独家分销渠道,是指酒店或酒店集团在同一流通环节中仅选择具有区域代表性的优秀中间商。通常,每个地区选择一个中间商。这种营销渠道的优势可以充分调动中间商的积极性,提高酒店产品的形象,避免由于市场竞争而互相竞争和削价。然而,当中间商的实力增强时,可能会影响酒店产品的价格及营销效果。此外,由于缺乏市场竞争,中间商的营销能力也可能会减弱而不利于酒店新的市场开拓。

3. 根据营销渠道合作方式划分

酒店营销渠道是由一系列相互独立,在功能上相互依赖的组织组成。传统的营销渠道中,渠道成员都作为一个独立的实体而追求本企业的利润最大化。其特点是一旦渠道成员认为不能达到企业预期的营销目标时,其中任何一方都可能终止合作。当今,为了提高营销渠道的运营效率,酒店业通过整合中间商而形成了垂直式营销渠道、水平式营销渠道和多渠道营销系统三大营销渠道系统。

(1)垂直式营销渠道

垂直式营销渠道也称作垂直营销系统,常是由生产者、批发商和零售商组成的统一联合体,是近年来酒店业营销渠道发展中最明显的合作方式。其中,作为渠道的领导者,拥有其他成员的产权,或可授予其他成员的特许经营权,或该渠道某成员拥有实力使得其他成员与其合作等。垂直式营销渠道可以由酒店集团进行管理,也可以由旅游批发商等进行管理。每个渠道成员都把自己看作该营销渠道的一部分,着眼于营销渠道整体的运营效率。垂直式营销渠道的特征是专业化和网络化管理。根据渠道成员间的合作方式不同,垂直式营销渠道分为公司式垂直营销渠道、管理式垂直营销渠道和合同式垂直营销渠道3种类型。

1)公司式垂直营销渠道

公司式垂直营销渠道也称为公司垂直营销系统,是指在一个拥有若干个旅游企业或酒店产权的公司或旅游集团的领导下组成的营销系统。该旅游集团或酒店集团可管理与控制营销渠道中的若干层次或整个营销渠道系统。

2)管理式垂直营销渠道

管理式垂直营销渠道也称作管理式垂直营销系统,是由某个具有运营管理实力或著名品牌的酒店集团形成的统一的营销体系。其成员基本是独立经营的酒店和中间商。在该集团总部的指导下,整个营销渠道体系实施统一的营销策略。酒店业的特许联营就是管理式垂直营销渠道最突出的案例。

3)合同式垂直营销渠道

合同式垂直营销渠道是通过合作契约方式使不同的酒店或酒店集团之间建立起比较紧密的业务联系而形成的统一联合体,以获得超过其原来所能得到的营销效果。例如,印度的威尔卡姆酒店集团(Welcome Group)和美国的喜来登酒店集团(Sheraton Hotels and Resorts)协议进行的合同垂直营销均获得理想的营销效果。作为外资企业的喜来登酒店集团进入印度市场是很困难的,威尔卡姆酒店集团将喜来登酒店集团作为其合作伙伴使喜来登集团得以进入印度的酒店市场。同时,威尔卡姆酒店集团在印度的酒店市场享有很高的声誉且对于印度酒店市场很熟悉。从而使喜来登集团获得理想的印度酒店市场份额;而喜来登集团授予了威尔卡姆酒店集团使用国际著名喜来登品牌(Sheraton)及服务技术和管理模式的权利。

(2)水平式营销渠道

水平式营销渠道是指若干独立经营的酒店等出于自愿,采取松散式的横向联合方式以达成联合营销和促销宣传等组成的营销系统。这种合作可能是暂时的,也可能是永久的,主要是为了获得协同效应或者减少独自营销的风险。例如,最佳西方国际酒店联盟(Best Western International)和法国罗杰斯酒店联盟(Logis International)。

4. 多渠道营销系统

多渠道营销系统简称多渠道系统,是指酒店或酒店集团建立两个或更多的营销渠道以满足一个或多个目标市场。通过多渠道营销系统,酒店或酒店集团可提高市场覆盖面,满足细分市场的需求以提高营销效果及迎合本企业的市场营销策略。目前,许多酒店和酒店集团都是通过多渠道营销系统销售其产品。例如,通过本企业的订房中心直接销售,通过旅游批发商、在线旅行服务商及会展运营组织等进行销售。一些小型酒店不仅通过旅游批发商和零售商销售其产品,还通过酒店联盟组织销售其产品。

三、酒店营销渠道作用

当今,由于酒店业的快速发展与市场竞争,仅仅依靠企业自身的预订系统及传统的直销模式已经不可能完成酒店的营销任务。因此,营销渠道的选择在酒店营销管理中扮演着重要的角色。同时,酒店或酒店集团通过中间商的专业经验,优越的地理位置及客户资源,可克服本身在时间、地点和营销网络等方面的缺点或弱势。从而,提高了酒店的整体营销效果。根据调查,当今在国际上,酒店管理和旅游管理专业大学毕业生就业于旅游批发商与酒店中间商的人数不断增加。这说明酒店中间商在不断地发展与壮大。因此,总结酒店营销渠道的作用,主要包括以下几个方面。

1. 收集和传递信息

酒店营销渠道在收集和传递酒店需要的营销环境变化和发展等方面的信息中起着重要的作用,可使酒店和酒店集团及时地调整市场营销组合,提高企业市场竞争能力。同时,由于各中间商或营销渠道在地理位置及其他方面的优势,使得中间商更接近市场,更了解顾客的需求。因此,中间商会及时并准确地将市场需求信息传递给酒店或酒店集团。此外,中间商也会及时地将酒店的各种产品信息传递给消费者与组织购买者并引起他们的购买欲望。

2. 组织推销活动

通常,中间商在组织推销活动与推销酒店产品中付出了很大的努力并常为顾客提供和传播具有说服力的产品信息。例如,散发酒店产品介绍及小册子,印制促销活动宣传册及通过在线方式为顾客提供酒店产品预订服务。同时,中间商努力地寻找潜在的顾客并与他们保持紧密的联系。例如,会议产品运营商通过登门拜访等方法与企业和会议产品的购买组织不断地进行业务联系。这样,中间商能很好地协调或弥补酒店与消费者和组织购买者在时间和空间方面存在的问题。

3. 满足供需关系

中间商在酒店或酒店集团的授权下,根据市场信息,将各种旅游产品和酒店产品进行不断的组合和搭配,更好地满足市场需求并提高酒店的营销效果。例如,旅游批发商为了满足顾客对各种旅游产品的需求及提高中间商本身及酒店的营销效果,将酒店的房务产品、餐饮产品、休闲产品与旅游交通产品及旅游目的地和旅游吸引物等进行了包价组合。

4. 协商与谈判

中间商常与酒店和顾客签订价格和其他方面的协议以保证酒店、中间商和消费者或组织购买者的各自需求与利益。同时,中间商通过酒店与顾客协商与谈判减少了酒店与顾客之间的交易时间与成本,简化了交易程序,节省了酒店的营销费用,提高了酒店的营销效率。例如,某酒店向3个客户交易房务产品至少需要三次联系,而通过中间商联系一次就可以完成全部交易活动(见图9-4)。

图9-4 酒店直接销售产品或通过营销渠道销售产品

5. 降低销售风险

一些旅游批发商常以先行付款的方式预购酒店房务产品以提高旅游批发商的营销效

果。实际上,这种预购方式降低了酒店的销售风险。

第二节　酒店中间商及其选择

酒店中间商是指在酒店与消费者及组织购买者之间参与交易、促使酒店产品销售的任何组织和个人,是酒店业非常重要的营销渠道。中间商的基本功能是将酒店产品从酒店流通至顾客的手中,即将酒店产品逐级分销给消费者或组织购买者。实际上,中间商是向购买者出售酒店产品的中间环节或机构。酒店中间商主要由酒店代理商、旅游批发商、旅游运营商、旅游零售商、会展运营商、企业与事业单位的差旅管理部、奖励旅游运营商、在线旅行服务商、航空公司、酒店集团订房中心和全球分销系统等组成。由于酒店中间商在职责、权利和利益等方面的不同,因此也存在着不同的类型。

一、酒店中间商的种类与特点

1. 酒店代理商

酒店代理商是在既定的市场领域销售某酒店或酒店集团的产品。一般而言,酒店或酒店集团聘用一个代理商要比使用本企业的销售人员更有效。尤其是当某一市场距离酒店比较远或文化差异较大时,更是如此。通常,酒店代理商接受酒店或酒店集团的销售代理后,根据销售数量计算报酬或薪酬,或两者相互结合。当然,酒店代理商需要花费时间来熟悉酒店产品并且将其产品推向当地的市场。根据调查,酒店选择一个适合的代理商是一件很不容易的事情。频繁更换代理商却会增加酒店的销售成本。

2. 旅游批发商

旅游批发商是指从事包价旅游产品和度假产品的设计、策划、组合和销售业务的旅游企业或组织,是酒店或酒店集团的重要合作伙伴。通常,旅游批发商针对不同顾客的需求和偏好,集中购买酒店产品、交通产品、餐饮产品和景区产品等。然后,将这些产品进行组合,形成包价旅游产品并批发给旅游零售商(旅行社)或委托旅游零售商进行销售及支付给旅游零售商一定的佣金。在我国的旅游批发商常称为旅游总公司或旅游总社。目前,随着国际旅游度假地数量的增加,旅游批发商逐渐成为酒店销售渠道中的重要成员之一。一般而言,旅行零售商要想了解各地区所有的度假产品是不可能的。相反,他们必须依赖旅游批发商提供旅游产品的目录和产品介绍才能进行销售。其中,包括酒店产品。当然,旅游批发商也必须为本企业取得合理的利润。一般而言,旅游批发商在销售旅游包价产品中,获得的利润很有限。根据调查,一些旅游批发商要销售约 80% 的旅游包价产品才能达到收支平衡。此外,还有一些旅游批发商被人们称为旅游运营商,因为他们兼做旅游产品的批发业务和零售业务。

3. 旅游零售商

旅游零售商是指进行代理或零售旅游批发商的旅游线路和包价旅游产品、酒店房务产品和旅游交通产品等的中间商、旅游零售商常称为旅行社或旅游分社。其主要业务是宣传和销售旅行线路、旅游包价产品并为顾客预订酒店房务产品和旅行交通产品等。当今,美国约有 31 000 家旅行社(旅游零售商)在运营。传统上,旅行社成功地销售酒店产品或旅游产品后，向酒店或旅游批发商收取约10%的佣金。近年来，由于航空公司与在线旅游服务商进行了紧密的业务合作，一些航空公司为了减少销售成本，付给旅行社的佣金不断减少，有些国家已经减少5%～8%。因此，近年来美国旅游零售商的数量有所下降。同样，酒店业付给旅游零售商的佣金也在减少。目前一些国家，有一些旅行社开始向消费者和组织购买者收取少量的服务费。

4. 会展运营商

会展运营商是专门为企业或其他组织进行会议和展览策划的专业组织，是在展会选址与预算、展台设计、会议旅游和商务考察等方面很有专长的运营企业。会展运营商也称为会展筹划与组织商。会展运营商还可以为客户提供会展翻译、礼品设计、广告发布、设备租赁及摄影摄像等服务。通常，商务酒店和会议酒店常与会展运营商进行合作以销售本企业的会展产品、房务产品和餐饮产品。

5. 航空公司

航空公司不仅经营旅游交通产品，还常作为旅游运营商销售旅游包价产品，特别是旅游度假产品。目前在国际上，越来越多的航空公司销售包价度假产品。近年来，它们通过宣传手册和网站促销一些具有明显特色的度假产品。例如，新西兰航空公司为国外的自助旅游市场提供农业休闲产品服务，这些产品中包括了酒店和农舍的房务产品、餐饮产品、汽车租赁和旅游房车租赁服务。

6. 差旅管理部

当今，一些大型企业、非营利组织和政府机构都认识到对本组织的差旅费用及其使用效率管理的重要性。一般而言，它们都成立了差旅管理部门或在办公室中设立差旅管理职务。这一部门或职务负责与酒店和旅游交通企业等进行接触与洽谈，为本组织的参会代表和出差人员预订交通产品和房务产品及联系会议产品等。因此，酒店经常与这些组织的差旅管理部或差旅管理人员紧密合作。此外，一些国家的旅游局也直接或间接地为本国或本地区旅游业作出贡献，它们常为本地区的旅游企业营销一些酒店产品和旅游产品。例如，澳大利亚悉尼市会议和旅游局除了在悉尼市设有总部外，还在伦敦、墨尔本和纽约等地方设有办公室并通过这些办公室，为悉尼市带来了众多的会展业务。通常，这些驻外机构的工作人员为其他国家和地区提供与介绍悉尼市的宣传材料并组织一些宣传活动。

7. 奖励旅游运营商

奖励旅游运营商是指专门为企业和非营利组织的奖励旅游活动进行策划和服务的企业。近年来，奖励旅游活动已经成为企业和非营利组织的一种普遍的奖励或激励措施，因而，在一些经济发达国家，奖励旅游产品年销售额可达数十亿美元。根据调查，欧洲的一些国家和美国的奖励旅游运营商对于酒店而言，已成为很有营销效果的渠道成员。这些国家和地区被奖励的旅游者常去一些著名的度假区享受度假产品。其中包括入住高星级酒店的客房，品尝富有营养和特色的餐饮产品，使用或享受先进的健身设施。

8. 在线旅行服务商

在线旅行服务商也称作在线旅行服务网，在酒店产品销售中起着不可替代的作用。例如，Expedia. com，Travelocity. com，Orbitz. com，Priceline. com 和 Hotels. com 等都是世界著名的在线旅行服务商,而我国比较著名的在线旅行服务商包括艺龙旅行网和携程旅行网等。艺龙旅行网成立于 1999 年 5 月,在美国德拉华州宣布成立。目前,其业务范围覆盖国内外近 3 万个景区,形成了以旅游目的地指南、旅游线路、旅游问答为特色的旅游服务平台,截至 2013 年 9 月,艺龙旅行网为全球 2 万余家酒店提供房务产品预订服务。同时,通过与国内外各航空公司合作,向顾客提供国内与国际航班机票的实时查询和预订服务。携程旅行网创立于 1999 年,总部设在中国上海。目前,携程旅行网约向 2 000 万会员提供酒店房务产品预订、机票预订及度假产品预订等服务。2012 年,携程旅行网为全球 2 万余家酒店预订房务产品,其销售业务遍布全球 100 余个国家。目前,携程旅行网占有我国在线旅行市场约 50% 的业务。

9. 酒店集团订房中心

当今,国际著名的酒店集团基本都成立了集团统一的房务预订中心,目的是更有效地为集团成员预订和销售酒店产品。酒店集团订房中心实际上是指酒店集团或酒店联盟组织所采用的中央订房系统。这一订房系统将集团或联盟组织所属的各酒店的房务产品、餐饮产品和会展产品等信息通过互联网与各营销渠道及各酒店的前厅部或营销部连接。当今,互联网已迅速成为一个有效的酒店营销渠道。根据统计,2013 年万豪酒店集团(Marriott International)通过集团的订房中心每天平均为顾客预定客房超过 3 万人次。国际著名的最佳西方酒店组织的信息部总裁玛丽·斯文森(Mary Swenson)在总结房务产品的销售工作时谈到,近年来通过其集团订房中心订房的顾客人数占集团入住顾客总数的 72% 以上。

10. 全球分销系统

全球分销系统(Global Distribution System,GDS),是电脑化的酒店房务产品预订系统。这些预订系统最初是由航空公司促销机票而发展起来的。近 20 年,由于电子销售网络的发展,使得全球分销系统发展得更加迅速。实际上,全球分销系统是指应用于民用航空及旅游业的大型计算机信息服务系统或全球旅游产品电子交易平台。通过全球分销系统,遍及全球的旅游中间商可及时地从航空公司、酒店、租车公司、旅游公司等获取大量与旅游相关的信息。从而,为顾客提供快捷、便利及可靠的旅游产品预订服务,其中包括酒店产品。目前,全球分销系统拥有 Amadeus、Sabre、Galileo 和 Worldspan 这四大分销子系统。其中,Amadeus 是欧洲最大的全球分销系统,其销售网点遍及世界 76 个国家,连接 500 家航空公司,约 9 万家旅行社。当今,国际上约有 8 万家酒店通过 Amadeus 在线网络销售其产品。Sabre 是由美国航空公司与 IBM 公司于 1959 年合作成立的航空订票系统,其总部设在美国得克萨斯州。截至目前,Sabre 已与世界各国约 400 家航空公司、6 万家旅行社、5. 5 万家酒店、52 家汽车租赁公司和 9 家邮轮公司签订了合作销售业务。Galileo 成立于 1993 年,由加拿大、意大利、英国、荷兰、瑞士和葡萄牙等国家的航空公司合作建立。目前 Galileo 服务于 160 余个国家,连接约 420 个航空公司及 5 万家酒店。此外,还包括 368 家旅游运营商、6 万余家旅行社、33 家汽车租赁公司。Worldspan 是全球分销系统最小的一个网络销售平台,由美国达美航空公司、环球航空公司和西北航空公司在 1990 年联合组成。其主要业务是针对美国国内的旅游市场,总部设在美国亚特兰大市。目前,连接世界 465 家航空公司、5. 3 万余家酒店、2 万余家旅行社、35 家汽车租赁公司和 40 家度假旅游销售商。当今，酒店基于全球分销系统的营销方式主要有两种，一种方式是酒店或酒店集团通过全球分销系统连接旅行社，最终面向消费者和组织购买者销售其产品。根据统计，全球5%的酒店房务产品是通过这种营销方式取得成功的。另一种方式是酒店通过全球分销系统，连接因特网（Internet）而面向消费者或组织购买者销售其产品。通过这种方式，消费者可直接从全球分销系统向酒店或酒店集团进行客房预订（占酒店房务产品总销售量25%以上）。至今，全球分销系统不仅为顾客和酒店带来方便，还使酒店节省了大量的销售成本并可直接获得顾客的有关信息以建立消费者和组织购买者的数据库，方便酒店的市场分析和新产品的开发工作。

二、酒店选择中间商考虑的因素

通常，酒店在选择中间商时，必须评估其地理位置与服务对象、知名度与美誉度、销售能力与业务范围、设施条件与财务状况、从业年限和经营的产品线、成长经历和经营业绩、合作态度与协作性等。当然，这种选择也是双向的，中间商也会选择适合它们的酒店或酒店集团。一般而言，著名的酒店集团由于在品牌和产品质量上有优势，选择中间商比较容易，而对于刚创业不久的中小型酒店而言就不那么容易了。有时，它们需要为中间商提供一些更为优惠的条件。

1. 方便顾客购买酒店产品

酒店要在激烈的市场竞争中生存和发展，必须将市场和顾客的需求放在第一位并建立以顾客为导向的营销理念。这样，酒店必须通过细致的市场调查，了解消费者及组织购买者的产品需求。同时，被选中的中间商必须可为顾客购买提供方便，满足顾客的购买时间和购买地点及购买效率等要求。从而，可为酒店或酒店集团赢得销售时间和价格优势，以使双方获得最大的经济效益。

2. 确保本企业的竞争优势

酒店在选择中间商时，应注意发挥企业的特长以确保在市场竞争中的优势地位。当然，现代的酒店市场营销已不是传统模式的销售渠道、价格及促销方面的竞争。当今营销渠道的选择已成为企业整体营销战略中的重要内容。因此，酒店应根据自己的特长，选择合适的中间商以达到适合的成本和最佳的营销效应。这样，酒店必须通过自身优势，保证中间商的合作并争取较高的市场覆盖面。此外，酒店还要避免过度的渠道扩张造成沟通和服务的困难，导致无法控制和管理。

3. 关注地理位置和服务对象

中间商的地理位置直接影响酒店的销售效率与市场覆盖面。因此，酒店选择中间商必须考虑其地理位置。例如，旅游零售商的理想位置应当是潜在的顾客多且方便顾客购买的区域。旅游批发商所处的位置应当在适合产品批量销售的区域。由于酒店产品的销售目标是使顾客到达酒店所在地区消费酒店产品，而这一目标是通过营销渠道的有效销售来实现的。这样，中间商的地理位置就自然成为选择重点因素之一。然而，不同种类的酒店都有着自己的目标市场，而不同的中间商都有不同的服务对象。那么，酒店在确定中间商时，应考虑其服务对象和业务范围是否符合本企业的营销目标。

4. 评价知名度与美誉度

知名度对中间商与酒店的生存与发展起着重要的作用。虽然知名度不像产品那样会给企业带来直接的利润。但是,它是中间商与酒店潜在的收入来源。因此,酒店对中间商的知名度评价是酒店选择中间商的首要因素。中间商的美誉度是建立在其长久知名度和信誉度的基础上并不断地超越顾客和合作伙伴的服务质量期望值而形成的。中间商的美誉度在当今的旅游与酒店市场竞争中发挥着重要的作用,是酒店有效营销的可靠资源。凭借这种资源,酒店才能达到理想的营销效果。

5. 考查工作人员素质和能力

酒店应选择那些销售能力强及能够产生优秀的销售效果的中间商。同时,中间商的业务人员素质与销售能力及其与顾客之间的沟通也是酒店考虑的因素。中间商应具有较高的业务能力和业务素质、健全的组织机构和完善的营销网络及丰富的营销经验。此外,酒店还要对中间商的从业年限、所经营的产品和营销业绩进行考查。综上所述,具有理想的员工素质和销售能力的中间商是酒店理想的合作伙伴。

6. 加强双方合作与利益分配

一般而言,无论酒店选择任何营销渠道,几乎都存在着评价中间商营销绩效等问题。同时,影响酒店销售渠道的各因素总是在不断变化的。基于以上原因,酒店与中间商合理分配利益是酒店营销成功的关键。根据调查,利益分配的矛盾常是酒店与中间商矛盾的根源。酒店应设置一套完整且合理的利益分配制度,并根据营销渠道成员的不同职能、投入的资源和取得的成绩,合理地分配中间商的利益以保持营销渠道的相对稳定,提高渠道的营销效率。因此,酒店在选择中间商时,不能仅追求企业自身的效益而忽略了中间商的利益;而应加强与中间商的沟通与合作,实现酒店与中间商双方既定的营销目标。

第三节　酒店营销渠道管理

营销渠道的管理水平对酒店营销起着重要的作用。酒店对营销渠道的管理主要包括对营销渠道成员的培训、激励、评价与调整等。由于营销渠道成员是独立的经营者。在其为酒店进行营销时,当然也要考虑本企业的利益。因此,酒店不可能用管理本企业的产品、价格及促销方法等的方式来管理营销渠道,而应与渠道成员之间建立友好合作关系,实现渠道成员之间相互配合,服务于消费者和组织购买者并争取竞争优势以实现双赢。

一、加强营销渠道成员的培训

培训工作是酒店营销渠道管理不可忽视的工作。酒店应认真培训营销渠道成员,因为中间商也被认为是酒店的最终用户。因此,酒店可以邀请中间商到酒店体验设施与服务以提高他们对酒店产品的体验和认识。从而,改进和提高中间商的销售水平和业绩,也可以为酒店带来理想的营销效果。

二、激励营销渠道成员的成绩

由于酒店和中间商是各自独立的经济实体,所以对中间商的激励比对酒店内部的激励更加困难。酒店激励中间商的方法很多,可以使用直接激励办法。例如,较高的佣金和各种奖金等。当然,也可以使用间接的激励办法。例如,在产品销售淡季,酒店可增加中间商的佣金比例。同时,酒店开发出新的产品时,必须及时通知中间商并对其销售人员进行培训或采取一些支持措施。当然,上述激励措施都具有一定的实效。然而,从长远看,酒店应与中间商建立紧密的合作关系,形成风险共担、利益共享以便将酒店的营销效果和中间商的需求结合在一起。此外,酒店应维护渠道成员的尊严、尊重渠道成员的利益,这是赢得渠道成员合作的首要前提。

三、评价营销渠道成员的业绩

酒店应当关心中间商的营销工作并定时对其进行评估,及时帮助他们解决营销中的问题,对不合格的中间商要及时撤换,避免酒店的损失。酒店应定期根据一定的业绩标准评价中间商。包括中间商的销售指标完成情况、服务质量水平、与其他营销渠道成员的配合情况、与酒店或酒店集团促销计划和培训工作的合作情况等。如果渠道成员的绩效低于既定的标准,酒店应帮助中间商找出原因并采取措施予以改善。酒店评价中间商的工作绩效可以通过将中间商的销售绩效与上期进行比较并以渠道全体成员的升降百分比作为评价标准。同时,将每一个中间商的本期销售业绩与整个群体的平均销售业绩进行比较。

四、改进营销渠道的数量与结构

在营销渠道管理过程中,有时由于市场变化和酒店营销目标的调整,酒店或酒店集团应及时增加或减少营销渠道成员,局部或全面调整营销渠道的数量与结构等。鉴于以上原因,如果某一中间商的营销绩效欠佳,酒店可以停止与其合作。然而,当酒店计划开拓新的市场或在原有市场上扩大销售时,则需要增加或调整中间商的数量。如果酒店或酒店集团通过增减个别渠道成员不能达到营销期望值时,可以采取增减某一营销渠道的方法。但是,改变整体营销渠道对于酒店而言,具有一定的难度且风险较大,应当慎重。

五、营销渠道冲突的管理

酒店营销渠道冲突在营销渠道运营中十分常见,其根源在于渠道成员之间呈现相互独立而又相互依赖的关系。一般而言,营销渠道冲突具有显著的负面影响,会影响顾客购买,还会影响酒店品牌形象和酒店及中间商的销售业绩等。但是,在酒店营销渠道系统中,有些冲突不是消极的。相反,可能具有一定的建设性而提高酒店营销渠道的运行效率。

1. 渠道冲突的类型

酒店营销渠道冲突主要有:垂直渠道冲突、水平渠道冲突和多渠道冲突 3 种类型。垂直渠道冲突是指同一营销渠道中不同层次的渠道成员之间的冲突。水平渠道冲突是指营销渠道中同一层次的渠道成员之间的冲突。多渠道冲突是指同一酒店或酒店集团建立了两条或两条以上的营销渠道。它们向同一市场推销酒店产品时产生的冲突。

2. 渠道冲突的原因

根据调查,导致酒店营销渠道冲突的原因有很多。由于酒店营销渠道中各渠道成员都是独立的经济实体,因而都有自己的运营目标和经营效益。然而,当酒店的营销目标与中间商的营销目标不一致时,渠道冲突就可能发生。例如,酒店想要通过较低的价格获取快速的销售增长,而中间商则想通过高毛利获取最大化的短期收益;酒店希望中间商帮助其做好促销工作,而中间商则期望酒店提供更多的广告或销售支持等。不同的营销渠道成员对待同一事物的态度或感知程度不同。当然,酒店与中间商及中间商之间的沟通障碍也会产生冲突。这样,当酒店没有向营销渠道成员及时传递信息或在传递过程中出现失误或偏差时,就会产生渠道间的冲突。此外,当中间商对自己的权利和任务不是十分明确,在销售中出现一些问题时,也会与酒店和其他渠道成员发生冲突。

3. 渠道冲突的解决

酒店营销渠道冲突是不可避免的,解决渠道冲突的关键是酒店如何协调与管理渠道冲突以提高营销渠道的整体运行效率。酒店解决渠道冲突的常用措施如下。

①当酒店营销渠道面临外部威胁时,酒店可针对这一威胁设立一个总体目标使渠道成员团结起来。这一总体目标包括销售方法、销售价格、市场份额和合理的收益等。这样,渠道成员通过共同的努力,才能达到营销目标,而单个渠道成员无力实现目标。通过制定这样的目标,使冲突各方超越各自的立场,围绕总体目标共同解决问题。当然,酒店或酒店集团也可以通过说服的方法使冲突各方进行沟通及解决问题。

②通过渠道成员之间的人员调整或交换,加深渠道成员之间的相互了解也是解决渠道冲突有效的方法。

③通过营销渠道成员间的谈判和调节可以找到冲突的具体解决方案,某些渠道成员主动地谦让也是结束冲突的好办法。

④通过将冲突问题交与第三方来裁决并接受仲裁决定。

本章小结

酒店营销渠道,也称作酒店分销渠道、酒店营销网络、中间商或中介组织等,是由便利顾客购买酒店产品且互相联系的商业组织和个人组成。实际上,酒店营销渠道是酒店或酒店集团向消费者和组织购买者提供产品所经过的各个环节和途径。营销渠道级数,也称为中间商级数、营销渠道层数或分销渠道长度等,是指酒店产品所有权或使用权从酒店转移到消费者或组织购买者的过程中,任何一个对产品负有推销责任的组织,而成为一个营销渠道的级数。根据营销渠道的级数,酒店营销渠道可分为零级渠道、一级渠道、二级渠道和多级渠道。这样,对酒店营销而言,有许多专业化的营销渠道可以利用。包括酒店代理商、旅游批发商、旅游运营商、旅游零售商、会展服务商、差旅管理部、奖励旅游运营商、在线旅行服务商、航空公司、酒店集团订房中心和全球分销系统等。营销渠道的管理水平对酒店营销起着重要的作用。酒店对营销渠道的管理内容主要包括对营销渠道成员的培训、激励、评价与调整等。由于营销渠道成员是独立的经营者,在其为酒店进行营销时,当然也要考虑本企业的利益。因此,酒店不可能用管理本企业的产品、价格及促销方法等的方式来管理营销渠道，而应与渠道成员建立友好的合作关系，实现渠道成员之间相互配合，服务于消费者和组织购买者，并争取市场优势以实现双赢。

思考题

1. 名词解释

营销渠道　在线旅行服务商　全球分销系统　旅游批发商　多渠道营销系统

2. 问答题

①简述酒店营销渠道类型。

②简述酒店营销渠道的作用。

③简述酒店选择中间商应考虑的因素。

④论述酒店中间商种类及其特点。

⑤论述酒店营销渠道的管理。

第十章

信息传播与促销管理

促销管理是酒店市场营销组合的一个重要因素，而信息传播是酒店促销的基础和核心。在当今酒店市场激烈竞争的前提下，酒店促销管理有着极其丰富的内容和重要的作用。通过本章的学习可以了解酒店营销信息传播与酒店促销组合之间的关系，熟悉酒店营销信息传播的途径和系统，掌握人员推销、广告推销、营业推广和公共关系等的推销原理与方法。

第一节　信息传播与促销组合

所谓信息传播全称为酒店营销信息传播，是酒店促销的基础和核心。在促销中，酒店只有将营销信息传递给目标市场，才能引起潜在顾客的关注并有可能产生购买行为。同时，作为买方的消费者和组织购买者也会把酒店提供的营销信息反馈到其组织或家庭并根据需求而进行购买。可见，酒店促销管理与营销信息传播及潜在的顾客是不可分割的，它们之间有着紧密的联系。同时，有效的营销信息传播不是单向的，而是酒店与潜在的顾客之间的双向沟通。

一、酒店营销信息传播含义

酒店营销信息传播是指酒店通过有效的传播营销信息与潜在的顾客进行沟通以引发和激励顾客的购买欲望和兴趣，使消费者和组织购买者产生购买房务产品、餐饮产品和会展产品等行为。因此，酒店促销工作的核心是营销信息传播。酒店与顾客达成交易的基本条件是营销信息传播。

二、酒店营销信息传播作用

1. 通过信息传播引起市场关注

通常，在酒店产品进入市场前或进入市场后，酒店应及时与中间商、组织购买者和消费者进行信息传播并引起中间商、顾客及社会公众对其产品的关注。同时，通过信息传播，将分散而潜在的顾客、中间商与本酒店联系在一起以促成有效的产品销售。

2. 通过信息传播引起顾客购买

酒店进行营销信息传播的根本目的是激发组织购买者和个人消费者的购买欲望并引发其购买行为。当然，也激发了中间商的购买。同时，有效的信息传播不仅能激发市场需求，而且可诱导和创造新的市场需求。这样，酒店通过传递产品信息可展示与市场消费潮流相符的消费模式,使市场需求朝着有利于酒店或酒店集团的销售方向而发展。

3. 通过产品宣传树立酒店形象

一般而言,在市场上同类酒店产品的市场竞争下,顾客难以准确地识别某一酒店产品的质量、特点和功用等。因此,酒店可通过信息传播和解释本酒店产品与竞争者产品的区别,使购买者认识本酒店产品为顾客带来的利益。从而在市场上树立本企业及产品的良好形象。

4. 通过双方沟通扩大产品销售

由于酒店市场的激烈竞争,酒店的销售情况会出现波动,其市场份额会呈现不稳定的状态。这样,酒店通过有效的信息传播并与潜在的顾客进行沟通,使更多的消费者和组织购买者了解、熟悉和信任本企业的各种产品。从而稳定酒店产品的销售,巩固酒店的市场地位,提高企业营销效果。

三、酒店营销信息传播途径

酒店营销信息传播途径是指酒店信息发送者将营销信息发送给接收者的过程。一般而言,酒店营销信息的传播途径包括9个因素(见图10-1)。

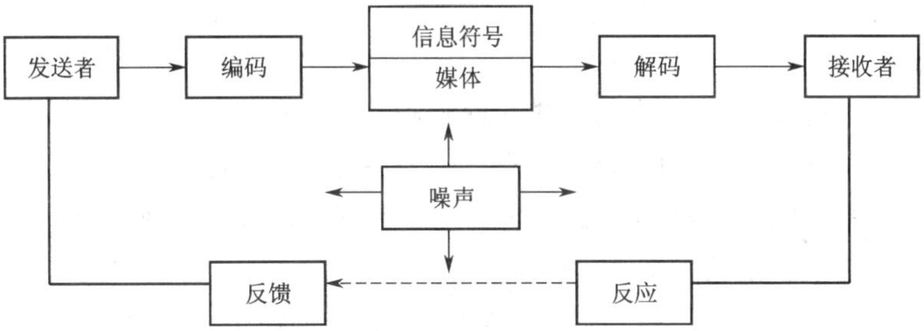

图10-1　酒店营销信息传播途径

从图10-1中可以看到,酒店营销信息传播途径主要包括发送者、接收者、信息符号、媒体、噪声、编码、解码、反应和反馈等9个要素。其中发送者和接收者表示酒店营销信息传播与接收的主要参与者,即酒店(酒店营销部)与潜在的顾客。信息符号和媒体表示酒店营销信息传播的工具和手段;编码、解码、反应和反馈表示酒店营销信息传播的主要职能。最后的一个因素是噪声,属于酒店营销信息传播系统的干扰因素。同时,作为信息发送者的酒店或酒店集团,必须要了解接收者(潜在顾客)需要的营销信息及接收信息后会通过何种形式作出什么样的反应等。为确保酒店营销信息能够准确地发送给接收者,发送者还必须对媒体进行适当的选择。作为信息发送者,为减少或消除潜在顾客对营销信息的误解,必须具备相当的信息解释能力。

1. 发送者

发送者,也称信息源,是指持有信息、意图和观念的酒店或酒店集团。酒店或酒店集团作为信息的源头最重要的是确立本企业要传递的营销信息。因此,发送者发送信息的前提是要充分了解接收者需要的信息及他们能够理解的语言和文字等。同时,应选择合适的并具有可信度的媒体以利接收者的理解和接收。

2. 编码

编码是指将发送者的意图转变为可被传播且能被接收者所感知的信息符号的过程。由于编码是发送者把其要发送的信息或意图转变为传递的符号。因而,在编码过程中可能会出现错误而影响酒店营销信息传播的效果。例如,一个酒店要表达其房务产品的优势,那么在营销信息中应主要表达客房的面积、布局、家具、用品及相应的服务与辅助设施等,而不应当强调其价格比竞争者更便宜等信息。

3. 信息符号

信息符号是指用以反映酒店及酒店集团的经营思想和意图并可被接收者传播和感知的文字、语言、图画、色彩、标志与象征物等。通常,信息符号应当表达酒店的品牌、企业形象、产品功能或特色及产品的价格与优惠策略等。

4. 媒体

媒体是指传递信息符号的各种载体、手段和工具。例如,酒店小册子、杂志、网页、报纸、广播、电视、户外广告、营销部销售人员、客房预订人员和餐厅服务员等。媒体通常由酒店营销部或酒店集团的营销中心等进行设计和选择。一个酒店的营销信息常可以通过不同的媒体发送,而不同的传播媒体适用于传递不同的信息。因此,媒体的选择常会影响酒店或酒店集团营销信息的传播效果。

5. 解码

解码是指信息接收者对信息符号进行理解和接受的过程,是酒店营销信息传播效果的关键环节。不同的信息接收者常根据自己的知识、经历、态度和生活方式等理解所接受的信息。例如,不同的顾客对葡萄酒的消费理解不同。欧美人普遍认为,饮用白葡萄酒时,应当配以开胃菜和白色的主菜(海鲜和禽肉菜肴等),而红葡萄酒主要与红颜色的主菜(牛肉、羊肉与猪肉菜肴等)搭配饮用。他们认为,在宴请中,使用较高级别的葡萄酒是对被宴请者的尊重。因此,一些顾客青睐较高级别的葡萄酒。此外,对于酒店房务产品而言,美国人认为客房中的浴室面积及其布局与装饰水平在房务产品的质量和功能中具有十分重要的意义。

6. 接收者

接收者是指接触、感知或理解酒店所传播的营销信息的公众或潜在的顾客。例如,会议组织者、商务旅行者、婚宴购买者和旅游批发商等都是酒店营销信息的接收者。通常,接收者对酒店营销信息的理解常受其知识、经验和需求等因素的影响。

7. 噪声

噪声是指在酒店营销信息传播中的任何干扰因素,特别是对同一接收者进行的其他营销信息的传播活动。这种活动可能会使某一酒店的营销信息传播失去或降低其传播的效果。

8. 反应

反应是指接收者在获得酒店营销信息后所作出的一系列的回应。这些反应的范围比较广泛,可能无法直接观察到。例如,顾客在记忆中存储某一酒店的产品信息。当然,也可能是接收者的直接购买行为。例如,接收者打电话预订酒店产品等。

9. 反馈

反馈是指接收者在接受了某种酒店或酒店集团的营销信息后向酒店或酒店集团回传的某些信息。例如,一些潜在的消费者向酒店的营销人员询问了一些信息后预订了婚宴产品或美食节中的一些餐饮产品等。

四、酒店营销信息传播步骤

一个完整的酒店营销信息传播步骤应该包括以下几个方面。

1. 确定目标市场

通常,在实施营销信息传播前,酒店或酒店集团必须明确,要促销的产品是否符合目标市场的需求。当然,目标市场可能是组织购买者,也可能是一般的消费者。也可能是潜在的购买者或是现实的使用者。同时,还可能是购买决策者或影响者等。在目标市场确定后,酒店营销管理者应深入调查与研究目标顾客对产品的态度、偏好和其他需求特征以便在确定目标市场时予以考虑。

2. 预测顾客反应

当目标市场及其需求明确后,酒店营销管理人员应预测目标顾客在收到信息后的反应。当然,最理想的反应就是购买。然而,购买行为可能是顾客较长时间决策的结果。通常在决定购买前,潜在的顾客要经过了解、感兴趣、喜欢和信服等一系列的程序。同时,酒店营销人员还必须了解不同的购买者的不同购买准备阶段,并且还要明确如何使目标顾客从购买准备阶段发展为购买状态。例如,对于度假酒店而言,消费者通常在假期前的三个月预订酒店房务产品。因此,度假酒店的营销人员在度假期的前三个月,甚至更早的时间就应开始推销工作。

3. 设计营销信息

在预测所希望的潜在顾客反应之后,酒店或酒店集团的营销管理部门应设计出有效的传播信息。只有传播的信息设计合理,才能引起潜在购买者的关注及导致其购买行动。一般而言,酒店营销信息涉及的内容包括信息表述的内容、信息结构的逻辑性、信息的表述形式以及具体表述信息的部门或人员等。

4. 选择传播方式

酒店营销管理者必须选择有效的信息传播方式来传递信息。一般而言,信息传播方式分为人员传播和非人员传播两类。人员传播通常是指两个以上的人相互之间进行的信息沟通方式。其中包括信息传播与信息反馈。例如,通过酒店营销部或其他部门职工的推销或亲朋好友的推荐等。非人员传播是指不需要人员接触进行信息传播和反馈的方式。例如,通过广告、营业推广和公共关系等方式传播酒店的营销信息。

5. 总结传播效果

当信息传播计划实施后,酒店营销管理者必须评估其传播方式对潜在顾客的影响效果。包括调查潜在的顾客是否可识别和回忆接收过的信息,他们记忆的具体内容、他们对信息的关注度、他们对酒店及其产品的过去和现在的不同认识。同时,酒店营销部应收集和统计公众对酒店传播的信息所作出的各种反应。

五、酒店促销组合与营销信息传播系统

酒店促销组合是指酒店或酒店集团营销信息传播方式的组合，也称为酒店营销信息传播系统（见表10-1）。这种组合或是这种系统主要通过人员推销、广告推销、营业推广和公共关系4种方式进行信息传播。由于这些信息传播方式各具不同的特点，可针对不同的营销目标和任务。因此，在酒店或酒店集团促销中，营销信息传播的方式需要认真并科学地进行组合（见图10-2）。

表10-1　酒店促销组合

人员推销	广告推销	营业推广	公共关系
展销会	印刷广告	有奖销售	招待会
展览会	酒店小册子	赠券销售	年终会
电话销售	商业杂志	美食节	赠品
企业拜访	报纸	客房升级	慈善活动
客房预订	各种菜单	赠送礼品	社区关系
餐厅点菜	电梯广告	价格折扣	酒店期刊
样品试用	户外广告	食品展示	
	标志图形		

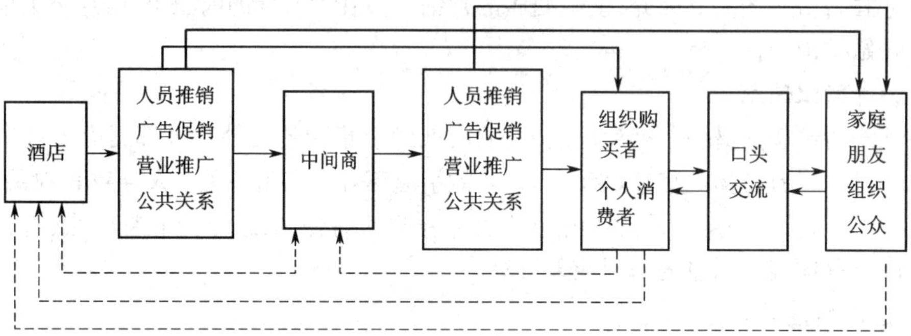

图10-2　酒店营销信息传播系统

1. 人员推销

人员推销是指通过酒店营销部推销人员或房务部及餐饮部等的一线服务人员与顾客直接接触并向顾客传递和介绍产品信息的方式来传播营销信息以推销酒店产品。

2. 广告推销

广告推销是指酒店借助杂志、报纸、广播、电视、宣传册等媒介向市场和潜在的顾客传递酒店或酒店集团及其产品信息以推销酒店产品。

3. 营业推广

营业推广也称作销售促进或推销活动，是指为了激励顾客购买酒店产品，酒店采用短

期并优惠的各种促销措施将这些信息传递给公众和潜在的顾客，以达到促进酒店产品销售的目的。例如，酒店为了推销某种餐饮产品而举办美食节活动等。

4. 公共关系

公共关系也称为公众关系或公共宣传，是指酒店为了取得社会和公众的了解和信任，将本企业的经营思想及产品等信息传递给公众，以扩大酒店在社会上的知名度和美誉度等各种活动。

六、酒店促销组合运用

酒店促销组合的运用实际上是酒店营销信息传播方式的选择和运用。根据调查，酒店或酒店集团在传播营销信息和推销产品时，必须综合考虑其促销目的、促销费用、产品种类与特点、产品生命周期及企业实力等因素。然后，有针对性地选择促销组合方式并科学地运用促销组合。因此，为了达到理想的营销效果，酒店或酒店集团必须选择最佳的促销组合方式或营销信息传播方式。

1. 整体营销战略

产品促销是酒店或酒店集团整体营销战略的一个重要组成部分。通常，影响组织购买者和消费者的购买行为是促销活动的最基本目标。然而，酒店或酒店集团在某一时期内进行某项具体的促销活动时，除了应根据促销的具体安排外，还必须服从企业的整体营销计划。因此，不论酒店如何运用促销组合都必须与酒店及其集团总体营销目标保持一致。

2. 产品性质与特点

在酒店或酒店集团的促销中，对于不同性质与特点的产品常采用不同的信息传播方式与促销组合策略。一般而言，经济型酒店的房务产品和日常餐饮产品由于购买者多、市场需求面广、购买频率较高等特点，酒店及其集团常选择广告促销方式使其产生较高的促销效果。高星级酒店的房务产品、宴会产品、商务餐饮和会展产品等产品含有较多的知识和技术，用户需求比较集中等特点，人员推销具有较高的推销效果。同时，随着酒店市场的发展和竞争的加剧，无论在度假酒店还是商务酒店促销中，公共关系和营业推广都是具有同等重要效果的信息传播方式（见图 10-3）。

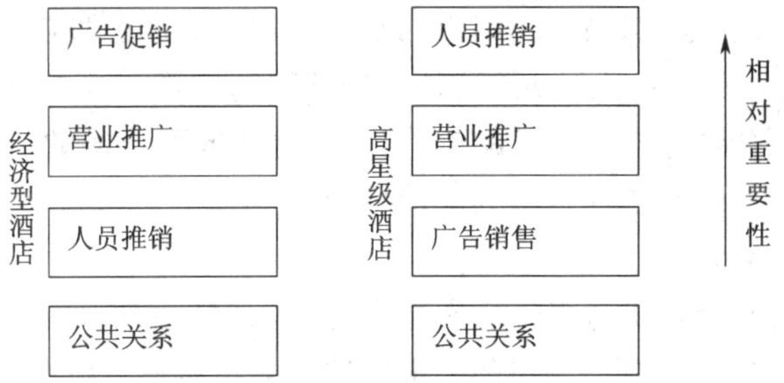

图 10-3　各种促销组合在不同产品上的相对重要性

3. 关注产品生命周期

一般而言，在酒店产品不同的生命周期阶段，顾客对产品的各种功能与特点及企业给与顾客的优惠策略理解程度不同，酒店的促销组合也应不同。酒店应选择相应的信息传播方式并将这些传播方式进行有效的组合以达到理想的促销效果。通常人员推销、广告推销与公共关系最适用于刚进入市场或成长中的新产品，在产品的成熟阶段，营业推广是最理想的促销方式。因为，顾客已经对产品比较熟悉。当然，对于衰退中的酒店产品而言，营业推广也是理想的选择（见表 10-2）。

表 10-2　基于不同产品生命周期的酒店促销组合的选择与运用

产品生命周期	促销目标与重点工作	促销方式选择与运用
投入期	建立产品知名度和信任度	选择各种广告和人员推销，注重产品功能与特色的介绍
成长期	提高产品知名度，提高顾客的购买信心，增进顾客对产品的偏爱	选择各种广告和人员推销，注重企业产品优势的介绍，比较其他酒店产品与本企业产品的不同功能与特点
成熟期	维持顾客的信任与偏爱	选择各种广告和人员推销，注重企业产品优势的介绍，比较其他酒店产品与本企业产品的不同功能与特点
衰退期	维持顾客的信任与购买，消除顾客对产品的不满意因素	选择营业推广和广告宣传，注重价格及其他优惠的宣传
产品生命周期的各阶段	消除顾客对产品的不满意因素，提高顾客的信任度与购买信心	除了注重促销方式的选择与运用，还必须重视公共关系

4. 分析目标市场状况

酒店在选择和运用促销组合时应考虑目标市场的特点，其中，地理因素是首先要考虑的因素。如果目标顾客为本地市场，市场规模小且相对集中，应首选人员推销。这样的选择既可以发挥人员推销的优势，又可节约广告费用。然而，当市场范围广、潜在的顾客数量多且呈现分散的市场，应以广告和公共关系为主，辅以其他促销方式。此外，由于市场类型与顾客对酒店产品的需求不同，酒店的各种促销组合效果会不同。例如，当酒店的消费者多且分散，产品结构相对简单，产品价格相对较低时，广告推销效果比较理想。根据调查，组织购买者的特点是批量购买，用户相对少而集中，成交额较大。因此，对于组织购买者而言，酒店或酒店集团采用人员推销是比较理想的选择。综上所述，酒店或酒店集团在选择和运用促销组合时应考虑市场的竞争状况，分析同类产品的促销方式，结合企业自身的特点等制定适合本企业各种产品的促销组合。

5. 结合企业综合实力

酒店或酒店集团的综合实力既包括资金实力，还包括酒店运用促销组合的经验和能力等。如果酒店规模较小，综合实力有限，可以选择人员推销，辅以公共关系等。反之，酒店规模较大，产品种类与数量都比较多，具有一定的经济实力且营销人员经验较丰富等，应运用广告促销的方式，辅以人员推销和公共关系以扩大企业知名度和提高营业效果。根据研究，在酒店促销组合中，人员推销、广告推销、公共关系和营业推广等促销方式的成本与费用依次递减，而促销效率和促销成本不一定成正比例。因此，酒店或酒店集团运用促销组合时，应根据自身的实力和需要，全面衡量并综合比较，选择和运用有效的促销方式（见表10-3）。

表10-3　酒店促销组合中各种信息传播方式的优缺点

营销信息传播方式	优点	缺点
人员促销	直接面对销售对象进行沟通，使潜在的顾客深入了解产品的功能与特点，促成购买的可能性较大	需要一定的人员编制，人工成本与费用较高
广告促销	宣传面广，形象生动，节省人力	不能立即引起顾客的购买
营业推广	容易引起顾客的购买兴趣，具有一定的吸引力	容易使顾客产生怀疑
公共关系	涉及面广，信任程度高	常作为酒店促销工作的辅助方式

6. 依据顾客的购买阶段

根据研究，酒店选择和运用不同的促销组合对不同的顾客购买阶段产生不同的购买效应。例如，广告促销辅以公共关系的组合可加强潜在的顾客对产品的认识和了解。这种推销组合比推销人员的电话推销效果更好。对于熟悉酒店产品的顾客，应选择以营业推广为主的促销方式。同时，采用降低价格或对产品增加附加值等措施是明智的选择。

第二节　酒店人员推销

酒店人员推销是一种互动的营销信息传播方式，这种方式可及时地将酒店及其产品信息准确地传递给潜在的顾客而增进顾客对酒店及其产品的了解。从而，激发潜在顾客的购买欲望。然而，如何根据酒店的规模、星级、种类、产品及其所在区域等的特点而有效地进行人员推销是酒店促销中值得研究的问题。

一、酒店人员推销概述

酒店人员推销是指酒店运用营销部销售人员、房务部预订人员和餐饮部服务人员等直接向顾客推销房务产品、餐饮产品和会展产品等的促销活动。这里值得注意的是，酒店推销人员绝不仅仅是酒店营销部的工作人员，还必须包括房务部预订人员和餐饮部服务人员等。在酒店人员推销中，推销人员、推销对象（顾客）和被推销的产品是人员推销的3个基本要素。其中，前两者是推销活动的主体和客体，酒店通过推销人员与推销对象之间的接触和信息沟通，将酒店产品推销给顾客，从而既促进了产品的销售，又满足了顾客的需求。

当今，在国际上酒店业的营销水平不断提高。许多著名的酒店集团和酒店营销方法与手段不断地发展和提高。在酒店产品的销售中，推销人员的任务就是传递酒店的营销信息、开展咨询服务、探寻市场需求、销售酒店产品和收集各种信息等。实际上，酒店促销工作就是推销人员在酒店和消费者与组织购买者之间进行供需方面的信息沟通。

二、酒店人员推销任务

1. 与潜在顾客沟通信息

人员推销是酒店和消费者或组织购买者之间的信息传播活动，具有双向沟通的特点。一方面，推销人员将酒店及其产品的功能和特点等各种信息及时而准确地传递给潜在的顾客，增进他们对酒店及产品的了解，激发其购买欲望。另一方面，推销人员要经常向酒店管理人员汇报推销活动的进展情况，将潜在的顾客反应和需求趋势及时反馈给酒店管理者以使酒店改进产品的功能、特色和适应市场需要的价格等。从而，更好地完成营销计划。

2. 向顾客提供产品信息

酒店推销人员为顾客提供各种产品及服务信息是其基本的工作职责。包括提供各种咨询服务，介绍各种产品的功能与特点，为顾客提供帮助及建议，为消费者和组织购买者解决购买中的困难等。

3. 完成既定的销售任务

酒店推销人员应通过自己的促销活动，解除顾客的疑虑，解答顾客提出的问题，完成既定的推销任务，巩固酒店的市场地位，保持产品的销售水平等。同时，要积极主动地寻找和发现潜在的顾客及其需求，开拓新的市场并运用恰当的推销技巧和方法，将顾客潜在的需求变成现实的需求以便更好地实现酒店的营销计划。

三、酒店人员推销特点

由于人员推销是直接面对顾客或潜在顾客的推销活动。因此，这种推销方式与广告推销、营业推广及公共关系等方式有着明显的特点。这些特点主要表现在促成顾客购买、提供技术服务和收集市场信息 3 个方面。根据调查，一些酒店管理人员认为，人员推销是酒店促销的有效方式之一，特别是对于组织购买者。许多高星级酒店及较大规模的酒店都将人员推销作为酒店促销的最基本方式。当然，人员推销的成本和费用都比较高。根据统计，在一些酒店中，人员推销的成本和费用常占销售额的 10% 以上，甚至高达 15%。总结酒店人员推销的特点主要表现在以下几个方面。

1. 主动推销与服务

人员推销是酒店营销部推销人员、房务部预订人员和餐厅服务员等采取主动推销产品和服务的过程。他们主动吸引顾客的注意力，使其产生购买欲望并采取购买行动。通过人员推销，酒店可稳定并扩大企业的产品销售。

2. 双向信息沟通

酒店人员推销作为一种营销信息传播方式，具有信息双向传递的特点。一方面，推销人员可通过向顾客介绍产品，解释产品的种类与功能及给顾客带来实惠与利益等而促进产品的销售。另一方面，推销人员与顾客直接接触、了解不同地区顾客的经济、文化、习俗和需求及购买习惯等信息。这样，推销人员可及时地将收集的信息反馈至酒店或酒店集团，为酒店的产品开发、价格制定及营销战略的制定等提供可靠的依据。

3. 引导顾客购买

由于人员推销可与顾客直接联系并可当面洽谈业务。所以,通过面谈,推销人员可了解顾客的不同需求,及时发现和回答顾客提出的问题,向顾客提供适当的价格及优惠条件等信息以消除顾客购买中的疑虑,并引导顾客购买其需要的产品。

4. 确定目标市场

通常,酒店人员的推销活动是从寻找潜在的顾客开始的。当然,酒店只有准确地确定目标顾客才能有效地开展推销活动。因此,任何人员推销活动都不会漫无边际或毫无目的地寻找顾客,而是具有确定的目标市场。

5. 满足双方利益

现代酒店人员推销对于潜在的顾客而言都是互利互惠的。由于推销人员必须同时满足销售方与购买方的目的和要求,才能落实推销活动。因此,在推销中,推销人员不仅要考虑到本企业盈利的问题,还要考虑到购买者的方便和利益,尤其要把握好顾客的需求和购买目的。

6. 形成信任与合作

酒店人员推销可通过为顾客提供优质的及适合顾客的产品和周到的服务。由于彼此间形成长期的合作关系,培养顾客与酒店的互相信任。根据统计,酒店人员推销的效果持续时间较长。从而,稳定企业的长期销售。

7. 推销效果明显

酒店人员推销指向顾客介绍产品及提供一些优惠的条件,能够有效地激励顾客的购买兴趣与购买行为,并可立即达成交易,因此,人员推销的效果明显。当然,人员推销也有一些缺点,由于人员推销主要是依靠人员,而酒店的推销人员是有限的,这样,推销人员与有限的顾客接触、信息沟通的速度也较慢。从而,人员推销更适合推销那些成交量较大且购买者集中的酒店产品。

四、酒店人员推销形式

通常,酒店人员推销的基本形式有三种。

1. 企事业访问推销

企事业访问推销是最常见的酒店人员推销形式。它是由营销部销售人员携带酒店宣传的小册子、产品说明书、合同及订单等走访企业、政府机关、行业协会和其他非营利组织,并根据客户类型与需求推销其房务产品、会展产品、餐饮产品和休闲产品等。这种推销形式主要是针对顾客的具体需求而进行的有效推销。由于访问推销具有方便企业与非营利组织的购买等特点,因此广泛被企业或组织购买者认可和接受,是酒店人员推销的一种主动而名副其实的推销活动。

2. 酒店内部推销

酒店内部推销是指在酒店内的营销部、大厅前台和各种餐厅与酒吧等地方由营业员、预订员和服务员等对顾客进行的产品推销活动。由于酒店内部的产品种类较多,特别是一些高星级商务酒店、会展酒店和度假酒店可满足顾客多种产品的需求。因此,酒店内部推销为顾客购买各种产品提供了方便,特别是商务消费者和旅游消费者是酒店内部推销的主要目标。近年来,在国际上,度假酒店的会展产品、餐饮产品及健身与娱乐产品的种类与功能有持续增加的趋势以满足顾客的需求。

3. 各种展会推销

展会推销是指酒店及酒店集团利用各种会议和展览会向与会人员宣传和介绍酒店各种产品的推销活动。例如酒店或酒店集团在订货会、交易会、展览会和物资交流会等设立展台推销本企业产品。这种推销形式的特点是直接面对多家组织购买者和消费者,可同时向多个目标顾客推销酒店的各种产品,推销效果较好。

五、酒店人员推销对象

酒店人员推销对象,是酒店人员推销的主体,是酒店人员推销的主要目标顾客,包括适合本酒店各种房务产品、会展产品和餐饮产品的个人消费者、组织购买者和中间商等。

1. 个人消费者

个人消费者也称为散客或消费者。通常,酒店推销人员向消费者推销产品时,应对消费者的概况、消费习惯和消费能力等有所了解。一般而言,包括了解消费者的年龄、性别、民族、职业、宗教信仰等基本情况,进而了解消费者对产品的需求及消费习惯和消费能力等并基于以上情况向不同的顾客推销其满意的产品。同时,推销人员应关注顾客对产品的功能与特点及价格的反应而及时将推销的内容进行调整或解释。

2. 组织购买者

组织购买者是指购买酒店产品的企业、政府机关和非营利组织。酒店推销人员将产品推向各种企业事业单位的基本条件是熟悉各企业事业及它们对酒店产品的需求和购买情况。主要包括该组织的规模、人员构成、业务范围、产品需求、使用情况及资金情况等。在此前提下,推销人员还应善于准确地介绍和说明本酒店各种产品的功能与特点并对组织购买者解释和分析使用本酒店产品对该企业或组织带来的方便和收获等。同时,推销人员还应尽力帮助组织购买者或潜在的客户解决一些购买中的疑问和困难以取得客户的信任。

3. 中间商

通常,中间商熟悉酒店的各种产品,对酒店各种产品有着专业水平的知识。其购买行为属于理智型或专业型。例如,旅游批发商、旅游运营商和会展运营商等。因此,酒店推销人员向中间商推销产品时需要具有一定的推销经验且具有较高的推销技巧。同样,推销人员向中间商推销产品前,应了解中间商的业务特点、经营规模、企业信誉、购买习惯和购买历史及其在分销渠道中的地位等。同时,酒店向中间商推销产品前,还应对中间商的优惠政策和佣金等作出具体安排,以方便酒店推销人员向中间商作出各种产品的介绍和宣传。此外,在可能的基础上,酒店应与中间商建立长期的战略联盟以扩大酒店产品的销售。

六、酒店人员推销程序

通常,酒店人员推销程序包括寻找目标顾客、接近目标顾客、传播营销信息、促成产品销售及售后跟踪访问等5个步骤。

1. 寻找目标顾客

寻找目标顾客是人员推销的第一步,也是关键的一步。根据调查,购买某类酒店产品的目标顾客至少具备5个基础条件:需要推销的产品、认识或熟悉推销的产品、具有一定的购买能力、具有购买产品的决策权及推销人员可以接近等。鉴于以上原因,酒店推销人员寻找潜在的顾客的主要方法是,既可通过推销人员的个人观察、访问和查阅资料等直接寻找潜在顾客,也可通过广告或经其他途径介绍等。然而,理想的推销效果使得推销人员必须善于挖掘与识别不同的潜在顾客并采取相应的推销技巧。

2. 接近目标顾客

接近目标顾客是指酒店的推销人员直接与目标顾客进行接触与面谈。首先,推销人员在接触目标顾客前应了解被访问顾客的概况,特别是对组织购买者的了解。这样,有助于推销人员制定有效的推销程序与方法。这一阶段的工作主要包括收集相关信息、制定面谈程序与推销方法,并根据推销工作的具体需要,准备有关的产品说明书、酒店小册子、菜单、合同及名片等,必要时可携带装有营销信息的手提电脑。同时,在推销时,推销人员还要善于创造良好的开端,注重礼节与礼貌,举止大方,稳重自信,把握不同顾客的消费心理,积极引导和帮助顾客进行购买。

3. 传播营销信息

在推销中,酒店推销人员应当传播准确和可信的产品和价格信息并取得潜在顾客的购买兴趣和信任。这是推销工作的开始和关键。因此,推销人员要想取得顾客的信任及完成理想的销售任务,他必须具有良好的职业道德,熟悉产品的功能与特点,善于信息沟通且具有一定的应变能力。同时,推销人员还应善于运用各种推销方法和技巧。此外,通过为顾客做提示与建议,多为顾客考虑以激发其购买行为。

4. 促成产品销售

促成产品销售是指顾客接受推销人员的建议,作出购买决定和行动的过程。通常,在酒店推销人员与顾客的沟通中,当顾客产生较强的购买欲望时,会表露出购买的意向。通常,推销人员应及时抓住信息和时机,促成产品的销售。同时,当推销人员推销产品时,顾客可能提出一些问题和异议。这时,推销人员应与顾客进行认真和坦率的解释与协调,处理好顾客提出的问题。包括顾客的需求、产品的功能与价格及服务方面的问题等。

5. 售后跟踪访问

当推销人员与顾客达成交易时,并不意味着推销活动的结束。推销人员还必须对顾客进行跟踪访问以提高顾客的重复购买信心,树立酒店的信誉。因此,跟踪访问既是人员推销的最后一个环节,也是新的推销工作的起点。通过调查,酒店推销人员的跟踪访问可以提高顾客对酒店及其产品的信任,还可以促成顾客的重复购买。同时,通过跟踪访问可获得顾客的需求信息和意见,为酒店以后的营销决策提供参考。

七、酒店人员推销方法与技巧

综上所述,人员推销是酒店促销手段中唯一以工作人员与顾客当面进行信息沟通与促销的活动。因此,这种推销方式与广告推销、营业推广和公共关系等促销手段完全不同。人员推销的特点是顾客与酒店人员直接进行信息沟通,推销人员可当场介绍产品和解释顾客的疑虑，容易使顾客产生信任而带来购买欲望。同时，酒店推销人员可根据不同的季节、时段、场合和环境，调整推销方法和优惠策略以利推销。此外，推销人员可及时将顾客对酒店及其产品的意见反馈给上级管理人员，使酒店及时调整产品和服务的功能及特色。甚至，对产品价格和优惠条件进行调整。但是，由于人员推销接触的顾客数量毕竟有限。因此，人员推销的效果关键在于推销人员的素质、业务能力及推销技巧等。酒店人员推销方法主要包括程序式推销法和讲解式推销法。

1. 程序式推销

程序式推销是指针对顾客购买心理不同阶段的特点，酒店推销人员有步骤地对顾客进行推销的一种方法。通常，推销人员向顾客推销时，顾客会依次向推销人员询问一些有连带关系的问题。例如，你们酒店客房的种类及其特点是什么？这次客房预订能得到哪些优惠和折扣？这种房价含有早餐吗？酒店推销人员应根据顾客的需求和购买心理变化，循序渐进地介绍产品和价格并利用优惠等内容以引起顾客的注意，进而引导顾客购买。程序式推销方法可细分可分为试探型推销、针对型推销和引导型推销。

(1)试探型推销

试探型推销是指酒店推销人员在事先不了解顾客具体需求的前提下，同顾客进行试推销的方法。首先，酒店推销人员先要了解顾客的消费概况和具体需求。然后，根据顾客的反馈，采取有效的措施以引导顾客购买。这种推销方法的特点是事先对顾客的需求不了解或了解得比较少，推销人员准备了几套方案，先介绍一些基本的产品，对顾客进行试推销，看顾客的反应。然后，根据顾客的需求和兴趣做进一步的解释和推销，再观察顾客的反应等。在这种推销过程中，推销人员不断地调整和改进推销内容和程序，逐步深入地对顾客进行准确的推销。最终，促成顾客的购买行为及达到顾客满意的服务。例如，餐厅服务员为顾客点菜时，应先介绍一些受大众欢迎并且价格适中的餐饮产品，待顾客对其反应后，再调整不同的品种和价格的餐饮。

(2)针对型推销

针对型推销是指酒店推销人员在基本掌握和了解顾客的需求后针对顾客的需求介绍一些产品的种类与特点及其价格，从而达成交易。这种推销方法的特点是事先了解顾客对某种产品的需求。然后，针对顾客关心的产品及相关问题，有的放矢地解释这种产品的功能及为顾客带来的优惠条件以引起顾客的重视，促成顾客的购买。例如，客房预订员对入住酒店的常客和比较熟悉的顾客介绍顾客喜爱或习惯的房务产品。当然，在此基础上，预订员可以介绍一些相关的或升级的房务产品以令顾客的满意。

(3)引导型策略

引导型推销是指酒店推销人员在推销产品时，从顾客的角度分析产品可能给其带来的效用，引导顾客对产品产生兴趣并促使顾客购买产品的促销方法。这种方法的特点是通过与顾客交谈，引起顾客的某种需要，再说明所推销的产品功能、特点与优惠条件等。从而，引导顾客的购买欲望。当然，运用引导型的推销方法需要有较高的推销技巧，关键是要消除顾客的疑虑，使顾客感到推销人员是个可靠的购物参谋。从而，对推销人员产生信任。

2. 讲解式推销

讲解式推销是通过类似培训等方式向潜在的顾客传授有关产品的知识，使顾客了解各种产品的用途和功能及其特点，促使潜在的顾客购买酒店产品的推销方法。讲解式推销方法适用于推销新开发的房务产品、会展产品和餐饮产品及价格较高且具有一定历史和文化的餐饮产品等。在讲解式推销中，推销人员运用讲解方法可使顾客对产品有比较全面的认识，消除他们的疑虑而使顾客产生购买欲望。

八、酒店推销人员管理

酒店人员进行推销活动需要较高的成本与费用，因此人员推销必须达到相应的推销效果，而推销效果的前提是推销人员的具备较高的素质与能力的及酒店对推销人员的培训管理等。

1. 推销人员素质和能力要求

首先，酒店推销人员应具有良好的职业道德，遵纪守法并热爱企业，维护酒店信誉且信守承诺，并对顾客负责。同时，真心实意地满足顾客的需要及树立以顾客为中心的推销观念。其次，酒店推销人员应了解企业的历史与文化，了解本企业在同行业中的地位，熟悉本企业各种产品的质量、功能和特点，熟悉旅游与酒店市场发展状况与趋势，熟悉有关旅游业与酒店业的法律和政策，熟悉并能适时适地的运用消费心理学的知识。此外，推销人员还应具有观察能力和记忆能力。以上是酒店推销人员的工作能力基础。当然，熟练地运用人际交往能力和语言表达能力，热情大方及举止得体也是酒店推销人员的素质和能力必备的基础。

2. 推销人员甄选与培训

当需要推销人员时，酒店应建立人员选聘小组或相应的组织。选聘小组应通过适当的媒体，公布待聘人员的数量和具体职务及对候选人的素质和能力要求等信息，并向酒店内外公开招聘以鼓励那些符合条件的候选人积极应聘。根据调查，成功的甄选推销人员可通过酒店内部提升和酒店外部招聘等两个不同的渠道进行。酒店内部提升即从酒店内部培养、选拔和任用推销人员。这种途径的优点是减少了由于信息不对称而导致的甄选风险。同时，酒店内部职工对酒店的业务了解程度高丁外聘者。酒店内部提升的职工熟悉本企业的产品和文化。因而，可迅速适应推销工作。此外，酒店内部提升制度可保持职工对企业的忠诚，使职工更积极地工作。从而，促进酒店营销水平的提高。此外，酒店内部提升，手续简单且成本较低。酒店外部招聘是根据酒店推销工作的任职标准，从酒店外部候选人中选出符合要求的人员。酒店外部招聘渠道主要通过高等院校和职业介绍所及通过广告或内部职工介绍等方法。然而，一些外聘人员由于不熟悉本企业的产品、经营特色及企业文化，需要比酒店内部职工更长的培训时间才能达到上岗标准。

实际上，推销人员的培训工作与推销效果紧密相关。首先，培训的内容应与当前酒店推销工作需要的知识与技术相结合。同时，在培训中应使用案例教学、演示教学以培养推销人员的实践能力。酒店推销人员的培训工作应坚持将专业知识、技能培训与企业文化相结合的原则，使推销人员成为有理想、有职业道德、有文化的工作人员。此外，严格考核制度是保证培训质量的必要措施，也是检验培训质量的重要手段。酒店应制定培训考核制度，将培训考核、择优录用和职工晋级等结合在一起。从而，激励推销人员的进取精神。酒店推销人员的培训体系可分为入职培训、任职培训、主题培训、在职培训和脱产培训等。

3. 推销人员组织管理

推销人员组织是指为了实现酒店或酒店集团特定的营销目标，在分工合作的基础上构成的职工组合。推销人员组织可分为静态组织和动态组织。其中，静态组织是指推销人员的组织结构，反映该组织中的二级部门、职务、工作和它们之间的特定关系。酒店或酒店集团对于其销售职务的安排必须结合本企业的具体推销工作而定。动态组织是指，酒店组织必须根据本企业的营销特点和发展目标建立组织结构，并不断地调整组织结构以适应酒店外部市场环境的变化和本企业营销工作的发展。随着国际酒店业的竞争和酒店及酒店集团营销目标的发展，推销人员的组织管理必须不断创新和变革并通过技术、设备、人员、知识和文化等方面的创新以完善组织结构和管理方法。酒店推销人员的组织形式主要包括地区型、产品型、顾客型和综合型。

(1)地区型

地区型是指酒店根据不同区域的推销任务分配推销人员，即规定某推销人员负责某一地区市场的推销工作。这种组织形式的优点是：推销人员的责任明确并可详细地了解该地区的市场状况，便于掌握推销工作的重点和难点，可与顾客建立长期的业务联系，有利于节省推销成本与费用等。然而，当酒店的产品种类多及产品功能与特点比较复杂时，这种组织形式可能给推销人员带来困难。

(2)产品型

产品型是指按照酒店经营的产品种类分配推销人员及规定其职责，每个推销人员可能负责某些产品或品种的推销任务。这种推销组织最适合高星级而规模较大的酒店或酒店集团。由于这些酒店的产品种类多，各产品有着不同的功能和买主。因此，将推销人员按照产品分类可方便推销。例如，某商务酒店经营三大产品线。其中，客房 800 间，包括总统套房、豪华套房、商务套房、大床间、标准间和单人间等；会展产品包括不同的规模和布局的会议室；餐饮产品包括不同种类的商务宴会、休闲套餐，不同种类的中西餐厅等。基于以上原因，可按照产品的大类分配推销人员的工作，便于推销人员深入了解各种产品的功能与特点并更好地服务于目标客户。同时，发挥推销人员的专业特长，准确地介绍产品的功能与特点。当然，这种组织形式也存在一些缺点。当顾客同时购买不同种类的产品时，可能给推销工作带来一些困难。

(3)顾客型

顾客型是指根据目标顾客的行业特点、组织规模和分销渠道等不同的特点配备酒店的推销人员，特别是针对购买某些产品的大客户和购买频率较高的客户，配备推销人员很有必要。其优点是便于加深对客户的了解，建立客户档案，与客户维护长期的信任与合作。然而，当同类客户分布地区比较分散时，这种组织的活动范围就会扩大，相应地会增加推销费用。

(4)综合型

综合型是指酒店对不同的推销地区，结合本企业的各种产品特点及不同客户的类型，运用不同的推销人员进行推销产品以利推销。酒店运用综合型的组织方式推销产品可综合发挥其各种优势，提高推销工作效率，降低成本与费用。

4. 推销人员的业绩考核

酒店对推销人员进行业绩考核时，首先要制定考核指标，考核指标的范围应当全面反映推销人员的绩效。当然，各推销人员的业绩考核指标不应当完全相同。因为，他们各自面对不同的市场或产品，甚至不同的职务等。同时，酒店评价推销人员的业绩时，还应当对每个推销人员的过去和目前的业绩进行比较以考核其工作的努力程度。因此，业绩考核目标一定要综合考虑并符合工作实际。酒店应制定切实可行的业绩考核标准以利推销的展开。通常，酒店推销人员的业绩考核参考指标有以下 5 种：

①销售数量与销售额及为酒店带来的利润额情况；

②定期访问顾客的次数与效果；

③新增顾客的数量或市场占有率的发展；

④推销中的成本与费用使用情况；

⑤回头客的数量及顾客满意度。

第三节　酒店广告推销

酒店广告推销主要是指以付费的方式传播酒店营销信息的非人员推销活动。因此，酒店广告推销属于非人员推销。酒店广告的具体形式很多，只要是利用大众传播媒体来传播酒店的产品和服务等信息并激励顾客购买的都可以看作酒店广告。实际上，酒店广告是一种营销信息传播方式，它通过向目标顾客宣传酒店及其产品等信息引起顾客对酒店的关注并激发顾客对产品的购买行为。

一、酒店广告含义与特点

酒店广告是商业广告之一，是通过一定的传播媒介向目标顾客和公众传播营销信息的媒体，是酒店与组织购买者和消费者之间沟通营销信息的重要手段。酒店广告是有目的、有计划并可以连续进行的推销方式。酒店广告不仅对酒店本身产生有益的推销效果，而且对目标顾客，甚至对公众也有一定的益处，至少可使顾客和公众得到一些有用的信息。通常，酒店广告是酒店付费购买的广告版面或广告时段。其优点是可在同一时间向较大地域的目标顾客和公众传递营销信息，是一种富于表现力的营销信息传播方式。它通过艺术化的文字、声音、色彩和画面，将酒店及其产品等信息传递给目标群体。因此，广告与其他促销方式相比，在介绍产品功能与特点、树立企业形象等方面具有较强的感染力且容易给潜在的消费者和组织购买者留下深刻的印象。当然，酒店广告也存在着一些弱点，它不能及时与顾客进行信息沟通，也不能及时得到接收者的反馈。酒店通过广告宣传，可达到长期的推销效果。通过反复的传播信息，使潜在的顾客和公众对酒店的品牌和产品产生认同。从而形成对酒店的长期购买。

二、酒店广告的作用

酒店广告推销与其他推销手段相比，具有信息传播速度快、涵盖面广、能多次重复同一信息等优点。因此,在酒店的促销组合中,广告的运用比较广泛且发挥着重要的促销作用,主要表现在以下几个方面。

1. 引起顾客对酒店及产品的关注

根据统计,市场上的酒店营销信息传播方式有很多种。然而,传播最广泛且使用频率较高的传播方式就是广告。在市场上,酒店品牌、产品种类及其功能与特点等信息繁多。那么一个酒店要使本企业的产品顺利地进入市场,首先要做的推销活动就是信息传播,让顾客了解和记忆本企业及其产品。这样,通过广告可以介绍本酒店的文化与特点、产品种类及其功能等,使潜在的顾客和公众对本酒店及产品有个基本的印象和了解。通过广告将本企业新开发的产品介绍给顾客,向顾客提供产品价格与价值及优惠等信息。

2. 增强顾客对企业及产品的认知

广告可增强顾客对酒店及产品的认知,激发他们对本企业产品的兴趣。通常,市场上有较多的著名酒店及各种产品。因此,顾客购买酒店产品,可挑选的空间很大。同时,顾客总是在详细了解各种产品的功能和特点及价格等的基础上进行选择。根据调查,在欧美各国,70%的顾客在购买酒店产品前都参考了广告提供的信息。所以,酒店可通过广告介绍本企业产品的突出优势和特色,加强顾客对酒店产品的了解和认识,激发顾客对本企业产品的兴趣和偏爱。例如,一些经常出差的商务顾客对客房的布局和棉织品很关注。他们认为,客房设施的布局必须方便实用,家具的功能应为顾客提供舒适及增加客房的美观。床上的布件、窗帘、帷幔和地毯等的质感、色彩和样式可增强客房内的艺术性和文化性。这样,酒店可通过广告中的图片、色彩和简单的文字使顾客了解企业客房布局、功能与特色,引起顾客的关注和购买。根据酒店管理人员的总结,广告推销可给顾客留下深刻的印象。

3. 激励顾客对本企业产品的购买

酒店广告具有激励和创造顾客购买欲望,进而引导顾客购买产品的功能。一般而言,顾客对某些酒店产品都有潜在的需要和购买欲望。这种需要和欲望如果得到适当的引导,可以导致他们的购买行为。例如,在当今的酒店市场上,具有特色的休闲餐饮或大众西餐的需求不断上升。因此,酒店可通过广告宣传本企业的餐饮产品特点及为顾客带来的利益和收获,引导顾客对本企业餐饮产品产生信任和兴趣从而产生购买行为如下例。

> **惬意商务之旅尽在××喜来登酒店**
>
> 仅需人民币1280元,您即可入住我们酒店的行政房,体验喜来登甜梦之床带来的舒适并享受焕然一新的喜来登行政酒廊带给您的更多尊贵享受。除了感受宽阔明亮的“小城”之外,还有无线网络自由冲浪,独立阅览区,宽敞的网络区,4间董事会议厅以及现场烹饪表演的小餐厅。我们确保行政酒廊的一切值得您体验,主要内容包括欢迎果篮与鲜花、每日熨烫衣服2件、当日报纸、免费2小时使用行政酒廊董事会议厅。
>
> 无法拒绝诱人的价格,现在预订吧。
>
> 预订电话:××××××××

4. 树立本企业的品牌和声誉

酒店广告在树立和稳定本企业品牌和声誉方面起着重要的作用。近年来，世界著名的酒店品牌基本上都进入了中国市场。同时，我国的一些新建酒店也在不断进入市场。在这种市场竞争前提下，酒店必须通过广告宣传，树立本企业及其产品的优势，建立本企业品牌和产品的声誉。从而，加强顾客购买本企业产品的信心。当然，酒店要树立和稳定本企业的品牌和声誉，必须在一定的地域和时段内重复播出本企业的有关广告，以达到提醒顾客持续购买本企业产品的效果，稳定本企业的市场占有率。

三、酒店广告分类

1. 根据信息传播内容分类

(1) 产品广告

产品广告是为了推销不同的产品而做的广告。其内容主要是介绍不同的产品及其功能和特点等信息，属于告知型的宣传广告。当然，通过产品广告的宣传还可树立本企业的良好形象。

(2) 企业广告

企业广告是以传播酒店名称、酒店形象、酒店的声誉和文化为基础的广告。一旦酒店树立了良好的形象和声誉而被顾客认可和记忆，其产品的销售状况就会朝着有利于企业的方向发展。应当说，酒店广告是为树立酒店形象和声誉而服务的。

2. 根据信息传播目标分类

(1) 开拓型广告

开拓型广告是一种以介绍酒店及其产品为传播目标的广告，其目的在于引导潜在的顾客了解酒店及其产品以使其产生购买行为。这种广告的主要目的是树立企业品牌，向顾客宣传酒店的概况，产品的种类、功能及特点等以加深潜在顾客和公众对酒店和产品的认识。同时，宣传酒店的新产品或近期刚开发的产品等以促使顾客建立购买信心，使公众和潜在的顾客快速了解本酒店及加快本酒店产品进入目标市场。

(2) 劝导型广告

劝导型广告是一种竞争性的广告，其目的是劝导公众或潜在的顾客购买本酒店产品。劝导型广告一般以宣传产品的种类、功能及特点为目标，突出宣传产品的优势，特别是与同类产品比较后的优势，使潜在的顾客对本企业产品产生偏好以稳定和提高本企业产品的销售。

(3) 提醒型广告

提醒型广告是一种加强顾客对本酒店产品的记忆及连续购买的广告。提醒型广告着重宣传本企业产品的特点和优势及为顾客带来的优惠和利益，以引导顾客产生新的需求，使本企业某些产品在衰退期或之前，仍可达到理想的销售状态。

3. 根据媒体种类分类

(1) 报纸广告

报纸是现代传播信息的重要手段，其种类与分类方法各异。通常报纸可根据传播的范围大小分类，也可根据发行的时间和时段分类。例如，日报、周报，晨报和晚报等。当然，报纸也常根据专业或读者分类。因此，报纸的传播范围和发行数量各有不同，其广告效果也不同。基于以上原因，酒店必须有选择地运用报纸以进行有效的营销信息传播。

(2)杂志广告

杂志是一种深受读者欢迎的读物，有效时间长，阅读率高，发行的区域比较广泛。通常，不同主题的杂志有不同的内容、不同的读者和不同的发行范围及数量等。根据调查，杂志广告的功效比较慢且费用高。因此，酒店在选择杂志作为本企业广告媒体时必须对其进行认真的思考和评价，选择对本酒店或酒店集团具有信息传播实效的杂志。

(3)电视广告

电视广告是视听俱全的广告媒介，它传递信息速度快、覆盖面广。从而缩短了酒店与潜在顾客与公众的距离。但是，酒店很少选择电视作为其广告媒体，其原因是电视广告中的信息不易保存，而且费用较高。著名的餐饮集团、酒店集团或著名的度假酒店有时会选用一些区域型的电视广告以提高其知名度和市场覆盖面。

(4)广播广告

广播是传递广告信息最迅速的工具之一。广播广告传播的空间范围大、次数多、传递迅速并及时，形式多样，通俗易懂。因此，富有一定的宣传效果。广播广告制作简便，经济实惠。但是，广播广告不易保存，不易被听众主动的接收。因此，酒店很少选择广播广告。

(5)户外广告

户外广告是酒店业常用的广告媒体之一。其种类主要包括公路招牌、横幅广告、交通广告和灯箱广告等。一些酒店在相关的公路招牌上刊登广告以提醒顾客的关注和购买。一些酒店通过横幅广告宣传酒店的促销活动。例如，美食节等。一些酒店在机场和旅游风景区的广告牌上设置广告。这些广告都具有理想的信息传播效果。

(6)网络广告

网络广告是利用网站上的广告横幅、文本链接及多媒体等方法，在互联网刊登或发布的广告。网络广告与传统的报纸、杂志、电视、广播和户外广告相比，具有独特的优势。主要表现在覆盖面广、不受时间限制、广告效果持久、制作简便、费用较低等方面。因此，网络广告对酒店产品的促销起着重要的作用。

4. 根据传播范围分类

(1)地区型广告

地区型广告是指广告信息传播仅能覆盖有限的区域范围，是酒店在目标市场区域内媒体上所做的广告，以激励这一地区潜在的顾客对酒店产品的购买。例如，酒店或酒店集团在省市报纸和电视上刊登的广告均属这一类。当然，酒店在灯牌上的广告也属于地区型广告，其传播的范围就更有限。

(2)全国型广告

全国型广告是指酒店的营销信息可覆盖全国的媒体，以此激励全国各地的潜在顾客。在全国发行的报纸、杂志和可覆盖全国地区的电视等媒体上的广告均属全国型广告。酒店在这类媒体上刊登广告的要求为酒店产品基本上要适合全国各地大部分潜在顾客的需求。当然，全国型广告的成本和费用比较高，适合于规模较大、服务范围较广的酒店集团和餐饮集团及著名的度假酒店。

(3)世界型广告

世界型广告是指将酒店或酒店集团的营销信息传播范围覆盖世界主要的国家和地区,面向世界范围的潜在顾客。当然,其产品基本上要适合世界各地大部分的潜在的顾客,属于国际上的通用产品。这种广告的成本和费用高,仅适合于规模大、服务范围广的国际著名酒店集团、餐饮集团或国际著名的度假酒店。

四、酒店广告媒体选择

根据统计,酒店广告媒体种类很多,各具不同的功能和特点。因此,酒店进行广告媒体选择时,除了要分析各种广告媒体的特点外,还要研究如何正确地选择广告媒体,才能把酒店及其产品的营销信息及时而有效地传播给潜在的顾客和公众。因此,酒店在选择广告媒体时应当考虑以下因素。

1. 基于产品的种类与特点

不同的酒店产品,其功能与特点各不相同,用以满足不同的目标顾客需求。因此,酒店应认真选择广告媒体以求达到促销的实效。通常,对于商务酒店而言,其设施与服务主要针对商务顾客和会展顾客等。这样,商务酒店应选择有关商务的报纸与杂志。对于度假酒店而言,应选择与旅游相关的报纸与杂志作为媒体。对于一般酒店的短期营业推广活动可选择地区型的日常报纸和户外广告等。

2. 基于顾客接触媒体的习惯

根据调查,不同的顾客接触媒体的习惯和偏好各有不同。酒店应选择目标顾客习惯接触的媒体以便有效地把营销信息传播给潜在的购买者。

3. 基于广告媒体的传播范围

不同的媒体,其信息传播的范围不同。因此,酒店必须根据本企业的信息传播范围和具体的地区选择广告媒体。

4. 基于广告媒体的影响力

不同的媒体有着不同的广告效果。报纸与杂志的发行量及面对的读者不同,广播与电视面对的听众与观众及其数量也不同。基于以上原因,各种媒体的信息传播效果是酒店或酒店集团选择广告媒体必须考虑的因素之一。酒店必须根据本企业的等级、种类、规模、区域及销售的产品选择广告媒体。换言之,酒店选择广告媒体的影响力应符合酒店期望的广告效应。

5. 基于广告媒体的费用

酒店对广告的运用必须考虑成本,酒店付出的广告费用应与促销效果成正比例。此外,酒店还要考虑企业对广告费用的负担能力。当然,酒店应争取以较低的成本与费用,达到理想的广告效应和推销效果。

6. 关注竞争对手的广告策略

酒店为了在市场中取得竞争优势,在选择广告媒体时应充分了解竞争对手的广告策略,以便发挥本企业的广告优势,达到最佳的广告效果。

五、酒店广告实施程序与内容

一个成功的酒店广告,首先,应从市场调查开始,进行广告市场定位。通过分析本企业的产品种类、功能和特点及市场需求与竞争对手进行对比分析。然后,制定和实施有效的广告推销计划。其次,应明确本企业的广告目标,即建立一个与酒店促销计划相适应的广告目标。酒店营销管理者应明确是维持原有产品的销售,还是宣传新开发的产品以吸引潜在的顾客购买等。同时,酒店运用广告推销,必须确定推销对象,并根据推销对象及其购买的影响因素确定广告媒体,以适合目标市场的广告媒体达到理想的营销效果。此外,酒店广告标题必须引起潜在的顾客和公众的注意,应体现新颖、醒目和创意。这样,有助于唤起潜在的顾客购买行为。广告内容应以精练的文字和优美的画面来说明酒店的经营理念、环境布局、设施设备和产品特色等。

六、酒店广告商选择

酒店广告商是指向酒店提供广告设计、安排广告媒体等服务的企业。通常,酒店广告商有比较丰富的广告经验。他们比较熟悉国内外各地区的媒体与广告情况。同时,酒店广告商拥有较好的技术设备和技术人员。因此,酒店选择广告商可以从技术上保证广告的质量。酒店选择广告商关系到酒店的广告效果和推销效果。因此,酒店在选择广告商时应慎重。首先,应明确企业本身所需的广告项目。其次,要分析广告商的服务项目。再次,应考虑广告商拥有的客户数量、客户规模、知名度和信任度、成功与失败的记录等。最后,考虑广告商的设备与技术,广告策划与设计及创意能力和服务水平等。

七、酒店广告预算

酒店广告预算是指酒店营销部与财务部通过预计投入的广告费用总额来决定广告推销活动。为了计划和控制广告费用,酒店营销部和财务部每年预测和编制年度的广告费用。通常,酒店预算与控制广告费用主要包括以下几种方法。

1. 支付能力法

许多酒店预算广告费用是根据企业可支付广告费用的能力,即酒店能够支付的广告费用。这种方法适用于确实需要通过广告推销来达到理想的促销效果的酒店。其优点是,有利于扩大酒店及其产品的知名度。缺点是,缺乏广告推销的计划性,容易造成无效或效果不理想的广告。

2. 销售额比例法

销售额比例法常以酒店产品的销售额的百分比作为广告预算的依据。例如,某酒店预计下一年度的销售额为6 000万元,计划按预计销售额的1.5%作为广告费用,则广告预算为90万元。这种方法的优点是,广告费用随着酒店销售额而定,比较符合会计原则和推销实效。因此,酒店营销部与财务部可根据某一阶段的销售预测,提前作出比较详细且实用的广告费用计划,避免酒店财务方面的损失。然而,这种预算方法也存在着一些缺点,由于这种方法的广告费用是根据销售额比例实施的。因而,不能根据促销需求进行广告推销,容易失去某些良好的推销机会。同时,这种预算方法也不能确切地根据某种产品或某些特定地区的推销活动的需要而进行广告推销。

3. 竞争对策法

根据竞争者的广告支出额来拟定本酒店的广告预算额的方法被称作竞争对策法。酒店采用这种预算方法，应分析不同酒店或酒店集团的市场范围，酒店种类、规模、知名度及产品功能与特点等。因此，竞争对策法绝不是简单地与竞争者支出的广告费用相等。

4. 目标任务法

目标任务法是酒店具体规定其广告目标且详细地列出为完成推销目标所必须进行的各项工作并计算各项推销工作所应支付的广告费用。在编制广告预算时，酒店或酒店集团可以先要求其房务部经理、餐饮部经理和会展部经理等二级部门写明通过广告为其部门推销哪些产品。然后，根据酒店或酒店集团总体对广告的目标任务进行预算。

5. 其他方法

除了以上的方法外，酒店广告预算费用还根据不同的地区、时段、媒体和具体的推销活动作出安排与分配。实际上，酒店或酒店集团对广告的预算绝不是单一的方法而应当综合考虑各方面的需要和营销效果。

八、酒店广告效果评价

所谓广告效果通常是指广告信息通过广告媒体传播后所产生的社会影响和经济效应益。主要包括广告沟通效果和广告销售效果两个方面。广告沟通效果主要是评价消费者和组织购买者对广告信息的关注、兴趣和记忆等心理反应程度。一般包括对广告关注度的评价和对广告记忆率的评价。对广告关注度的评价是指借助有关指标了解视听者的认知程度，测定其注意力。包括基本记得视听过此广告的人数，记得该广告一半内容以上的视听者，能准确辨认广告中介绍的产品人数等；而对广告记忆率的评价可通过间接调查方式，也可采用直接询问方式来了解公众或潜在顾客对酒店名称、产品种类及功能等内容的记忆程度。常用的评价方法包括

广告关注率 =（关注到此广告的人数/阅读或视听该媒体的人数）×100%

广告阅读率 =（阅读或视听到此广告的人数/该媒体覆盖地区总人数）×100%

广告记忆率 =（记忆广告的人数/阅读或视听到广告的人数）×100%

广告认知率 =（理解此广告内容的人数/阅读或视听到广告的总人数）×100%

对广告销售效果的测量可以通过广告信息发布后各种产品销售量的增减为标准。因此，销售效果的测量可以把广告费用与销售额的增加作比较。然而，酒店产品销售额的增加会受到多种因素的影响，广告仅作为酒店促销的手段之一。此方法衡量广告效果仅作为参考值。当然，在确定广告效果时，酒店还应当考虑到产品质量的提高、产品功能的改善、产品价格的调整，市场潜在需求的变化及经济形势的发展等因素。常用的评价方法包括

销售增长率 =［（广告实施后销售额 - 广告实施前销售额）/（广告实施前销售额）］×100%

广告费用率 =（广告费用/同期销售额）×100%

此外，评价酒店广告效果还包括广告引起的酒店或产品的知名度和美誉度的变化。

第四节 酒店营业推广

营业推广也称销售促进，是指酒店运用各种短期、非日常及优惠的推销活动来吸引潜在的消费者、组织购买者和中间商等的关注，并且激励他们的购买行为。营业推广的目的是提高酒店的销售水平。近年来，酒店营业推广作为一种营销信息传播方式或促销方式不仅发展迅速，且活动形式日益多样化并取得了理想的促销效果。

一、酒店营业推广特点

当今，在酒店市场竞争日益激烈的情况下，许多酒店、酒店集团或餐饮集团越来越重视将营业推广作为开展酒店促销的一种手段，而且创造了不少灵活而有效的方法。例如，价格折扣、产品升级、增值服务、有奖销售、赠送早餐、发放奖券、赠送礼品、提供样品、食品展示、举办美食节等。酒店营业推广可以在较短的时段内扩大市场需求，加速新产品进入市场，提高顾客对成熟期产品的青睐。同时，酒店营业推广还可以有效地参与市场竞争。通常，酒店的广告推销、人员推销和公共关系等促销方式作为酒店常规的和连续的促销手段，而营业推广的促销作用是短期而有效的。因此，酒店不仅要利用广告推销、人员推销和公共关系开展促销活动，还必须适当地运用营业推广。从而，使营业推广与酒店其他促销方式互相补充、互相配合以提高酒店的促销效果。同时，稳定酒店的销售额和市场占有率。酒店营业推广的特点，可以从以下 4 个方面进行总结。

1. 时间与空间限定

酒店营业推广活动通过向促销对象提供短期的促销激励，引导顾客迅速采取购买行动。因此，酒店营业推广活动是在限定的时间和空间进行有效的推销。例如，酒店的季节性营业推广、节假日营业推广和周末营业推广等促销活动。

2. 激励效果较明显

酒店营业推广最明显的特征是它在某一特定时间内为促销对象提供额外的优惠。这种优惠具有较强的激励因素，足以引导顾客购买某一特定的酒店产品。例如，价格折扣、酒店赠品、增加服务项目或附加产品等。根据调查，较高的优惠是促使顾客实时购买行为的直接原因。

3. 方法灵活多样

酒店营业推广是由激励和强化需求的各种促销方法或是各种促销策略组成的。当今，酒店的营业推广活动不仅包括日常的价格折扣、食品演示、赠送礼品、美食节活动等促销方式，还增加了产品升级、增值服务等促销手段。

4. 促销效果短暂

酒店的营业推广活动与酒店的其他促销手段相比，具有促销效果短及局限性等特点。因为这种方式是采取了利益引导方式，刺激顾客迅速地购买某一特定酒店产品。因此，营业推广的效果不可能维持较长的时间。

二、酒店营业推广类型

根据统计，酒店营业推广的类型有很多，且不断地发展与创新。酒店营业推广的类型可以分为3类：针对顾客的营业推广，针对中间商的营业推广，针对推销人员的营业推广。

1. 针对顾客的营业推广

酒店对顾客营业推广的目的主要是鼓励消费者与组织购买者多买酒店产品、促进重复购买酒店产品、吸引潜在的顾客购买酒店产品等。同时，争夺竞争者的顾客使其购买本企业的产品。此外，鼓励顾客购买酒店新开发的房务产品、餐饮产品与会展产品等。常用的策略主要有以下几种。

(1)价格折扣

酒店对各种产品采取不同的价格折扣策略，特别是在销售淡季和清淡时段，针对新开发的产品、成熟期或衰退期的产品提供价格折扣以促进顾客购买。

(2)产品升级

一些酒店对重复购买酒店房务产品和会展产品的顾客给予产品升级的优惠策略。例如，某顾客重复购买标准客房达到一定数量时，可付标准客房的房费入住较高级别的客房。

(3)增值服务

一些酒店在实施营业推广阶段，为顾客进行增值服务。例如，顾客在酒店的营业推广期间购买房务产品时，每天可免费获得一件衣服的洗涤和熨烫服务。

(4)发放奖券

酒店在营业推广期间根据顾客的消费额或购买产品的种类等给顾客发送奖券。例如，某酒店的中餐厅为了鼓励顾客购买其产品，根据顾客的消费额发放10%的奖券，奖券可以作为现金使用，主要用于顾客的重复购买。

(5)赠送礼品

一些酒店在营业推广期间为顾客赠送礼品。例如，一些酒店每天上午对入住的顾客赠送水果，甚至葡萄酒。一些酒店每天晚上服务员开晚床时为每个入住的顾客赠送一块点心。一些酒店对用餐的顾客赠送水果、点心或菜单等。

(6)提供样品

酒店在营业推广期内为顾客免费提供一件样品。一般而言，在餐厅用餐的顾客可获得一个免费的且新开发的菜肴、点心或酒水等，请顾客品尝。当然，这份新开发的餐饮产品的成本、原料和工艺等都要精心设计，既要使顾客满意，达到新产品试销的目的以提高酒店的业务水平，又要考虑其成本与费用。

(7)食品展示

食品展示是一种有效的酒店促销方式。这种营业推广方式通过在餐厅门口或内部摆放有特色的陈列品，包括新鲜的食品原料、半成品菜肴或成熟的菜肴、点心、水果及著名的酒水等以增加产品的视觉效应，使顾客更加了解酒店的餐饮特色和质量并使顾客对酒店产生信任。例如，一些酒店的咖啡厅将餐厅制作的新鲜面包摆放在餐厅门口以显示其餐饮特色和新鲜度。一些酒店的扒房(传统西餐厅)内设有沙拉吧(沙拉自助销售台)并将五颜六色的新鲜蔬菜和水果及沙拉酱与装饰原料等整齐地摆在餐台上以吸引顾客购买。

(8)举办美食节

当今餐饮产品的生命周期不断缩短,传统和被动地等待顾客上门的推销观念已失去营销效果,而酒店举办美食节具有理想的促销效果。因此一些酒店常在节假日、清淡时段举办餐饮营业推广活动,包括美食推销活动,例如圣诞节晚会、比萨饼销售周、中秋美食月、希腊菜美食周、苏州菜美食月、法国烧烤菜推销月等以激励顾客购买。

2. 针对中间商的营业推广

酒店针对中间商的营业推广目的是鼓励中间商批量购买酒店产品,争取与中间商建立固定的产销关系,促进和帮助中间商展示和宣传本企业的产品及开辟新的营销渠道等。综上所述,酒店对中间商的营业推广方法主要有以下几种。

(1)实施价格折扣

在营业推广期间,酒店为了鼓励中间商积极地营销本企业产品,对于提前支付货款的或购买一定数量产品的旅游批发商和会展运营商等,在产品价格方面给予各种优惠以促进中间商大批量地购买及持续地购买本企业的各种产品。

(2)提供培训与资料

为了协助中间商提高本企业的产品销售效果,酒店在营业推广期间免费培训中间商的推销人员。一些酒店还为中间商提供本企业的推销和宣传材料并在培训期间免去推销人员的食宿费用。

(3)资助广告与宣传

一些酒店为中间商提供广告资金支持以帮助中间商更好地配合酒店开展营业推广活动。

3. 对推销人员的营业推广

为了调动推销人员的积极性,鼓励酒店推销人员推销更多的酒店产品,尤其是推销新产品,更多地挖掘潜在的顾客,开拓新的市场需求等,酒店可以针对推销人员采用以下营业推广方法。

(1)提供培训

在营业推广前,酒店应对推销人员和一线服务人员,包括房务部、餐饮部、会展部和营销部门的领班和业务主管人员等进行业务培训。由于培训是增长酒店销售人员和服务人员的知识和能力的机会。因此,推销人员和服务人员获得培训机会可以证明其工作业绩。他们也会因受到酒店管理者的重视和肯定而带来职业发展机会。通常,酒店推销人员和服务人员会为了获得职业发展而努力工作,创造更大的销售业绩。

(2)销售提成

一些酒店根据推销人员和服务人员的销售业绩给予一定的奖励或提成。这样,可以激励推销人员和一线业务人员更主动和更积极地进行销售。

(3)销售竞赛

销售竞赛是激励酒店推销人员和各业务部门服务人员创造销售业绩、激发销售潜力的有效措施。通常,酒店对营业推广中的业绩突出者给予一定的奖励。

三、酒店营业推广筹划

1. 确定目标

酒店营业推广必须有明确的目标。首先应当根据酒店的营销目标和整体营销战略确定营业推广的具体目标和主题，制订周密的计划。

2. 限定规模

酒店在制定营业推广时，必须限定活动的规模。同时，结合目标市场的实际情况并根据营业推广的销售收入与活动费用之间的效应来确定。根据调查，适宜的营业推广规模应当是既可以引起潜在的顾客和公众的关注而激励其购买行为，又不会因为规模过大而降低促销效果。

3. 选择对象

酒店营业推广的各种方法对于不同的顾客而言，会产生不同的促销效果。因此，酒店营业推广的对象主要是那些非品牌忠实者或对产品价格比较敏感的顾客。对于酒店品牌忠实的顾客，营业推广的影响力比较小。因此，酒店在进行营业推广时，应当认真分析市场，选择适合的促销对象。当然，在选择营业推广对象时，一定要因时、因地、因人而异。

4. 考虑媒体

广告媒体对于酒店实施营业推广有着重要的作用。选择媒体时，酒店必须充分考虑促销产品的种类、特点和价格及媒体的特点与功能及费用等因素，并选择那些适合营业推广的广告媒体。

5. 规定期限

酒店营业推广的期限要恰到好处。活动的期限过短，会使一部分潜在的顾客失去购买机会。期限过长，顾客会对酒店产品质量和价格产生疑虑。从而，降低酒店的品牌声誉，而且造成顾客对营业推广产生抵触情绪和消极的购买行为。

6. 做好预算

酒店营业推广作为一种短期的促销方式，虽然可以使酒店的销售额有所增加，但是会增加企业的促销费用。因此，酒店在进行营业推广前应认真做好预算，比较营业推广活动的成本与收益。从而，保证营业推广的促销效果。通常，酒店营业推广费用包括广告宣传费用、顾客激励费用（赠送礼品、产品升级、价格折扣等）、场地布置费用、人工成本及其他的成本与费用。

7. 评估效果

酒店营业推广的效果是评估营业推广活动成功与失败的关键。因此，酒店每次在营业推广活动结束时，都要对营业推广的效果进行评估，将营业推广活动资料进行综合分析以便控制营业推广的效果。酒店评价营业推广活动的主要方法如下。

（1）阶段比较法

酒店对实施营业推广前后不同的时段销售额与利润额进行比较分析。

（2）跟踪调查法

酒店在营业推广结束后，调查参与营业推广的顾客、酒店管理者与职工对此次促销活动的意见、是否从中受益及对以后营业推广活动的建议等。

(3)区域对比法

酒店或酒店集团将没有实施营业推广活动的地区与进行营业推广的地区的相同类别、相近级别与相近规模的酒店销售情况进行对比分析。从中总结出营业推广的必要性和不同的推销策略。

第五节　酒店公共关系

酒店公共关系是指酒店或酒店集团为改善与社会公众的关系,促进公众对酒店或酒店集团的认识、理解和支持,达到树立企业良好形象及促进产品销售等而进行的一系列活动。公共关系是酒店营销信息传播或酒店促销组合的一个重要组成部分,它与其他的营销信息传播方式或推销手段不同,在酒店促销活动中公共关系有着不可替代的作用。

一、酒店公共关系特点

公共关系是酒店为了取得社会和公众的信赖与了解而进行的各种宣传和信息沟通活动。它运用各种信息传播手段,把有关酒店及其产品等信息传递给潜在的顾客、社区民众、政府机构、非营利组织等以扩大酒店在社会上的影响,树立酒店的良好形象。从而,为酒店的生存和发展争取一个良好的环境。公共关系是塑造酒店形象的艺术,是酒店进行促销活动不可缺少的手段。因此,良好的公共关系已经成为酒店开拓市场、扩大销售和建立良好的营销环境必不可少的促销活动。总结酒店公共关系的特点可以从以下几个方面考虑。

1. 消除顾客疑虑而带来商机

根据调查,酒店进行营业推广,人员推销和广告推销活动中,顾客常会出现疑虑或警觉。他们会认为酒店为了推销产品和盈利活动,可能有些言过其实。但是,公共关系是以新闻报道的形式宣传酒店及其产品。这种信息传播方法容易引起公众和潜在的顾客产生良好的印象与反响。基于以上原因,不论是消费者还是组织购买者都比较容易接受公共宣传对于酒店及其产品的信息。因此,公共关系是通过新闻媒体等间接报道为酒店进行宣传活动,顾客容易解除心理疑虑,从而,为酒店的促销工作带来商机。

2. 提高酒店知名度和美誉度

众所周知,声誉和美誉是酒店的无形财产,它直接影响着市场对酒店产品的购买行为。因此,酒店通过公共关系与公众和潜在的顾客等进行信息沟通,广泛地向社会宣传本企业的文化和产品及对社会的贡献,使本酒店取得社会公众的信任和好评。酒店公共关系通过正面宣传与报道,在潜在的顾客心目中树立品牌和产品的良好形象及提高酒店的知名度和美誉度。从而,为酒店创造良好销售环境。实际上,公共关系形成了酒店长期而间接的一种促销手段。

3. 与各方建立长期而稳定的合作

酒店公共关系所展开的各种活动是酒店与公众及潜在的顾客之间的一种双向信息交流。它一方面对外输出企业和产品的各种信息,另一方面,通过公共关系活动与公众和潜在的消费者、政府、社会团体、金融机构、供应商、中间商和酒店职工等进行长期而稳定的信息沟通与合作,并可及时地了解市场需求和偏好以及了解内外部环境对酒店的信任与态度等。从而,为酒店长期的发展与制定营销战略提供依据。酒店通过公共关系进行宣传与协调活动,目的是与内外各方建立友好和互信的关系以保证酒店产品的质量与特色,并为酒店占领市场打下牢固的基础。此外,公共关系还是酒店预防与解决各方面矛盾的有效工具。

4. 易于取得公众和顾客的信任

公共关系中的宣传报道常被称为免费的广告,酒店不需要或付出少量的费用就可以进行信息传播。实际上,公共关系中的宣传活动和报道在酒店促销组合中已成为费用低且效益高的一种促销手段。根据调查,尽管酒店在开展公共关系活动中,常常支付一些费用。然而,对比其他促销手段支付的费用要低得多。同时,酒店通过公共关系输出的产品信息,主要是以新闻报道的形式出现,常被接收者认为不是来自酒店或卖方,而是来自第三方。因此,容易取得公众和潜在的顾客信任。这样,在公众不十分了解酒店及其产品的情况下,公共关系可有效地激励潜在的顾客购买。因此,酒店公共关系的推销效果是显而易见的。

5. 无法控制传播的内容和时间

由于酒店公共关系的宣传报道主动权不完全在或不在酒店,酒店对宣传报道的内容、时间、方式和媒体等更无法控制,甚至无法根据企业自身需要而进行及时的调整。因此,酒店公共关系与人员推销、广告推销和营业推广等其他 3 种促销方式相比,其可控性较差。

二、酒店公共关系活动程序

酒店公共关系活动是一项综合型的促销活动,这一工作必须遵循科学的程序和步骤。这些程序可归纳为调查研究、确定公关目标、制定公关对策、实施公关计划、反馈和评价公关效果等。

1. 公共关系活动调研

酒店公共关系活动的调研主要是为了解和分析酒店与相关组织和企业的合作及经营方面的行为。同时,调研公众和潜在的顾客对酒店品牌、产品、信誉和经营行为的认知、态度及购买行为等。酒店获取以上信息后,可开展有针对性的公共关系活动。

2. 公共关系活动策划

酒店公共关系活动主要是将公共关系调查中所获取的信息运用于酒店营销规划和营销战略等方面。然后,编制酒店公共关系活动的计划。

3. 公共关系活动实施

酒店公共关系活动的实施主要是通过信息宣传和信息沟通活动,将酒店经过策划和制定的公共关系活动方案贯彻并执行。以完成和实现与酒店营销战略目标相关的公共关系及促销活动。

4. 公共关系活动评价

酒店公共关系活动的评价主要是对公共关系的每一过程的效果进行总结和分析及确定公共关系活动的总体效果。同时,为调整下一步公共关系活动的目标和计划提供翔实的资料。

10.5.3 酒店公共关系活动内容

1. 通过新闻媒介传播酒店信息

酒店公共关系在酒店的促销活动中有着重要的位置。通过新闻媒介和社会公众宣传酒店及其产品,不仅节约了广告费用,而且由于新闻媒体的权威性和广泛性,使传播效果比广告效果更好。例如,在介绍酒店或酒店集团的形象、酒店文化、酒店服务、酒店环境和酒店设施等方面具有理想的效果。当然,一些重要的会议在某酒店举行或著名的人物下榻某酒店的报道也是提升酒店声誉和美誉的最有效果的方式。

2. 积极与公众和外部组织进行联系

酒店公共关系部同政府部门、社会团体、供应商和中间商等外部组织建立公开的信息沟通,争取它们的理解并通过它们的宣传加强酒店及其产品的信誉和形象。例如,通过赠送宣传材料和酒店小册子来宣传酒店产品和服务项目及进行对外开放参观等让公众和相关组织更好地了解本酒店的设施与环境及产品与服务的质量、功能与特色。

3. 借助公关广告树立酒店与产品形象

公关广告全称为公共关系广告。这种广告与商业广告的区别在于,宣传酒店或酒店集团的整体形象以提高企业的知名度和美誉度为主要目的,而不是仅仅以推销产品为手段。因此,通过酒店公关广告可介绍与宣传本企业,树立酒店形象。酒店公关广告的形式常有以下 3 种类型:①致意型广告,即向各界与关系单位表示节日祝贺与感谢等内容;②倡导型广告,即酒店率先提倡某种新的产品和消费观念;③解释型广告,即酒店就某些新产品和服务项目向相关单位与公众进行介绍和宣传等。

4. 举办专题活动与赞助活动

公共关系活动实际上是通过各种专题活动,扩大酒店的影响。这方面活动主要包括举办各种庆典活动,开展各种竞赛活动,举办环境管理和防治污染活动,为慈善机构进行募捐,资助受到自然灾害的民众,对经济欠发地区的中小学进行资助等。当然,赞助活动是酒店无偿地提供资金或物品支持某一项社会事业的活动以获得企业良好形象的专题活动。实际上,公关活动是一种信誉投资和感情投资行为。通过参与各种公益活动和社会福利活动,酒店可以协调与社会公众的关系。

5. 做好危机型公共关系活动

根据调查,酒店面临公共关系危机的原因主要包括由于自身服务不当造成的一些投诉及一些突发的事件等。当然,酒店应分析造成问题的具体原因并及时地开展卓有成效的危机型公关活动。例如,由于酒店自身原因造成的问题,酒店应真诚地接受批评并立即采取措施予以改正。同时,酒店对顾客或相关企业予以赔偿或进行适当的补助。如果属于自然灾害或其他类型的突发事件,酒店则要把真实的情况告知顾客、公众或相关企业,争取他们的理解与支持,避免引起矛盾。此外,对于一些失实的报道引起的公关危机,酒店要及时消除影响并扭转对酒店或酒店集团的一些负面影响。

本章小结

酒店促销管理是酒店市场营销组合的一个重要因素，而信息传播是酒店促销的基础和核心。信息传播全称为酒店营销信息传播，是酒店促销的基础和核心。在促销中，酒店只有将营销信息传递给目标市场，才能引起潜在的顾客关注并有可能产生购买行为。同时，作为买方的消费者和组织购买者也会把酒店提供的营销信息反馈到其组织或家庭并根据需求而进行购买。可见，酒店促销管理和营销信息传播与潜在的顾客是不可分割的，它们之间有着紧密的联系。酒店人员推销是指酒店运用销售人员、房务部预订人员和餐饮部服务人员等直接向顾客推销房务产品、餐饮产品和会展产品等的促销活动。这里值得注意的是酒店推销人员绝不仅仅是酒店营销部的工作人员，还必须包括房务部的预订人员和餐饮部的服务人员等。在酒店人员推销中，推销人员、推销对象（顾客）和被推销的产品是人员推销的3个基本要素。酒店广告是商业广告之一，是通过一定的传播媒介向目标顾客和公众传播营销信息的活动，是酒店与组织购买者和消费者之间沟通营销信息的重要手段。酒店广告是有目的、有计划并连续进行的推销方式。酒店广告不仅会对酒店本身产生有益的推销效果，而且对目标顾客，甚至是公众也有一定的益处，至少可使顾客和公众得到一些有用的信息。通常，酒店广告是酒店付费而购买的广告版面或广告时段。其优点是可在同一时间向较大地域的目标顾客和公众传递营销信息，是一种富于表现力的营销信息传播方式。当今，在酒店市场日益竞争的情况下，许多酒店、酒店集团或餐饮集团越来越重视将营业推广作为开展酒店促销的手段，而且创造了不少灵活而有效的方法。例如，价格折扣、产品升级、增值服务、有奖销售、赠送早餐、发放奖券、赠送礼品、提供样品、食品展示、举办美食节等。酒店营业推广可在较短的时段内扩大市场需求，加速新产品进入市场，提高顾客对成熟期产品的青睐。同时，酒店营业推广还可以有效地参与市场竞争。公共关系是酒店为了取得社会和公众的信赖与了解而进行的各种宣传和信息沟通活动。它运用各种信息传播手段，把有关酒店及其产品等的信息传递给潜在的顾客、社区民众、政府机构、非营利组织等以扩大酒店在社会上的影响，树立酒店的良好形象。从而，为酒店的生存和发展争取一个良好的环境。

思考题

1. 名词解释

酒店信息传播　酒店促销组合　酒店人员推销　酒店营业推广　酒店公共关系

2. 问答题

①简述酒店营销信息的传播作用。

②简述酒店营销信息的传播途径。

③简述酒店促销组合内容。

④简述酒店营业推广的特点。

⑤简述酒店推销人员的任务。

⑥论述酒店人员推销特点。
⑦论述酒店营业推广的类型。
⑧论述酒店公共关系活动的内容。

案例分析

信息传播与顾客需求

旅游消费者在外旅游期间,常常希望能找到一个家外之家。他们希望能在旅游目的地感到舒适和安全。一些旅游企业推出的广告针对的目标正是远离家乡并需要他人帮助的顾客。这些广告已成为酒店广告中的经典之作。例如,美国联合航空公司推出的"友好天空(Friendly Sky)",被人们认为是航空业中首批针对旅行者需要而开展的有效广告之一。这一广告的成功原因是美国联合航空公司针对消费者担心遭受冷遇或对旅行中的某些不确定因素的担心等。美洲航空公司推出的"竭诚服务(Doing What We Do Best)"广告及假日国际酒店管理集团推出的"我们令您愉快"的广告也都采用了同样的主题。美国华美达酒店集团推出的"热情的职工为您进行满意的服务(Nice People Doing Nice Things)"的广告则将企业要传达给顾客的信息表达得完美至善。总结华美达酒店公司信息传播的特点,该集团是一个著名的好客企业,其信息的表述不但诚恳,而且直接针对消费者外出离家时对热情好客环境的渴望和需要。综上所述,这些企业信息传播的成功同那些仅宣传"服务标准"和"营销政策"及其他一些消费者不感兴趣的内容完全不同。这些信息所表达的"热情员工"直接满足了消费者的需要而起到实实在在的营销作用。

讨论题

①分析酒店信息传播与消费者购买产品的关系。
②分析信息传播内容对顾客购买酒店产品的影响力。

第十一章

餐饮营销与菜单筹划

餐饮营销在酒店营销中起着非常重要的作用。它不仅关系到餐饮餐品本身的营销效果,还涉及房务产品和会展产品等的销售水平。通过本章的学习可掌握酒店餐饮营销特点、餐饮营销原则、餐饮营销策略和菜单筹划与设计等。

第一节　酒店餐饮营销原则

一、酒店餐饮营销概述

餐饮营销全称餐饮市场营销,是酒店为满足顾客的餐饮需求、住宿需求和会展需求,实施餐饮营销的商务活动。这里要特别强调的是餐饮营销水平绝不仅仅影响酒店或酒店集团的餐饮产品营销效果,而是在酒店整体的营销水平中有着举足轻重的作用。它直接影响酒店或酒店集团的房务产品和会展产品的营销效果。而且餐饮的营销水平还影响着酒店和酒店集团的企业形象和品牌效应。当代酒店餐饮营销以市场为中心,为满足顾客对餐饮产品等的需求而实现营销目标。同时,综合运用各种营销手段,将菜肴、酒水、用餐环境和服务等组成的餐饮产品销售给顾客。因此,酒店或酒店集团必须以市场需求为基础,尊重顾客,认识到满足顾客的需求和实现企业利润的一致性,认识到顾客的需求与酒店或酒店集团生存和发展的紧密联系。

二、酒店餐饮营销原则

1. 商务酒店餐饮营销原则

商务酒店是为了满足商务、会展、旅游和休闲顾客的需求而服务的。通常坐落在城市的商务区域。商务酒店的特点是交通便利,设备齐全。这种酒店,特别是高星级的商务酒店除了所必须具备的各种客房、会议室、通信设备、商务中心和健身场所外,还要具备各种餐厅和酒吧等餐饮服务设施。由于商务酒店是商务顾客和旅游观光者交际、住宿、参加会展和休闲的理想场所,其顾客来自于全国各地和世界各国。因此,餐饮营销对酒店的整体营销效果起着重要的作用。当然,不同规模和级别的商务酒店,其餐厅的种类、数量和营业规模也不同。例如,高星级的商务酒店应当设有扒房、咖啡厅、风味中餐厅和不同类型的酒吧等,而经济型和三星级商务酒店应当设有咖啡厅和大众化的中餐厅及大厅酒吧等。同时,大型商务酒店不仅应有与其客房数相适应的餐厅规模,即餐厅的座位数,而且还应具备相适应的宴会厅和多功能厅等。

2. 度假酒店餐饮营销原则

度假酒店一般都坐落在交通方便的景区或名山秀水的附近。其主要的客源为度假、休闲和会议团队。度假酒店除了应具备舒适的客房、适合休闲的健身和娱乐设施和设备,还应具有广泛而有特色的餐饮产品。应该说,餐饮产品是度假酒店营销成功的关键。目前,许多度假酒店除了营销安全和适合各地或各国游客及会议团队的餐饮产品外,还开发了当地传统的和世界著名的菜点以满足顾客对餐饮文化和餐饮旅游的需求。

3. 长住酒店餐饮营销原则

长住酒店适应顾客长期住宿的需求,大多坐落在交通方便的城市或郊区。其房间特点为套房,包括客厅、卧室、厨房、卫生间和洗衣房等。其客房设施与设备比商务酒店齐全,包括客房中的厨房设备和洗衣间设备。例如,各种炉灶、冷藏箱、洗衣机和烘干机等。长住酒店的套房常包括各种类型,例如,单人套房、跃层套房、家庭套房和豪华套房等。长住酒店的营销策略、计价方法和服务方式都比较灵活,房间价格可根据天、周、月、季度或年为计算单位。清扫客房可以是每天、隔天或顾客自己清扫。房间用品可以由酒店提供,也可自己准备。长住酒店除了提供以上各项服务和健身中心等设施外,其餐饮产品与房务产品的销售紧密相关。根据调查,入住长住酒店的顾客基本是带有家属或不带家属的企业家、工程师、会计师和教授等。这些人员工作繁忙,不可能在公寓中自己烧饭,通常在公寓楼中的餐厅用餐。因此,长住酒店的餐饮营销不可忽视。许多长住酒店为顾客提供免费的早餐和自助晚餐。一些长住酒店把餐饮设施外包给专业的餐饮企业以增加餐饮产品的特色并提高客房入住率。

4. 汽车酒店餐饮营销原则

汽车酒店通常坐落在城郊、高速公路和飞机场附近,其目标市场为长途驾车的旅客。实际上,汽车酒店是以提供房务产品为主要业务的小型酒店。传统的汽车酒店客房数常在 50 间以下。这种酒店提供简单的客房预订和住宿服务,客房价格实惠。现代的汽车酒店的房间数可以在 200 间以上,除了营销房务产品外,还销售大众化的餐饮产品以提高客房入住率。一些汽车酒店为了提高房务产品的营销效果,还为顾客提供免费早餐。当今,一些经济发达国家的汽车酒店,其餐饮产品销售情况完全可与三星级商务酒店媲美。

5. 会展酒店餐饮营销原则

会展酒店是以接待参加会议和展览的顾客为主要客源的酒店,也接待一些旅游团体等。会展酒店常建立在风景名胜地区或国际大都市的商务区域。有些会展酒店建立在交通方便的大都市的城郊结合部。会展酒店通常是中型或大型的酒店,房间从 300 间到 1 000 间不等,少数会展酒店的客房数可达到 2 000 间以上。会展酒店的会议室和展览室的种类比较齐全,可满足各种展览、会议和商务谈判的需要。会展酒店常配备完善的健身和娱乐设施。例如,高尔夫球场、保龄球馆、游泳池和健身中心等。一些会展酒店也称为会展中心。当今,会展酒店非常重视餐饮产品的营销。大型会展酒店配备多个宴会厅或多功能厅,并可以同时接待各种传统宴会、自助宴会和鸡尾酒会等。会展酒店常配备世界著名的风味餐厅、咖啡厅和带有各国小吃的食街。此外,讲究餐厅装饰和餐饮文化以满足国际会展参与者和组织者的需求。

6. 机场酒店餐饮营销原则

机场酒店通常建立在飞机场附近，其设施和服务与商务酒店很相似。它的主要客源是转机与被延误飞行的旅客及机组人员。通常机场酒店的规模为中型或小型，客房从100 间至 300 间不等。现代大型机场酒店的客房数可在 600 间以上。机场酒店的餐饮营销设施有咖啡厅、中餐厅、中型规模的多功能厅、酒吧和各种小吃店等。经济、实惠、快速和卫生的餐饮产品特色及安静的休息场所是机场酒店的营销原则。当今，机场酒店的经营业务已扩展到邻近企业和各种机构的会展团队、商务散客和休闲顾客。因此，多功能厅和多个种类的餐饮产品生产与服务是现代机场酒店餐饮营销发展的一个重要趋势。

7. 休闲酒店餐饮营销原则

休闲酒店通常是小型酒店，坐落在旅游区和度假区，客房数在 100 间以下，其主要客源是度假和休闲的顾客。根据调查，主题娱乐活动及特色的餐饮产品是休闲酒店成功经营的关键。休闲酒店的主题娱乐活动常包括高尔夫球、网球、滑雪、骑马、钓鱼或打猎等。其客房设施与长住酒店相似。对于休闲酒店而言，顾客在酒店的住宿持续时间多为 2 ~ 3 天。根据调查，该类酒店的餐饮产品特色对客房入住率有直接的影响。因此，休闲酒店的餐饮营销策略是既要有地方特色的餐饮产品来满足休闲顾客的需求，还要兼顾不同顾客的饮食习惯。综上所述，餐饮营销对休闲酒店营销效果是严峻的挑战，要求餐饮管理人员紧跟顾客对餐饮需求的变化并能全面地掌握餐饮原料和菜肴的制作质量与特色。

8. 经济型酒店餐饮营销原则

经济型酒店通常坐落在城市中心区或城郊，其规模从 30 间客房至 200 间客房不等。根据调查，传统的经济型酒店主要的营销任务是房务产品。同时，为了方便顾客住宿，提供一些简易的餐饮服务。一些经济型酒店在餐饮服务上有着明显的特点。它们的餐饮产品既节省顾客的支出，又使顾客领略到当地餐饮文化。现在，一些欧美国家的大型经济型酒店的客房数在 600 间以上。其餐饮生产和营销水平相当于大型的三星级商务酒店。

9. 培训中心餐饮营销原则

培训中心相当于一个中型或小型的商务酒店，通常有 100 ~ 600 间客房，其住宿设施和商务酒店基本相同。此外，培训中心具备多个教室，可同时为多个企业的职工进行培训。培训中心常坐落在风景区或一些著名企业总部的附近，其餐饮产品特色通常是实惠且适合不同培训学员日常餐饮习惯。同时，培训中心常配备不同规模的多功能厅、咖啡厅和酒吧等。

第二节　酒店餐饮营销策略

酒店餐饮营销策略是指酒店或酒店集团以顾客需要为出发点，根据顾客对餐饮产品的需求及购买能力，有计划地组织各项营销活动并协调餐饮产品的生产与开发策略、价格策略、营销渠道策略和促销策略等，为顾客提供满意的餐饮产品从而实现企业营销目标的过程。餐饮产品策略是餐饮营销的基础。它直接影响其他餐饮营销策略的实施，餐饮价格策略关系到餐饮市场对餐饮产品的接受程度并影响市场需求和企业的收益，可协调酒店与餐饮市场需求之间的平衡并对酒店餐饮营销目标的实现产生积极作用，餐饮促销策略是酒店实现营销效益不可缺少的手段。

一、餐饮产品策略

餐饮产品策略是酒店根据市场需求和企业的人、财物等资源,选择本企业需要营销的餐饮产品的过程,是酒店餐饮营销策略的基础。餐饮产品策略的内容主要包括餐饮产品组合策略、餐饮产品开发策略和餐饮产品生命周期策略。所谓餐饮产品,根据传统的观念,是指菜肴和酒水,如鸡尾酒(见图11-1)。现代的餐饮产品理念不仅包括以上内容,还包括餐饮服务和用餐环境等。

图11-1 鸡尾酒(菲斯)

餐饮产品组合策略是指餐饮产品的结构策略,包括菜肴、酒水、服务、设施及用餐环境等的组合的广度、深度和一致性策略及组合调整策略。餐饮产品开发策略是指在菜肴、酒水、服务、设施和用餐环境等方面的创新策略。当今,一些酒店实施全新的风味菜肴营销策略、使用全新的菜肴名称、设计全新的用餐环境等。一些酒店营销策略是,将传统的餐饮产品进行创新和改进,使其更适应本企业目标市场的需要。其中,包括改进传统的配料、工艺、餐具、装饰和服务方式。另一些酒店引进国内外新产品,包括西式快餐、比萨饼和牛排等。根据研究,现代餐饮市场,人们除了青睐高质量的特色餐饮外,还对用餐环境、餐饮文化和背景音乐等有着不同的需求。因此,为顾客提供轻松、舒适、宽敞和具有独特风格的用餐环境是酒店餐饮产品开发的重要内容之一。例如,一些酒店的咖啡厅,有高高的天花板,透过自然的光线,餐厅内的绿树郁郁葱葱,几间开放式和雅致恬静的小隔间。同时,还提供报纸、杂志和书籍供顾客阅读等。一些酒店规定了餐厅内外的颜色和图案,使酒店的各种餐厅突出不同的用餐环境。例如,一些酒店的咖啡厅陈列着异国的工艺品和家具,使咖啡厅显示出异国的情调。当今,餐饮产品的生命周期理论认为,酒店必须对不同阶段的餐饮产品制定适当的营销策略且不断地开发新产品取代即将衰退的产品。根据餐饮营销实践,新开发的餐饮产品应尽快让顾客了解和接受,尽早树立产品形象。此外,当某种餐饮产品进入成熟时期,酒店和酒店集团应不断地改进质量及增加特色,甚至可以进行捆绑销售和实施价格优惠以扩大营销及延长其生命周期。

二、餐饮价格策略

餐饮价格策略是指餐饮产品的定价策略,它直接影响酒店餐饮营销效果和酒店餐饮市场的发展。因此,价格策略在餐饮营销中有着非常重要的作用。通常,酒店的餐饮价格受多种因素影响,包括原材料、设施设备、能源费用及人工成本等。同时,还受到地域和时间等因素的约束。一般而言,酒店的餐饮产品价格主要实施以成本为中心的价格策略、以市场为中心价格策略和以竞争为中心的价格策略3种策略。值得关注的是,任何餐饮产品的定价首先要考虑成本因素。否则,将会因价格与价值不符而不被顾客信任从而导致营销失败。同时,在制定餐饮产品价格时,必须依据市场对价格的需求和承受力,脱离市场价格的餐饮产品只会失去市场和竞争力。当然,在制定餐饮产品的价格时,还必须参考同级别和同类型酒店的餐饮价格。同时还应对比同类餐厅和营销时间等因素,忽视酒店和餐厅的类型和级别、坐落地点和不同的经营时段等因素制定的餐饮价格没有营销价值,会导致营销失败。

三、营销渠道策略

餐饮产品营销渠道策略包括直接销售渠道和间接销售渠道。直接销售渠道是指通过服务员将菜肴和酒水在餐厅直接销售给顾客的手段;间接销售渠道常通过中间商销售各种宴会产品和包价旅游产品等。当今,愈来愈多的酒店营销管理人员重视通过销售渠道销售餐饮产品。目前,酒店通过特许联营的方法不断地扩大餐饮产品的销售渠道,一些酒店和酒店集团还通过客房送餐服务和对外宴会服务等扩大餐饮产品的销售。

四、人员推销策略

在餐饮营销实践中,人员推销具有很实用的效果和价值,它们形成了酒店与顾客之间的桥梁和纽带。由于餐饮产品的内涵比较丰富、其原材料和生产工艺的组合专业性较强,因此,不论是组织购买者还是一般消费者在购买主题宴会时,他们都要请教和询问营销部、宴会部或餐饮部的销售人员。此外,餐厅服务人员对销售餐饮的作用不可低估,作为餐厅服务员和自助餐厅现场烹制菜点的厨师(见图 11-2)或是酒吧的调酒员,实际上是餐饮产品的推销人员。因此,酒店推销餐饮产品的人员应具备餐饮产品的历史、文化和生产工艺等专业知识,具备良好的语言表达能力和敏锐的观察能力,具有较强的自我控制能力和灵活的应变能力,具备良好的敬业精神和职业道德,勤奋学习,应熟练地掌握推销和服务技巧。

图 11-2　自助餐厅服务人员为顾客进行现场烹制表演

五、促销活动策略

当今,餐饮市场的竞争愈加激烈,传统和被动等待顾客的营销观念已失去营销效果,举办各种促销活动是现代酒店和酒店集团餐饮营销的策略之一。因此,一些酒店常举办节假日餐饮促销,清淡时段促销和美食节促销活动等。例如,酒店举办圣诞节晚会、比萨饼销售周、中秋美食月、希腊菜美食月、苏州菜美食月、法国烧烤月等。根据研究,成功的餐饮促销活动应当具备新闻性、新潮性、简单性、视觉性和顾客参与性,并突出餐厅装饰和菜肴的特色,简化活动程序,使酒店餐饮促销活动呈现现代生活气息,以引起人们的购买。

六、餐饮广告策略

餐厅招牌,菜肴照片、电子菜单、信函广告、菜肴和酒水宣传单等都属于餐饮广告并发挥着重要的作用。许多酒店营销人员对酒店的各餐厅形象进行创意设计,使顾客明确不同餐厅的风味和特色以增加顾客购买的欲望和信心。其中,餐厅招牌的设置必须讲究位置、高度、字体、照明和可视性,并应当设立在餐厅门口处,正反两面或招牌的四面应写有餐厅的名称。霓虹灯招牌可增加晚间的可视度,使餐厅灯火辉煌,呈现朝气蓬勃和欣欣向荣的气氛。信函广告是餐饮推销的有效方法。这种广告最大的优点是阅读率高,可集中目标顾客。运用信函广告应掌握适当的时机。例如,餐厅新开业及重新装修后的开业,餐厅举办美食推销活动,餐厅推出新产品及新季节的到来等。交通广告是捕捉流动顾客的好方法。其最大的优点是宣传时间长,目标顾客明确。但是,使用交通广告要适合酒店及其餐厅的营销特点。酒店为吸引住店顾客就餐,常在大厅和电梯内,用告示牌形式宣传当天的特色菜肴和著名的厨师等。

七、餐厅外观策略

餐厅外观是餐饮产品非常重要的营销媒介,它不仅体现餐饮的风味和特色,还显示卫生、安全和管理水平。通常,酒店会有不同的餐厅,特别是高星级酒店和规模较大的酒店。不同风味和风格的餐厅,其外观必须突出产品文化和风味特色,以利顾客识别和购买。餐厅外观决策包括餐厅的建筑风格、外观色调、门前绿化和装饰品及清洁卫生等。同时,餐厅应当讲究装饰和布局,体现经营特点以区别不同风味或风格的咖啡厅、中餐厅和西餐厅等,传统中餐厅外观见图 11-3。根据研究,餐厅的色调直接或间接地起着营销作用。例如,传统中餐厅或西餐厅的外观常是暖色调,带有地方特色的各种西餐厅常有各种色调,冷色调或浅色调的外观常表明不同风格的咖啡厅或快餐厅。餐厅门前的绿化、园林设施和装饰物可给顾客带来祥和与安宁的感受。许多咖啡厅门口摆着新鲜的

图 11-3　传统的中餐厅外观

面包明确地告诉顾客该餐厅是咖啡厅,并且该餐厅的营销宗旨是讲究食品的新鲜度。一些传统的西餐厅门前以古典葡萄酒和意大利面等为装饰,显示了该餐厅是传统的意大利餐厅。中餐厅门前常见的装饰品是中国灯笼和对联。许多餐厅橱窗设计非常美观,橱窗内种植或摆放着各种花木和盆景,人们透过橱窗可以看到餐厅的风格和顾客用餐的情景。

八、餐厅名称策略

一个优秀并具有特色的餐厅,它的名称只有符合目标顾客的需求,符合餐厅的营销目标,符合餐厅的消费水平,符合菜单的内涵才能有营销力度。一些成功的餐饮营销经验证明,餐厅的名称必须易读、易写、易听、易记,简单和清晰,易于分辨,字数要少而精,以2~5个字为宜,文字排列顺序应考虑周到,避免将容易误会的字体和发音排列在一起,字体设计应美观,容易辨认且易于引起顾客的注意和加深顾客的印象和记忆。值得注意的是,餐厅是人们聚会的地方,人们常通过电话进行约会。因此,餐厅的名称必须方便联络,容易听懂,避免使用容易混淆的文字及有谐音或可联想的文字。

九、赠送礼品策略

酒店常采用赠送礼品策略以达到促销餐饮的目的。酒店赠送礼品应使酒店和顾客同时受益才能达到销售效果。一般而言,酒店赠送的礼品应包括餐厅的特色菜、刚开发的新菜、新研制的酒水、生日蛋糕、水果盘、生日贺卡及精致的菜单等。菜肴、蛋糕、果盘和酒水属于奖励型赠品。这种赠品应根据顾客的类型、用餐目的、用餐时间和不同的节假日,有选择地赠送以便满足不同顾客的需求。从而,使顾客真正得到实惠并提高酒店的知名度,提高顾客用餐次数和消费额。同时,这种赠品的包装必须精致,而且要讲究赠送气氛。此外,赠送礼品的种类、内容和颜色等方面与被赠送的顾客年龄、职业、餐饮习俗及用餐目的要协调一致,使酒店的赠品达到理想的效果。一些餐厅不论顾客是否喜爱啤酒,对每个顾客都采用赠送啤酒的策略是不适宜的。贺卡和菜单属于广告类赠品。因此,贺卡上除了祝贺顾客的内容外,还应当有酒店和餐厅的名称,简短的餐厅历史、文化和产品特色的介绍及预订产品的电话号码和其他联络方式。此外,赠送的菜单除了应有本次宴会的菜肴名称及宴会设计人的签字外,还应当有餐厅的名称、地址和预订方式。实际上,酒店赠送顾客的贺卡和菜单主要起到宣传酒店餐饮产品的特色和风味的作用,使更多的顾客了解酒店以提高酒店的知名度。

十、食品展示策略

食品展示是有效的餐饮推销策略。这种策略通过在餐厅门口或内部摆设陈列品,包括新鲜的食品原料、半成品菜点或成熟的菜肴、点心、水果及酒水等以增加产品的视觉效应,使顾客更加了解本餐厅的产品特色和质量并对酒店及餐厅产生信任感。一些中餐厅在内部摆放陈列柜,陈列柜中摆放切配好的菜肴。一些咖啡厅将本餐厅制作的新鲜面包摆在餐厅门口以显示其经营特色和产品的新鲜度。一些西餐厅和咖啡厅摆放沙拉吧(沙拉自助餐台),将新鲜的、五颜六色的蔬菜、干果、面包丁和沙拉酱摆在餐台上以吸引顾客选用。一些咖啡厅将制作好的各种蛋糕、慕斯和糕点摆放在旋转的展示柜中。一些餐厅在吧台展示柜上陈列着各种名酒且酒架上摆放着著名的红葡萄酒。一些扒房在靠近门口处安装带有温度控制功能的葡萄酒柜,柜中有菱形的木方格,葡萄酒横放在木方格中,瓶口朝外,酒的标签朝上以显示该餐厅的酒水文化。这些方法都是有效的推销策略。

十一、清洁营销策略

当今,清洁已成为现代餐饮质量标准之一。因此,清洁是餐饮产品的重要组成部分。清洁不仅包含它本身清洁的内涵,还代表尊重和高尚,是顾客选择酒店和餐厅的重要因素。酒店应当保证餐厅内部和外观的清洁,灯饰的清洁,设施、家具和饰品的清洁,餐具、菜肴和酒水的卫生等(见图11-4)。酒店应制定餐饮产品清洁卫生质量标准并按时进行检查。酒店必须保持其招牌的清洁,文字的清晰度,灯光完好无损,盆景、叶子和花卉的清洁卫生。当然,餐厅地面应当干净,墙面、玻璃门窗和天花板应无尘土。此外,餐厅卫生间的空气与清洁很重要,卫生间必须配备冷热水系统、抽风装置和空气调节器、明亮的镜子、液体香皂、擦手用的纸巾、干手用的烘干器、干净的垃圾桶、适合的盆景或绿色植物等。

图11-4　餐厅清洁内部环境

十二、绿色餐饮营销

绿色餐饮营销是指酒店使用安全且无污染的食品原料,通过销售健康工艺制成的菜肴,保护原料自身的营养成分并杜绝对顾客身体的伤害。通常,绿色餐饮营销从原料采购开始。作为餐饮营销管理人员,首先要控制食品原料的来源,采购无污染的原料,尽可能不购买罐装、听装及半成品原料。酒店应从无污染和无公害原料种植地和饲养场所采购食品原料。同时,绿色餐饮营销的又一个关键环节是原料应认真清洗和摘拣,合理搭配食品原料,均衡营养,运用安全并符合人们健康的烹调技艺。同时,减少对原料营养的破坏,不使用任何化学添加剂,致力于原料自身的味道。此外,尽量简化生产环节,减少污染机会,精简服务程序,减少餐巾和餐具等用具被污染的机会,使餐饮和服务更加清新和自然。

十三、网上营销策略

网上营销可视为一种有效的餐饮推销策略,它并非一定要取代传统的销售方式,而是利用信息技术,重组销售渠道。网上营销策略与传统媒体相比较,可发挥营销人员的创意，超越时空，信息传播速度快，容量大，具备文字、声音和影像等多媒体功能。

第三节　菜单筹划与设计

菜单是酒店餐饮营销的重要工具。在酒店餐饮营销中，酒店与用餐顾客的信息沟通主要通过菜单来实现。一份有营销力度的菜单应当反映餐饮产品的价值和特色，衬托酒店和餐厅的级别和气氛，为酒店带来理想的营销效果和利润。美国餐饮协会理事可翰博士（Khan）认为，菜单在餐饮营销中具有不可替代的作用。

一、菜单的种类与特点

菜单是酒店餐饮营销主要的传播媒介，不同种类的菜单，其营销内容与营销效果不同。菜单主要包括以下种类。

1. 零点菜单（A-la-carte Menu）

零点菜单是餐饮营销最基本的工具和媒介。其特点是根据顾客对单个餐饮产品购买的需求，以单个产品计价方式进行销售。这种菜单可满足顾客的个性化需求。零点菜单上的餐饮产品是单独定价的，菜单上的产品排列常以顾客进餐习惯和顺序为基础以方便顾客购买。例如，在酒店的咖啡厅，零点菜单的菜肴排列顺序是，开胃菜类、汤类、沙拉类、三明治类、主菜类和甜品类。

2. 套餐菜单（Set Menu）

套餐菜单是根据顾客的需求，将各种不同的营养成分、不同的食品原料、不同的制作方法、菜式、颜色、质地、味道及不同价格的菜肴、汤和面点等合理地搭配在一起，设计成完整的一套产品（一餐需要的餐饮）并制定出每套产品的价格。套餐菜单上的菜肴品种、数量和价格全是固定的，顾客只能购买固定的一套产品。套餐菜单的营销特点是节省顾客的购买时间，价格比零点菜单实惠。这种菜单不仅受到商务顾客和休闲顾客的青睐，还受到组织购买者的欢迎。

3. 固定菜单（Static Menu）

许多传统中餐厅、西餐扒房和咖啡厅都有自己固定的菜单。所谓固定菜单，顾名思义，其产品内容比较固定，基本不变动。这种菜单上的菜肴和点心等都是餐厅的代表产品，是经过酒店认真研制和开发的并在多年的销售中受到市场的青睐，具有酒店或餐厅的特色。一般而言，固定菜单的餐饮产品深受顾客的欢迎且知名度高。通常顾客到某一酒店或餐厅的主要目的就是购买这些产品。因此，这些产品为酒店带来收益、声誉和回头客。

4. 周期循环式菜单（Cyclical Menu）

通常，商务酒店的咖啡厅和西餐厅常有周期循环式菜单以增加回头客。所谓周期循环式菜单是一套完整的菜单，而不是一张菜单。这些菜单按照一定的时间周期循环使用，过了一个完整的周期，又开始新的周期。例如，一套周期为一个月的套餐菜单应有31张菜单以供31天循环使用。这些菜单上的产品内容可以是部分不相同或完全不相同。餐厅每天根据当天菜单的内容进行生产和销售。这些菜单在一些欧美国家的咖啡厅很流行。一些扒房的周期循环式菜单甚至包括365张菜单,每天使用一张,一年循环一次。周期循环式菜单的特点是满足顾客对餐饮产品不断创新的需求,特别是对于较高消费的商务顾客具有一定的吸引力,使餐厅天天有新的产品。

5. 宴会菜单(Banquet Menu)

宴会菜单是酒店推销餐饮产品的一种技术性的菜单,它既属于套餐菜单,又与套餐菜单有着明显的不同。因此,作为单独的一种具有很好的营销功能的菜单,受到消费者和组织购买者的欢迎。宴会菜单体现代酒店或餐厅的营销特色,菜单上的菜点都是该酒店或餐厅著名的美味佳肴,并在原料和工艺方面等进行了认真的筹划。同时,宴会菜单还根据不同的季节安排了一些时令菜肴。此外,宴会菜单还常根据宴请对象、宴请需求及宴请者的意见随时制定和调整。宴会菜单的另一个特点是可根据酒店库存的食品原料来进行筹划和安排以平衡酒店的库存食品原料。根据宴会形式,宴会菜单又可分为传统式宴会菜单、鸡尾酒会菜单、自助式宴会菜单等。目前,酒店业还开发了主题宴会菜单如下例。

欢迎××先生一行来本酒店举行宴会,祝贺××同学考入××大学!酒店全体职工共同分享××同学成功的喜悦!预祝××同学前程似锦。

××酒店全体职工敬贺

锦绣前程宴

四味迎嘉宾 *Four Start Cool Dishes*
虫草炖靓鸭 *Stewed Duck With Chinese Herbs*
青瓜基围虾 *Prawns and Cucumber*
碧绿鸡肉丸 *Boiled Chicken Ball With Vegetable*
辣味牛百叶 *Stir Fried Tripe With Chili*
葱烧海参条 *Stewed Sea Cucumber with Green Onion*
蒜茸蒸螃蟹 *Steamed Crab with Garlic*
清蒸石斑鱼 *Steamed Fish*
干贝四喜丸 *Mixed Meatball with Scallops*
银芽里脊丝 *Stir Fried Steak Tender With Bean Sprout*
清炒空心菜 *Fried Water Spinach*
家乡南瓜饼 *Pumpkin Cake*
香煎葱油饼 *Cake with Green Onions*
菜单设计与菜肴监制人

厨师长×××

年 月 日

6. 每日特菜菜单(Daily Special Menu)

每日特菜菜单是为了增加固定菜单上的产品特色，提高酒店和餐厅推销餐饮产品的力度而设计的。每日特菜菜单常在一张纸上设计几个有特色的菜肴。它的特点是强调菜单使用的时间，仅限某一日使用。每日特菜菜单的菜肴常带有季节性、民族性和地区性等特点，深受一些常客的欢迎。该菜单的推销目标是强调产品的销售时间。这种菜单常根据地区的食品原料特色及时推销新鲜的、季节的和新颖的菜肴，使顾客每天都能享用新颖的餐饮产品以吸引住店顾客，特别是商务楼层的长期住客及酒店外部的目标顾客购买。

7. 其他菜单

为了紧跟市场需求，酒店还常筹划专项菜点菜单、节日菜单、部分选择式菜单和儿童菜单等。专项菜点菜单显示酒店产品开发的深度和专业水平，如专门的冰淇凌菜单(见图11-5)。节日菜单(Holiday Menu)是根据地区和民族节日筹划的传统式菜肴。这种菜单在节假日期间，其销售量比较可观。部分选择式菜单(Partially Selective Menu)的特点是，在套餐菜单的基础上，增加了菜肴的选择性，很受商务顾客的欢迎。实际上，这种菜单是集中了零点菜单和套餐菜单的共同优点。例如，1种套餐规定了3道菜，第1道菜是沙拉，第2道菜是主菜，第3道菜是甜点，那么，其中主菜可以有数个可选择的菜肴并将这些菜肴限制在顾客最受欢迎的品种上，价格固定。

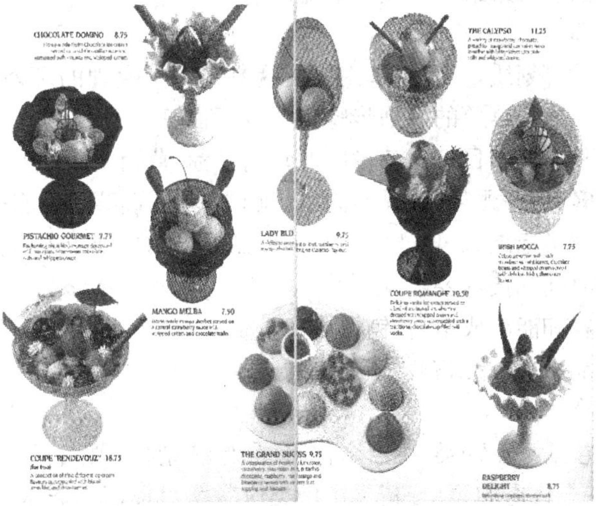

图 11-5　冰淇淋菜单

此外，酒店还根据顾客的用餐习惯分类，筹划了早餐菜单(Breakfast Menu)、午餐菜单(Lunch Menu)和正餐菜单(Dinner Menu)。根据商务顾客和休闲顾客的需要，一些酒店为咖啡厅筹划了早午餐菜单(Brunch Menu)和下午茶菜单(Afternoon Tea Menu)。早午餐菜单的销售时间在上午的9:00—12:00，下午茶菜单的销售时间在下午3:00—6:00。这两餐。主要销售一些冷热饮、面包、各种甜点和小吃、水果和价格适中且工艺简单的菜肴。

二、菜单筹划

菜单筹划是指酒店营销管理人员和餐饮管理人员等基于市场需求和本企业营销战略集思广益，开发与设计最受顾客欢迎的餐饮产品的过程。菜单筹划水平与酒店餐饮营销效果紧密相关。

1. 菜单筹划原则

传统上，酒店筹划菜单时应尽量扩大营销范围以吸引更多的顾客购买。现代餐饮营销理念认为，为了避免食品原料和人工成本的浪费或不合理的支出，酒店应在不影响产品质量和营销效果的前提下，降低成本费用，把菜点品种和类型限制在市场上最受欢迎的范围而最大限度地满足本酒店目标顾客的需求。当今，菜单筹划工作已经成为酒店营销部和餐饮部等管理人员显示才华的重要领域，菜单筹划成为一项既复杂又专业的工作。它对餐饮产品的推销起着关键的作用。因此，营销人员在菜单筹划前，一定要熟悉目标顾客的需求，了解酒店餐饮设施、技术力量和设备，并与餐饮管理人员一起设计出顾客最喜欢的菜单从而为企业获得理想的收入和利润。一般而言，菜单筹划的主要原则如下：

①菜单必须适合目标顾客的需求；

②菜单必须反映酒店和餐厅的产品特色；

③菜单必须为酒店带来最佳的经济效益。

2. 菜单筹划步骤

为了保证菜单的筹划质量，菜单筹划人员应制定一个合理的筹划计划和步骤并严格按照步骤筹划菜单。通常菜单的筹划步骤包括以下程序。

①明确酒店的总体营销目标和各餐厅的营销目标、营销策略和促销方式。其中，明确菜单是面向休闲顾客、商务顾客，还是面向组织购买者，明确菜单的服务方式，明确菜单中的菜点品种、数量、质量标准和风味特点，明确食品原料的品种和规格，明确生产设施和设备及各种菜点生产时间和技术要求等。

②掌握食品原料和能源成本、营销费用和人工成本等，计算出菜点的成本并根据顾客对产品价格的承受能力，设计出有营销效果的菜单。

3. 菜单筹划内容

菜单筹划内容包括菜点种类、菜点名称、食品原料结构、菜点工艺、菜点价格、其他信息等。一般而言，一个优秀的菜单，其菜点种类应紧跟目标市场需求，菜点名称是人们喜爱的和具有文化内涵的，菜点原料结构应符合顾客的营养需求，每一类菜点应使用不同的食品原料，考虑不同的制作工艺，菜点味道应有特色并被市场接受，菜点价格应符合目标顾客需求。大众餐厅的菜点价格应满足普通消费者和一般旅游团队或参加会议的消费者需求和承受能力。高级餐厅应反映高消费顾客的需求。菜单上每一类菜点的品种一般掌握在 6 ~ 8 个。品种过多使顾客选择困难，降低座位周转率而影响销售效率。为了吸引顾客多次购买，菜单上的菜点应该定期更换或调整。对于固定菜单而言，可与每日特菜菜单和创新菜菜单一起进行推销。此外，菜单上的菜品更换可根据不同的餐次、节假日和不同季节等的市场需求。

4. 菜单筹划人

菜单筹划工作关系到餐饮的推销效果和酒店的声誉。因此，必须认真筹划。菜单筹划工作通常在酒店营销管理人员的指导下，由总厨师长和营销部等管理人员承担。菜单筹划人必须具有市场营销知识和经验，具备广泛的食品原料知识，熟悉原料品种、规格、品质、出产地、上市季节和价格等。此外，有深厚的中西餐烹调知识和较长的工作经历，熟悉菜点生产工艺、生产时间和生产设备，掌握菜点的色、香、味、形、质地、质量、装饰、包装和营养成分。菜单筹划人必须了解本酒店生产与服务设施、工作人员的业务水平、顾客的需求、餐饮发展趋势并善于结合传统菜点的优点与目前顾客对餐饮的需求，有创新意识和构思技巧，有一定的美学和艺术修养，善于调配菜点的颜色和稠度，善于设计菜点造型，善于沟通技巧和集体工作，虚心听取有关人员的建议并具备筹划有营销力度的菜单。

三、菜单设计与制作

菜单设计是指酒店营销部和餐饮部管理人员对菜单的形状、大小、风格、页数、字体、色彩、图案及菜单的封底与封面等进行构思。菜单制作是具体落实菜单设计的构思。由于菜单是酒店与顾客沟通餐饮信息的媒介。因此，菜单的外观必须整齐，内容应当丰富。菜单应具备一定的色彩且洁净无瑕，并具有理想的营销效果。

1. 封面与封底

菜单的封面和封底是菜单的外观和包装，代表着酒店的形象，反映餐饮产品的特色、风格和等级等。因此，菜单必须经过精心的设计和制作。通常，菜单封面的颜色应当与餐厅内部色调相协调或与餐厅的墙壁和地毯等颜色形成反差。菜单的封面必须印有餐厅的名称。这是因为餐厅名称起着重要的营销作用，代表着餐饮产品的品牌。因此，应出现在封面的明显位置且名称要简单而有特色。这样，使顾客容易阅读，容易记忆以利提高餐厅的知名度。菜单封底应印有酒店和餐厅的地址、电话号码、营业时间及本酒店其他餐厅的营销信息以推销本酒店其他餐厅的产品。

2. 菜单文字

菜单是通过文字向顾客提供产品信息的。因此，文字在菜单中起着举足轻重的营销作用。这样，文字的表达内容一定要清楚和真实，避免使顾客对产品产生误解，避免把菜名张冠李戴。同时，不要把产品泛泛描述或夸大，避免出现菜名的翻译错误等。对于菜单的文字而言，应选择适合的字体。其中，包括字体的大小、字体的形状等。通常，中文的仿宋体容易阅读，适合作为菜点的名称和菜点介绍中的文字。行书体或草写体具有字体风格，但不容易被顾客识别。英文字体包括印刷体和手写体。印刷体比较正规，容易阅读，常作为菜点的名称和菜点的解释。手写体流畅自如并有自己的风格，但不容意识别。在菜单中偶尔使用手写体会为菜单增加特色。同时，英语字母有大写和小写，大写字母庄重，有气势，适用于标题和名称，小写字母容易阅读，适用于菜点的介绍和解释。当然，字体的大小非常重要，字体太大浪费菜单的空间，使菜单内容单调。字体太小，不易阅读，不利于菜点的推销。根据研究，菜单文字的排列密度与其推销效果有一定的联系。因此，文字排列的紧密度应适当。一般而言，文字应占每页菜单 50% ~60% 的空间。文字排列过密，使顾客眼花缭乱而减少阅读菜单的时间，甚至有可能减少购买餐饮的数量。如果菜单上的空白处过多，会给顾客留下产品种类少且内容单调的印象。

3. 纸张及形状

根据调查，菜单的推销效果与菜单所选用的纸张有很大的联系。由于菜单代表酒店的形象和产品质量。因此，在菜单制作中，纸张的选择值得考虑。通常，对于一次性使用的菜单，应选用成本较低且有一定质量水平的纸张。只要其光洁度和质地达到菜单的标准就可以选用，不用考虑其耐用性。对于固定菜单和零点菜单等较长时间使用的菜单，除了考虑纸张的光洁度和质地外，还要考虑其耐用性。因此，应选用经压膜处理的纸张。同时，菜单的推销效果与菜单的形状也有一定的联系。通常，日常使用的菜单形状基本是长方形。这样，便于顾客阅读和选购。但一些节假日和主题宴会及主题餐厅的菜单可设计成多种形状以吸引顾客的购买。

4. 菜单尺寸

菜单的大小影响其推销效果。因此，菜单的尺寸应方便顾客选菜，为顾客带来方便。根据一般的菜单推销效果调查，每日特菜菜单和循环式菜单的尺寸较小，最小的每日特菜菜单的尺寸可以是宽 9 ~ 12 厘米。这样，可以将它放在零点菜单中的滑道上。一些餐厅零点菜单的第一页下半部装有滑道以方便每天更换每日特菜菜单。这种做法的目的是提高零点菜单产品的灵活性和多样性，提高零点菜单的推销力度。通常，零点菜单和固定菜单的宽度是 15 ~ 23 厘米，长度的在 30 ~ 32 厘米范围内。菜单尺寸过大，顾客点菜不方便，菜单尺寸太小，不利于顾客的阅读。在零点菜单中，早餐零点菜单和夜餐零点菜单的尺寸较小，常见的尺寸为 15 厘米 × 30 厘米；午餐和正餐的零点菜单的尺寸为 23 厘米 × 32 厘米。

5. 页数与颜色

菜单的页数一般是 1 ~ 6 页纸。宴会菜单、每日特菜菜单、循环式菜单、季节菜单、儿童菜单和某些咖啡厅一次使用的零点菜单通常都是 1 页纸。固定菜单和零点菜单通常是 4 ~ 6 页纸，包括菜单的封面和封底。由于菜单是酒店及其各餐厅的销售工具，那么它的页数与它的销售功能有一定的联系。菜单的内容太多，页数必然多，造成菜单的主题和特色不明显，延长了顾客的点菜时间。从而，浪费了餐厅和顾客的时间。菜单页数少，品种单调，使菜单一般化，不利于餐饮营销。根据调查，颜色可增加菜单的促销作用，使菜单具有吸引力，通常，具有一定色彩的菜单可反映餐厅的餐饮特色，色彩柔和的菜单显得典雅。呆板和单调颜色的菜单不适应现代人的生活规律而对餐饮产品的推销不利。相反，菜单的颜色多于 6 种（不包括图片颜色），会给顾客造成华而不实的感觉，不利于餐饮销售。

四、菜单评价与分析

菜单的筹划与设计是动态的，当一个菜单制成后不代表菜单筹划工作已经完成，还必须在使用过程中不断进行评价与分析并适时地进行调整以达到酒店的营销目标。根据调查，一些酒店将每月或每两周作为一个菜单销售周期，对菜单进行一次比较全面的分析与评价。酒店营销人员和餐饮部管理人员对经过一个销售周期的各种产品的收入和盈利情况、销售潜力等情况进行逐个评价以决定是否保留或替换。

本章小结

餐饮营销全称餐饮市场营销，是酒店为满足顾客餐饮需求、住宿需求和会展需求，实施餐饮营销的商务活动。这里特别强调的是餐饮营销水平绝不是仅仅影响酒店或酒店集团的餐饮产品营销效果，而是在酒店整体的营销水平中有着举足轻重的作用。它直接影响酒店或酒店集团的房务产品和会展产品的营销效果。同时，餐饮的营销水平还影响着酒店和酒店形象和品牌效应。酒店餐饮营销策略是指酒店或酒店集团以顾客需要为出发点，根据顾客需求及购买能力，有计划地组织各项营销活动。通过协调餐饮产品的生产和开发策略、价格策略、营销渠道策略和促销策略，为顾客提供满意的餐饮产品从而实现企业营销目标的过程。菜单是酒店餐饮营销的重要工具。在酒店餐饮营销中，酒店与用餐顾客的信息沟通主要通过菜单来实现。一份有营销力度的菜单应当反映餐饮产品的价值和特色，衬托酒店和餐厅的级别和气氛，为酒店带来理想的营销效果和利润。

思考题

1. 名词解释

餐饮营销　菜单筹划　菜单设计　零点菜单　套餐菜单

2. 问答题

①简述餐饮的产品策略。

②简述周期循环式菜单的特点。

③简述菜单筹划的原则。

④简述菜单筹划的内容。

⑤论述不同的酒店餐饮营销原则的区别。

⑥论述酒店餐饮营销策略。

⑦论述餐厅外观策略。

案例分析

酒店集团的菜单调整策略

某酒店集团通知集团内的各酒店，严格遵守食品原料的新鲜度，要求他们在菜单设计时要关注所在地区的餐饮特色并紧密结合地区的餐饮习惯与习俗。通知中，强调菜单筹划与设计的目的是使该集团所有的餐饮产品不仅要吸引住店顾客购买，而且要对当地的非住店顾客产生吸引力。其中，某一酒店餐饮总监把这份通知的内容放在部门例会中进行讨论，讨论后与行政总厨、后勤业务主管、餐厅经理及食品采购员一起研究了具体的实施措施。然而，一些管理人员对该集团下达的通知不理解，并做好了辞职的准备。相反，这家酒店的餐饮部经理对这个方案很感兴趣。她认为，菜单必须适应目标顾客的需求，必须反映酒店的形象和特色,没有特色的菜单对顾客绝对没有吸引力。她提出,酒店餐饮营销任务就是要满足目标顾客的产品特色、需求时间和需求价格等,使企业与顾客的供求之间相互协调,以实现互利互惠,达到酒店餐饮产品长期营销成功的目的。她认为,酒店必须实施开发式的营销策略,及时开发出顾客需要的产品。根据她多年的管理实践。她总结出,传统的菜单筹划策略中存在一些问题。例如,酒店尽量扩大销售范围以吸引各种类型的顾客。而现代酒店的营销理念是,为了减少食品原料和人工成本中的浪费,降低营销费用,把餐饮品种和类型限制在一定的范围内,最大限度地满足本企业目标顾客的需求。

她认为,21世纪酒店业餐饮产品的种类和数量在市场上日益增加,餐饮产品更新换代的周期也不断地缩短,消费者购买力大幅度地提高,顾客对餐饮产品已经有了很大的选择范围。顾客在餐饮市场上占主导地位,传统的以产定销的营销理念应转变为以销定产。酒店应在充分了解餐饮市场的需求下,根据顾客的需求确定菜肴的生产和销售。作为酒店餐饮部管理人员应经常对本企业的餐饮产品进行分析和预测。通过分析,应总结出市场吸引力最强,顾客满意度最高,需求量最大并可为企业提供较高的营业收入和利润的菜单。当然,也应当找出特色不突出,没有市场吸引力,不受顾客欢迎的那些餐饮产品。因此,她担心更换菜单会在短期内影响酒店的餐饮营销。采购部经理对开发新的餐饮市场很感兴趣。他认为,推出新的菜单可能需要一笔较多的采购启动资金,还需制定一些新的食品原料标准和规格。

讨论题

①评估该酒店集团餐饮营销策略调整的优缺点。

②评价更换菜单可能为酒店带来的优势和劣势。

③讨论如何提高该酒店的餐饮营销水平而又可尽量地回避风险。

第十二章

酒店营销伦理与社会责任

酒店营销活动不仅是盈利活动，而且还是社会活动，只有进一步加强营销中的伦理规范，酒店才能赢得更多的顾客，才能把握市场竞争的主动权，才能在市场竞争中立于不败之地。

第一节 酒店营销伦理概述

营销伦理是商业伦理组成的一个分支，是指对营销策略、营销行为及营销道德的判断标准，即判断企业的营销活动是否符合消费者及社会的利益，能否给消费者及社会带来应有的价值。

一、酒店营销伦理含义

酒店营销伦理是关于酒店及其职工营销行为的规范，是正确处理酒店与社会及相关利益者关系的原则，是在酒店长期营销中积累并涵盖企业内外道德关系而形成的伦理理念、道德意识、道德规范和道德实践的总和。其中“伦”是指人、群体和社会及他们之间的关系，“理”是指道理、规范和原则等。酒店营销伦理渗透于酒店营销活动的全过程和各环节，外现于酒店的产品及服务，对内贯穿于酒店整体的营销管理。同时，酒店营销伦理涉及酒店和酒店集团的高层管理者、营销部及其他职能部门经理和全体工作人员的职业道德水准和营销策略的制定及目标市场的选择。包括产品策略、价格策略、分销策略、人员推销、广告宣传和营业推广等活动。

二、酒店营销伦理发展

酒店营销伦理产生于20世纪90年代，由于当时酒店业面临全球化的竞争，技术和产品不断创新，能源成本持续增长，职工要求公平待遇的敏感度显著增强，而一些酒店的利润却不断地下降。一些酒店业为了生存和发展，保持整体的盈利水平，降低产品质量，夸大产品功能，减少职工薪酬和报酬，甚至采取贿赂的手段进行公关等，造成了酒店营销伦理问题的发生。当今，国际社会和各国政府正在关注酒店营销中的伦理问题，包括酒店对顾客和社会的责任，酒店对职工的政策，酒店与消费者和组织购买者之间的关系，酒店对股东、供应商和债权人的责任等。

21世纪，国际酒店业的使命由单纯追求利润向与社会整体协调方向发展，在这种趋势和变化的影响下，酒店营销人员开始考虑如何使企业营销活动更具有伦理意义并确保不发生伦理问题。他们认识到，酒店需要创造一个有利于实施伦理行为的营销环境，通过建立伦理规范约束营销行为。目前，一些著名的酒店集团和酒店已经建立了营销道德标准和营销伦理制度。

三、酒店营销伦理的作用

1. 提高企业的信誉度和知名度

酒店讲究营销伦理可满足企业成功地转换经营机制的需要，可帮助酒店解决在营销活动中的道德问题。随着我国旅游经济的发展和酒店业经营机制的转换，酒店业开始向自主经营、独立核算、自负盈亏、自我完善的方向发展。酒店的营销效果在于面向市场，满足消费者与组织购买者的实际需求。因此，酒店必须采取相应的营销措施，转变营销观念和策略，提高企业的信誉度和知名度，强化产品质量和特色。酒店要完成以上的营销目标，伦理建设是基础。经济学家俞承久认为，交换行为，从市场经济观之，是经济行为；从道德角度观之，是道德行为。

2. 公平参与市场竞争的需要

由于伦理不是虚构的，它可以转化为经营效益。因此，为树立企业伦理观，可以让人们尊重财富，认识和尊重创造财富的人。现代酒店产品已从传统的仅以提供基本服务功能为导向的产品发展为满足顾客综合需求的产品。包括各种房务产品、会展产品和餐饮产品。房务产品由各种客房与其内部设施、家具和用品及房务服务构成。会展产品由各种会议室、各种展厅及内部的多媒体与视听设备及相应的服务构成。餐饮产品由各种餐厅、酒吧、服务设施、菜肴、酒水和餐饮服务等构成。同时，现代酒店市场营销的发展趋势逐渐个性化，以满足细分市场的需求。例如，商务酒店、会展酒店、度假酒店和汽车饭店等。酒店市场竞争的法则是公平竞争，任何一家酒店要想在激烈的市场竞争中战胜对手，求得生存和发展，就必须提高企业的核心竞争力，而酒店实施营销伦理正是为了提高企业的核心竞争力。从而，提高酒店的营销效益。许多优秀的企业家认为，竞争和进取是现代市场经济体制的内在要求，是生产力不断发展的推动力，也是酒店营销伦理的一项基本要求。在市场经济条件下，酒店业公平竞争，积极进取，有益于调动企业职工的积极性和创造才能。从而，促进酒店产品的开发与创新。

3. 保证酒店产品质量的需要

现代酒店产品综合体现顾客需求、资源利用、环境保护及企业利益和社会效益等各方面的需求。酒店产品质量是企业技术水平、管理水平和营销水平的综合反映，更是酒店营销伦理水平的重要标志。在营销中，酒店应深入调查和满足目标顾客的需求，保证产品的功能与质量，完善服务质量及讲究企业的信誉。同时，消费者和组织购买者有权要求酒店提供安全的房务产品及餐饮产品和适用的会展产品并有权要求酒店对其环境布局、服务设施、产品性能和特点及餐饮原材料等的安全和质量指标作出明示。当顾客购买了不满意的产品时，有权向企业投诉及要求退赔的权利。因此，酒店应保证其产品和服务不会给客户造成身体和心理上的伤害，不使顾客造成经济损失，不会造成环境污染等。

4. 保证酒店产品价格的需要

根据调查，酒店是暴利行为常出现的地方。从酒店营销的角度，酒店为产品制定合适的价格是为了获得满意的回报。而消费者认为，产品价格应符合产品价值，满足消费者和组织购买者的利益。从营销伦理方面分析，酒店的利润来自社会对企业有效利用资源的奖励，是社会对酒店的优质产品、良好服务、高效管理和承担风险给予的回报。然而，求利与取义作为营销活动的主体，是酒店伦理的两种态度。当然，酒店追求利润是正当的营销活动。但是，这种利润应符合营销伦理和经济伦理。

5. 保证投资者和职工利益的需要

酒店营销者应爱惜企业资产，努力提高营销效益，保证投资者的合理回报，正确处理长期投资与短期效益之间的关系，提高产品的市场占有率。现代酒店营销理论认为，职工是创造财富的主体。酒店管理人员应尊重各部门职工的建议并善于与其沟通，还应通过有效的营销为职工创造良好的工作环境。

6. 协调政府与相关者关系的需要

孔子认为，宽则得众。酒店应自觉执行国家和地区的法律和法规，依法纳税，向政府提供真实的营销信息，支持政府的工作，为社会提供就业机会，支持社区建设。同时，要对供应商和中间商恪守信誉并严格执行合同。此外，酒店应与竞争对手展开公平的竞争，不诽谤、诋毁竞争对手，应安置残疾人就业，保护生态环境。根据研究，如果社会认为企业没有为社会增加价值，而是正在损害和剥夺社会价值，社会将采取行动取消企业的经营权（弗杰里·贝尔）。

四、影响酒店营销伦理的因素

1. 管理者职业道德水平

酒店管理者的职业道德水平严重影响酒店或酒店集团及全体职工的职业道德观念和职业道德的执行。通常，遵守职业道德的管理者具有明确的是非观念，有良好的道德习惯，履行社会责任，对企业忠诚，有强烈的敬业精神并爱护职工。

2. 酒店伦理文化

酒店伦理文化是指酒店或酒店集团在生产和营销中关注与员工、供应商、消费者及组织购买者、投资者、社会公众和公共环境等一系列利益相关者，并保持和谐互利的共生关系所遵循的价值观、社会责任和道德规范。酒店伦理文化对酒店或酒店集团营销有着深刻的影响，不同的酒店伦理文化对产品质量和市场营销及对处理企业的各种矛盾有着不同的道德观。研究表明，在不重视企业文化和职业道德的酒店或酒店集团中，即使职工有很高的职业道德标准，酒店也会偏离营销伦理的方向。

第二节　酒店营销伦理问题

市场竞争的结果就是优胜劣汰，这就要求酒店提高整体素质，包括提高营销伦理水平，并运用现代营销理念来开展营销工作。目前仍有部分企业为了追求眼前利益，不重视学习知识和技术，不关注企业的营销伦理，而是在营销中采取各种不正当的手段，造成严重的营销伦理问题。究其本质，是这些企业缺少道德意识，是严重的利己主义思想在支配着企业的营销活动。

一、酒店产品中的伦理问题

在酒店营销中产品策略是酒店业最基本的营销策略，是市场营销组合的核心。产品的质量与功能直接影响产品价格策略、渠道策略和促销策略。因此，产品伦理在酒店营销伦理中起着至关重要的作用。通常，消费者与组织购买者要求酒店产品货真价实，而少数酒店对营销的产品存在着假冒、隐瞒和夸大等现象。例如，一些酒店隐瞒客房装修材料与家具及相关设施的安全与环保信息。一些酒店将非绿色食品原料假冒为绿色食品原料，将食品原料的规格和数量夸大。一些酒店在客房的洗浴室摆放假冒伪劣的洗发液和其他洗浴用品。此外，一些酒店对有潜在安全问题的场所没有提前告知顾客。例如，没有提示顾客在床上吸烟危险，没有提示顾客将贵重物品放在保险箱内等。当然，酒店没有提供与价格相符的菜点品质，菜单上的菜名、原料与工艺信息不真实及酒店没有聘用和培训与酒店级别相适应的管理人员和技术人员，也没有及时解聘那些对顾客有潜在威胁或伤害的职工等都属于酒店产品伦理问题或者与酒店产品伦理有牵连。一些酒店在追求市场份额和销售量时，不关心顾客的真正需求而强制性地或有计划地淘汰一些顾客需要的酒店产品。相反，一些酒店未考虑市场是否真正需要而提高酒店的星级以使顾客增加了购买成本等。这些现象或营销行为都属于酒店产品伦理问题的范畴。

二、产品价格中的伦理问题

价格竞争是酒店业市场竞争的必要的策略之一。当酒店的定价方式超过了理性的界限，将会为其正常的营销活动带来灾难性的后果。基于酒店业的营销伦理分析，酒店或酒店集团在制定产品价格时，必须保证消费者和组织购买者的正当权益，提供真实的价格信息，承担社会责任，避免出现价格伦理问题。酒店产品价格中的伦理问题主要包括歧视价格、串谋价格、误导价格和暴利价格。歧视价格是指对同一种类与规格的酒店产品向不同的顾客索要不同的价格。串谋价格是指酒店与其他同类企业订立价格协议，共同操纵市场价格以获取高额利润。当今，一些酒店采用“高—低定价法”，即先提高产品价格，然后进行打折。一些产品打折后的价格比原价格还要高。实际上，这种定价方法是误导价格，属于价格欺诈行为。暴利价格主要是由于酒店或酒店集团的垄断行为、声誉高的品牌企业不正当地提高产品价格等因素形成的。在酒店业，由于其产品含有大量的服务成分，而服务是无形的，其质量与价格的评价比较困难。从而，为一些酒店滋生了牟取暴利的机会从而失去其职业道德，违反了价格伦理。

三、营销渠道中的伦理问题

营销渠道中的伦理问题常产生于酒店或酒店集团与渠道成员中的权力与管理等的运用与实施，主要涉及酒店与中间商之间互相未能完全履行合同的一些问题。例如，一些加盟企业在进入连锁酒店集团时，集团总部为其承诺的各项营销指标得不到兑现，而个别酒店集团营销目标的建立脱离了市场实际，被夸大或偏离了与市场需求。一些加盟企业每年交与酒店集团一定的服务费，而酒店集团对加盟企业的服务条款常是虚设或夸大。一些酒店对销售渠道成员的管理过分苛刻或压榨。相反，一些旅行社等中间商不能及时地将销售款交与酒店或酒店集团也属于酒店分销渠道的伦理问题。此外，一些中间商与顾客也存在着一些伦理问题。例如，旅行社或其他中间商对顾客的空头承诺、误导信息、价格同盟及不履行售后服务等问题。

四、促销策略中的伦理问题

广告在酒店营销中起着十分重要的作用，广告的伦理基础是诚信。只有那些合乎伦理的广告才能为酒店或酒店集团带来真正的营销效果。因此，酒店或酒店集团在促销活动中，传播夸大不真实的产品功能和优点的信息、传递不真实的或虚假的宣传内容、隐瞒产品的缺陷等误导消费者和组织购买者的行为均属于广告伦理问题。当然，在广告中，使用贬低和诽谤竞争对手的手段来提高本企业形象也属于广告伦理问题。同样，在人员推销中，推销人员和服务人员没有及时地将真实的产品信息或确切的价格告知顾客属于人员推销中的伦理问题。例如，某经济型酒店的某间客房没有窗户，在顾客预订时，没有告知顾客，待顾客入住时发现问题，再与该酒店前厅部进行沟通和退换时，时间已晚，其他客房都已经销售出去。这种对顾客极不负责任的服务方式或推销方式属于严重的伦理问题。同时，酒店服务人员的高压劝说、顾客歧视、误导宣传等都是人员推销中的伦理问题。公共关系在酒店或酒店集团的营销活动中起着重要的支撑作用。众所周知，凡是酒店或酒店集团对消费者和组织购买者进行欺骗性的宣传、夸大产品的真实性、捏造产品的功能及通过商业贿赂销售酒店产品等行为都构成了公共关系伦理问题。因此，基于公共关系伦理，酒店或酒店集团应当制定和运用职业道德标准进行信息宣传和传播，使本企业的产品适应目标消费者和组织购买者的需求，使目标消费者和组织购买者青睐本企业生产和销售的产品。当然，一些酒店或酒店集团营销部在促销中，通过促销活动销售过期的食品和饮料、销售设施不完善的房务产品及向消费者与组织购买者传送垃圾邮件等也都属于伦理问题。

五、个人信息的伦理问题

个人隐私保护问题是酒店营销伦理中的一个重要方面。通过顾客消费记录和市场调研，酒店可以获得顾客的一些信息与数据。但是一些酒店或酒店集团缺乏必要的客户隐私保护措施，以至于顾客提供的个人身份、联系方式及消费情况等信息被他人窃取和侵犯，个别企业甚至把这些信息有偿或无偿地向外扩散。这些信息的扩散对顾客隐私构成了侵害，造成了个人信息的伦理问题。

第三节　酒店营销中的社会责任

酒店营销中的社会责任是指酒店在营销中不仅追求自身经济效益，还应对社会承担相应的义务。当然，企业在营销中注重职业道德和社会责任对其可持续发展很有帮助。弗里德曼（Friedman）提出，企业注重伦理和社会责任可使企业长期利润最大化。1988 年梅诺（Menon）等提出事业关联营销方法，也称为善因营销法（Causerelated Marketing）。他们认为，这种方法是企业应承担一定的社会责任。例如，保护环境、扶贫等。并借助社会舆论和广告宣传提高企业的形象、提升企业的知名度、增加顾客忠诚度等增加企业销售额和利润。这种营销方法实际体现了社会营销的观念。它不仅注重营销的效率和效果,还考虑了社会与道德问题。

近年来,一些著名的国际酒店集团不断加强营销中的伦理管理。他们不仅强调各企业管理人员的经济责任和法律责任,还强调其道德责任。当今,一些成功的酒店管理人员认为,在营销中可持续发展的酒店或酒店集团不仅应追求企业利润,还必须遵守法律并重视伦理。由于酒店的生存和发展需要在市场中去实现。因此,最能检验酒店社会责任的经营行为是酒店在营销中的伦理行为。实际上,酒店承担社会责任有助于酒店的公众形象,得到良好的口碑,促使酒店销售额和利润上升及其稳定地发展。当然,这样的企业更容易筹集资金,形成良好的社区关系,稳定和留住优秀的职工,为酒店增添市场吸引力。近年来,我国一些行政管理部门颁布了一系列的保护公众和消费者利益的法律和法规。例如,反暴利法、反不正当竞争法、消费者权益保护法、合同法和产品质量法等。综上所述,酒店营销的第一目标不应是利润最大化,而应是保证企业自身生存和发展。因此,为了保证酒店的可持续发展,酒店和酒店集团在营销中必须承担社会责任。酒店的社会责任主要包括以下6个方面。

1. 保证顾客的消费利益

酒店作为旅游企业,其服务对象是消费者或组织团队,酒店的价值和利润来自于顾客。因此,酒店应对顾客负责任。首先,酒店应深入调查顾客的需求并尽力满足需要。其次,酒店应保证其产品的功能与质量,讲究企业信誉。最后,广告和宣传应反映酒店真实的信息,价格应合理,为顾客提供所需要的和有价值的产品和服务。

2. 承担环境保护责任

随着旅游业和酒店业的发展,酒店的数量和规模不断增加,酒店对能源的需求持续增长,对环境的污染愈加严重。因此,酒店在营销中必须具备环境保护意识并采取有效的措施,消除对空气、水和其他生态环境的污染并研制和开发节能设施以尽到本企业环境保护的责任。

3. 保证投资者回报

酒店管理人员应爱惜企业资产,努力提高营销效益,保证投资者的合理回报,不断地提高企业的市场占有率和经营效益。

4. 真诚与政府合作

政府是公众利益的代表。因此,酒店在营销中应自觉地执行国家和地区的法令和法规,支持地方政府的工作,保护环境并为社会提供就业机会和支持社区的建设。

5. 关心合作伙伴利益

酒店应对供应商和中间商恪守信誉,严格执行合同,立足长远利益及利益共享。酒店的营销管理人员应对每一利益相关者建立信誉关系而与其股东、客户、竞争者、员工、债权人、工会和供应商等进行真诚的合作。

6. 实施公平与合作竞争

市场经济不仅是竞争经济,更是一种合作经济。当今,在经济全球化的背景下,酒店与酒店集团间的竞争变得愈加激烈。这种竞争不仅在国内企业之间进行,还存在于国内企业与国外企业之间。因此，酒店应与竞争者公平竞争与合作，通过产品质量和有效的营销进行市场竞争。酒店不应利用自身优势进行价格垄断，不应利用行政权力干扰市场，不诽谤、诋毁竞争对手。

第四节　酒店营销道德建设

酒店的营销道德是社会道德体系的重要组成部分，在人们的社会生活中起着重要的作用。酒店作为企业，其营销道德可调节酒店管理人员与被管理人员之间的关系、部门之间的关系和同事之间的关系。通过调节企业内部各种关系得以保持和谐共进，达到相互信任、相互支持、相互合作和协调统一。同时，酒店营销道德可调节酒店经营中的人与物的关系。例如，酒店营销道德要求职工爱护设备、节省原材料及生产优质的产品。此外，酒店营销道德还具有调节社会关系的作用。由于酒店管理作为社会上的一种职业不是孤立的，是与顾客和相关企业等互相影响和互相作用形成的。因此，酒店的营销道德必须从职业的特点出发，为顾客提供优质的服务并在服务中求得职业的生存和发展。综上所述，酒店营销活动必须根据相应的社会要求去进行，以服从社会整体利益为前提。

一、道德概述

道德的原意是风俗和习惯，后来发展成为原则、行为和品质等的代名词。道德是非制度化的规范。通常，法律规范和制度规范是国家和团体的章程，是特殊的社会制度或组织制度。道德是处于同一社会或工作环境的人们在长期生活中逐渐积累形成的意识、行为和原则。道德评价的标准是善与恶、公正与偏私、诚实与虚伪、正义与非正义等。道德是受经济基础决定的社会意识形态，是人们完善自身的行为与活动。很多学者认为道德的本质既不是人性的表现，也不是人的“良知良能”，更不是“神的意志”，而是为物质资料的生产方式所决定的社会意识。一定时代的生产关系，只能产生与之相适应的并化作人们内心信念的道德原则和规范。道德源于现实，又超越现实。因此，道德是理想与现实的统一体。同时，道德作为实践精神以其理想和目的指引人们将理想转化为现实，道德在表现形式上是一种规范体系。虽然在人类社会生活中，以行为规范方式存在的社会意识形态有法律和政治，但道德具有不同于这些行为规范的显著特征。首先，它同法律、政治一样，也是调整个人之间、个人同社会之间的利害关系的手段，但它同法律、政治的不同之处在于道德追求的不是个人利益，而是他人利益和社会利益。其次，道德行为规范是依靠人们内心的信念来维系的，其约束力不像法律那样需要一种特殊的外在强制力量，而主要是来自人们的道德自觉性。当然，也需要靠社会舆论、传统习俗来维系。道德具有渗透性，无论是个人生活、集体生活，还是社会生活都有道德的存在。道德具有实践性，并向人们的行为实践转化，从意识形态进入人们的心理和现实活动。因此，判断一个人的道德水平，不应仅根据他能背诵多少道德戒律和格言，也不应根据他自夸的高尚道德动机，应根据他的实际道德行为。如果道德不能指导人们的实践活动，其自身就失去了存在的意义。

二、酒店营销道德特点

酒店营销道德是调整酒店与社会、酒店与顾客、酒店职工之间关系的行为规范，是一种内在的价值观念和一种非制度化的规范。它不是被颁布、制定或规定出来，而是由酒店价值观决定，是酒店各种规章制度的补充。酒店营销道德表现在职工的视听言行方面，而蕴含于职工品质和工作中。酒店营销道德不以强制的手段发挥作用，而是通过舆论、说服、示范和教育等方式进行。酒店营销道德建设有利于酒店经济效益与社会效益的统一，有利于激发职工的主人翁精神和社会责任感。酒店营销道德来源于职业实践。酒店营销道德主要表现在以下 3 个方面。

1. 历史性和实践性

酒店营销道德表现为酒店业特有的道德传统和道德习惯，从而表现为酒店营销者所特有的道德品质。酒店中的这种特定职业所具有的道德传统、道德心理和道德准则，还常在这一职业中世代相传。例如，酒店的客房预定、客房设施、客房服务程序和规范。

2. 丰富性和多样性

随着现代科学技术的发展，社会文明的进步，酒店营销道德内容更加丰富，形式多样。酒店营销道德从本专业的特点出发，对职工提出具体的道德要求，规定他们负有的不同的道德义务。由于现代酒店产品不断丰富，酒店职务的种类更加复杂，每个职务都充当着特定的职业角色。

3. 连续性和规范性

酒店营销道德常表现为世代相传的职业美德，形成稳定的职业心理和习惯。酒店营销道德的稳定性和连续性绝不是偶然的，是随着经济与文化发展而发展的。同时，营销道德规范由酒店约定俗成或有意识地制定。酒店规范包括服务规范、产品规范、设备规范、技术规范、语言规范和礼节礼貌规范等。规范性的特征是酒店营销道德共有的特征。由于酒店职务是多方面的、复杂的，所以酒店营销道德也是复杂的。然而，酒店的营销道德规范是具体的和鲜明的。

三、酒店营销道德内涵

1. 职业理想

职业理想是指酒店职工对自己未来职业的选择和向往以及在职业活动中所追求的事业成就和奋斗目标。职业理想是营销道德的基础，职工只有树立崇高的、合理的职业理想，才可能正确地对待自己从事的职业，才能敬业、乐业和勤业以及在工作中表现出良好的道德品质。从而，对企业作出应有的贡献。通常，人们在确立职业理想时总是希望自己在未来的事业中能够为社会作出贡献，获得物质和精神双重满足的理想职业。因此，职业理想与价值观紧密相关。但是，一个人在选择职业时，一方面，要考虑所选职业必须与人们共同的社会理想一致，这是选择职业的现实要求。另一方面，还应考虑到个人的身心条件、能力及爱好。通常，职工对职业的要求包括 3 个方面：维持生活、发展个人职业和承担社会义务。如果职工仅从维持生活出发，只能形成低层次的职业理想，虽然会产生一定的动力，可能作出一些成绩。但是，当个人发展的目标与企业发展的目标矛盾时，就可能作出不利于社会或企业的行为。因此，职工只有以社会义务为基础，又兼顾自己事业的发展，才能树立崇高的职业理想，成为良好营销道德的精神动力。

2. 职业态度

职业态度是指职工的工作态度，是职工对社会、对投资者及对顾客履行职业义务的基础。酒店职工的工作态度是在多种因素下形成的，这些因素包括主观和客观两个方面。主观因素有工作价值观念、受教育程度、文化技术水平、工作能力和兴趣爱好等。客观因素包括企业所有制状况、职工地位、具体工作内容、工作环境和条件、酒店或酒店集团用人制度和薪酬制度等。

3. 职业责任

职业责任是指从事一定职业的人们对社会和他人所负的职责。社会上的每一个职业都对社会和职业担负着一定的使命和职责，酒店更是如此。职业责任常是通过具体法律和行政效力的职业章程或职业合同来规定。职工能否履行职业职责说明其是否称职和胜任。职业责任常被称为职业义务，这两个概念的含义基本相同。职业责任规定了职业人员的职业行为的具体内容，是他们实施职业义务的依据。职工通过对职业责任的认识和体验，产生了职业责任感，这对职工在营销活动中的道德行为产生重大影响。职工只有认识到自己所担负的责任，把它变成内心的道德情感和信念，才能自觉自愿地从事营销工作。从而，表现出良好的营销道德行为。

4. 职业技能

职业技能是指酒店职工从事职业活动和完成职务应有的知识文化和技术能力。它是从事酒店营销管理的基础。在职业发展中，酒店职工正是凭借自己所学的知识、掌握的服务技能，为社会和顾客作出贡献。因此，职业技能具有深刻的道德意义，是营销道德体系的内容之一。

5. 职业纪律

职业纪律是指为维持酒店营销的正常秩序，履行营销责任的行为准则，是酒店营销道德不可缺少的内容。一个自觉用营销道德约束自己的职工，也必然是一个严格遵守营销纪律的职工。职业纪律与营销道德紧密联系，相互补充，相互促进。营销道德是用榜样的力量倡导自己的营销行为，而营销纪律以强制手段去禁止和惩处某种不道德的营销行为。

6. 职业良心

职业良心是酒店职工在营销和服务中，其内心所形成的营销道德责任感和营销道德行为的自我评价和自我调节的能力，是营销道德观念、营销道德情感和营销道德意志在个人意识中的统一。酒店职业良心的形成，很大程度取决于职工的自我教育、自我锻炼和自我修养。酒店职业良心一旦形成，可控制营销道德行为，并贯穿在营销行为的全过程。

7. 职业价值

伦理学认为，酒店职业应成为社会生活的有机组成部分，促进人类进步，增进社会繁荣。因此，正确认识酒店营销职业在整个社会生活中的地位、意义和重要性，是酒店职工道德品质形成和发展的基础。一旦职工具备了职业价值感，会产生约束自己道德行为的自觉性，会履行营销道德义务并在做好本职工作中产生强烈的责任感。荣誉是社会对职工履行义务和贡献的评价，是道德行为的价值体现或价值尺度。酒店职业荣誉是对酒店营销行为的社会价值作出的客观评价及正确的主观认识。

8. 职业作风

职业作风是指酒店职工在职业实践和职业生活中所表现的一贯态度。职工一旦形成良好的职业作风,就能在营销工作中自觉按照营销道德规范进行服务,表现出良好的营销道德品质。酒店有了优良的职业作风,可以使职工互相教育,互相影响,互为榜样,互为监督并形成风尚。从而,发扬优秀的营销行为和营销品质,抵制不良营销行为。

9. 职业情感

职业情感是职工在职业生活中对事物进行善恶判断所引起的内心体验。包括对职业的荣誉感、幸福感、责任感和良心感等。职业情感是一种精神活动,是联系认识与行为的桥梁。职业情感是在长期的道德实践中形成的。职工有了这种情感会按照一定的道德要求,自觉自愿地实施营销道德。职工在职业良心和职业荣誉感的激励下,会更加尽职尽责。因此,酒店职工对本职业的情感和热爱,是做好本职工作的强大动力,也是营销道德的基本要求。

10. 职业意志

意志是指人们按照自己的意向,决定自己去行动的能力。职业意志包括营销道德意志,是根据营销道德观念形成的,是履行营销义务和营销责任的坚韧精神。职业意志要求酒店职工要以坚强的毅力克服营销中的困难,以百折不挠的精神对待营销中的挫折和失败,在自己所从事的职业中作出成绩并对社会有所贡献。

11. 职业行为

职业行为是指职工在营销道德情感、意志和信念等支配下采取的营销行为,是职工营销道德品质外在的具体表现,是衡量职工营销道德素质高低的重要标志,是酒店营销道德培养的根本目的,也是职工创造物质财富和精神财富的根本目的。因此,酒店职工必须不断地提高自己的文化素养和业务素质,办事缜密,防止差错,在营销实践中,不断完善自己。

四、酒店营销道德建设

1. 营销道德教育和培训

作为酒店的职工,不仅是经济人,还是文化人和伦理人,而营销部的职工和一线业务部门的职工更是如此。未来的酒店市场竞争,首先是职工的伦理素质和业务能力的竞争。因此,酒店应加强职工伦理素质的培养,特别是对营销部和一线业务部门的营销道德方面的培训,使他们树立崇高的职业理想,正确对待自己从事的职业。同时,酒店应培养营销部及相关部门职工的职业良心,培养他们对所从事职业的责任感、荣誉感和敬业精神,并在各自岗位上尽心尽责和努力完成本职工作。其次,酒店应激励营销部和一线业务部门的职工在道德修养和业务知识上勇于进取,在专业技能上日臻完善。此外,酒店应有一套具体的营销伦理培训计划。在培训结束后,职工必须在本企业营销伦理的规范上签字以示认同。加强企业伦理教育是酒店或酒店集团实施道德营销的重要前提。为了使营销人员树立良好的伦理道德观念,管理人员应在日常工作中对他们进行必要的伦理教育,培养他们的价值观和道德观。同时,教育方式要生动形象,可采取灵活多样的活动。例如,参观访问、案例分析等。

2. 形成正确的经营效益观

许多学者认为，伦理非但没有对利益采取漠视态度。相反，伦理与利益有着本质的相关性。酒店的社会责任应在提高利润的同时，增加和保护社会福利的责任。众所周知，酒店经济效益的产生是以尽可能少的人力和物资消耗，提供尽可能多的符合社会需要的产品和服务。因此，现代酒店应以先进的技术和管理，勤俭好学而追求长期的经济效益。同时，有效的营销离不开酒店相关利益者的参与，只有互惠互利，酒店与利益相关者之间的合作才能成功。因此，酒店在营销中必须信守合同，不损害利益相关者的合法权益，向顾客提供理想与优质的产品和服务，向职工提供良好的工作环境与合理的薪酬等。当然，酒店还应以某种方式回报社会。酒店只有在公众对其满意和信任的前提下，才能生存和发展。所以，酒店不应太短视，只顾眼前的利益而忽视长远的发展及所应承担的道德责任。

3. 树立集体主义观念

个人利益与集体利益的关系是酒店营销伦理的一个基本问题。其中，包括营销部与其他职能部门的关系，营销人员与集体的关系，业务部门与企业的关系，企业与地区和国家的关系等。经济伦理学认为，企业要兼顾国家利益、集体利益和个人利益。个人利益应服从集体利益，酒店利益应服从社会利益，暂时利益应服从长远利益。酒店应尊重顾客，尊重职工，人尽其才。酒店营销的成功需要全体职工的齐心协力才能取得成效。其中，管理者与被管理者应相互理解，相互支持。营销部门、其他业务部门和后勤部门之间应相互体谅和合作。同时，高层管理者应营造一个有效的内部工作环境。学者卢凤认为，伦理道德与企业不是互斥的，而是相容的。荀子认为，人之生，不能无群。能群者存，不能群者灭；善群者存，不善群者灭。

4. 实施诚信的营销手段

根据研究，市场经济越是发展就越需要信任，应把信任看作商业活动中最重要的资产。因此，信誉是酒店营销的基础。美国《财富》杂志认为，信誉因素比财务业绩更能提升企业的声誉。诚信原则是酒店营销之本，酒店的生存与发展有赖于利益相关者长期和可靠的合作。诚信原则要求不欺诈，货真价实，不作虚假广告，讲究质量，注重信誉；而公平原则要求酒店之间的公平竞争。酒店营销人员应秉公办事，廉洁自律，公正待人，诚心诚意为社会和顾客尽职尽责。酒店应为顾客提供价格适中、优质的产品及服务，保证产品及服务新颖和实用。酒店营销部为了圆满地完成营销目标，应树立信心和责任心，提升顾客满意度，理解并遵守酒店的营销伦理以提高顾客和社会对酒店的信任度，不做有损社会、顾客、相关利益者的任何事情。

5. 建立营销道德制度与伦理规范

根据调查，《财富》中的500强企业90%都制定了道德制度与伦理规范。酒店营销道德制度是指酒店或酒店集团所确立的合乎道德原则的各种营销管理制度。包括市场调查制度、生产管理制度、定价管理制度、促销管理制度、产品分销制度等。酒店应制定合理的营销伦理道德制度并在企业内部严格执行。这意味着酒店或酒店集团需要逐步建立起一套稳定、完整、有效的道德奖罚机制和道德激励机制，并以营销道德为基础，推动营销伦理的实现。同时，建设以营销伦理规范为核心的酒店营销文化，形成“重道德，讲信誉”的营销氛围，把营销伦理渗透到全体职工的营销管理中，把执行营销伦理规范作为企业的营销责任，推动营销中的每一项工作。根据研究，酒店建立营销伦理规范，必须根据营销中的各职能领域或业务流程而具体制定。目前，国际酒店业都将营销伦理标准融入日常运营的管理中。我国的一些酒店以自己传统的道德原则为基础，借鉴旅游发达国家的成功经验，建立了酒店营销的道德规范，包括重视契约、严守信誉、顾客至上、诚实经营和承担社会责任等。国际酒店管理者对本企业的营销活动以 5 个基本问题进行评价，包括酒店的盈利性、合法性、公平性、对利益相关者的影响和对环境的影响。

6. 建立营销道德审计机构

为了落实酒店营销伦理的管理，国际酒店业常设立相应的营销道德管理组织或伦理审计部门对酒店营销中的伦理进行指导、培训和评估。一些酒店由总经理办公室或人力资源部管理酒店的伦理审计工作、制定营销道德评估体系，其中包括营销伦理规范的制定和审计。酒店营销道德审计部门的职责主要包括对企业员工进行营销道德培训，为营销部门提供营销伦理方面的咨询、建议和审计，对违反企业营销道德行为的部门和职工进行调查和处理。一些酒店或酒店集团成立伦理管理小组或委员会，该部门的管理人员主要包括高层管理者和人力资源部门的负责人。其职能是定期召开例会，讨论企业的各种伦理问题，研究处理营销中的道德问题，对全体职工和管理人员进行相关培训。对违反道德准则的营销行为等进行检查和审计，审议和调整本企业的道德规范等。此外，当企业准备进入新的营销领域或需要作出重大的营销决策时，通常要通过道德管理组织作出审计和评价。

本章小结

酒店营销伦理是关于酒店及其职工营销行为的规范，是正确处理酒店与社会及相关利益者关系的原则，是在酒店长期营销中积累并涵盖企业内外道德关系而形成的伦理理念、道德意识、道德规范和道德实践的总和。当今，国际社会和各国政府正在关注酒店营销中的伦理问题。包括酒店对顾客和社会的责任，酒店对职工的政策，酒店与消费者和组织购买者之间的关系，酒店对股东、供应商和债权人的责任等。21 世纪，国际酒店业的使命由单纯地追求利润向与社会整体协调方向发展。在这种趋势和变化的影响下，酒店营销人员开始考虑如何使企业营销活动更具有伦理意义并确保不发生伦理问题。他们认识到，酒店需要创造一个有利于实施伦理行为的营销环境，通过建立伦理规范约束营销行为。目前，一些著名的酒店集团和酒店已经建立了营销道德标准和营销伦理制度。

酒店营销中的社会责任是指酒店在营销中不仅追求自身经济效益，还应对社会承担相应的义务。当然，酒店在营销中注重营销道德和社会责任对其可持续发展很有帮助。酒店的营销道德是社会道德体系的重要组成部分，在人们的社会生活中起着重要作用。酒店作为企业，其营销道德可调节酒店管理人员与被管理人员之间的关系、部门之间的关系和同事之间的关系。通过调节，使企业内部各种关系保持和谐共进，达到相互信任、相互支持、相互合作和协调统一。同时，酒店营销道德可调节酒店经营中的人与物的关系。

思考题

1. 名词解释

营销伦理　社会责任　营销道德　企业信条

2. 思考题

①简述影响酒店营销伦理的因素。

②简述酒店营销伦理的重要作用。

③比较分析酒店的传统社会责任观和现代社会责任观的不同。

④论述酒店营销中出现的伦理问题。

⑤论述酒店营销道德建设。

案例分析

酒水推销与营销道德

根据酒店业调查,现代餐饮营销应体现对顾客的尊重和营销道德原则。因此,餐厅推销酒水时应与顾客购买的菜肴和消费能力相结合。同时,餐厅服务员在推销餐饮产品时,应与顾客互相理解、互相沟通以达到顾客对餐饮服务的满意。通常,餐厅服务员在推销产品时,应当诚心诚意地为顾客服务。首先,服务员应熟悉本餐厅所有菜肴与酒店的特色和价格,熟悉菜肴与酒水的搭配并具有帮助顾客点菜和购买酒水的创造力。其中,特别要提出的是,服务员对顾客进行推销餐饮时,应对顾客和企业同时产生价值,给顾客留下良好的印象。许多酒店管理人员认为,进入21世纪,不能使顾客满意的企业在营销活动中将无立足之地。

我们来看下面这个案例,某日傍晚,几个顾客走进某酒店的中餐厅,迎宾员立即将顾客带到一张餐桌前,请顾客入座。服务员小张及时给顾客上茶。然后将菜单递给顾客。顾客阅览后,小张面带微笑地等待顾客点菜。顾客点了几个冷菜后,在点主菜时,不是十分熟悉,似乎不知道哪些菜适合他们。当顾客询问服务员小张时,小张一时也回答不上来,仅回答说"本餐厅海鲜菜肴品种较多,您还是看菜单自己点吧。"小张的回答使顾客有些失望。顾客点完菜后,小张询问顾客:"请问先生用些什么酒和饮料?"顾客点了啤酒后并询问:"你们餐厅都有哪些饮料?"小张这时似乎来了灵感,忙说:"本餐厅最近进了一批法国矿泉水,质量很高。""矿泉水?"顾客感到有点意外。"先生,这是全世界最著名的矿泉水。"顾客听了后,觉得不能在朋友面前丢面子。便问了一句:"哪个品种较好?"小张回答:"有一种带汽的矿泉水!""那就来10瓶法国矿泉水吧。"客人接受了小张的推销。

服务员把啤酒和矿泉水服务到桌后,冷盘、菜肴、点心等也随之上桌。宴请活动十分成功。最后,当顾客结账时,没有想到的是,在1 600多元的消费中,10瓶矿泉水竟占了450元!客人不自觉地说:"矿泉水的价格怎么这么高啊?"服务员解释说:"那是世界上最好的法国名牌矿泉水,45元一瓶。""哦,原来如此。不过,刚才你可没有告诉我们矿泉水的价格呀。”客人显然不太满意，付完账后便不愉快地离去。

讨论题

①基于酒店营销道德，评价服务员小张在推销餐饮产品中出现的伦理问题。

②讨论酒店服务人员的推销技巧。

参考文献

[1] 唐德才.现代市场营销学教程[M].2版.北京:清华大学出版,2009.
[2] 王秀村.市场营销管理[M].4版.北京:北京理工大学出版社,2009.
[3] 胡质健.收益管理[M].北京:旅游教育出版社,2009.
[4] 郭国庆.国际营销学[M].2版.北京:中国人民大学出版社,2012.
[5] 殷博益.市场营销学[M].南京:东南大学出版社,2009.
[6] 孙国辉.国际市场营销[M].2版.北京:中国人民大学出版社,2012.
[7] 卢瑜.市场调查与预测[M].天津:天津大学出版社,2010.
[8] 赵伯庄.市场调查实务[M].北京:科学出版社,2010.
[9] 刘可风,龚天平.企业伦理学[M].2版.武汉:武汉理工大学出版社,2017.
[10] 王艳,程艳霞.现代营销理论与实务[M].北京:人民邮电出版社,2012.
[11] 姚莉娜.新编现代企业管理[M].北京:北京大学出版社,2012.
[12] 丁宁.企业战略管理[M].3版.北京:北京交通大学出版社,2013.
[13] 王景峰.质量管理流程设计与工作标准[M].2版.北京:人民邮电出版社,2012.
[14] 郭斌.创造价值的质量管理[M].北京:机械工业出版社,2013.
[15] 赖朝安.新产品开发[M].北京:清华大学出版社,2014.
[16] 莫尔·克劳福德.新产品管理[M].9版.王彬,等,译.大连:东北财经大学出版社,2012.
[17] 温卫娟.采购管理[M].北京:清华大学出版社,2013.
[18] BENTON W.C.采购和供应管理[M].穆东,译.大连:东北财经大学出版社,2009.
[19] 任月君.成本会计学[M].上海:上海财经大学出版社,2013.
[20] 胥兴军,杨洛新.成本会计学[M].2版.武汉:武汉理工大学出版社,2013.
[21] 冯巧根.成本管理会计[M].北京:中国人民大学出版社,2012.
[22] 王天佑.饭店管理概论[M].3版.北京:北京交通大学出版社,2015.
[23] 王天佑.饭店餐饮管理[M].3版.北京:北京交通大学出版社,2015.
[24] 徐大建.企业伦理学[M].2版.北京:北京大学出版社,2008.
[25] 叶陈刚.企业伦理与社会责任[M].北京:中国人民大学出版社,2012.
[26] 周素平.企业战略管理[M].北京:清华大学出版社,2012.
[27] 吴旭中.企业社会责任的经济学伦理学分析[M].芜湖:安徽师范大学出版社,2012.
[28] 李建华,刘霞.现代企业文化理论与实务[M].北京:机械工业出版社,2012.
[29] 杨劲松.酒店战略管理[M].北京:机械工业出版社,2013.
[30] 卢进勇.跨国公司经营与管理[M].北京:机械工业出版社,2013.
[31] 李·克拉耶夫斯基.运营管理——流程与价值链[M].9版.北京:清华大学出版

社,2013.
[32] 刘雄.食品质量与安全[M].北京:化学工业出版社,2009.
[33] 汤高奇.食品安全与质量控制[M].北京:北京农业大学出版社,2013.
[34] 曹小红.食品安全与卫生[M].北京:科学出版社,2013.
[35] 陈钦兰.市场营销学[M].北京:清华大学出版社,2013.
[36] PHILIP SOMAN. Managing customer value[M]. Singapore: World Scientific Publishing Co. Pte. Ltd. ,2010.
[37] ROBERT G COOPER. Winning at new products: creating value through innovation [M]. 4th edition. New York: The Perseus Books Group,2011.
[38] CHERYL HAMILTON. Communicating for results[M]. New Jersey : Thomson Higher Education , 2008.
[39] BARAN. Customer relationship management [M]. OH: Thomson Higher Education, 2008.
[40] MARIANNE MOODY JENNINGS. Business ethics [M]. OH: Thomson Higher Education, 2006.
[41] JOHN E BIERMAT. The ethics of management[M]. 5th edition. Bangalore: SR nova Pvt Ltd, 2006.
[42] GOHN R WALKEN. The restaurant from concept to operation[M]. 5th edition. New Jersey: John Wiley & Sons, Inc. , 2008.
[43] CLAYTON W BARROWS. Introduction to management in the hospitality industry[M]. 9th edition. Hoboken: John Wiley & Sons, Inc. ,2009.
[44] AGNES L DE FRANCO. Hospitality financial management[M]. Hoboken: John Wiley & Sons, Inc. ,2007.
[45] LEA R DOPSON. Food & beverage cost control[M]. 4th edition. Hoboken: John Wiley & Sons, Inc. , 2008.
[46] EDWARD J VAN DERBECK. Cost accounting[M].. OH: Thomson Higher Education, 2008.
[47] RUSSELL S WINER. Marketing management [M]. TX: Pearson Education Limited,2013.
[48] FEVZI OKUMUS. Strategic management for hospitality tourism [M]. Ma: Elsevier Ltd. , 2010.
[49] LYNN M SHORE. The employee-organization relationship[M]. New York: Taylor & Francis Group, 2012.
[50] BERMARD DAVIS, ANDREW LOCKWOOD. Food and beverage management[M]. 5th edition. New York: Routledge Taylor & Francis Groups, 2012.
[51] JOHN R WALKER. Introduction of hospitality management [M]. 4th edition. NJ: Pearson Education Inc. , 2013.
[52] TOM POWERS. Management in the hospitality industry [M] . 8th edition. Hoboken:

John Wiley & Sons,Inc. , 2006.

[53] ALASTAIR M MORRISON. Marketing and management tourism destinations [M]. Cornwall: TJ International Ltd. , 2013.

[54] DIVID WEAVER. Tourism management [M]. 5th edition. [S. l.] John Wiley & Sons,2014.

[55] JOHN MCKEAN. Management customers through economic cycles [M]. West Sussex: John Wiley & Sons, 2010.

[56] CAROL J PARDUN. Advertising and society [M]. 2nd edition. West Sussex: John Wiley & Sons, 2012.

[57] KEVIN KELLER. Consumer-brand relationship theory and practice [M]. NY: Cenveo Publisher Services, 2012.

[58] JOHN WESTWOOD. Marketing your business [M]. London: Kogan Page Limited, 2011.

[59] GERAND HASTINGS. Social marketing [M]. 2nd edition. Oxon: Butterworth Heinmann, 2014.

[60] MALCOLM MCDONALD. Market segmentation [M]. 4th edition. West Sussex: John Wiley & Sons, 2012.

[61] NEIL RICHARDSON. Develop your marketing skills [M]. London: Kogan Page Limited, 2011.

[62] MATTHEW P MCALLISTER. The Routledge Companion to advertising and promotional culture[M]. NY: Tailor & Francis Group, 2013.

[63] ANTHONY J STRIANESE. Dining room and banquet management[M]. 4th edition. NY: Delmar Cengage Learning, 2008.